Gustav Unruh

DAS ALTE JERUSALEM
und
seine Bauwerke

Ein Beitrag zur biblischen Alterthumskunde

Elibron Classics
www.elibron.com

Elibron Classics series.

© 2007 Adamant Media Corporation.

ISBN 978-0-543-67832-4 (paperback)
ISBN 978-0-543-67831-7 (hardcover)

This Elibron Classics Replica Edition is an unabridged facsimile
of the edition published in 1861 by Verlags-Comptoir, Langensalza.

Elibron and Elibron Classics are trademarks of
Adamant Media Corporation. All rights reserved.

This book is an accurate reproduction of the original. Any marks, names, colophons, imprints, logos or other symbols or identifiers that appear on or in this book, except for those of Adamant Media Corporation and BookSurge, LLC, are used only for historical reference and accuracy and are not meant to designate origin or imply any sponsorship by or license from any third party.

Das alte Jerusalem

und

seine Bauwerke.

Ein Beitrag

zur

biblischen Alterthumskunde

von

Gustav Unruh.

Mit 8 Plänen und 36 Abbildungen.

Langensalza.
Verlags-Comptoir.
1861.

Vorwort.

Die Stadt Jerusalem stand wegen der mannigfachen, bis in das höchste Alterthum hinaufreichenden Erinnerungen, die sich an diesen Namen knüpfen, bei Juden und Christen von je her in so besonderem Ansehen, dass die in den verschiedensten Schriftwerken enthaltenen Beschreibungen und Schilderungen dieses weltberühmten Ortes und seiner wechselvollen Schicksale das Interesse wissbegieriger Leser im Allgemeinen stets und überall rege erhalten haben. Obgleich die Zahl derjenigen Beschreibungen, welche sich namentlich über das alte Jerusalem und seinen vielgepriesenen Tempel mehr oder weniger ausführlich verbreiten, allmählich sehr bedeutend angewachsen ist, so haben diese Werke doch an innerem Gehalte, d. h. an neuen, aus selbstständigen Forschungen hervorgegangenen Aufschlüssen und Entdeckungen, so wenig gewonnen, dass von einer durch sie bewirkten fortschreitenden Bereicherung und Vervollkommnung der archäologischen Kenntniss jener alten Stadt seither nur in sehr beschränktem Maasse die Rede sein konnte. Diesem Umstande ist es daher auch wohl zuzuschreiben, dass die irrige Ansicht, als sei auf diesem Gebiete jetzt überhaupt nichts von bemerkenswerther Wichtigkeit mehr zu entdecken, immer mehr und mehr Wurzel zu fassen scheint, und dass in Folge dessen statt jenes ehemaligen Interesses ein Gefühl der Uebersättigung um sich zu greifen droht, das um der Sache selbst willen zu beklagen ist. Hoffentlich wird das wieder anders werden, wenn man sich überzeugt hat, dass die vorhandenen alten Geschichtsquellen noch lange nicht genug ausgebeutet sind; denn sowohl die biblischen Bücher, als auch die Schriften des Flavius Josephus und der jüdischen Rabbinen sind gleichsam Bergwerke, die in ihren vielgliedrigen Schachten noch einen so reichhaltigen Schatz von desfallsigen — freilich unter sich oft sehr verworrenen — Nachrichten bergen, dass der Fleiss des Forschers, der in diese dunklen Gebiete hinabzudringen versteht, noch manch werthvolles Stück edlen Metalles ans Licht fördern kann. Die vorliegende Schrift ist die Frucht einer solchen Arbeit, und aus ihr selbst wird unschwer zu ersehen sein, welche überraschenden Ergebnisse ein beharrliches Studium jener alten Quellen noch zu gewinnen im Stande gewesen ist.

Um den Inhalt dieser Schrift auch dem weniger Gebildeten leicht geniessbar zu machen, ist bei der Abfassung derselben vorzugsweise Klarheit und Uebersichtlichkeit in der Entwicklung und Darstellung, passende Auswahl des Wichtigsten und Interessantesten und einfach-natürlicher, durchaus objektiv gehaltener Vortrag, weniger dagegen wissenschaftlich-systematische Abrundung und Vollendung angestrebt worden. Etymologische und andere mehr ins wissenschaftliche Gebiet hinüberstreifende Erörterungen finden sich fast nur in den Anmerkungen.

Wenn die vorliegende Schrift sich auch nicht über alle historischen, topographischen, architektonischen und sonstigen archäologischen Einzelheiten, welche das alte Jerusalem und seine Bauwerke betreffen, mit gleicher Ausführlichkeit und Gründlichkeit verbreitet, so wird sie dem Leser doch ein bei weitem vollkommneres und zuverlässigeres Bild von der inneren und äusseren Beschaffenheit dieser Stadt geben und ihn um vieles heimischer in derselben machen, als dies irgend eins der vorhandenen ähnlichen Werke zu thun im Stande ist. Man wird nämlich im Nachfolgenden fast sämmtliche, das alte Jerusalem betreffende archäologische Fragen, welche bisjetzt dem Scharfsinn so vieler Forscher trotzgeboten haben, auf eine vollkommen befriedigende Weise gelöst finden. Zu solchen — hoffentlich endgültig — gelösten Fragen gehört z. B. die Feststellung der gegenseitigen Lage und des Umfanges der alten Stadtbezirke in den verschiedenen Zeiträumen; die einzig richtige Vertheilung der in den alten Schriften namhaft gemachten Stadtthore; die vollständige Beschreibung der Salomonischen Königsburg, ihrer Lage und Beschaffenheit nach, sammt allem, was ihr angehörte; die definitive Lösung der Akrafrage; die ausführlichen Beschreibungen der verschiedenen Tempelgebäude, ihrer Vorhöfe und aller darin befindlichen Haupt- und Nebenthore und sonstigen Bauwerke mit ihren zu besonderen Zwecken bestimmten Kammern, sowohl in topographischer als auch in architektonischer Hinsicht; die Erklärung der hieroglyphischen Figuren an den Innenwänden des Salomonischen Tempels; die Bestimmung der Ortslage Beth Millos, des Thales Azel, des Mörserplatzes, des grossen Marktes u. s. w.; der sichere Nachweis, dass der Hügel Golgatha zu Christi Zeit wirklich ausserhalb der damaligen Stadtmauern lag; die specielle Beschreibung der Lokalität vor der Burg Antonia und somit auch die feste Bestimmung des Ortes, welcher den Namen „Hochpflaster" führte, u. s. w. Dass durch die gegebene wirkliche Lösung dieser und anderer Hauptfragen auch zugleich viele damit in enger Verbindung stehende Nebenfragen ihre definitive Erledigung finden, bedarf kaum dieser Andeutung.

Von nicht geringer Wichtigkeit für die Kenntniss der althebräischen Architektonik ist namentlich auch die dem Verfasser, wie er hofft, vollständig gelungene Enträthselung des Ezechielschen Tempelentwurfs (s. Ez. Kap. 40 ff.); denn ohne dieselbe wäre es schlechterdings unmöglich gewesen, der Beschreibung des Salomonischen Tempels diejenige Ausführlichkeit, Bestimmtheit und Zuverlässigkeit zu geben, welche man im Nachfolgenden finden wird. Ueberhaupt beruht der Inhalt vorliegender Schrift, soweit er archäologischer Natur ist, grösstentheils auf neuen Entdeckungen, oder doch auf ganz neuen Auffassungen des gegebenen historischen Stoffes. Da der Verfasser diese Auffassungen, wie überhaupt alle seine besonderen Ansichten, fast überall positiv zu begründen im Stande war, so gerieth er nur sehr selten in die unerfreuliche Lage, auf die sich gegenseitig so vielfach widerstreitenden Ansichten neuerer Autoritäten tiefer eingehen und bald die eine, bald wieder eine andere speciell widerlegen zu müssen.

Bei der Ausarbeitung dieser Schrift sind viele Werke ähnlichen Inhaltes (z. B. die von Dr. O. Dapper, Dr. Joach. Lange, G. B. Winer, Wilh. Gesenius, E. F. K. Rosenmüller, M. Theile, Ernst Kirchner, Dr. C. Ackermann, P. Fr. G. Gossler, A. Rathgeber, A. Lionnet, Chr. Carl Josias Bunsen u. A.) verglichen, namentlich aber folgende benutzt und ihnen grössere oder kleinere, besonders wichtige Abschnitte entnommen worden:

1) Die jüdischen Alterthümer des Flavius Josephus, übersetzt und mit Anmerkungen versehen von Dr. K. Martin. Köln, J. P. Bachem. 1852.

2) Flavius Josephus Geschichte des jüdischen Krieges u.s.w. Von Pr. A. Fr. Gfrörer. Stuttgart und Leipzig, L. F. Rieger u. Comp. 1836.

3) Die Geschichtsbücher des Tacitus, übersetzt von H. Gutmann. Stuttgart, Metzler. 1831.

4) Jacobi Jehudae Leonis de templo Hierosolymitano, tam priori, quod aedificavit Salomo rex, quam posteriori, quod devastavit Vespasianus, libri IV etc. ex Ebraeo Latine recensiti a Johanne Sauberto. Helmaestadt impressit Jacobus Mullerus 1665.

5) Palästina und die südlich angränzenden Länder. Tagebuch einer Reise im J. 1838 von E. Robinson und E. Smith. Halle, Buchh. des Waisenhauses. 1841.

6) Wallfahrt nach Jerusalem und dem Berge Sinai, in den Jahren 1831—33, von P. Maria Jos. von Geramb. Aachen, Cremer. 1845.

7) Reise in das Gelobte Land von Dr. Philipp Wolff. Stuttgart, Metzler. 1849.

8) Sinai und Golgatha. Reise in das Morgenland von Friedr. Adolph Strauss. Berlin, Jonas. 1853.

9) Denkblätter aus Jerusalem. Von Dr. Titus Tobler. St. Gallen und Konstanz, Scheitlin und Zollikofer. 1853.

10) Dr. Titus Toblers Zwei Bücher Topographie von Jerusalem und seinen Umgebungen. Berlin, G. Reimer. 1853.

11) Reisebilder aus dem Morgenlande. Von Dr. Fr. Dieterici. Berlin. Wiegandt und Grieben. 1853.

12) Reisen in den Ländern der asiatischen Türkei und des Kaukasus. Herausgegeben von Friedr. Heinzelmann. Leipzig, Fr. Fleischer. 1854*).

Das unter Nr. 4 aufgeführte Werk von Leo (oder Leon; er selbst nennt sich אַרְיֵה, d. i. Löwe), ein Kompilatorium alles dessen, was sich im Talmud und in andern Schriften der alten Rabbinen über die drei verschiedenen jüdischen Tempel vorfindet, würde von ausgezeichnetem Werthe sein, wenn diese reiche Fülle von Nachrichten nicht oft so verworren und kritiklos in einander gehäuft wäre, dass das Studium desselben theilweise nicht ohne erhebliche Schwierigkeiten ist. Die Mühe, welche der Verfasser vorliegender Schrift auf die Ueberwindung dieser Schwierigkeiten verwandte, um einen klaren Einblick in das wichtige Material zu erlangen, war jedoch von dem besten Erfolge begleitet, wie der Leser im Nachfolgenden vielfach wahrzunehmen Gelegenheit haben wird.

Da in vielen Fällen weder die Luther'sche noch die de Wette'sche Bibelübersetzung dem speciellen Zwecke des Verfassers entsprach, so musste er verschiedene biblische Abschnitte, welche in seine Bearbeitung mitaufzunehmen waren, selbst ins Deutsche übertragen. Er hat sich bemüht, den Wortsinn des Grundtextes überall so getreu und bestimmt als möglich wiederzugeben, um auf diese Weise der wahren Bedeutung gewisser archäologischer Dunkelheiten um so sicherer auf die Spur zu kommen. Dabei war es denn auch

---

*) Der Kürze wegen ist im Nachfolgenden Nr. 1 durch Ant., Nr. 2 durch B. j., Nr. 3 durch Tacit., Nr. 4 durch Leo, Nr. 5 durch Rob., Nr. 6 durch v. Ger., Nr. 7 durch W., Nr. 8 durch Str., Nr. 9 und 10 durch Tbl., Nr. 11 durch Diet. und Nr. 12 durch Hzlm. bezeichnet worden.

unumgänglich nothwendig, die specielle architektonische Bedeutung verschiedener ganz oder theilweise unbekannter hebräischer Ausdrücke erst aufzufinden und festzustellen. Die Hebräologen werden sich übrigens mit der im Nachfolgenden gegebenen Deutung der Ausdrücke אַיִל, גִּזְרָה, בִּנְיָן, בִּנְיָה, אַתּוּק (אַתִּיק), עָב (עֹב), תְּמֹרָה, בֶּטֶן, גֻּלָּה u. a., sofern sie architektonische Gegenstände bezeichnen, um so mehr einverstanden erklären können, als die alten Tempelbeschreibungen erst durch die Substituirung eben dieser Deutungen ein harmonisch abgeschlossenes Bild von den betreffenden Bauwerken geben.

Der letzte Hauptabschnitt dieser Schrift ist dem Josephus (B. j. II, 14 — VII, 1) einfach, doch sehr gekürzt, nacherzählt worden, um den Leser, der die „heilige Stadt" gleichsam vor seinen Augen hat entstehen und anwachsen sehen, auch ein getreues, leicht übersichtliches Bild ihres grossartigen, herzerschütternden Unterganges schauen zu lassen. Auch hier sind wie in früheren Kapiteln solche Abschnitte, die sich durch gelungene Darstellung oder durch charakteristischen Inhalt auszeichnen, aus der oben unter Nr. 2 aufgeführten Uebersetzung wörtlich aufgenommen und durch Anführungsstriche bezeichnet worden.

Was sonst noch den Inhalt dieser Schrift nach seinen verschiedenen Beziehungen hin betrifft, so mag derselbe für sich selbst sprechen, und der Verfasser erlaubt sich daher nur noch zu bemerken, dass er sich bei allen seinen Untersuchungen und Kombinirungen nicht durch leere, unhaltbare Vermuthungen, unsichere Hypothesen oder überhaupt durch trügerische Voraussetzungen, sondern nur allein durch die gegebenen historischen Grundlagen, durch die ausser Zweifel stehenden Resultate der neueren Forschungen und die aus beiden Elementen einfach und natürlich ans Licht tretenden Schlussfolgerungen hat leiten lassen, so dass er im Ganzen stets das Wahre und Rechte getroffen zu haben, oder doch wenigstens der Wahrheit überall auf die Spur gekommen zu sein hoffen darf. Dinge, die als allgemein bekannt vorausgesetzt werden konnten, sind absichtlich übergangen oder doch nur kurz berührt worden, wie denn überhaupt dasjenige, was sich zur Förderung des gesteckten Zieles nicht fruchtbringend erwies (wie z. B. die meisten Legendennamen) fast ganz unberücksichtigt geblieben ist.

Bei der Zeichnung der angefügten Pläne von Jerusalem (Nr. I, V und VIII) ist Blatt VIII des „Bibel-Atlas" von Dr. Kiepert (Berlin, 1851) zu Grunde gelegt worden; alle übrigen Pläne und sämmtliche Abbildungen sind vom Unterzeichneten entworfene Originalzeichnungen.

Der Verfasser.

Inhalt.

Erster Zeitraum.
Jerusalem bis zu seiner Zerstörung durch die Chaldäer.

I. Die Burg Zion oder die Davidsstadt.

Seite
1. Besitznahme der Burg Zion durch die Israeliten 3
2. Beth Millo 4
3. Die Thore der Davidsstadt 5
4. Die Davidsburg 7
5. Die Gräber Davids 10

II. Die Unterstadt.

1. Das Thal Azel 11
2. Die Salomosburg 13
3. Der Mörserplatz und die Mauern der Unterstadt 16

III. Der Salomonische Tempel.

1. Der Berg Morija 18
2. Die Vorhöfe des Tempels 22
3. Das Tempelgebäude 30
4. Das Innere des Tempelgebäudes 41
5. Die Vorhalle 54
6. Die beiden Tempelsäulen 56
7. Der Brandopferaltar 60
8. Das eherne Meer 63
9. Die Kesselgestelle und andere Vorrichtungen 67
10. Die Hauptthore des Tempels 71
11. Die Nebenthore 77
12. Die Kammergebäude 84
13. Die Säulenhallen 90
14. Die Tempelküchen und die Vorrathshäuser 92

IV. Die Bauwerke der Salomosburg.

1. Das Waldhaus Libanon 95
2. Die Gerichtshalle und der Vorhof des Gefängnisses 99
3. Der Palast der Königin und andere Gebäude 102
4. Die Pferdeställe 104

V. Die Bezetha oder die alte Neustadt.

1. Die Bezethamauer 105
2. Die Thore der Bezetha 107

VI. Jerusalem unter Salomos Nachfolgern.

1. Eroberung der Stadt Jerusalem durch verschiedene Völker 108
2. Der Teich und die Mauer des Hiskias 111
3. Eroberung der Stadt Jerusalem durch die Assyrer 114
4. Zerstörung der Stadt Jerusalem durch die Chaldäer 116

Zweiter Zeitraum.
Jerusalem bis zur Zeit der idumäischen Herrschaft.

I. Der Serubabelsche Tempel.

1. Das Tempelgebäude 119
2. Die Vorhalle 124
3. Der Brandopferaltar und andere Bauwerke 128
4. Der Vorhof der Weiber 134
5. Der Zwinger und der Vorhof der Heiden 138

II. Wiederaufbau der Stadt Jerusalem.

1. Die Akra oder die erneuerte Salomosburg 142
2. Wiederherstellung der Stadtmauern durch Nehemia 144

III. Jerusalem unter der Herrschaft verschiedener Völker.

1. Jerusalem unter persischer, macedonischer und ägyptischer Herrschaft . . 152
2. Jerusalem unter syrischer Herrschaft 155
3. Die Rennbahn 157
4. Zerstörung Jerusalems und neue Befestigung der Akra durch die Syrer . . 158

IV. Jerusalem zur Makkabäerzeit.

1. Befestigung des Tempelberges und Belagerung der Akra durch die Juden . . 160
2. Zerstörung der Tempelmauern durch Antiochus Eupator 162
3. Die Mauer der Makkabäer 164
4. Die neue Unterstadt 167
5. Einnahme und Schleifung der Akra durch Simon Makkabäus . . . 168
6. Die Burg Baris und die neuen Tempelthore 170
7. Abbruch der Bezethamauer 173

V. Jerusalem unter den Hasmonäischen Königen.

1. Der Palast der Hasmonäer 176
2. Erstürmung des Tempels durch Pompejus 177
3. Plünderung der Stadt Jerusalem durch die Parther 182
4. Eroberung der Stadt Jerusalem durch Herodes und Sosius 183

Dritter Zeitraum.

Jerusalem unter der Herrschaft der Idumäer.

I. Der Herodianische Tempel.

	Seite
1. Vorbereitungen zum Tempelbau	187
2. Der Vorhof der Heiden	189
3. Die inneren Vorhöfe	193
4. Das Tempelgebäude	198
5. Die Tempelthore	211
6. Die Säulenhallen	213
7. Die Halle Salomonis	215
8. Die unterirdischen Gänge	217

II. Die Königssitze und andere Bauwerke des Herodes.

1. Die Burg Antonia	223
2. Die Herodianische Königsburg	231
3. Die Theater und der Xystus	234

III. Jerusalem unter Herodes des Grossen Nachfolgern.

1. Der Aufstand gegen Sabinus	237
2. Die Mauer des älteren Agrippa	240
3. Die Bauwerke der Adiabener	242
4. Unruhen unter Cumanus, Felix und Festus	246
5. Die Bauwerke des jüngeren Agrippa	247
6. Die Wasserbehälter	251

Vierter Zeitraum.

Jerusalems Zerstörung durch die Römer.

I. Ausbruch des jüdischen Krieges.

1. Aufruhr gegen Gessius Florus	255
2. Kriegsunruhen in Jerusalem	260
3. Kampf mit Cestius Gallus	263
4. Allgemeiner Aufstand des jüdischen Volkes	267
5. Unterwerfung Galiläas durch Vespasian	269
6. Bürgerkrieg in Jerusalem	272
7. Blutige Mordschlacht der eingedrungenen Idumäer	276
8. Greuelthaten der Zeloten	279
9. Unterwerfung Peräas, Judäas und Idumäas durch die Römer	282
10. Simon, Gioras Sohn, und die Zeloten	285
11. Wilde Parteikämpfe in Jerusalem	289

II. Zerstörung der Stadt Jerusalem.

	Seite
1. Anmarsch des römischen Heeres	292
2. Ausfälle der Juden	295
3. Erstürmung der Mauer des Agrippa	298
4. Zweimalige Erstürmung der Mauer der Makkabäer	302
5. Niederlagen der Römer	304
6. Römische Umwallungsmauer	308
7. Erstürmung der Burg Antonia	312
8. Erstürmung des äusseren Tempels	314
9. Erstürmung des inneren Tempels	317
10. Einäscherung der alten Unterstadt	321
11. Einnahme der Oberstadt	324
12. Schleifung der Stadt Jerusalem	326

Das alte Jerusalem

und

seine Bauwerke.

Erster Zeitraum.
Jerusalem bis zu seiner Zerstörung durch die Chaldäer.

I. Die Burg Zion oder die Davidsstadt.
1. Besitznahme der Burg Zion durch die Israeliten.

Der älteste und zugleich der am höchsten gelegene Theil der Stadt Jerusalem (eigentlich: Jeruschalajim oder Jeruschalem), die Burg Zion (Zijjon, Burgveste), thronte bekanntlich auf einer felsigen, schroffen Anhöhe, welche im Westen durch das Thal Gichon, im Süden durch das Thal Ben Hinnom und im Osten durch das Käsemacherthal begrenzt wurde. Diese berühmte Burgveste verdankte ihre Gründung, sowie ihren alten Namen Salem (Schalem, Friede, Sicherheit), höchst wahrscheinlich den Rephaiten, einem alten Urvolksstamm des Landes Canaan, dessen Andenken nachmals noch lange Zeit in dem Namen eines nahegelegenen Thals, des Thals der Rephaiten (Jos. 15, 8), fortlebte. Als die Jebusiter, ein canaanitisches Volk jüngeren Ursprungs, sich zu Herren der Burg gemacht hatten, erhielt sie den Namen Jebus (Richt. 19, 10) oder ha-Jebusi (Jos. 18, 28), doch blieb auch daneben noch immer jener ältere Name im Gebrauch (1. Mos. 14, 18. Ps. 76, 3). Späterhin gerieth der Ort in die Hände der kriegerischen Emoriter. Kaum war aber deren Macht durch Josua gebrochen (Jos. 10), so gewannen die Jebusiter wiederum die Oberhand darin und erfreuten sich dann noch geraume Zeit hindurch dieser Zufluchtsstätte, an die ihre politische Existenz geknüpft war.

Unter dem Schutze der sicheren Bergveste hatte sich vermuthlich schon lange vor der Ankunft der Israeliten eine Anzahl canaanitischer Familien am Fusse des Hügels angesiedelt, die sich hier, namentlich im Käsemacherthal, vorzugsweise mit der Rindviehzucht beschäftigte, da der Zion selbst in jener frühen Zeit wohl für leichtfüssige Ziegen und Schafe, nicht aber für schwerfällige Rinder ersteigbar sein mochte. Als die Israeliten im Lande Canaan festen Fuss gefasst hatten, „griffen sie auch Jerusalem an, eroberten den unteren (im Käsemacherthal gelegenen) Theil der Stadt und brachten alle Einwohner ums Leben; die Eroberung des oberen Theils dagegen war ihnen, weil dieser Theil von Natur fest und mit starken Mauern umgeben war, allzu schwer" (Ant. V, 2, 2). Nach Richt. 1, 8 scheinen sie indess auch die obere Stadt in Besitz genommen zu haben, denn „es stritten die Söhne Judas wider Jerusalem und nahmen sie ein und schlugen sie mit der Schärfe des Schwertes, und die Stadt steckten sie in Brand"; ja nach Jos. 15, 63 hatten sich Judaiten sogar zu Jerusalem häuslich niedergelassen. Dessenungeachtet war der Ort nur ein sehr zweifelhaftes Besitzthum für die Israeliten, und die Benjaminiten, in deren Gebiet die Stadt lag, mussten sich damit begnügen, den Jebusitern, die sie nicht vertreiben konnten (Richt. 1, 21), einen Tribut aufzulegen (Ant. V, 2, 4). In der Folge machten sie sich jedoch wieder gänzlich frei und behaupteten vermöge der natürlichen Festigkeit des Ortes ihre Unabhängigkeit gegen die ringsum wohnenden Israeliten noch Jahrhunderte hindurch. Als der König David endlich im achten Jahre seiner Regierung die Stadt zu belagern anfing, hatte sich die stolze Zuversicht der Einwohner auf die Unbezwinglichkeit ihrer alten Bergveste in dem Maasse gesteigert, dass sie ihm höhnend herniederriefen: „Du wirst nicht hier hereinkommen, sondern dich werden die Blinden und die Lahmen abhalten!" Dennoch gewann David die Burg, schlug darin seinen Wohnsitz auf und machte sie, indem er ihr den Namen „Davidsstadt" beilegte, zur Hauptstadt des Landes (2 Sam. 5, 6—9. 1 Chr. 12, 4—7).

2. Beth Millo.

An der Südseite des Berges Zion befand sich zu jener Zeit eine etwas niedriger gelegene Bergterrasse, auf welcher schon von den Jebusitern eine Art von Kastell — vielleicht zum Schutze der Bewohner des Käsemacherthals gegen räuberische Ueberfälle — errichtet sein mochte. Dieses Kastell führte den Namen Millo oder Beth Millo (s. Plan Nr. I). Als David die eroberte und zerstörte Stadt wieder aufbaute, führte er die neue Ringmauer auch um Beth Millo herum, so dass dieser tiefer gelegene Bezirk fortan einen integrirenden Bestandtheil der Oberstadt bildete, der erst später wieder durch eine besondere Mauer von jener abgegrenzt wurde.

Nach dieser Vorbemerkung wird der nachfolgende Bericht des Josephus, der wegen der darin erwähnten „unteren Stadt" zu Missdeutungen Veranlassung gegeben hat, seine Schwierigkeit verlieren; er lautet: „David aber schloss die untere Stadt (d. h. Beth Millo) und die Burg (die Oberstadt) in eine Ringmauer zusammen, (und) machte so aus beiden Theilen ein Ganzes" (Ant. VII, 3, 2). Dass unter dieser „unteren Stadt" nicht das Käsemacherthal oder gar die erst nachmals von Salomo zur Stadt gezogene eigentliche Unterstadt verstanden werden kann, ergiebt sich aus folgenden beiden Bibelstellen: „Und (David) baute die Stadt ringsum, von Millo an und rings umher" (d. h. er baute die Mauer sowohl um Beth Millo, als auch um die eigentliche Stadt, und zwar ihrem ganzen beiderseitigen Umkreise nach; 1 Chron. 12, 8). Aehnlich 2 Sam. 5, 9: „David baute ringsum, von (d. h. mit Einschluss des Kastells) Millo an und hineinwärts" (d. h. im Innern der Stadt). Die Ortsbestimmung „hineinwärts" bezieht sich nicht auf die erst später von Salomo zwischen der Oberstadt und Beth Millo errichtete Grenzmauer, denn es heisst 1 Kön. 11, 27: „Salomo bebaute Millo (noch mehr*) und) verschloss (auch zugleich) die Lücke der Stadt Davids, seines Vaters." Diese „Lücke" (פרץ) ist aber keine andere als der zwischen der Oberstadt und Beth Millo noch fehlende Theil der Stadtmauer (s. §. β auf Pl. Nr. I). Beth Millo mag überhaupt erst durch Salomo zu dem Range eines festungsartigen Aussenwerks erhoben worden sein, während es zu Davids Zeit nur der stets aus 24,000 Mann bestehenden Besatzung Jerusalems (1 Chron. 28, 1—15) als eigentlicher Garnisonsbezirk diente. Weiter unten wird nämlich nachgewiesen werden, dass sich nur allein in Beth Millo das Haus der Helden (die Kaserne) und das Zeughaus (Neh. 3, 16. 19) befunden haben kann.

Nebst der übrigen Stadt wurde auch Beth Millo von den Chaldäern zerstört, aber unter Nehemias Leitung in seinem ganzen Umfange wieder aufgebaut. Zu Josephus' Zeit führte es den Namen Bethso**) (B. j. V. 4, 2).

3. Die Thore der Davidsstadt.

Die Ringmauer der Davidsstadt, welche in den nachfolgenden Zeiten zwar mehrmals zerstört, aber stets wieder auf ihren alten Grundlagen aufgeführt wurde, war hoch und stark gebaut; ihre Ausdehnung lässt sich jedoch nicht mehr überall ermitteln, da sie mit Ausnahme ihres nordwestlichen Theils jetzt spurlos verschwunden ist. Sie hatte nachweisbar nur folgende fünf Thore:

1. Das Töpferthor (Luther: Ziegelthor), auf der Südseite, führte in das so übel berüchtigte, tiefe Thal Ben Hinnom hinab (Jer. 19, 2). Neben diesem Thore erhob sich der hohepriesterliche Palast (s. weiter unten).

---

*) So sind auch des Eusebius Worte (Onomast.): „Mello, civitas, quam aedificavit Salomon" — zu verstehen.

**) Dieses jedenfalls korrumpirte Wort ist ohne Zweifel aus בֵּית עֹז (Haus der Festigkeit) oder בֵּית עָזוּז (starker, wohlbefestigter Ort) entstanden.

2. Das **Millothor**, auf der Nordostseite von Beth Millo. Um von diesem Thore aus an den Teich Schiloach zu gelangen, musste man mittelst einer (vermuthlich in Fels gehauenen) Treppe in die hier befindliche, in das Käsemacherthal mündende Bergschlucht, die „**tiefe Schlucht**" genannt (Ant. X, 8, 2), hinabsteigen. In oder bei diesem Thore wurde der König **Joas** ermordet, denn von ihm heisst es 2 Kön. 12, 20: „Seine Knechte empörten sich und machten einen Bund und erschlugen den Joas zu **Beth Millo**, als er die (in die tiefe Schlucht hinabführende) **Treppe***) **hinabstieg**."

3. Das **Thor zwischen den zwei Mauern** (2 Kön. 25, 4. Jer. 39, 4. 52, 7), nordwestlich vom vorigen. Von ihm stieg man auf Treppenstufen, die sich wahrscheinlich mit denen des Millothores vereinigten, in die tiefe Schlucht hinab (Neh. 3, 15. 12, 37). Dieses Thor wurde vermuthlich erst von Salomo erbaut, und zwar jedenfalls bald nach der Aufführung jener oben erwähnten Grenzmauer zwischen Beth Millo und der Oberstadt. In späterer Zeit führte es den Namen **Thor der Essener** (B. j. V, 4, 2).

4. Das **Xystusthor**, an der Nordostecke der Davidsstadt, durch welches sich die Bewohner des Zion — gleichfalls auf Stufen — in das Käsemacherthal hinab begaben. Vor diesem Thore — also ausserhalb der Davidsstadt — bildete der Zion eine etwas tiefer gelegene, geräumige **Eckterrasse****) (Neh. 3, 31. 32), welche späterhin von Herodes dem Grossen zu dem unter dem Namen Xystus bekannten, mit einer Galerie umgebenen Versammlungsplatze umgeschaffen wurde.

5. Das **Schafthor** (Neh. 3, 1. 32. 12, 39), nachher **Thor Gennath** genannt (B. j. V, 4, 2), ziemlich in der Mitte der nördlichen Mauer, also ungefähr 800 Fuss vom Thurm Hippikus (s. unten) entfernt. Da der Berg Zion sich nur an dieser Stelle dergestalt abdachte, dass er selbst für Schafe ersteigbar war, so bedarf der Name „Schafthor" keiner weiteren Erklärung. — Man hat dieses Thor bisher überall gesucht, nur nicht an seinem wirklichen Standorte. Eine nothwendige Folge hiervon war, dass man auch bei der Vertheilung der übrigen Stadtthore in unheilbare Irrthümer verfiel, indem mit Rücksicht auf Neh. 3 von der richtigen Situirung des Schafthors die feste Bestimmung aller übrigen Thore der Stadt Jerusalem abhängig ist. Dass aber das Schafthor wirklich unter die Thore der Davidsstadt gehört, wird sich im weiteren Verlaufe dieser Schrift zur Evidenz herausstellen. — Nord-

---

*) Will man das Wort סִלָּא (Silla) als Nomen propr. nehmen, so wäre es am füglichsten als eine Variante der Namen Schiloach und Schelach (Neh. 3, 15) zu betrachten.

**) עֲלִיַּת הַפִּנָּה, Eckplateau, eigentlich. Ecksöller.

östlich von diesem Thore befand sich der nunmehr spurlos verschwundene Teich Amygdala (B. j. V, 11, 4), wahrscheinlich der ächte Bethesda-Teich (Joh. 5, 2).

Ausser den vorstehend aufgeführten fünf Thoren hatte die Oberstadt keine Eingänge, da der Berg, auf welchem sie lag, „sehr abschüssig und wegen der steilen Abhänge nirgends zugänglich" war (B. j. V, 4, 1).

4. Die Davidsburg.

Von den Thürmen, die sich auf der Ringmauer der Davidsstadt befanden, werden in der h. Schrift nur drei genannt, und dies vermuthlich nur aus dem einfachen Grunde, weil nur diese drei sich durch ihre Grösse vor allen übrigen auszeichneten. Es waren der Davidsthurm (Hohesl. 4, 4), nach allgemeiner Annahme auf der Nordwestecke der Oberstadt emporragend, und die Thürme Chananeel und Mea (Neh. 3, 1. 12, 39), zwischen dem zuerst genannten und dem Schafthor. Da Herodes der Grosse späterhin in der Nordwestecke der Davidsstadt seine prachtvolle Königsburg unmittelbar neben der Stadtmauer errichtete und auf deren nördlichem Theile die drei alle andern weit überragenden Thürme Hippikus, Phasael und Mariamne erbaute, so sind diese letztern augenscheinlich nichts Anderes als eine in grösseren und schöneren Verhältnissen ausgeführte Erneuerung jener drei älteren*).

Diese Identität beider Thurmtriaden führt aber zu der Vermuthung, dass sich — worauf schon der Name „Davidsthurm" hindeutet — auch die Burg des Königs David an derselben Stelle befand, welche nachmals von der des Herodes eingenommen wurde. Wie sehr nämlich Letzterer darauf bedacht war, sich bei den seiner Regierung so abgeneigten Juden in Gunst und Ansehen zu setzen und seine neu erlangte Königsgewalt auf alle Weise zu befestigen, ist aus den Schriften des Josephus hinreichend bekannt. Wie nahe musste ihm daher der Gedanke liegen, seine Burg auf einem Platze zu errichten, der durch die Traditionen der Juden als derjenige bezeichnet wurde, auf welchem ihr grösster und ruhmvollster König einst seinen Wohnsitz gehabt hatte! Musste er sich nicht schmeicheln,

---

*) Aller Wahrscheinlichkeit nach bildet der Thurm Hippikus einen der wenigen festen, d. i. sicher bekannten, Punkte des alten Jerusalems; denn die Topographen dieser Stadt sind sämmtlich darüber einig, dass der zum Theil aus ganz alten Mauerresten bestehende nördlichste grosse Thurm der heutigen Citadelle von Jerusalem auf den Substruktionen des alten Hippikus errichtet worden ist (vgl. W. S. 43. 77). Dagegen haben die beiden südlicher gelegenen, ebenfalls alte Reste enthaltenden Thürme der Citadelle, welche Dr. Wolff, für den Phasael- und Mariamne-Thurm zu halten scheint, mit diesen letzteren gar keine Gemeinschaft (s. weiter unten).

auf diese Weise gewissermassen das Ansehen und die Macht jenes hoch verehrten Fürsten und somit zugleich die Herzen der Juden auf sich selbst hinüberzulenken? Genug, Herodes liess sich bei der Wahl seiner Baustätte jedenfalls durch solche oder ähnliche Betrachtungen mehr als durch andere Gründe bestimmen, und die oben geäusserte Vermuthung hinsichtlich der Lage des Davidschen Palastes erhält somit einen hohen Grad von Wahrscheinlichkeit. Diese Wahrscheinlichkeit wird aber zur Gewissheit, wenn man die näheren Umstände, welche bei der durch David veranstalteten feierlichen Einholung der Bundeslade obwalteten, näher ins Auge fasst.

Die Bundeslade war bekanntlich nach ihrer Rückkehr aus Philistäa und Beth Schemesch lange Zeit auf einem bei Kirjath Jearim (jetzt Kuryet el-Enâb) gelegenen Hügel (Gibea, 1 Sam. 7, 1) aufbewahrt worden. (Dieser Hügel ist — beiläufig gesagt — jedenfalls mit dem steilen Gebirgsvorsprung identisch, auf welchem sich heut zu Tage das Kloster bei Kuryet el-Enâb erhebt.) Der schwer zu passirende Weg, welcher jenen Ort mit Jerusalem verbindet, durchkreuzt das Thal der Rephaiten (jetzt Wadi Ismail und Wadi Beit Hanîna) bei dem Wasserbrunnen Nephthoach (Jos. 15, 9. 18, 15), einem noch jetzt vorhandenen Brunnquell. Hier hatte David einst die Philister geschlagen und diesen Ort Baal Prazim genannt (2 Sam. 5, 20). Als Ussa, einer der beiden Führer des Wagens, auf welchem die Bundeslade nach Jerusalem geschafft werden sollte, hier plötzlich seinen Tod fand, wurde der Name Baal Prazim von David in „Perez Ussa" (2 Sam. 6, 8) und vom Volke in „Tenne Nachon" (d. i. Tenne des Erschlagens, V. 6) und „Tenne Chidon" (d. i. Tenne des Verderbens, 1 Chron. 14, 9) umgewandelt. Letztere Benennung ging dann allmählig in den heutigen Namen Kulônieh über*). — In Folge des erwähnten plötzlichen Todesfalles unterblieb bekanntlich für dies Mal der weitere Transport der heiligen Lade; man brachte sie auf Davids Befehl vorläufig in die nahegelegene Wohnung des Obed Edom, eines Leviten aus Gath Rimmon, der sich hier (in oder bei Kulônieh) häuslich niedergelassen hatte.

Drei Monate später ordnete der König eine neue Einholungsprocession an. „Und David und das ganze Haus Israels brachten die Lade Jehovas herauf (aus dem Thal der Rephaiten) mit Jauchzen und mit

---

*) Wie nämlich in andern Sprachen die Laute D und L zuweilen mit einander verwechselt wurden (z. B. Ὀδυσσεύς = Ulysses, δάκρυον = lacryma, ὄδαξ = ulex, ἄδαμας = الماس), ebenso geschah dies auch in den semitischen Dialekten, z. B. im Chaldäischen: אֲזַל = אֲדַל = dem hebräischen Worte אָזַל (weggehen).

Posaunenschall. Es geschah aber, als die Lade Jehovas in die Stadt Davids kam, da schaute Michal, Sauls Tochter, durch das Fenster und sah den König David hüpfen und tanzen vor Jehova her" (2 Sam. 6, 15. 16). — Zuerst ist hier zu beachten, dass der Weg von Kulônieh nach Jerusalem in gerader Richtung auf das Schafthor zuläuft und daher David seinen Einzug in die Stadt schon aus diesem Grunde durch das Schafthor zu nehmen Veranlassung hatte. Dann aber musste dieses Thor auch darum gewählt werden, weil es das einzige von allen Thoren der Oberstadt war, zu welchem man nicht auf Treppenstufen, sondern mittelst einer ansteigenden Schiefffläche gelangte; nur hier allein war daher die Bodenbeschaffenheit der Art, dass David seinen Einzug „hüpfend und tanzend" halten konnte. Ferner ist zu beachten, dass der König nach seinem Eintritt in die Stadt sogleich von seinem durch das Fenster des königlichen Palastes guckenden Weibe erblickt wurde. Dies würde schwerlich der Fall gewesen sein, wenn dieser Palast seinen Standort nicht ganz in der Nähe des Schafthors gehabt hätte. Die Richtigkeit der oben geäusserten Behauptung hinsichtlich der Lage der Davidschen Königsburg wird somit schwerlich angefochten werden können. Aus dem Vorstehenden folgt aber auch noch weiter, dass das Schafthor das Hauptthor der alten Stadt und wegen der Nähe des königlichen Wohngebäudes auch zugleich dasjenige Thor war, bei welchem Absalom die Herzen des Volks zur Untreue gegen seinen Vater verleitete (2 Sam. 15, 2). Da sich endlich, soviel bekannt, die zugleich als Gerichtsplätze dienenden Marktplätze der palästinischen Städte stets unmittelbar an den Thoren befanden (2 Chron. 32, 6. Neh. 8, 1. 3. 16), so wird auch der „obere Markt" (B. j. II, 14, 9. 15, 2. 16, 2) nur allein an dem Schafthor zu suchen sein, denn in der ganzen Stadt konnte sich kein Ort besser zum Markt- und Gerichtsplatz eignen als der bezeichnete.

Weiter oben sind bereits die Gründe angedeutet worden, welche den König Herodes muthmasslich dazu bestimmten, seinen Wohnsitz gerade da aufzuschlagen, wo David so ruhmvoll das Scepter geführt hatte. Es ist gar nicht unwahrscheinlich, dass sich auch der Letztere bei der Auswahl eines Ortes, auf welchem er seinen eigenen Herrschersitz aufführen wollte, durch ähnliche Gründe leiten liess, um sein Ansehen sowohl bei seinem eigenen, als auch bei dem unterworfenen jebusitischen Volke zu erhöhen. War dies der Fall — und Ps. 110, 4, wo David mit Malchizedek verglichen wird, scheint dafür zu sprechen —, so legte auch David den Grund zu seiner Behausung nirgend anderswo als auf den Trümmern des uralten Königssitzes, wo einst jener ehrwürdige Priesterkönig und nach ihm seine jebusitischen und emoritischen Nachfolger so viele Jahrhunderte hindurch gethront hatten. — Jetzt erhebt sich auf derselben Stelle die evangelische Christuskirche.

5. Die Gräber Davids.

Auf dem südwestlichen Theile des Berges Zion befindet sich noch heut — doch von einer sehr heilig gehaltenen Moschee überbaut — der unter dem Namen der „Gräber Davids" (2 Chron. 32, 33. Neh. 3, 16) bekannte unterirdische Begräbnissort der jüdischen Könige. Der Zugang zu diesen unterirdischen Gewölben ist in neuerer Zeit den europäischen Reisenden fast ganz untersagt*) und selbst für die Muhammedaner sehr erschwert. Hier mag eine ältere, nämlich die schon vor 120 Jahren von H. Prideaux verfasste Beschreibung dieser Gräber eine Stelle finden. Sie lautet: „Der Begräbnissort der Könige des Hauses Davids besteht aus einem weiten Hof, ungefähr 120 Fuss ins Gevierte, mit einer Galerie oder Kreuzgang linker Hand, welcher Hof und Galerie mit den untergesetzten Pfeilern aus reinem Marmorfels gehauen sind. Zu Ende der Galerie ist ein enger Durchgang der Höhle, durch welche man in einen weiten Raum oder Halle, ungefähr 24 Fuss ins Gevierte, kommt, in welchem wieder etwas kleinere Plätze, immer einer in dem andern, mit steinernen Thüröffnungen sind, welche gleichfalls, wie der grosse Raum, alle aus dichtem Marmorfelsen gehauen sind. Auf der Seite dieser kleineren Plätze oder Räume sind verschiedene Höhlen, darinnen die Leichname der verstorbenen Könige in steinerne Särge gelegt worden. In dem allerinnersten und vornehmsten von diesen Plätzen ward der Leichnam des Hiskias in eine Höhle gelegt, welche vielleicht zu der Zeit in dem oberen Ende desselben Raums mit Fleiss ausgehauen worden sein mochte, um ihm desto grössere Ehre anzuthun; und dies Alles ist noch ganz bis auf den heutigen Tag. Es scheint ein Werk des Königs Salomo gewesen zu sein, denn es hat ohne ungeheure Kosten nicht können gebaut werden, und ist noch der einzige wahre Ueberrest von dem alten Jerusalem, welcher noch an diesem Orte zu sehen ist."

Die Juden glaubten nachmals, dass Salomo bei der Bestattung seines Vaters grosse Schätze in diese Todtenkammern geschafft habe, und Josephus berichtet darüber, wie folgt: „Salomo legte auch noch grosse Schätze in sein (Davids) Grab, deren Grösse man aus Folgendem leicht wird ermessen können. Als nach einem Zeitraum von 1300 Jahren der Hohepriester Hyrkanus von Antiochus, der den Zunamen des Frommen hatte und der Sohn des Demetrius war, belagert wurde, öffnete er, da er das Geld, womit er sich von der Belagerung loskaufen

---

*) S. Rob. l. S. 400. v. Ger. S. 259.

wollte, sonst nirgendwoher herbeizuschaffen wusste, ein Behältniss des Grabmales des David und nahm 3000 Talente heraus und gab einen Theil davon dem Antiochus, wodurch er sich von der Belagerung loskaufte. Viele Jahre hierauf öffnete der König Herodes ein anderes Behältniss dieses Grabmals und nahm ebenfalls grosse Schätze heraus. Zu den Särgen aber, welche die Asche der Könige einschliessen, gelangte Keiner von beiden; denn diese waren so künstlich unter der Erde verborgen, dass man, wenn man ins Grabmal eintrat, nichts davon wahrnahm" (Ant. VII, 15, 3).

II. Die Unterstadt.

1. Das Thal Azel.

Zwischen dem Käsemacherthal und dem Thal Josaphat erhebt sich ein kleiner Gebirgszug, dessen nördlicher Theil unter dem Namen des Tempelberges oder Morija (Morijja), dessen südliche, keilförmig auslaufende Spitze dagegen unter dem Namen Ophel (Hügel) bekannt ist. Beide Theile erscheinen jetzt als ein einziger, eng zusammenhangender Bergrücken. Diese Gestalt hatte er jedoch nicht immer, sondern er wurde vielmehr im Alterthum durch zwei von Osten nach Westen streichende tiefe, schluchtenartige Thaleinschnitte in drei besondere Hügel abgetheilt, die scharf und bestimmt von einander gesondert waren. Auf dem nördlichen erhob sich späterhin die Burg Baris oder Antonia, auf dem mittleren der Salomonische Tempel und auf dem südlichen die Salomonische Königsburg. Beide Thaleinschnitte sind in der nachherigen Zeit mit Erde ausgefüllt worden, so dass ihre ehemalige Lage an Ort und Stelle schwer wieder aufzufinden sein dürfte. Was zunächst den südlichen betrifft, so wurde er schon lange vor dem Beginn des Herodianischen Tempelbaues vollständig verschüttet. Er bildete eigentlich nur eine östliche Verlängerung derjenigen Thalniederung, welche den Berg Zion im Norden begrenzt. Die ganze Thalstrecke lag ziemlich genau in der Richtung einer Linie, welche die Nordseite des Thurms Hippikus (oder Davidsthurms) mit der höchsten Spitze des Oelberges verbindet; sie durchschnitt das Käsemacherthal rechtwinklig, war hier an diesem Durchschnittspunkte am tiefsten und stieg nach Osten zu allmählig immer höher hinan, so dass sie in einiger Entfernung von dem Ostrande des Plateaus von Jerusalem ihren höchsten Punkt erreichte. Oestlich vom Käsemacherthal hatte der König Salomo auf beiden Seiten dieses schräg ansteigenden Thals gewaltige, aus mächtigen Werkstücken bestehende Grundmauern bis zu der Höhe des östlichen Plateaurandes aufgeführt und die zwischen ihnen und dem Morija einerseits und dem Ophel andererseits entstandenen Hohlräume theils mit Erde ausgefüllt, theils zu unterirdischen Kellergewölben und Burgverliessen umgeschaffen, um sowohl für den Tempel als auch für seine Burg eine grössere Bodenfläche zu gewinnen und dadurch beide Berge gewissermassen so nahe an einander zu rücken, dass sie oben durch eine Brücke mit einander verbunden werden konnten. Da auf diesen kolossalen Grundmauern noch die ebenfalls sehr hohen Ringmauern sowohl des Tempels als auch der Burg errichtet wurden, so ist leicht begreiflich, dass das dazwischen befindliche, höchstens 50 Ellen breite Thal niemals vollständig durch das Sonnenlicht erleuchtet werden konnte, sondern stets grossentheils in tiefem Schatten lag. Diese eigenthümliche Beschaffenheit des Thals leitet auch auf den Namen, welchen es bei den Bewohnern Jerusalems geführt haben mochte. Der Prophet Sacharja weissagt nämlich (14, 4): „— und der Oelberg spaltet sich in der Mitte gegen Aufgang und gegen Westen (d. h. in der Richtung von Osten nach Westen) in ein sehr grosses Thal (Kluft), und eine Hälfte des Berges weichet gen Norden und eine Hälfte gen Süden" — und V. 5: „— das (d. h. dieses durch den Aufbruch des Oelberges entstandene) Bergthal wird reichen bis nach Azel." Wird nun der Oelberg durch diese Bergspalte so halbirt gedacht, dass dieselbe gerade durch seine höchste Spitze, und zwar rechtwinklig auf die Stadt Jerusalem, gerichtet ist, so würde sie bei gehöriger Verlängerung genau auf den Ort treffen, der mit „Azel" bezeichnet ist. Das ist aber das oben beschriebene, zwischen dem Morija und Ophel gelegene Thal. Da nun das Wort Azel einen beschatteten Ort bedeutet, ein anderer Ort, auf den dieser Name etwa Bezug haben könnte, aber vergeblich gesucht wird, so ist es kaum zu bezweifeln, dass der Prophet durch Azel jenes von Westen nach Osten gerichtete, schräg ansteigende Schattenthal hat bezeichnen wollen*). Die Richtigkeit der vorstehenden Beschreibung dieses Thals wird der Leser im Nachfolgenden vielfach bestätigt finden.

Das Thal Azel bildete nebst dem Käsemacherthal und dem Hügel Ophel einen zweiten, besonderen Stadttheil von Jerusalem, der den Namen Unterstadt — und seit der Makkabäerzeit ausserdem noch den Namen Akra — führte (B. j. I, 1, 4. V, 6, 1). Der einfache Umstand, dass beide Namen zu derselben Zeit noch auf einen andern Stadttheil ausgedehnt wurden, hat die neueren Topographen der Stadt

---

*) Da das Zeitwort צָלַל, von welchem der Name אָצֵל abzuleiten ist, nicht bloss „beschattet werden", sondern auch „versenkt werden" heisst, so empfiehlt sich mit Rücksicht auf die schräge Thalfläche vielleicht der Name Gesenke, Senkweg oder Thal der Senkung ebenso sehr.

Jerusalem in nicht geringe Verlegenheit gesetzt. Weiter unten wird gehörigen Orts die wahre Sachlage näher beleuchtet. werden.

2. Die Salomosburg.

Die Ringmauer der Salomosburg umschloss ein Rechteck, dessen nördliche Seite, wie bereits gezeigt ist, an das Thal Azel grenzte. Die dieser gegenüber liegende südliche Seite fiel ohne Zweifel mit der Südgrenze der jetzigen Tempelarea zusammen. Die Ostseite trat dagegen etwa hundert Ellen vom Ostrande des Plateaus von Jerusalem aus nach Westen zurück und bildete hier mit der südöstlichen Tempelmauer diejenige Ecke, auf welche Jer. 31, 40 hingewiesen wird. Ebenso weit blieb jedenfalls auch die Westseite von dem westlichen Rande der Tempelfläche in entgegengesetzter Richtung zurück. Hiernach muss die Länge der Burg gerade 500 Ellen, ihre Breite dagegen wenigstens 300 Ellen betragen haben.

In der Mitte des Burghofes (Jer. 36, 20) erhob sich der prachtvolle Königspalast, das Waldhaus Libanon (1 Kön. 7, 2. 10, 17. Jes. 22, 8. Jer. 22, 23) mit seinem, dem Tempel zugekehrten Hauptportal (s. Plan Nr. II.) Um ihn herum gruppirten sich folgende namhafte Gebäude:

1. Die Gerichtshalle (1 Kön. 7, 7) mit einem in der nordwestlichen Ecke der Burg gelegenen besonderen Hofe, in dem sich die Gefängnisskammern befanden und der daher der Vorhof des Gefängnisses (Jer. 32, 2. 33, 1. Neh. 3, 25) hiess. Mit den inneren Räumen des Burghofes muss dieser Gefängnisshof nothwendiger Weise durch ein eigenes Thor in Verbindung gestanden haben (Jer. 37, 16. 17). Einer Zerstörung durch die Chaldäer scheint er entgangen zu sein (39, 14).

2. Der Palast der Königin (1 Kön. 3, 1. 9, 24. 2 Chron. 8, 11) lag vermuthlich in einem mit Gartenanlagen und Kammergebäuden für die übrigen Weiber des Königs gezierten grossen Raume (vgl. Jer. 38, 22), der an den Gefängnisshof stiess.

3. Das Winterhaus (Jer. 36, 22), das eigentliche Wohngebäude der jüdischen Könige, hing mit dem Garten Ussa, in welchem einige von diesen Regenten bestattet wurden, zusammen (2 Kön. 21, 18. 26).

4. Die Pferde- und Maulthierställe (1 Kön. 10, 26), im Osten der Burg, lagen jedenfalls in einem besonderen Hofe. — Von allen diesen Gebäuden wird weiter unten ausführlicher die Rede sein.

In der Ringmauer der Burg befanden sich wahrscheinlich nur folgende vier Thore:

1. Das hohe Thor (2 Chron. 23, 20), dem Haupteingange des Libanon-Palastes gerade gegenüber, stand nur mit dem Tempel, und zwar mittelst der oben erwähnten, über das Thal Azel geschlagenen

Brücke, in Verbindung. Es hiess auch das Thor der Trabanten (2 Kön. 11, 19). — Die Brücke (2 Chron. 9, 4) wird auch durch die Ausdrücke Aufgang (1 Kön. 10, 5) und Zugang (2 Kön. 16, 18) bezeichnet.

2. Das Rossthor (Neh. 3, 28. 2 Chron. 23, 15), östlich vom vorigen, (Jer. 31, 40) wird von Josephus das Maulthierthor genannt (Ant. IX, 7, 3). Weil dieses Thor das einzige war, durch welches Rosse und Maulthiere in die hochgelegene Königsburg gelangen konnten (2 Kön. 11, 16.), so sind nicht nur dessen Namen leicht zu erklären, sondern die oben ausgesprochene Behauptung hinsichtlich der allmähligen Bodenerhebung des Thals Azel, an dessen östlichem Ende das Rossthor stand, erhält auch durch ebendiesen Umstand ihre volle Bestätigung.

3. Das Hinterthor, im Süden. Durch dieses wurde jedenfalls der Mist aus den Pferde- und Maulthierställen und anderer Unrath aus der Burg geworfen, um von hier aus durch das noch südlicher gelegene Stadtthor, welches deshalb den Namen Mistthor erhalten haben mochte, ins Freie geschafft zu werden. Seines besonderen Zweckes wegen wurde es vermuthlich niemals von Standespersonen, sondern nur allein von dem dienenden Theile der Burgbevölkerung betreten.

4. Das Zählungsthor oder Musterungsthor (Luther übersetzte nach der Vulgata, die porta judicialis hat: Rathsthor, Neh. 3, 31), im Westen. Vom Käsemacherthal gelangte man (auf Stufen) durch dieses Thor in den Vorhof des Gefängnisses und in die Gerichtshalle. Aber auch alle diejenigen Personen, welche sich von der Stadt in die inneren Räume der Burg begeben wollten, mussten dieses Thor passiren, indem, wie oben gezeigt ist, die übrigen Eingänge der Burg nur für ganz besondere Zwecke bestimmt waren. —

Die Burgmauer war mit Eckthürmen versehen, die eine ansehnliche Höhe haben mochten (Neh. 3, 25—27). Obgleich wir uns erst in den nachfolgenden Kapiteln mit der Architektonik der Salomonischen Bauwerke ausführlicher beschäftigen können, so sei doch hier schon bemerkt, dass die Steine, welche Salomo zu dieser Mauer verwandte, ebenso beschaffen waren wie diejenigen, aus denen seine übrigen grösseren Bauten bestanden. Die heilige Schrift berichtet darüber (1 Kön. 7, 9—12): „Solches alles waren köstliche, nach dem Richtmaass behauene und an der Innen- und Aussenseite mit der Säge geschnittene Quadersteine, sowohl von der Grundlage (dem Krepidoma) bis an die Sparrenköpfe (des Palastes), als auch ausserhalb (nämlich das ganze Pflaster des Burghofes) bis an den grossen Vorhof (d. h. bis zu der Ringmauer des Burghofes). 10. Der Grundbau (der Ringmauer) bestand auch aus köstlichen und grossen Steinen, nämlich aus Steinen von zehn Ellen und Steinen von acht Ellen (d. h. aus Steinen von 10 Ellen Länge und 8 Ellen Breite und Höhe). 11. Darüber befanden sich ebenfalls köstliche, nach dem Richtmaass behauene Quadersteine (von geringerer Grösse) und (ganz oben) Cedernbrettwerk. 12. Der grosse Vorhof (Burghof) hatte nämlich ringsum drei Reihen (d. h. drei über einander liegende Schichten oder Stockwerke) von behauenen Steinen und (oben darauf) eine Reihe von Cedernzimmerwerk."

Da nach V. 10 nur das Fundament der Burgmauer aus Steinquadern von 10 Ellen Länge und 8 Ellen Breite und Höhe bestand und die Mauer selbst an ihrer Aussenseite von Schicht zu Schicht eine Elle eingerückt war, so hatten die Steine der drei oberen Schichten (V. 11) einen geringeren Umfang als die des Fundaments. Die auf diesem Fundament ruhende unterste Schicht bestand nämlich aus Werkstücken von 10 Ellen Länge und 7 Ellen Höhe und Breite, die folgende aus Quadern von gleicher Länge und Höhe, aber von nur 6 Ellen Breite und die dritte endlich aus gleichgrossen Steinen, die jedoch nur 5 Ellen Breite hatten. Diese drei Steinschichten waren der grösseren Haltbarkeit und eines später zu gedenkenden Grundes wegen so auf einander gefügt, dass sie auf der dem Burghofe zugekehrten Seite eine ununterbrochene, senkrecht abfallende Wand bildeten, während sie nach aussen hin, wie schon angedeutet, drei — und mit Hinzurechnung des von aussen gleichfalls in seiner ganzen Höhe sichtbaren Fundaments vier — stufenförmige Absätze zeigten, die etwas abgeschrägt sein mochten.

Auf der obersten Steinlage erhob sich nun noch „eine Reihe von Cedernzimmerwerk", d. h. eine an der Aussenseite derselben aufgestellte Brustwehr von künstlich ausgearbeitetem Cedernholze. Diese Brustwehr war ohne Zweifel in der Art konstruirt worden, dass in der obersten Steinschicht zuerst von 10 zu 10 Ellen ein starker Cedernpfosten von 4 Ellen Höhe befestigt und dann zwischen je zwei Pfosten eine drei Ellen hohe Brettwand angebracht war, so dass man ohne Gefahr auf der Mauer herumgehen und über die Brustwehr bequem in die Ferne hinausschauen konnte [*]. — Da jede der drei Steinschichten

---

[*] Da bei den altjüdischen Bauwerken jede Vorrichtung, welche die Bedeutung einer Brustwehr hatte, 3 Ellen hoch war (vgl. Leo. II, 244), so liegt in der obigen Höhenbestimmung keine willkürliche Annahme. 3 Ellen Höhe hatte z. B. auch die Mauer, welche die Terrasse des Priestervorhofs umschloss (Ant. VIII, 3, 10), desgleichen auch die Wand, welche den Tempelzwinger von dem Vorhof der Heiden trennte (B. j. V, 5, 2), und die Mauer, welche den Fuss des Antoniahügels auf der Westseite umgab (V, 2, 8). Dass die

7 und die Pfosten der Brustwehr 4 Ellen hoch waren, so betrug die volle Höhe der Mauer von innen 25, von aussen mit Hinzurechnung des 8 Ellen hohen Fundaments aber 33 Ellen.

3. Der Mörserplatz und die Mauern der Unterstadt.

Die Unterstadt hatte im Westen, wo sie sich an die Oberstadt anlehnte, und an der östlichen Hälfte ihrer Nordseite, wo sie an den Tempel grenzte, keine eigenen Mauern. An der westlichen Hälfte ihrer Nordseite besass sie dagegen eine besondere Mauer, welche die Südwestecke des Tempels mit der Nordostecke der Davidsstadt verband. In dieser Mauerstrecke befand sich nur ein einziges Thor, nämlich das Thor des Volks oder das Thor der Söhne des Volks (Jer. 17, 19).

Der südlich davon gelegene, mit dem Thal Azel zusammenhangende Theil des Käsemacherthals hiess — vermuthlich seiner in der Mitte mulden- oder kesselförmig vertieften Gestalt wegen — der Mörser oder Mörserplatz. Aus den Worten des Propheten Zephanja (1, 11): „Heulet, Bewohner des Mörsers, denn es wird getilgt alles Krämervolk, ausgerottet alle Silberbelastete", — geht hervor, dass dieser Platz nicht nur vorzugsweise von Kauf- und Handelsleuten aller Art bewohnt wurde, sondern dass derselbe auch vermöge seiner günstigen Lage im Mittelpunkt der vier ältesten Stadttheile Jerusalems ein sehr belebter und viel besuchter Bazar oder Marktplatz war. Hierdurch wird auch hinreichend erklärt, welchem Umstande das eben genannte Stadtthor seinen Namen zu verdanken hatte, und warum der Prophet Jeremias besonders unter diesem Thore seine Predigt über die Sabbathsfeier hielt (Jer. 17, 19—27).

Im Osten und Süden hatte die Unterstadt ebenfalls ihre eigene, von Salomo erbaute Mauer, welche am Tempel begann, sich in südlicher Richtung bis zum Thurm von Siloah (Luk. 13, 4), bei dem gleichnamigen Teiche (s. unten), erstreckte und von hier aus in westlicher Richtung nach der Oberstadt hinüberlief, um sich auf der Nordseite der „tiefen Schlucht" an die obere Ringmauer anzuschliessen. Diese ganze Mauerstrecke, mit welcher die Ostseite der Salomosburg zusammenfiel, hiess die Mauer Ophel (2 Chron. 27, 3. 33, 14. Neh. 3, 27). Leider ist von ihr bis jetzt noch keine Spur wieder aufgefunden worden, und es kann daher ihre ehemalige Lage nicht ganz sicher bezeichnet werden;

Pfeiler der Brustwehr aber 4 Ellen hoch waren und daher um eine Elle über diese hervorragten, ergiebt sich aus Leo II, 176. 245. — Die 3 Ellen hohen, künstlich ausgeschnitzten Cedernbretter der Brustwehr standen jedenfalls wie die Pfeiler senkrecht und wurden oben (und unten) durch eine wagerechte Leiste oder Gesimsbalken (vgl. Leo II, 176) in dieser Stellung erhalten

doch wird ihre Ausdehnung in den verschiedenen Zeiträumen, wie sie auf den beigefügten Plänen dargestellt ist, schwerlich bedeutend von der Wahrheit abweichen.

Die Mauer Ophel hatte nur zwei Thore, und zwar im Osten, nahe bei dem Drachenbrunnen, das Mistthor (Neh. 3, 26. 8, 1. 3. 16. 12, 37) und im Süden das Brunnenthor (Neh. 2. 14. 3. 15. 12, 37).

Das Käsemacherthal war sehr bevölkert, indem an beiden Seiten desselben die Häuser „in dichter Reihe hingen" (B. j. V, 4, 1) und sich bis zum Gefängnisshofe hinzogen (Jer. 32, 12). Der felsige, scharfe Rücken des gleichfalls sehr schroff hinansteigenden Berges Ophel wurde in seiner ganzen Ausdehnung von der Salomosburg bis zum Siloahthurme wahrscheinlich nur allein von den unter dem Namen Nethinim bekannten Tempeldienern, den Nachkommen der alten Gibeoniten (Jos. 9, 3—27. 1 Chron. 10, 2), bewohnt (Neh. 3, 26). Wie nothwendig es war, dass diesen Leuten in der Nähe des Tempels ein besonderer Wohnsitz angewiesen wurde, ist einleuchtend, wenn man bedenkt, welch eine ungeheure Menge Holz und Wasser täglich, besonders aber zu den hohen Festtagen, von ihnen in den Tempel geschafft werden musste. Das Nethinimquartier mochte übrigens des heidnischen Ursprungs seiner Bewohner wegen in Jerusalem eine ähnliche verachtete Stellung einnehmen wie in späterer Zeit die Judenquartiere in den Städten der Christen und Muhammedaner. —

Im Ganzen zerfiel die Unterstadt, wie aus dem Vorhergehenden erhellt, in folgende sechs Bezirke: 1) das Käsemacherthal, 2) die Eck- oder Xystusterrasse, 3) das Quartier der Handelsleute (Neh. 3. 31) auf dem Mörserplatz, 4) das Thal Azel, 5) die Salomosburg und 6) das Nethinimquartier.

Nach der Rückkehr aus dem babylonischen Exil hatte sich ein Theil der Nethinim auch auf dem Mörserplatze häuslich niedergelassen, weshalb das Quartier der Handelsleute zu Nehemias Zeit den Namen „Haus (Quartier) der Nethinim und der Krämer" (Neh. 3, 31) führte. Weiter unten ein Mehreres hierüber. —

An der Stelle, wo das Käsemacherthal in das Thal Josaphat mündet, also im Süden der Mauer Ophel, lag der noch jetzt vorhandene Teich Schiloach. „Dieser Teich ist vorne und beim Eintritte mit Steinen belegt; man geht eine Treppe von etwa 20 Stufen hinab, die grob in den Felsen gehauen sind. Ehemals soll er sehr geschmückt gewesen sein. Die Quelle springt aus einem Felsen und hat das Besondere, dass ihr Wasser zeitweise eine Ebbe und Fluth hat, durch deren Wirkung die Geschwindigkeit, womit es abfliesst, sich abwechselnd vermehrt oder vermindert" (v. Ger. I. S. 202). Ausführlicher verbreitet sich Robinson über dieses Gewässer, indem er sagt (I. S. 384): „Hier, noch im Thale Tyropoeon, ist der Teich von Siloam (Schiloach), ein kleiner, tiefer Wasserbehälter in der Form eines länglichen Vierecks, in welches das Wasser unter dem Felsen weg aus einem kleineren Becken strömt, das ein paar Fuss weiter hinauf in die Felsmasse eingehauen ist, und zu welchem man vermittelst einiger Stufen hinuntersteigen kann. Dies alles ist künstlich. Das Wasser kommt in dasselbe durch einen unterirdischen Kanal von dem Marienbrunnen (Drachenbrunnen) weiter oben im Thale Kedron oder Josaphat. Der Hügel oder Rücken Ophel, der die Thäler Tyropoeon und Josaphat scheidet, läuft gerade hier über dem Teiche von Siloam in einer steilen Felsenspitze aus, 40 bis 50 Fuss hoch. Längs dem Fusse desselben wird das Wasser in einem in den felsigen Boden gehauenen Kanal abgeführt und so hinunter geleitet, um die Feigen- und sonstigen Obst- und Pflanzengärten zu bewässern, die terrassenförmig sich bis in den Grund des Thals Josaphat erstrecken, einen Abhang von 40 bis 50 Fuss hinab. Die Wasser von Siloam, wie wir sie sahen, verloren sich in diesen Gärten. Zur Rechten, gerade unter dem Teiche und der Spitze von Ophel gegenüber, steht ein grosser Maulbeerbaum mit einer Terrasse von Steinen um seinen Stamm herum, wo man sagt, dass Jesaia zersägt worden sein soll."

III. Der Salomonische Tempel.
1. Der Berg Morija.

Der König Salomo begann im vierten Jahre seiner Regierung den Bau seines berühmten Tempels auf dem schon mehrmals erwähnten, aus Abrahams (1 Mos. 22, 2) und Davids (2 Chron. 3, 1) Geschichte bekannten Berge Morija. Dieser Berg, der aus dem Thal Josaphat 300 bis 400 Ellen hoch emporstieg, war in der Urzeit nur an seiner Südostseite, und zwar vom Thal Azel aus, zugänglich; im Norden und Westen dagegen umgaben ihn sehr tiefe Schluchten, die erst lange nach Salomo theils mit Erde ausgefüllt, theils aber überbrückt wurden, so dass er — mit Ausnahme des einzigen Punktes im Südosten — ursprünglich ringsherum von tiefen Thälern und Schluchten umgeben war (Leo II, 1).

Die westliche Schlucht begann am nördlichen Ende des Mörserplatzes, zog sich — vielleicht ziemlich geradlinig — bis zum Antoniahügel, wo sich eine zweite, auf der Westseite dieses Hügels befindliche kleinere Schlucht, die Antoniaschlucht, mit ihr vereinigte, wandte sich hier nach Osten und endigte am Ostrande des Plateaus von Jerusalem. Nach Strabo (XVI. 2) betrug ihre Tiefe 60 und ihre Breite 250 Fuss. Diese letztere Angabe ist aber wahrscheinlich nur von der zwischen dem Tempelberg und dem Antoniahügel gelegenen Strecke der Schlucht zu verstehen, denn an den übrigen Stellen mochte sie diese Breite nicht erreichen. Wenn Strabo hinzufügt: „von den (in dieser Schlucht) ausgebrochenen Steinen war die Mauer des Tempels aufgethürmt", — und Josephus in Uebereinstimmung hiermit von Tempelhallen, „die auf Säulen aus dem an Ort und Stelle gebrochenen Stein ruhten," spricht (Ant. VIII, 3, 10) —, so ist nicht zu bezweifeln, dass Salomo diese Schlucht in ihrer ganzen Ausdehnung künstlich erweiterte, um nicht nur das nöthige Baumaterial zu erhalten, sondern auch den Tempelberg im Norden und Westen ebenso unersteigbar zu machen, wie dies im Osten der Fall war.

Der bereits weiter oben erwähnte Teich Amygdala mochte damals einen Abfluss in diese Schlucht entsenden, wenigstens befand sich im Grunde derselben ein Bach, der dem Kidron zufloss, nachdem er bei seinem Austritt aus dem Plateau von Jerusalem zuvor einen aus bedeutender Höhe herabstürzenden Wasserfall gebildet haben mochte. Der über der Mündung dieser Schlucht emporragende Theil der später hier erbauten Stadtmauer hiess Caphnata (1 Makk. 12, 37), und es ist daher nicht ganz unwahrscheinlich, dass auch jener kleine Bach, sowie die Schlucht selbst, ebendenselben Namen geführt hat. Diese Vermuthung wird auch in der That dadurch unterstützt, dass das während oder bald nach der Makkabäerzeit errichtete westliche Tempelthor den Namen Kiponos (oder Kipponos) führte (Leo II. 19). Dieser Name aber ist augenscheinlich verwandt mit dem Worte Caphnata: ja, wenn man berücksichtigt, dass ersterer nur eine gräcisirte, „Caphnata" aber eine talmudische Wortform ist, so springt die Identität beider Ausdrücke, die ohne Zweifel nur spätere Formen eines und desselben alten urcanaanitischen Namens darstellen, sogleich ins Auge *).
Im Nachfolgenden werden wir die beschriebene Schlucht in ihrer ganzen Ausdehnung vom Mörserplatze bis zum Thal Josaphat stets die

---

*) Beide sind nämlich jedenfalls aus כֵּף (Höhlung, Schlucht) und עַיִן (Quelle) zusammengesetzt, und zwar ist „Caphnata" = כֵּף נַעְיָתָה, „Kiponos" aber = כֵּף עֵינוֹן oder כֵּף עַיִן (vgl. Ez. 47, 17. 48, 1). Beide Namen bedeuten: Quellenschlucht. — Leo erklärt (II, 19) das Wort Kiponos folgendermassen „Kiponos (porta) forte nuncupatur sic propter hortos et pomaria, quae ab hoc latere ei fuere propinqua hinc a temporibus prophetarum priorum. Siquidem kiponos, Graeca vox, exponi potest cultura horti." Das ist aber eine leere Vermuthung, die nichts weiter für sich hat als die zufällige Aehnlichkeit des Wortes Kiponos mit den griechischen Wörtern κῆπος, κήπιον und κήπιον (Garten) und κηπεία (Gartenbau).

Caphnataschlucht und den darin befindlichen Bach den Caphnatabach nennen.

Um Wiederholungen zu vermeiden, wird es nicht unzweckmässig sein, Alles, was Josephus über die Erweiterung und Umformung des Berges Morija berichtet, als Einleitung auf die weitere Beschreibung des Tempels hier vorauszuschicken. Er sagt nämlich: „Der Tempel war auf dem Rücken einer steilen Höhe erbaut. Anfangs reichte dessen obere Fläche kaum zu für Tempel und Altar. Denn der Rand umher war steil und abschüssig. Nachdem aber der Erbauer des Tempels, der König Salomo, den östlichen (am Thal Josaphat gelegenen) Theil ausgemauert hatte, setzte er auf einen Erdhaufen, der dort aufgeworfen wurde (d. h. auf die Erde, mittelst deren er den Raum zwischen der aufgeführten Grundmauer und dem Morija ausgefüllt hatte), einen Säulengang (nämlich die sogenannte Halle Salomonis). Gegen die übrigen Seiten stand der Tempel frei*). Mit der Zeit trug das Volk immer mehr zur Vergrösserung bei, und so wurde der Hügel geebnet und erweitert" (B. j. V, 1). „Grosse Schluchten, in die man ihrer schwindelnden Tiefe wegen nicht ohne Schauder beim Hinüberbeugen hinabsah, und die sich (was namentlich das Thal Josaphat betrifft) auf eine Tiefe von 400 Ellen erstreckten, liess er bis zur Höhe des Berggipfels, auf welchem der Tempel stand, ausfüllen (oder besser: er liess vom Grunde der Schluchten aus — man denke hier namentlich an das Thal Azel — in die Höhe bauen) und auf diese Grundlage den äusseren Vorhof (den Vorhof der Heiden) in gleicher Ebene mit dem Tempel**) aufführen. Dieser Raum ward (auf der Ostseite) mit doppelten Hallen umgeben, die auf Säulen aus dem an Ort und Stelle gebrochenen Stein ruhten" (Ant. VIII, 3, 10). „Beide Hallen (nämlich die eben erwähnte und eine andere, erst von Herodes dem Grossen erbaute) ruhten auf einer grossen (Grund-) Mauer; die Mauer selbst aber war eines der grössten Werke, wovon man je gehört hat. Denn es war ein felsichter, steiler Hügel (der Morija nämlich), der nach der Ostseite der Stadt hin sich allmählig bis zu seinem höchsten Gipfel erhob (zu Josephus' Zeit war nämlich der westliche Theil der Caphnataschlucht bereits vollständig mit Erde ausgefüllt). Diesen Hügel umgab Salomon oben am Gipfel mit einer Mauer; auch verschanzte er ihn unten am Fusse, wo er nach der Südseite hin von einem tiefen Thale

---

*) Hier befindet sich Josephus im Irrthum; nach 2 Chron. 4, 9 umgab schon Salomo den Tempel mit Vorhöfen, also auch mit Mauern.

**) Das ist wiederum unrichtig; denn der Vorhof der Heiden bildete die erste Terrasse, der Vorhof des Volks die zweite und der Vorhof der Priester die dritte Terrasse, und auf dieser letzten erhob sich erst das eigentliche Tempelgebäude.

(dem Thal Azel) umgeben war, mit grossen, durch Blei verbundenen Felsstücken, indem er inwendig immer einen kleinen Zwischenraum liess und so bis in die Tiefe hinein fortbaute, so dass der ins Gevierte gearbeitete Bau eine ungeheure Grösse und Höhe erhielt; die mächtig grossen Felsstücke stellten sich von vorn dem Auge dar und waren inwendig mit eisernen Banden so stark mit einander verbunden, dass die Verbindung für alle Zeiten unauflöslich ist. Und als dieses Werk so hoch hinaufgebaut worden, dass es sich oben mit dem Gipfel des Hügels zusammenfügte, und nachdem er dann den Gipfel desselben etwas geglättet und die Höhlen, die sich innerhalb der Mauern fanden, ausgefüllt hatte, machte er alle Theile der Oberfläche, die etwa noch hervorstanden, glatt und eben. Das ganze Werk hatte vier Stadien im Umfange, da jede Seite ein Stadium (600 Fuss) lang war. Inwendig ging dann um den Gipfel des Hügels (d. h. um die zweite Terrasse) noch eine andere steinerne Mauer, welche gegen die Ostseite hin noch eine zwiefache Halle trug, die ebenso lang war, wie die Mauer nach der Thür des (eigentlichen) Tempels hin, der gerade in der Mitte der Mauer lag" (Ant. XV, 11, 3).

Betrachten wir nun den Harâm esch-Scherif, d. h. den ehemaligen Tempelplatz, in seiner gegenwärtigen Gestalt. Derselbe hat nach den zuverlässigsten Messungen eine Länge von 1410 und eine Breite von 873 Fuss. Ungefähr in der Mitte dieses ebenen Raumes, doch näher der Nord- und Westseite, erhebt sich jetzt eine um 15 Fuss erhöhte Platform, 550 Fuss in der Länge von Norden nach Süden, 450 Fuss in der Breite von Westen nach Osten ausgedehnt. Inmitten dieser Erhöhung steht die Moschee Omars, ein Achteck von jederseits 67 Fuss. Gerade unter der Kuppel dieser Moschee liegt „der berühmte Fels Sakhrâh, einer der heiligsten, durch viele Sagen gefeierten Orte der Muhammedaner, der in unregelmässiger Form den grössten Theil des Fussbodens einnimmt, 60 Fuss nach der einen, 50 nach der andern Richtung. Ein natürlicher Fels, Kalkstein, erhebt er sich fünf Fuss über dem mit Marmor getäfelten Boden. Es ist dies die Felsoberfläche des Berges Moriah, die Salomo (ebnete und) erweiterte" (Str. S. 199).

Ist somit der Punkt, auf welchem sich das jüdische Nationalheiligthum erhob, genau bekannt, so kann es sich nur noch darum handeln, welche Ausdehnung die von Salomo geschaffene Oberfläche des Morija hatte. Theilt man den jetzigen Tempelplatz von Süden nach Norden in neun gleiche Theile, so kommen die drei südlichsten auf die Fläche, wo sich ehemals die Salomosburg und das Thal Azel befand, die vier folgenden auf die Salomonische Tempelarea und die beiden letzten auf die

Burg Antonia. Da nun die Moschee Omars ziemlich genau in der Mitte des eben bezeichneten mittleren Raums liegt, dieser Raum selbst aber wenig länger als die oben erwähnte Platform ist, so hat man, da nach Josephus jede Seite des Tempels ein Stadium oder 600 Fuss betrug, nur nöthig, der Platform im Süden und Norden ein geringes Areal hinzuzufügen, um die volle Ausdehnung der Morijaoberfläche in ihrer Richtung von Norden nach Süden — nämlich etwa 540 Ellen — ziemlich richtig zu erhalten. Da aber ferner die Moschee — und somit auch der ehemalige Standort des alten Tempelgebäudes — näher dem Westals dem Ostrande der Tempelfläche gelegen, die östliche, aus dem Thal Josaphat emporsteigende Grundmauer dieser Fläche aber seit ihrer ersten Entstehung bis heut unverändert geblieben*) und nur die westliche durch Herodes den Grossen bis nahe an die jetzige Grenze hinausgerückt ist, so muss die Morijafläche von Osten nach Westen **etwas mehr** als ein Stadium, nämlich, wie aus dem Nachfolgenden hervorgehen wird, genau 700 Ellen betragen haben. Daraus folgt, dass die Grundfläche des Tempels im weiteren Sinne, d. h. die des Vorhofs der Heiden, kein Quadrat, sondern vielmehr ein von Osten nach Westen gerichtetes Rechteck gewesen und daher die obige Angabe des Josephus nicht wörtlich zu nehmen ist.

2. Die Vorhöfe des Tempels.

Die Ringmauer, welche sich auf den kolossalen Grundmauern des zu einem regelmässigen Viereck umgeschaffenen Berges Morija erhob, umschloss den unter dem Namen **Vorhof der Heiden** bekannten **äusseren** Tempelhof. Sie hatte vier mit silbernen Thüren versehene Thore (Ant. VIII, 3, 10), die sich jedoch nicht, wie irrthümlich allgemein angenommen wird, auf verschiedenen Seiten, sondern vielmehr **sämmtlich auf der Südseite** derselben befanden. Es waren von Westen nach Osten folgende (s. Plan Nr. II):

1) Das **Kerkerthor** (Neh. 12, 39) führte diesen Namen entweder deshalb, weil unter ihm Gefängnisskammern angebracht waren, oder deshalb, weil es dem Gefängnisshofe in der Salomosburg (3, 25) gegenüber lag. Durch dieses Thor begab sich das israelitische Volk vom Mörserplatz aus — auf Stufen — in den Tempel.

2) Das **Königsthor** (1 Chron. 10, 18), welches mit dem **hohen Thore** der Salomosburg durch die mehrmals erwähnte **Brücke** ver-

---

*) „An der ganzen Ostseite von Jerusalem erhebt sich der Berg, der die Mauern trägt, steil aus dem tiefen Thal Josaphat" (Diet. II, 180).

bunden war, diente nur dem Könige und seiner Begleitung zum Eintritt in das Heiligthum.

3) Das Grundthor (2 Chron. 23, 5) befand sich dem Rossthor in der Salomosburg schräg gegenüber und war, da das Thal Azel vom Mörserplatz aus in schiefer Ebene bis zu ihm hinanstieg, dasjenige Thor, durch welches die Opferthiere (nachdem sie wahrscheinlich zuvor beim Teiche Amygdala vom Schmutz und Unflath gesäubert worden) in den Tempel geführt wurden. Der Name „Grundthor" lässt vermuthen, dass — um die Opferthiere bequemer hindurchbringen zu können — die schiefe Ebene des Thals Azel sich in gleicher Schrägheit auch noch durch den ganzen Thorweg hindurchzog, so dass dieselbe sich an der Innenseite des Thors an die Oberfläche des Vorhofs der Heiden anschloss, ohne hier durch Stufen unterbrochen zu sein. An seiner Aussenseite musste der Thorweg daher etwas niedriger liegen als die der übrigen Thore des Tempels sowohl, wie auch der Burg. Hieraus würde dann auch folgen, dass die schiefe Ebene des Thals Azel sich noch bis zu dem weiter nach Osten hin gelegenen Rossthore fortgesetzt habe, was höchst wahrscheinlich auch der Fall gewesen ist. — Die Führer der Opferthiere mussten, wenn sie das Grundthor erreicht hatten, plötzlich eine Wendung nach links machen, um in den Tempel zu kommen. Dieser Umstand scheint die Veranlassung gegeben zu haben, dass dasselbe auch das Thor Sur (d. h. das Thor der Wendung) genannt wurde (2 Kön. 11, 6). An einer andern Stelle (Jer. 38, 14) heisst es der dritte Eingang am Hause Jehovas.

4) Das Wasserthor (Neh. 3, 26. 8, 1. 3. 16. 12, 37), östlich von der Mauer Ophel, war das einzige Thor des Tempels, das unmittelbar ins Freie führte. Sein Name giebt zu erkennen, dass durch dasselbe das nöthige Wasser in den Tempel geschafft wurde. Wie dies aber geschah, das verdient genauer untersucht zu werden.

Leo behauptet an verschiedenen Stellen (II, 48. 61. 94. 217), es sei das Wasser der südlich von Bethlehem gelegenen Quelle Etham (jetzt Urtâs), bei welcher noch heut zu Tage einige von Salomo künstlich angelegte Teiche vorhanden sind, in den Tempel geleitet worden. Diese Angabe ist jedoch bisjetzt allgemein bezweifelt worden, da einestheils die h. Schrift von einem solchen Werke ganz schweigt, anderntheils aber Jerusalem damals selbst noch zu reichlich in der Nähe mit Wasser versorgt war, als dass ein so grossartiger und kostspieliger Bau nothwendig gewesen wäre. Nun besass aber der Tempel in der That einen unterirdischen Kanal, in welchem die Priester sich wuschen und badeten, und aus welchem man jeden Morgen frisches Quellwasser in das sogenannte eherne Meer schöpfte. Auch wurde mittelst desselben nicht bloss das beim Opfern gebrauchte Spülwasser, sondern auch zugleich Blut und alle andern Abfälle und Unreinigkeiten in den Kidron hinabgeführt. Dieser Kanal zog sich erwiesenermassen von der Südseite des Vorhofs der Heiden nach dem grossen Brandopferaltar im Priestervorhofe und mündete nach weiterem Laufe, wie aus dem Nachfolgenden ersichtlich sein wird, in die Caphnataschlucht. Da das Wasserthor an der Südseite des eben genannten Vorhofs lag, so ist nichts wahrscheinlicher, als dass der Kanal unter diesem Thore, in oder neben welchem den Tempelbesuchern erlaubt sein mochte, ihren Durst zu stillen, in den Tempelbezirk trat. War dies aber der Fall, so ist nicht bloss erklärlich, welcher Umstand dem Wasserthore seinen Namen verschafft hat, sondern auch, von woher das Wasser des Kanals selbst stammte, nämlich ohne Zweifel aus dem beim Mistthore gelegenen **Drachenbrunnen** (Neh. 2, 13), einem 15 Fuss langen und 6 Fuss breiten, tiefliegenden Wasserbehälter, der gegenwärtig den Namen **Marienbrunnen** oder **Brunnen der h. Jungfrau** führt. Josephus nennt ihn (B. j. V, 4, 2) den **Fischteich Salomons**, obgleich, wie aus einer weiter unten folgenden Beschreibung dieses Brunnens hervorgehen wird, wohl niemals Fische darin gewesen sein können. Genug, bei diesem umfangreichen, schönen Quellbecken begann jedenfalls die Wasserleitung des Tempels. Um das Wasser selbst aus der Tiefe in den verdeckten Kanal zu schaffen, waren hier gewiss grosse Schöpfmaschinen aufgestellt, bei welchen die zu ewiger Knechtschaft verdammten Nethinim, deren Quartier, wie schon gesagt, sich auf dem Hügel Ophel, also ganz in der Nähe befand, vielleicht Tag und Nacht ununterbrochen thätig waren. Dass schon im hohen Alterthum solche Schöpfmaschinen bekannt und im Gebrauch gewesen sind, bezeugt Strabo, wenn er berichtet (XVI, 1): „Die oberste Platform (des hängenden Gartens zu Babylon) hat treppenähnliche Aufgänge und an diesen **schneckenförmige Pumpen, durch welche besondere Arbeiter beständig Wasser aus dem Euphrat in den Garten hinaufschaffen.**" Solche schneckenförmige Pumpen waren ohne Zweifel auch im Drachenbrunnen angebracht, und so wurde von hier aus nicht allein der Tempelkanal, sondern jedenfalls auch noch ein zweiter unterirdischer Aquädukt mit Wasser versorgt, der sich in der Salomosburg vielfach verzweigte, die dortigen Cisternen und Teiche mit Wasser füllte, die Unreinigkeiten der Burg mit sich hinwegnahm und sich endlich, nachdem alle kleineren Röhren der Burg sich unter der Oberfläche des Thals Azel wieder zu einem einzigen Hauptkanal vereinigt hatten, in die Caphnataschlucht ergoss.

An Gebäuden befanden sich im Vorhof der Heiden nur die schon oben mehrmals erwähnte Doppelhalle, welche die ganze Ostseite des Vorhofs einnahm, und die zwischen den Thoren gelegenen Wohngebäude der Thorhüter und anderer Tempelaufseher. In der Südost- und Südwestecke des Vorhofs waren vermuthlich die Tempelkloaken, welche einerseits in das Thal Josaphat, andererseits in die Caphnataschlucht einen verdeckten Abfluss haben mochten. — Der grosse freie Raum vor der Säulenhalle, ein vielbesuchter Versammlungsort des israelitischen Volks, hiess der freie Platz vor dem Wasserthore (Neh. 8, 1. 3. 16), der Platz gegen Morgen (2 Chron. 29, 4) oder auch der freie Platz vor dem Hause Gottes (Esra 10, 9). —

Innerhalb des Vorhofs der Heiden erhob sich die zweite Terrasse, auf welcher sich der innere Vorhof (1 Kön. 6, 36. 7, 12) oder der Vorhof des Volks befand. Er wurde auch der obere Vorhof (Jer. 36, 10), der grosse Hofraum (2 Chron. 4, 9. 6, 13) und der Vorhof des Hauses Jehovas (Jer. 19, 14) genannt. Die Ringmauer, welche ihn und zugleich die ganze zweite Terrasse einschloss, war ebenso wie die der Salomosburg (1 Kön. 7, 12) „von drei Reihen behauener Steine und einer Reihe Cedernzimmerwerk" (1 Kön. 6, 36) erbaut. Da diese aus drei Schichten bestehende Mauer wie die Ringmauer des Burghofes auf einem acht Ellen hohen Fundamente ruhte, dieses Fundament aber vom Vorhof der Heiden aus in seiner ganzen Höhe sichtbar war, so betrug die volle Höhe der Vorhofsmauer von aussen 33 und von innen, wo die Oberfläche des Volksvorhofs mit der des Fundaments (sowie auch mit der des Felsens Sakhrah) eine einzige horizontale Ebene bildete, gleich der Burgmauer nur 25 Ellen. Der Vorhof des Volks lag also um 8 Ellen höher als der Vorhof der Heiden und wurde, da die Höhe einer jeden Stufe eine halbe Elle betrug (Leo I, 17.. II, 54), daher auf 16 Stufen erstiegen. — Zu beachten ist noch, dass allem Anschein nach der Vorhof der Heiden keine ganz wagerechte Oberfläche besass. Da dieselbe nämlich am Volksvorhofe um vier Ellen höher als an den Aussenmauern — oder wenigstens doch am Grundthore — war, so muss sie nach allen Seiten hin etwas geneigt gewesen sein, vielleicht deshalb, damit das Regenwasser leichter abfliessen konnte. Wir werden weiter unten noch mehrmals hierauf zurückkommen.

Der Vorhof des Volks bildete ein Quadrat von 400 Ellen (s. unten). Er hatte „gewaltige Thore, von denen je eins nach den vier Weltgegenden blickte und mit goldenen (nach 2 Chron. 4, 9 mit ehernen) Thüren verschlossen ward" (Ant. VIII, 3, 10). Es waren folgende:

1) Das Thor der Erstlinge (Leo II, 27. 48), im Süden, so ge-

nannt, weil man die Erstlinge durch dasselbe in den inneren Tempel brachte.

2) Das hohe Thor, im Osten; nach seiner Renovirung durch den König Jotham (2 Kön. 15, 35. 2 Chron. 27, 3) wurde es das neue Thor (Jer. 26, 10. 36, 10) genannt.

3) Das Thor des Altars (Ez. 8, 5), im Norden, erhielt diesen Namen ohne Zweifel deshalb, weil man durch dasselbe den grossen Brandopferaltar im Priestervorhofe gerade vor sich erblickte, was freilich auch bei den beiden vorher genannten Thoren der Fall war. In späterer Zeit hiess es das Thor des Opfers (Leo II, 27. 48).

4) Das Thor Schallecheth (1 Chr. 27, 16), im Westen. Während vor den drei zuerst genannten Thoren Stufen zum Hinaufsteigen angebracht waren, befand sich vor diesem, da durch dasselbe die Opferthiere zum Altar hinaufgeführt wurden, nur eine allmählig ansteigende Schiefffläche. Seines besonderen Zweckes wegen wurde es daher wahrscheinlich auch nur von den Führern der Opferthiere, nicht aber von den übrigen Tempelbesuchern betreten.

Ausser diesen vier Hauptthoren, durch welche das israelitische Volk sich in den Vorhof des Volks begab, hatte dieser Vorhof noch vier Nebenthore, zwei im Süden und zwei im Norden, durch welche nur die Priester und Leviten eintreten durften; auch dienten sie diesen Personen während ihrer dienstfreien Zeit als Aufenthaltsorte. Ihre eigenthümliche Bauart und Einrichtung wird weiter unten einer ausführlichen Betrachtung unterzogen, sowie deren Kammern (Neh. 12, 25 Vorrathskammern genannt) einzeln aufgezählt werden. Es waren folgende:

1) Das Thor der Waschung (Leo II, 133), im Südosten. Unter diesem Thore trat jener oben erwähnte unterirdische Tempelkanal in den Vorhof des Volks ein. In dem unteren Theile dieses Thores befand sich ein Badezimmer, in welchem der Hohepriester am Versöhnungsfeste seine erste Waschung vornahm. Zur Zeit des zweiten Tempels ging der Name des Wasserthors, das den neuen Namen Thor Susan erhielt, auf dieses Thor über.

2) Das Oberthor Benjamin (Jer. 20, 2), im Nordosten, hiess auch das Oberthor, das gen Norden gerichtet ist (Ez. 9, 2). Unter diesem Thore trat der Tempelkanal wieder aus dem Vorhof des Volks und mündete in den nördlich davon gelegenen Theil der Caphnataschlucht. In dem unteren Theil dieses Thors, zu welchem man mittelst einer Wendeltreppe gelangte, befand sich ein zweites unterirdisches, durch Fackeln erleuchtetes Badezimmer nebst einem Ort, an welchem die Priester ihre Nothdurft verrichten durften. In einem oberen Theile dagegen wurde beständig Feuer unterhalten, damit die Priester, welche

bekanntlich ihre Opferhandlungen mit unbekleideten Füssen verrichteten, sich hier erwärmen konnten. Dieses Feuers wegen wurde das Thor gewöhnlich das Haus oder Thor des Heerdes genannt (Leo II, 112. 48).

3) Das Thor der Hitze oder Thor des Brennens (Leo II, 27. 48. 130), im Südwesten. Es stand unmittelbar neben dem südlichen Tempelküchenhof, woher wahrscheinlich der Name. Unter diesem Thore war ein Brunnen lebendigen Wassers, aus welchem die Priester und Leviten mittelst eines Rades und eines an einem Seil befestigten Eimers Wasser schöpften, wenn sie ihren Durst löschen wollten (II, 129). Das aus diesem Brunnen abfliessende Wasser wurde gleichfalls in einem besonderen unterirdischen Kanal weiter geleitet, um die beiden Tempelküchen mit Wasser zu versorgen.

4) Das Thor Nizoz, d. h. das Thor des Funkens (Leo II, 48), wahrscheinlich deswegen so genannt, weil es neben dem nördlichen Tempelküchenhof (II, 127) stand. Leo schreibt die Entstehung dieses Namens dem Umstande zu, dass die Chaldäer (wie auch in späterer Zeit die Römer) bei der Zerstörung des Tempels dieses Thor zuerst in Brand steckten (II, 119). Da sich unter ihm ebenfalls ein Badezimmer (II, 125), sowie auch eine besondere Kammer befand, in welcher die Eingeweide der geschlachteten Opferthiere von den Priestern reingewaschen wurden (II, 124), so war ohne Zweifel der zweite, im Thor der Hitze beginnende Tempelkanal hierher geleitet worden, um ausser den Abfällen der beiden Tempelküchen auch diese Unreinigkeiten in die Caphnataschlucht hinabzuführen.

Im Vorhof des Volks befanden sich noch folgende Gebäude, die sich sämmtlich unmittelbar an die deshalb ohne Absätze senkrecht emporsteigende Innenwand der Ringmauer anlehnten: 1) im Osten die zwiefache Halle, welche die ganze Ostseite des Vorhofs einnahm (Ant. XV, 11, 3), 2) im Süden und Norden je vier dreistöckige Kammergebäude (Opferspeisehäuser), in welchen die Opfermahlzeiten gehalten wurden, 3) im Westen das zweiflügelige Vorrathshaus (1 Chron. 27, 15. 17), auch Schatzhaus genannt (Neh. 10, 38. Leo II, 153—155), in welchem Weihrauch und andere zum Opfer erforderliche Gegenstände, mancherlei Geräthe und besonders die Zehnten vom Getreide, Most und Oel aufbewahrt wurden (Neh. 13, 5. 12. 13. Mal. 3, 10), und 4) in der Südwest- und Nordostecke je ein Küchenhof oder ein Haus der Opferer (Leo I, 21), in welchem die Leviten auf den an den Mauern errichteten Heerden das Opferfleisch für die Priester und das Volk in ehernen Kesseln und Töpfen kochten (II, 85. 86). —
Ausserdem erhob sich in diesem Vorhofe — und zwar zwischen dem

hohen Thore und dem Eingang zum Priestervorhofe — noch die kesselartige Bühne, auf welcher die jüdischen Könige den Opferhandlungen beiwohnten. Sie hatte fünf Ellen im Durchmesser und war drei Ellen hoch und aus Erz verfertigt (2 Chron. 6, 13). Ihrer äusseren säulenförmigen Gestalt wegen wird sie gewöhnlich die Säule genannt (2 Kön. 11, 14. 23, 2. 2 Chron. 23, 13).

Der östlich von dieser Bühne gelegene Raum, welcher von Norden nach Süden 135 Ellen lang und von Osten nach Westen 11 Ellen breit war, hiess der Standplatz des Volks (Leo II, 50). Bekanntlich begann der Opferdienst im Tempel schon am frühen Morgen. Da es sich aber leicht ereignen konnte, dass im Winter oder sonst bei ungünstiger Witterung kein einziger Israelit während dieses Morgenopfers im Tempel anwesend war, so hatte man die Einrichtung getroffen, dass stets wenigstens 22 Israeliten eine Woche lang jede Nacht in einer Tempelkammer verweilten (II, 165), um beim ersten Ruf des Priesters, welcher den Beginn des Opfers mit lauter Stimme ankündigte, bereit zu sein, sich auf diesen Platz zu begeben und dort während der Dauer des Opfers gegenwärtig zu bleiben (I, 19). Diese „Standmänner" waren somit gleichsam die Repräsentanten des ganzen israelitischen Volks.

Auf der dritten Terrasse endlich, welche nur um zwei Ellen höher war als der Vorhof des Volks, befand sich der Vorhof der Priester (2 Chron. 4, 9) mit dem eigentlichen Tempelgebäude und dem grossen Brandopferaltar. Er war 188 Ellen lang und 136 Ellen breit (s. unten). Josephus berichtet von ihm: „Damit aber die äussere Einrichtung des Tempels der inneren Pracht entspreche, liess der König (Salomo) den Tempel (und zugleich den Vorhof der Priester) ringsum mit einer Art Mauerkrönung (d. h. mit einer steinernen Umhegung) einfassen, die bei den Eingebornen Geisos, bei den Griechen Thrinkos genannt wird; diese ward drei Ellen hoch aufgeführt, um dem Volke den Eintritt in den Tempel zu verwehren und ihn nur den Priestern offen zu lassen" (Ant. VIII, 3, 10). Diese Mauerkrönung ruhte auf dem Vorhof des Volks, dessen Oberfläche, wie bereits erwähnt, mit der des Felsens Sakhrah eine einzige horizontale Ebene bildete. Die dritte Terrasse des Tempels, d. h. der Vorhof der Priester, war einfach dadurch geschaffen worden, dass der von der Mauerkrönung umschlossene Raum zwei Ellen hoch mit Steinen ausgepflastert wurde. Die Mauerkrönung selbst ragte also nur eine Elle hoch über der Terrasse empor (B. j. V, 5, 6).

Unmittelbar vor dem Priestervorhofe befand sich die Bühne der Leviten. Dies war eine zwei Ellen hohe steinerne Platform von 135 Ellen Länge und höchst wahrscheinlich 11 Ellen Breite, die aber in ihrem mittleren Theile durchbrochen war, um einen Zugang zum Priestervorhof freizulassen. Die unterste Stufe (d. h. die Grundlage) dieser Bühne bildete eine 11 Ellen breite Platte von 135 Ellen Länge. Ihre Höhe aber betrug nicht, wie Leo (I, 17. II, 53) irrthümlich behauptet, eine ganze, sondern nur eine halbe Elle. Von dem mittleren Theile dieser Platte aus wurde der Priestervorhof auf drei Stufen erstiegen. Rechts und links von diesen Stufen erhoben sich nun die beiden Theile der Bühne bis zu einer Höhe von anderthalb Ellen, so dass deren Oberfläche mit derjenigen des Priestervorhofs eine einzige horizontale Ebene gebildet haben würde, wenn die einellige Mauerkrönung des letztern nicht vorhanden gewesen wäre. An den Aussenseiten der beiden Bühnentheile befanden sich ringsum drei Stufen, auf welchen dieselben erstiegen wurden. Jede Stufe war eine halbe Elle breit und hoch; die unterste (d. h. die gemeinschaftliche Grundlage) trat aber wahrscheinlich um eine ganze Elle hervor, so dass hieraus Leos Irrthum hinsichtlich seiner (oben angefochtenen) Höhenangabe erklärlich sein würde. — Auf dieser Bühne führten die Leviten während der Opferhandlungen ihre mit Instrumentalmusik begleiteten heiligen Gesänge aus (Leo I, 17. 19. II, 53—55).

An der Westseite des Priestervorhofs erhob sich ein mit verschiedenen Räumen versehenes kleines Thorgebäude, durch welches die Opferthiere in diesen Vorhof gebracht wurden. Unter Parbar (1 Chron. 27, 18) und Parvarim (2 Kön. 23, 11) ist nichts Anderes zu verstehen als eben dieses westliche Thor des Priestervorhofs; denn nur die Thore des inneren Heiligthums oder des „Hauses Jehovas" (d. h. alles dessen, was sich innerhalb der Ringmauer des Volksvorhofs befand) wurden von namhaften Leviten bewacht, nicht aber die Thore des Vorhofs der Heiden. Nun aber lehrt 1 Chron. 27 nicht nur aufs klarste, dass Parbar ein Thor am „Hause Jehovas" (V. 12), also innerhalb des bezeichneten Raumes, gewesen sei, sondern auch, dass es von angesehenen Leviten (V. 17—19) bewacht wurde. Da aber in der westlichen Mauer dieses Vorhofs nur das einzige Thor Schallecheth vorhanden war, das Thor Parbar aber ebenfalls als gegen Westen liegend aufgeführt wird (V. 18), so ist in der That die oben gegebene Bestimmung seiner Lage unzweifelhaft. Diese Annahme wird auch dadurch bestätigt, dass zur Zeit der Könige Manasse und Amon die der Sonne geweihten Rosse und Wagen in diesem Thore unterhalten werden konnten, und da ausserdem noch von einer darin befindlich gewesenen Kammer (des Nethanmelech) die Rede ist (2 Kön. 23, 11) und dieses Thor gleichzeitig mit den andern Thoren, für welche David die Hüter schon zum Voraus durchs Loos bestimmte, in der h. Schrift genannt wird, so muss es ein wirkliches, schon von Salomo gegründetes Thorgebäude gewesen sein*). — Die Gegenstände, welche sich im Vorhof der Priester befanden, werden weiter unten ausführlich besprochen werden.

3. Das Tempelgebäude.

Vor der Beschreibung des eigentlichen Tempelgebäudes wird eine genaue Betrachtung des Ezechielschen Tempelentwurfs hier am Orte sein, da durch die Kenntniss desselben das Verständniss und der Einblick in die architektonischen Verhältnisse der Salomonischen Bauten so sehr erleichtert wird. Mag man hinsichtlich dieses Entwurfs annehmen, dass Ezechiel denselben wirklich in der Absicht niederschrieb, dass seine Glaubensgenossen sich nach ihrer dereinstigen Rückkehr aus dem babylonischen Exil an seine Vorschriften binden sollten, oder mag man glauben, dass er denselben nur als ein in prophetisch-geistigem Sinne zu deutendes Ideal aufgefasst wissen wollte, immer wird man zugeben müssen, dass er dabei nicht nur gewisse, schon durch die mosaische Gesetzgebung gebotene Anforderungen festhalten, sondern auch in sehr vielen andern Stücken seine baulichen Anordnungen so aufstellen musste, wie sie im Salomonischen Tempel thatsächlich so lange Zeit hindurch bestanden hatten. Als Sohn eines Priesters (Ez. 1, 3) besass er gewiss eine Kenntniss von diesem Gebäude, die sich auf alle Theile und Räume desselben erstreckte, und er selbst musste am besten wissen, dass sein Entwurf sich schwerlich des Beifalls seiner Mitbürger zu erfreuen haben würde, wenn er irgend etwas Wesentliches darin nach andern als nach den durch altherkömmliche Vorschriften und Satzungen und durch langes Bestehen geheiligten Principien ausgeführt wissen wollte. Nur in Nebenumständen und in den Zahl- und Grössenverhältnissen durfte er sich — wie einst Salomo der Stiftshütte gegenüber — eine grössere Freiheit erlauben. Immer aber werden seine Angaben eine aufmerksamere Berücksichtigung verdienen als alle späteren Berichte, und wenn er z. B. die Kammergebäude, die Tempelthore und andere Bauwerke so überaus genau beschreibt, dass sich darnach ganz zuverlässige Situationspläne und Profile zeichnen lassen, so darf man zuversichtlich annehmen, dass seine Beschreibungen hinsichtlich der Architektonik ein getreues Abbild von dem geben, was zu seiner Zeit wirklich bestanden hat oder doch genau im Wesen der damaligen Baukunst begründet lag.

---

*) Die Kammer des Nethanmelech verlegt Leo mit Unrecht an die Ostseite des Vorhofs (II, 109). Hier mochten zwar die heiligen Rosse beim Sonnenaufgang und zu andern Zeiten, wenn man zur Verbildlichung des Sonnenlaufs um den Vorhof der Priester herumfahren wollte, aufgestellt sein; ihr gewöhnlicher Aufenthaltsort war aber unzweifelhaft in dem hinter dem Tempelgebäude gelegenen Thor Parbar.

Die Grundlage des Ezechielschen idealen Tempels (s. Fig. 1) bildete ein Quadrat von 100 Ellen*) (Ez. 41, 13—15). Das ganze Gebäude bestand aus einem Haupt- und Nebengebäude und einer Vorhalle. Das Hauptgebäude, welches ebenso wie das Nebengebäude mit einer fünf Ellen dicken Mauer (V. 12) umgeben war, hatte wie das des Salomonischen Tempels (1 Kön. 6, 2) im Innern eine Länge von 60 Ellen, eine Breite von 20 Ellen und wahrscheinlich auch eine Höhe von 30 Ellen. Dieser innere Raum wurde durch eine dünne Wand in das vordere, 40 Ellen lange Heilige (Ez. 41, 2) und in das hintere, 20 Ellen lange Allerheiligste (V. 4) geschieden. Die Doppelthür (V. 23. 24) in dieser Scheidewand, welche jederseits an einem zwei Ellen starken Pfosten befestigt war, hatte eine Breite von sechs und eine Höhe von sieben Ellen (V. 3). Der Eingang des Heiligen, welcher ebenfalls durch zwei Thürflügel (V. 23. 24) von ebenderselben Grösse (V. 22) verschlossen werden konnte, war mit Einschluss der beiden zweielligen Thürpfosten zehn Ellen breit (V. 2). An den Innenwänden traten ringsum zwei Ellen dicke Wandsäulen**) eine Elle weit aus der Mauer hervor; sie standen je sechs Ellen (V. 1) von einander entfernt und trugen die querüber liegenden Balken, auf welchen das flache Dach des ganzen Gebäudes ruhte.

Vor diesem Hauptgebäude stand die Vorhalle, d. h. ein leichter Vorbau, der sich unmittelbar an jenes anlehnte und der wahrscheinlich bedeutend niedriger als dasselbe war. Diese Vorhalle, zu welcher man auf 12 Stufen hinaufstieg, war im Innern 20 Ellen lang und 11 Ellen breit (40, 49). Das Eingangsportal war im Ganzen — wie das des Hauptgebäudes — 10 Ellen breit. Davon gingen jedoch wiederum nur sechs Ellen auf die beiden Thürflügel, während der übrige Raum jederseits von einer zwei Ellen starken Wandsäule (Thürpfosten) eingenommen wurde (V. 48). — Vor der Ezechielschen Vorhalle erhob sich auf jeder Seite der Stufen, neben den Wandsäulen des Portals, eine frei-

---

*) Die Ellen, nach welchen Ezechiel rechnet, waren eine Handbreite länger als die gemeinen Ellen (Ez. 40, 5).

**) Von dem hebräischen Worte אַיִל (Widder, Bock) sagt Gesenius in seinem Handwörterbuch über das A. T., es sei ein Ausdruck der Baukunst, „dessen genauere Bestimmung bisjetzt keinem Ausleger gelungen ist". Aus der obigen Beschreibung des Ezechielschen Tempels wird sich aber ergeben, dass unter diesem Worte stets eine Tragesäule verstanden werden muss, die so mit einer Wand verbunden ist, dass sie nur zum Theil aus dieser hervortritt. Da sie eben zum Tragen eines Balkens, einer Oberschwelle u. s. w. bestimmt war, so konnte sie auch die Stelle eines Thürpfostens vertreten (vgl. 1 Kön. 6, 31. Ez. 41, 3). Am passendsten wird aber אַיִל durch Wandsäule übersetzt, wobei jedoch nicht übersehen werden darf, dass eine solche aus der Wand hervorspringende Säule nach Art der Karyatiden stets dem Architrav oder sonst einem andern Theile des Gebälkes als Stütze diente.

stehende Säule (V. 49). Beide hatten ohne Zweifel dieselbe Bedeutung wie diejenigen, welche vor dem Salomonischen Tempel standen (1 Kön. 7, 15—22).

Auf den übrigen Seiten war das Hauptgebäude des Tempels von einem dreistöckigen Nebengebäude umgeben, welches wahrscheinlich mit der Vorhalle eine gleiche Höhe hatte. In jedem Stockwerk desselben befand sich eine 20 Ellen breite, mit vielen Säulen gezierte Galerie und zu beiden Seiten derselben (doch mit Ausschluss der äusseren Westseite) 2 mal 33 = 66 Kammern von 5 Ellen Länge, 4 Ellen Breite und 6 Ellen Höhe, nebst zwei gleich grossen Räumen für die beiden Wendeltreppen. An den dem Hauptgebäude zugekehrten Seiten hatte dieses Nebengebäude keine eigenen Mauern, sondern lehnte sich unmittelbar an die Tempelmauer, welche von Stockwerk zu Stockwerk um eine Elle eingerückt war. Durch diese Einrückungen waren nämlich drei um das Hauptgebäude herumlaufende Stufen entstanden, auf welchen die Balken des Nebengebäudes sicher ruhen konnten. Dass die dem Hauptgebäude zugekehrten Kammern in Folge dieser Bauart von Stockwerk zu Stockwerk breiter werden mussten, ist aus Fig. 2 ersichtlich.

Die sehr geräumigen, freilich nur sechs Ellen hohen Galerien waren ohne Zweifel zu einem ebenso ruhigen als angenehmen Aufenthaltsorte für die Priester bestimmt. Allen lästigen Störungen enthoben, konnten diese hier in tiefster Einsamkeit und vollkommenster Abgeschiedenheit von dem profanen Geräusche und Gewühle der Stadt während ihrer Mussezeit disputiren, lehren, studiren und sogar schreiben, indem die an der Ost- und Westseite befindlichen, von aussen nach innen sich erweiternden Fenster als bequeme Schreibepulte zu dienen geeignet waren. Wahrscheinlich besassen im Alterthum auch andere grosse Tempel ähnliche Räume, die von den Priestern theils als Studirzimmer, theils aber auch als Lehr-, Hör- und Unterhaltungssäle gebraucht wurden.

Mit Hülfe der eben gegebenen Vorbemerkungen wird der Leser nicht nur die Ez. 41 enthaltene Beschreibung des Ezechielschen Tempelgebäudes vollkommen verstehen, sondern sich auch überzeugen, dass die beigefügten Abbildungen genau damit übereinstimmen. Die Worte lauten: „Und er (der Mann mit der Messruthe, 40, 3) führte mich in das Heilige und mass die Wandsäulen, sechs Ellen Weite von der einen und sechs Ellen Weite von der andern Seite, der (ganzen) Weite des Tempels (des Heiligen und Allerheiligsten) nach (d. h. die Wandsäulen standen auf beiden Seiten überall 6 Ellen von einander entfernt). 2. Die Breite der Thüröffnung aber war zehn Ellen, und die (beiden Wand-) Räume zur Seite der Thür fünf Ellen an der einen und fünf Ellen an der andern Seite; auch mass er seine (des Heiligen) Länge, (nämlich) 40 Ellen, und die Breite, 20 Ellen. 3. Und er ging ins Innere (Allerheiligste) und mass eine jede Wandsäule der Thür (d. h. jeden Thürpfosten), (nämlich) zwei Ellen, und die Thür, (nämlich) sechs Ellen, und die Weite (Höhe) der Thür, (nämlich) sieben Ellen. 4. Und mass seine (des Allerheiligsten) Länge, (nämlich) 20 Ellen, und die Breite, (auch) 20 Ellen vor (neben) dem Heiligen, und er sprach zu mir: dies ist das Allerheiligste. 5. Er mass auch (im untern Stockwerk des Nebengebäudes) die Wand des Hauses (des Hauptgebäudes, nämlich) sechs Ellen (Höhe), und die Breite (Tiefe) des (im Nebengebäude befindlichen) Seitenkammerraums, (nämlich) vier Ellen ringsherum (und zwar) am Hause ringsum. 6. Der Seitenkammern aber waren (im Nebengebäude) jederseits 33 (d. h. jedes Stockwerk hatte sowohl in seiner südlichen, als auch in seiner nördlichen Hälfte 33 Kammern), und sie lehnten sich (theils) an die Wand des Hauses (des Hauptgebäudes), welche zu Seitenkammern ringsherum diente, um festgehalten zu werden, aber sie waren nicht festgehalten in der Wand des Hauses (theils stiessen sie an die Aussenwände des Nebengebäudes, vgl. V. 10). 7. Und es erweiterte sich rund herum nach oben mehr und mehr mit den Seitenkammern (d. h. die Kammern an der Tempelmauer wurden von Stockwerk zu Stockwerk um soviel breiter, als die Tempelwand dünner wurde), denn es war ein Umgang (d. h. der V. 5 erwähnte Seitenkammerraum) am Hause, immer höher, und höher ringsherum am Hause; deshalb war die (grösste) Breite am Hause oben, nämlich so, dass man aus dem untern (Umgang, Stockwerk) durch den mittleren auf den obersten hinaufstieg. 8. Und ich sah (in der Galerie stehend) an dem Hause in die Höhe ringsherum, die Grundsäulen der Seitenkammern (oder: der Stockwerke) waren **eine** Messruthe, (nämlich) sechs Ellen lang (hoch) bis zur (oberen Balken-) Verbindung. 9. Die Breite (Dicke) der Wand, welche an dem Seitenkammerraum nach aussen hin war, betrug fünf Ellen, und (diejenige) welche an der Wendeltreppe, (nämlich) an dem Seitenkammerbau am Hause war (betrug gleichfalls 5 Ellen). 10. Und zwischen den (an der Tempelwand und den an der Aussenwand des Nebengebäudes angebrachten) Kammerreihen war die Breite (der Galerie) 20 Ellen ringsum (und zwar lief die Galerie) am Hause ringsherum. 11. Der Eingang des

Seitenkammerraums aber war an der Wendeltreppe; (hier war nämlich) eine Thür nach Norden (am Heiligen) und eine Thür nach Süden (an der Galerie) gewandt, und die Breite des Standorts der Treppe (d. h. der Treppenkammer) war fünf Ellen (lang, — so lang war überhaupt jede Kammer) ringsherum (d. h. auch die nördlichen Treppenkammern hatten ebendieselbe Länge). 12. Das Hauptgebäude aber, welches, über das Nebengebäude*) emporragend, nach der Westseite hin gerichtet war, hatte (mit Einschluss seiner Vorder- und Hinterwand) eine Weite (Länge) von 70 Ellen, denn die Wand des Hauptgebäudes hatte (ebenso wie die des Nebengebäudes) fünf Ellen Breite (Dicke) ringsherum; seine (des ganzen Tempelgebäudes) Länge aber betrug (im Lichten) 90 Ellen (und zwar sowohl von Osten nach Westen als auch von Norden nach Süden). 13. Er mass auch das Haus (von aussen); die Länge betrug 100 Ellen, (nämlich) sowohl das Nebengebäude als auch das Hauptgebäude nebst seinen Wänden (das alles zusammen betrug) 100 Ellen (40. 47). 14. Ebenso betrug die Breite vorn am Hause (Hauptgebäude) und Nebengebäude gegen Osten 100 Ellen. 15. Und er mass die Länge des Hauptgebäudes in der Richtung (oder besser: mit Einschluss) des Nebengebäudes (nämlich von Osten nach Westen), welches (Nebengebäude) hinter ihm (dem Hauptgebäude) war, und seine (des Nebengebäudes) Wandeinrückungen**) an der einen und an der andern Seite, 100 Ellen; also (mass er) den inneren Tempel und die Vorhallen (d. h. die eine Vorhalle, Kap. 40, 48. 49) im Vorhofe. 16. (Ferner mass er) die Schwellen und die (nach aussen hin) zusammengezogenen (verengerten) Fenster und die dreifachen (äusseren) Wandeinrückungen (des Nebengebäudes) ringsum, denen je eine aus dünnen Hölzern (Bohlen) bestehende Schwelle (d. h. ein die Stockwerke von einander trennender Deckboden) ringsherum gegenüberstand, und (mass) von der Erde bis zu den Fenstern; die Fenster aber

---

*) Da גִּזְרָה (Leib, Brust) hier und V. 13—15, sowie auch 42, 1. 10. 13, in der That nichts Anderes als Nebengebäude bedeutet, so müssen die Wörter בִּנְיָן und בִּנְיָה (Gebäude) nothwendig an allen Stellen, wo jener erstere und einer dieser beiden gleichbedeutenden Ausdrucke neben einander vorkommen, durch Hauptgebäude übersetzt werden. — Aus V. 14 ist ersichtlich, dass auch בַּיִת (Haus) in der Ezechielschen Tempelbeschreibung sehr häufig ebenfalls nur das Hauptgebäude des Tempels bezeichnet.

**) Wandeinrückung oder Mauerabsatz ist jedenfalls die einzig richtige Bedeutung des architektonischen Ausdrucks אָתוּק oder — wie er V. 16 und 42, 5 lautet — אַתִּיק.

waren zusammengezogen (auswendig enger als innen). 17. (Ferner bezeichnete er) **oberhalb der Thür** (des Heiligen) **und bis zu dem inneren Hause** (Allerheiligsten) **und draussen und an allen Wänden ringsherum im Innern und Aeussern die Grössenverhältnisse.** 18. **Und es waren Cherubs und Palmensäulen***) (an den Wänden) **gemacht, je eine Palmensäule zwischen dem einen Cherub und dem andern Cherub, und jeder Cherub hatte zwei Gesichter.** 19. Nämlich ein Menschengesicht, welches der Palmensäule auf der einen Seite, und ein **Löwengesicht**, welches der Palmensäule auf der andern Seite zugekehrt war; also war es gemacht an allen Wänden des Hauses ringsherum. 20. Von der Erde an bis hinauf über die Thür waren die Cherubs und die Palmensäulen gemacht; ebenso an der Wand des Heiligen. 21. Das Heilige hatte **viereckige Thürpfosten**; das Ansehen des Allerheiligsten war von gleichem Ansehen (d. h. die Thür des Allerheiligsten hatte ebenfalls viereckige Pfosten). 22. Der **hölzerne Altar** (der Rauchopferaltar im Heiligen) hatte drei Ellen Höhe, seine Breite aber war zwei Ellen, und seine Ecken und sein Fussgestell und seine Wände waren von Holz; und er sprach zu mir: das ist der Tisch, der vor Jehova steht. 23. Es waren aber **zwei Thürflügel am Heiligen und am Allerheiligsten.** 24. Und zwei (Thür-) Blätter waren an den beiden Thürflügeln, welche drehbar waren, nämlich zwei Blätter an dem einen Thürflügel und zwei an dem andern (jeder Thürflügel war also noch einmal gebrochen). 25. Auch waren ihre Wandsäulen (Pfosten) und an den Thürflügeln des Heiligen die Cherubs und Palmensäulen gemacht, wie die an den Wänden gemacht waren, und eine **hölzerne Treppenbrustwehr****) war ausserhalb vor der Vorhalle. 26. Und die zusammengezogenen (nach aussen engeren) Fenster und die Palmensäulen an der einen und andern Seite waren (auch) an den Seiten der Vorhalle; auch (mass er) die Seitenzimmerreihen des Hauses (welche nämlich im Nebengebäude waren) und die Treppenbrustwehren."

Ueber die Höhe des Fundaments findet sich ebenso wenig eine Bestimmung wie über die ganze äussere Höhe des Tempels selbst. Ersteres

---

*) Dass das Wort תִּמֹרָה (Plur. תִּמֹרִים und הִתִּמֹרוֹת), d. i. Palmenzweig (eigentlich: Palmenblatt), hier und an andern Stellen (V. 19. 25. 26. 40, 22. 1 Kön. 6, 29. 32. 35. 7, 36. 2 Chron. 3, 5) die Bedeutung **Palmensäule** hat (vgl. Ant. XV, 11, 3), ergiebt sich theils aus dem Zusammenhange, theils aus Analogien, die wir weiter unten näher berühren werden. Dass diese Palmensäulen aber auch zugleich **Wandsäulen** waren, die nur der an ihrem Knauf angebrachten Palmenblätter wegen jenen Namen erhalten hatten, folgt aus Ez. 40, 16. 26. 31. 34. 37.

) Die eigentliche Bedeutung der Wörter עָב (vgl. 1 Kön. 7, 6) und בֹּב, V. 26, ist nämlich ohne Zweifel **Treppenbrustwehr oder **Treppengeländer**.

war jedenfalls wie das des Salomonischen und Herodianischen Tempels sechs Ellen hoch und konnte daher auf 12 Stufen erstiegen werden. Die ganze Höhe des Gebäudes mochte, wenn man auf die Dicke des Daches drei Ellen und auf die darauf befindliche Mauerkrönung e i n e Elle rechnet, gerade 40 Ellen betragen (s. Fig. 2). Ebendieselben Höhenverhältnisse besass ohne Zweifel auch der S a l o m o n i s c h e T e m - p e l, obgleich Josephus, wahrscheinlich durch 2 Chron. 3, 4 irre geleitet, demselben eine Höhe von 120 Ellen giebt und demgemäss noch von einem über dem Heiligen und Allerheiligsten befindlichen zweiten Stockwerke spricht, das in der Wirklichkeit zwar im Serubabelschen und Herodianischen, nicht aber im Salomonischen Tempel vorhanden gewesen ist*). Sein Bericht über den letzteren lautet folgendermassen: „Vor Allem liess der König (Salomo) in gehöriger Tiefe aus festem Stein, welcher der Zeit trotzen konnte, die Fundamente für den Tempel legen, die, mit der Erde verwachsen, dem darüber zu errichtenden Baue festen Fuss und Halt bieten und ihrer eigenen Masse wegen nicht nur die oben zu errichtenden grossartigen Konstruktionen, sondern auch die mannigfachen Zierrathen gefahrlos tragen konnten; denn letztere verhiessen ein nicht geringeres Gewicht zu liefern als die Konstruktionen selbst, denen er, um Schönheit mit Grossartigkeit zu verbinden, eine gewaltige Höhe und Ausdehnung zugedacht hatte. Bis zum Dache ward das Gebäude aus weissem Marmor aufgeführt. Seine Höhe betrug (im Innern) 60 Ellen (nach 1 Kön. 6, 2 nur 30 Ellen), ebenso viel die Länge, die Breite aber nur 20. In denselben Verhältnissen ward noch ein Stockwerk auf den Bau gesetzt (?), so dass der ganze Tempel eine Höhe von 120 Ellen (?) erhielt. Er war gegen Sonnenaufgang gerichtet. Die Vorhalle ward (im Innern) 20 Ellen in der Länge — der Breite des Hauptgebäudes entsprechend —, 10 Ellen in der Breite und dabei 120 Ellen**) hoch aufgeführt" (Ant. VIII, 3, 2).

Da diese Angaben des Josephus ihrer Unzuverlässigkeit wegen bei der Ermittlung der ä u s s e r e n Ausdehnungsverhältnisse des Salomonischen Tempels unbeachtet bleiben müssen, die biblischen Berichte dagegen, welche von diesem Bauwerke handeln, sich nur auf die i n n e r e n beziehen, so muss hier ein anderer Weg zur Erforschung der wahren Sachlage eingeschlagen werden. Dieser beruht aber in Folgendem.

---

*) Da das Heilige 30, das Allerheiligste aber nur 20 Ellen hoch war (1 Kön. 6, 20), so befand sich zwar über dem letztern noch ein etwa 9 Ellen hohes Obergemach; dieses kann aber Josephus nicht im Sinne gehabt haben, obgleich es vielleicht zur Supponirung seines zweiten Stockwerks Veranlassung gegeben hat.

**) Welche Bewandtniss es eigentlich mit den 2 Chron. 3, 4 angeführten 120 Ellen hat, wird weiter unten gezeigt werden.

Nach Esr. 2, 68 wurde der Serubabelsche Tempel auf derselben Stelle errichtet, auf welcher jener ältere gestanden hatte. Diese Nachricht berechtigt zu der Voraussetzung, dass er auch eine ganz gleiche Länge und Breite mit jenem erhielt. Da nun seine Breite 60 Ellen betrug (Esr. 6, 3), so wird man ebendasselbe Maass auch unbedenklich für den Salomonischen als vollkommen zuverlässig betrachten können. Aus der Breite aber ergiebt sich, wie sich bald zeigen wird, mit gleicher Zuverlässigkeit die Länge desselben. Sie betrug nämlich mit Einschluss des Nebengebäudes und der Vorhalle gerade 100 Ellen, wovon 70 auf das Hauptgebäude, 15 auf das Nebengebäude und 15 auf die Vorhalle kommen; die Höhe war der des Ezechielschen Tempelgebäudes gleich und betrug daher 40 Ellen. — Das auf dem Felsen Sakhrah ruhende Fundament des Salomonischen Heiligthums bestand höchst wahrscheinlich aus eben solchen Steinen, wie zu den übrigen Bauten des Salomo verwandt wurden, und hatte daher eine Höhe von 8 Ellen (1 Kön. 7, 9—12). Da aber hiervon zwei Ellen durch die den Vorhof der Priester bildende Terrasse verdeckt wurden, so war es dem Auge nur in einer Höhe von sechs Ellen sichtbar. Die auf diesem Fundamente aufgeführten Wände waren wie die analogen des Ezechielschen Tempels fünf Ellen dick, wie denn überhaupt der Salomonische mit diesem in allen wesentlichen Stücken so vielfach übereinstimmte. Um aus diesem Grunde den Leser nicht durch eine specielle Beschreibung aller einzelnen Bestandtheile des Salomonischen Tempels zu ermüden, zugleich aber doch demselben das nöthige Material zur Beurtheilung der beigefügten Abbildungen nicht vorzuenthalten, mögen hier die betreffenden Worte der h. Schrift eine Stelle finden. Sie lauten (1 Kön. 6, 2—10): „Das Haus aber, welches der König Salomo dem Jehova baute, war (im Innern) 60 Ellen lang, 20 breit und 30 Ellen hoch. 3. Die **Vorhalle** vor dem Heiligen des Hauses war (im Innern) auch 20 Ellen lang nach der Breite des Hauses (und) 10 Ellen breit vor dem Hause. 4. Und er machte dem Hause **Fenster** mit verschlossenem Gegitter (die wie die Ezechielschen inwendig weit und auswendig eng waren). 5. Auch baute er an der Wand des Hauses ringsum einen Nebenbau (d. h. ein dreistöckiges Nebengebäude), welches die Wände des Hauses an dem Heiligen und an dem Allerheiligsten umgab, und machte (darin) **Seitenkammern** ringsum. 6. Der untere Nebenbau (d. h. der Seitenkammerraum des unteren Stockwerks) war fünf Ellen breit, der mittlere sechs Ellen breit und der dritte sieben Ellen breit, denn Absätze hatte er gemacht draussen am Hause ringsum, damit (die Balken des Nebengebäudes) nicht eingriffen in die Wände des Hauses. 7. Und da das Haus aufgeführt wurde, ward es von zugehauenen Werkstücken erbaut, und Hämmer, Meissel und sonstige Eisenwerkzeuge wurden während des Bauens nicht gehört. 8. Eine Seitenthür war in der Mitte der rechten (südlichen) Seitenwand des Hauses, und man stieg mittelst einer Wendeltreppe auf das mittlere und von dem mittleren auf das dritte (Stockwerk). 9. Und so baute er das Haus und vollendete es und deckte das Haus und die Reihen (der Seitenkammern) mit Cedernbalken. 10. Auch baute er den Nebenbau um das ganze Haus (und zwar von Stockwerk zu Stockwerk) fünf Ellen hoch und fügte ihn an das Haus mit Cedernhölzern" (die mit dem einen Ende auf den V. 6 erwähnten Absätzen der Tempelmauer ruhten).

Da das Hauptgebäude mit Einschluss seiner beiden fünf Ellen starken Seitenwände 30 Ellen breit war, das ganze Tempelgebäude nach Esr. 6, 3 aber 60 Ellen Breite hatte, so war das Nebengebäude jederseits noch 15 Ellen breit (s. Fig. 3). Von diesen 15 Ellen kommen 5 auf die Aussenwand und 5 auf den neben dem Hauptgebäude gelegenen Seitenkammerraum (1 Kön. 6, 6), und es blieb somit zwischen diesem Raum und der Aussenwand in jedem Stockwerk noch ein Korridor von 5 Ellen Breite übrig, von dem aus man in jede einzelne Kammer eintreten konnte. Diese Korridore unterschieden sich also von den Ezechielschen Galerien dadurch, dass sie nur auf der dem Hauptgebäude zugekehrten Seite Kammern hatten, und dass ihnen ihrer geringen Breite wegen die Säulen fehlten. Dieser geringen Breite ungeachtet mochten sie doch Jahrhunderte hindurch für die höheren Priester geräumig genug gewesen sein. Erst als die Zahl derselben sich allmählig so sehr vermehrt hatte, dass sich dieserhalb mancherlei Unbequemlichkeiten auf den Korridoren fühlbar machten, mochte das Bedürfniss einer den Verhältnissen entsprechenden Vergrösserung und damit zugleich der Wunsch einer angemessenen Verschönerung dieser stillen Räume sich dermassen bei ihnen herausbilden und gleichsam von Generation zu Generation forterben, dass in Folge dessen Ezechiel bei der Entwerfung seines Bauplans dieselben in 20 Ellen breite Säulenhallen umzugestalten und somit allen billigen Anforderungen seiner Standesgenossen bestens entgegenzukommen sich gedrungen fühlte. — Leo kennt zwar die Korridore des Nebengebäudes auch; da er jedoch der irrigen Ansicht war, dass der ganze innere Raum des Nebengebäudes von den Kammern ausgefüllt worden sei, so blieb ihm nichts Anderes übrig, als sie an die Aussenseite dieses Gebäudes zu verlegen, so dass sie durch die 5 Ellen dicke Aussenwand desselben von den Kammern getrennt waren. Seine Worte lauten (II, 225): „Die Galerien oder Hallen, Umgänge genannt, — und zwar deswegen, weil, wenn man dieselben betreten hatte, man um den Tempel ringsherum gehen konnte — hatten eine Höhe von fünf und eine Breite von drei

Ellen*). Diese Umgänge befanden sich an der äusseren Seite jener drei erwähnten Kammerreihen; die zwischen ihnen und den Kammern gelegene Wand war fünf Ellen dick. Wer zu diesen Umgängen oder Galerien gelangen wollte, schritt durch die vor den erwähnten Wendeltreppenstufen angebrachten Thüren"**) (vgl. auch II, 228).

Die Seitenkammern des Salomonischen Nebengebäudes waren aus Holzbrettern erbaut worden; ihre Anzahl belief sich in jedem Stockwerk auf 30 (Ant. VIII, 3, 2). Ausserdem befand sich sowohl in der nördlichen wie auch in der südlichen Hälfte eines jeden Stockwerks noch eine Wendeltreppe (Leo II, 228—230), von denen jedoch nur eine einzige, nämlich die südliche des unteren Stockwerks, mit dem inneren Tempelraum in unmittelbarer Verbindung stand (1 Kön. 6. 8. Ez. 41, 11). — In den Seitenkammern wurden die heiligen Schriften, die Tempelschätze, die Amtskleider des Hohenpriesters. die goldenen und silbernen Opfergeräthschaften und vielleicht auch Vorräthe von Weihrauch und Specereien aufbewahrt. —

Mit der oben gegebenen biblischen Beschreibung des Salomonischen Tempelgebäudes befindet sich die des Josephus leider nicht in wünschenswerther Uebereinstimmung. Dessenungeachtet ist es zweckmässig, sie hier wörtlich einzuschalten. Sie lautet (Ant. VIII, 3, 2): „Rings um den Tempel (d. h. um das Hauptgebäude) wurden 30 kleine Gebäude (nämlich die 30 Kammern des ersten Stockwerks im Nebengebäude) aufgeführt, die durch ihre feste Bauart und ihr vereintes Gewicht das Ganze zusammenhalten sollten und unter einander (?) durch Thüren (?) in Verbindung standen (das ist ein Irrthum; die Thüren waren vielmehr, wie im Ezechielschen Tempel, sämmtlich dem Korridor zugekehrt). Jedes derselben (d. h. jede Kammer) hatte fünf Ellen in der Länge, ebenso viel in der Breite und 20 (nach 1 Kön. 6, 10 nur 5 Ellen) in der Höhe. In denselben Maassen wurden auf diese (noch) zwei Stockwerke gesetzt, so dass das Ganze an Höhe dem unteren Theile des Tempels (d. i. nach Josephus' irriger Ansicht: dem 60 Ellen hohen unteren Stockwerke oder dem Heiligen) gleichkam; die obere Hälfte ward nicht mit solchen Bauwerken umgeben. Das Dach war (in seinem unteren Theile) von Cedernholz. Jedes von den erwähnten kleinen Gebäuden (den Kammern des Nebengebäudes) hatte ein eigenes (?), mit den benachbarten nicht zusammenhangendes Dach***); das ganze Ge-

---

*) Diese „Breite von drei Ellen" bezieht sich auf die Korridore des Serubabelschen Tempels (s. weiter unten).
**) Was Leo übrigens von diesen Thüren berichtet (II, 192—195), beruht im Ganzen zu sehr auf falschen Voraussetzungen, als dass es genauer betrachtet zu werden verdiente.
***) Welche wunderlichen und überspannten Vorstellungen von dem im Ganzen so ein-

bäude aber schützte ein Hauptdach, das von ungeheuren, von einer Seite bis zur andern reichenden Balken gehalten wurde (die von Leo das Haus der Verbindung genannt werden, II, 198), so dass die Mittelstücke (d. h. die auf den Balken ruhenden und eng an einander gefügten Bohlen, welche die Kalymmatien bildeten) durch den darüber errichteten Dachstuhl (s. unten) erst ihre rechte Festigkeit erhielten. Die Decke unter dem Dachstuhl (d. h. die eben erwähnten „Mittelstücke") ward aus demselben Holze verfertigt, das aber durchaus polirt war, um getäfelt und vergoldet zu werden. Die Wände wurden mit Brettern aus Cedernholz bekleidet und vergoldet, so dass der ganze Tempel strahlte und durch das überall angebrachte Gold die Augen der Eintretenden blendete. Der ganze äussere Bau nun ward mit vieler Kunst aus behauenen Steinen aufgeführt, die mit solcher Genauigkeit und Leichtigkeit aufgesetzt wurden, dass weder die Spuren eines Hammers, noch eines andern Bauwerkzeuges an der Arbeit sichtbar waren. Dadurch schloss das ganze Gebäude sich desto enger in einander und die ganze Harmonie desselben schien mehr eine freiwillige, als ein Werk künstlerischer Nothwendigkeit zu sein. In der Dicke der Mauer nun liess der König die Treppe zur oberen Hälfte (?) des Tempels anlegen; denn diese hatte nicht wie die untere eine grosse Pforte gegen Osten, sondern man kam in dieselbe von der Seite durch ganz kleine Thüren (in Wahrheit war nur ein einziger Durchgang zum Nebengebäude — und zwar in der rechten Tempelwand — vorhanden, 1 Kön. 6, 8).

---

fach konstruirten Salomonischen Tempelgebäude unter den späteren Juden verbreitet waren, ist am besten aus dieser Stelle des Josephus ersichtlich. Seiner Beschreibung nach dachte er sich nämlich ein 70 Ellen langes und 30 Ellen breites Hauptgebäude von 120 Ellen Höhe, das auf der Ostseite durch eine ebenso hohe Vorhalle und auf den drei übrigen Seiten durch gewaltige, 60 Ellen hohe Strebepfeiler — denn das ist eigentlich der rechte Name für seine „30 kleinen Gebäude" — gestützt wurde. In jedem dieser Pfeiler waren drei über einander befindliche Höhlungen oder Kammern von 5 Ellen Länge und Breite und 20 Ellen Höhe. Die äussere Länge eines jeden betrug mit Einschluss der 5 Ellen dicken Wände (vgl. Leo II, 222) 15 Ellen. Da nun jeder sein eigenes Dach hatte, so konnen sie nicht unmittelbar an einander gegrenzt haben, sondern müssen wenigstens um einige Ellen von einander entfernt geblieben sein. Ferner müssen sie, weil sie auch mit einander durch Thüren in Verbindung gestanden haben sollen, durch bruckenartige Gänge (wenigstens in den beiden oberen Stockwerken) unter sich verbunden gewesen sein. — Obgleich eine solche Konstruktion, die eine entfernte Aehnlichkeit mit der des Herodianischen Tempels hatte, auch noch heute der Phantasie mehr Beifall abzugewinnen im Stande ist als die wirkliche, so muss doch ihre etwaige Wahrscheinlichkeit — ganz abgesehen von andern Gründen — schon dadurch in nichts dahinschwinden, dass der Raum um das Hauptgebäude viel zu beschränkt war, als dass „30 kleine Gebäude" von der beschriebenen Gestalt und Grösse hier hätten Platz finden können. Das einzige Wahre besteht nur darin, dass die Aussenwand des Salomonischen Nebengebäudes von Stockwerk zu Stockwerk etwas eingerückt war (vgl. Ez. 41, 15. 16). — Leos Beschreibung (II, 222) bezieht sich augenscheinlich auf das Nebengebäude des Herodianischen Tempels, weshalb dieselbe hier unberücksichtigt bleiben kann.

Endlich ward das Gebäude nicht nur innen, sondern auch aussen (?) mit Cedernholz bekleidet; dies ward mit starken Ketten zusammengehalten (?), die ihm zum Schutz und zur Befestigung dienten."

4. Das Innere des Tempelgebäudes.

Im innern Tempelraum befanden sich wie im Ezechielschen Tempel ringsum Wandsäulen, die bei einer Höhe von 27 und einer Breite von zwei Ellen wenigstens eine Elle weit aus den Wänden hervortraten (s. Fig. 4). Ihre Entfernung von einander betrug sechs Ellen (Ez. 41, 1). Herodot erzählt (II, 169) von einer prächtigen Tempelhalle zu Sais in Aegypten, sie sei mit Säulen geschmückt gewesen, welche „Palmbäume" vorstellten. Diese Säulen müssen also nicht nur einen Schaft gehabt haben, der den Stämmen der Palmen nachgebildet war, sondern auch einen Knauf, der mit der Blätterkrone jener Bäume eine unverkennbare Aehnlichkeit hatte. Wenn nun, wie wir bereits gesehen haben, Ezechiel in seiner Beschreibung eines Tempelthores (40, 16) sagt: „an jeder Wandsäule waren Palmenzweige"[*]), und 1 Kön. 6, 29 neben andern Verzierungen des innern Tempels ausdrücklich von **Palmensäulen, die sich an allen Wänden des Tempels befanden**, die Rede ist, so unterliegt es keinem Zweifel, dass bei den Juden ebenso wie bei den Aegyptern solche den Palmen nachgebildete Säulen gebräuchlich waren.

Die an ihrem Knauf mit Palmenzweigen gezierten Wandsäulen des Salomonischen Tempels trugen den rings um das Heilige herlaufenden Architrav, dessen sichtbare Kante abgerundet war, so dass er mit einem halben Rohrstabe Aehnlichkeit hatte (Leo II, 198). Auf diesem Architrav, der eine Elle hoch war, ruhten über jedem Säulenpaare die Enden eines zwei Ellen starken Cedernbalkens, deren fünf vorhanden waren, und auf ihnen wieder der Länge des Gebäudes nach die dicht neben einander liegenden Cedernbohlen oder Mittelstücke, welche die eigentliche, von innen sichtbare Decke, d. h. die Kalymmatien des Heiligen, bildeten. Diese und alle dem inneren Tempelraum zugekehrten Flächen, der Balken und Architrave waren mit Goldblechen überzogen (2 Chron. 3, 7. Leo II, 198). Unmittelbar auf den Mittelstücken befand sich der Dachstuhl, d. h. eine starke Lage einer aus verschiedenen Materialien bestehenden Mörtelkomposition, die allen schädlichen Witterungseinwirkungen Trotz zu bieten im Stande war.

---

[*]) Da die Palmen bekanntlich gar keine Zweige haben, so sind unter „Palmenzweigen" nur die gefiederten Blätter derselben und zwar hier die der Dattelpalme (Phoenix dactylifera) zu verstehen.

Sie war in der Mitte wahrscheinlich etwas erhöht, damit Regen und Schnee leichter abfliessen konnten. Ueber dem Dachstuhl endlich ragte als Zierde vermuthlich noch ein zinnenartig durchbrochener **Mauerkranz** etwa eine Elle hoch empor und bildete somit den höchsten Theil des ganzen Gebäudes. Mit einer ähnlichen Dachverzierung mochte auch das Nebengebäude und die Vorhalle versehen sein.

Da das Allerheiligste nur 20 Ellen hoch war (1 Kön. 6, 20), so mussten die darin befindlichen Palmensäulen kleiner sein als die des Heiligen, obgleich sie im Uebrigen ganz dieselbe Beschaffenheit haben mochten. Die Scheidewand, welche beide Räume von einander trennte, befand sich zwischen dem letzten Wandsäulenpaar des Heiligen. Die h. Schrift berichtet über dieselbe (1 Kön. 6, 16. 31): „Auch baute er (Salomo) 20 Ellen von der Westseite des Hauses (eine Wand) von Cedernbrettern (welche vermuthlich mittelst der 2 Chron. 3, 9 erwähnten **goldenen Nägel** befestigt wurden), vom Fussboden an bis zu den Wandfeldern (den Kalymmatien des Allerheiligsten, also 20 Ellen hoch), und baute daselbst inwendig das Hintergemach, (nämlich) das Allerheiligste. — Und zu der Thür des Allerheiligsten machte er Thürflügel von **Oelbaumholz**[*)] **an fünfeckigen Pfosten**[**)], die (zugleich) Wandsäulen waren." Diese Doppelthür hatte mit der analogen des Ezechiel bei gleicher Gestalt ohne Zweifel auch dieselbe Höhe von sieben und dieselbe Breite von sechs Ellen (Ez. 41, 3). Vor der dem Allerheiligsten zugekehrten Seite der Thüröffnung hing ein aus Hyacinth, Purpur, Scharlach und feinstem Byssus (Leinwand) bestehender **Vorhang** (2 Chron. 3, 14. Ant. VIII, 3, 3). Ueber den Thürpfosten erhoben sich wahrscheinlich noch zwei kleine Palmensäulen, die gleichsam die obere Fortsetzung derselben bildeten.

Da sich die erwähnte Scheidewand nur bis zu einer Höhe von 20 Ellen erstreckte, so bleibt noch zu zeigen übrig, woraus die obere Fortsetzung derselben, welche das über dem Allerheiligsten gelegene dunkle Obergemach von dem oberen Theile des Heiligen trennte, bestand (s. Fig. 5). Einige Schriftstellen zeigen deutlich genug, dass hier nicht etwa eine der unteren ähnliche Bretterwand, sondern vielmehr ein mit künstlichen Granatäpfeln geschmücktes netzförmiges **Gitterwerk** vorhanden war. Unter den 1 Kön. 6, 21 erwähnten **goldenen Ketten, welche vor dem Allerheiligsten her gezogen waren,** sind nämlich nicht etwa wirkliche Ketten, an welchen — wie einige

---

[*)] Der Oelbaum war im Alterthum ein Symbol des Friedens und Segens.
[**)] Die Zahl 5, ein Sinnbild des Heils, hatte hier dieselbe Bedeutung wie das Oelbaumholz.

Schrifterklärer meinen — der 2 Chron 3, 14 beschriebene Vorhang befestigt war, zu verstehen, sondern eben nur dieses aus netzförmig mit einander verbundenen starken Golddrähten verfertigte und oben zwischen den beiden letzten Wandsäulen des Heiligen in senkrechter Stellung ausgespannte Gitterwerk. Dass dem so ist, ergiebt sich aus folgenden Worten (2 Chron. 3, 16): „Und (Salomo) machte Kettenwerk zum Allerheiligsten und that es oben an die (Wand-) Säulen und machte 100 Granatäpfel und that sie an das Kettenwerk" (nämlich an die Knotenpunkte desselben). Man deutet diese Worte (die eigentlich vor V. 15 stehen sollten) wegen ihrer isolirten Stellung zwischen V. 15 und 17, welche beide von den vor der Vorhalle befindlichen freistehenden Säulen handeln, zwar auf diese letztern; da dieselben aber an ihren Ketten nicht 100, sondern vielmehr 400 Granatäpfel hatten (1 Kön. 7, 42. 2 Chron. 4, 13) und ausserdem in den angeführten Worten ausdrücklich von dem Kettenwerk zum Allerheiligsten die Rede ist, so kann nur die oben gegebene Deutung die richtige sein. Wozu diente aber dieses (in Fig. 6 dargestellte) netzförmige Kettenwerk?

Nach 1 Kön. 6, 20 und 22 stand der mit Goldblechen überzogene Rauchopferaltar vor dem Allerheiligsten, ein Umstand, der sogleich vermuthen lässt, dass das Kettenwerk keinen andern Zweck hatte, als den von diesem Altar täglich in so grosser Menge emporsteigenden Rauchwolken einen Durchgang in das über dem Allerheiligsten befindliche Obergemach zu verstatten. Von hier aus konnten sie dann leicht durch kleine im Dache angebrachte Röhren, die vor dem Eindringen des Regens und Schnees durch passende Vorrichtungen gesichert waren, ins Freie geleitet werden. Der Einwand, dass der Rauch durch die Fenster des Tempels habe entweichen können, wird schwerlich aufrecht zu erhalten sein, indem diese vergitterten Oeffnungen jedenfalls — etwa durch darin aufgespannte geölte Leinwand — fest verschlossen waren, um nicht nur das Eindringen von Regen, Schnee oder Staub zu verhindern, sondern auch Vögel, Insekten und andere Thiere von dem Besuche der heiligen Räume abzuhalten. Es fragt sich übrigens, ob durch solche oder ähnliche Erklärungsversuche sowohl der Heiligkeit des Ortes, als auch dem Schicklichkeitsgefühle der Tempelerbauer überhaupt ein Dienst erwiesen wird. Der eben entwickelte dagegen, zufolge dessen der aus mehreren kleinen Dachöffnungen hervorquellende Rauch sich zu einer mächtigen, malerisch über dem Allerheiligsten emporsteigenden Wolkensäule vereinigte, empfiehlt sich schon dadurch, dass er zeigt, wie durch eine einfach natürliche Benutzung der vorhandenen Bauverhältnisse noch bis in die spätesten Zeiten eine Erscheinung bewirkt werden konnte, die so sehr geeignet war, im Volke alte, lieb und werth gewordene Erinnerungen stets wieder von neuem wach zu rufen. Leo beschreibt das Gitterwerk folgendermassen (II, 206): „Zwischen dem obersten Theile dieser (d. h. der östlichen) Wand (des Allerheiligsten) und der Decke (des Heiligen) aber war ein aus goldenen Kettchen bestehendes Netzwerk angebracht worden, damit der Dampf des Räucherwerks zur Lade im Allerheiligsten (??) durchdringe; die Zwischenräume des Netzes waren mit Chrysopras, Sapphir, Diamant und anderen überaus kostbaren Edelsteinen ausgefüllt" (?).

Die Eingangsöffnung des Heiligen hatte jedenfalls mit der des Ezechiel eine gleiche Breite, nämlich 10 Ellen (Ez. 41, 2). In dieser Oeffnung stand jederseits ein zwei Ellen starker Pfosten von Oelbaumholz, an welchem die 10 Ellen hohen und drei Ellen breiten Thürflügel mittelst goldener Angeln (1 Kön. 7, 50) befestigt waren (6, 33). Wie die Ezechielschen (Ez. 41, 23. 24), so waren auch diese Thürflügel der Länge nach gebrochen; denn Salomo machte zur Thür des Heiligen „zwei Thürflügel von Cypressenholz; beide Blattstücke des einen Thürflügels waren (jeder für sich) drehbar, und beide Blattstücke des andern Thürflügels waren (auch) drehbar" (1 Kön. 6, 34). Man konnte also den Eingang nach Belieben oder Bedürfniss gross und klein machen. An den beiden inneren Seiten der Eingangsöffnung erhoben sich im Heiligen zwei Palmensäulen, zwischen denen ein jenem oben erwähnten ganz gleicher Vorhang ausgespannt war.

Die Anzahl sämmtlicher Fenster des Heiligen betrug zwölf. Davon befanden sich nach der Zahl der Wandsäulenpaare auf jeder Seite fünf, die beiden übrigen aber im östlichen Giebel (Leo II, 185. 186). Da das Hauptgebäude aussen durch das Nebengebäude und die Vorhalle bis zu einer Höhe von 20 Ellen gänzlich verdeckt wurde, so befanden sich sämmtliche Fenster in einer noch bedeutenderen Höhe (II, 200). Sie waren, wie schon erwähnt, inwendig weiter als auswendig, damit das Licht sich leichter im Innern des Gebäudes ausbreiten konnte. Das Allerheiligste besass bekanntlich gar keine Fenster. —

Wie die über und über vergoldeten Palmensäulen, die sich im verkleinerten Maassstabe auch auf den Thüren und Vorhängen wiederholten, die erste Art der Verzierung an den inneren Tempelwänden bildeten, so bestand die zweite aus Cherubs; denn 1 Kön. 6, 29 heisst es: „Und alle Wände des Hauses ringsum bedeckte er (Salomo) mit Skulpturarbeiten von eingegrabenen Cherubs, Palmensäulen und offenen (d. h. aufgeblühten) Blumen inwendig (im Allerheiligsten) und auswendig" (im Heiligen). Ueber die gegenseitige Stellung der Cherubs und Palmensäulen zu einander belehrt uns Ezechiel, wenn er sagt (41, 18): „Er machte auch Cherubs und Palmensäulen und je eine Palmensäule zwischen dem einen und dem andern Cherub" (d. h. es wechselte immer ein Cherub mit einer Palmensäule). Diese auf den von je zwei Palmensäulen, dem Fussboden und einem Fenster begrenzten Wandfeldern angebrachten kolossalen Cherubs waren vermuthlich, ähnlich wie die Säulen, in halb erhabener Arbeit ausgeführt. Sie waren gleichfalls vergoldet, wie denn überhaupt auch alle Wände mit Cedernbrettern bekleidet und mit Goldblechen überzogen waren (1 Kön. 6, 21); sogar der mit Cypressenbrettern belegte Fussboden (V. 15) entbehrte diesen kostbaren Ueberzug nicht (V. 30).

Ueber die eigentliche Gestalt der Cherubs hat man keine ganz sicheren Nachrichten. Nach Biesenthal (Bibl. Handwörterbuch, S. 51) waren es „Thiergestalten, die in der Wirklichkeit nicht vorhanden waren, die aber bei den meisten Völkern analog vorgefunden werden; so die Greife, Sphinxe u. s. w. Es werden ihrer meist je zwei vorgeführt, geflügelt und sonst theilweise menschlich gebildet." — Aus welchen geflügelten und theilweise menschlich gebildeten Thiergestalten bestanden nun aber die jüdischen Cherubs? — Nach 1 Kön. 7, 9, wo von den Verzierungen der Kesselgestelle des Tempels die Rede ist, gehörten dazu Löwen und Stiere; Josephus nennt ausserdem noch den Adler (Ant. VIII, 3, 6). Diese Thiere erinnern sogleich an jene bekannte Vision des Propheten Ezechiel (1, 4 ff.), in welcher er vier geflügelte Thierfiguren erblickte, die mit jenen identisch sind*). Sie scheinen nach altjüdischer Ansicht sowohl die Schutzgeister des israelitischen Volkes, als auch die personificirten Ordner der Zeit und Hüter und Träger des Weltalls gewesen zu sein. Ausserdem sollte jede von ihnen wohl auch zugleich eine besondere göttliche Eigenschaft symbolisch ausdrücken. Das Thier mit dem

---

*) Den oben gedachten Thieren (Stier, Löwe, Adler und Mensch) entsprachen bei den Griechen und andern alten Völkern der Stier, Löwe, Hund und Eber (Hesiod. Theog. 825—828). Ursprünglich gehörten diese vier Thiere sämmtlich dem Zodiakus an, obgleich gegenwärtig nur noch der Stier (♉) und der Löwe (♌) darin figuriren. Der Hund findet sich jedoch auch auf dem alt-indischen Thierkreise noch an seiner richtigen Stelle, nämlich an derjenigen, welche jetzt den Namen „Skorpion" (♏) führt, während der Eber in einen „Wassermann" (♒) anthropomorphosirt worden ist. Wie das Zeichen des „Skorpions" (♏) augenscheinlich bei weitem mehr Aehnlichkeit mit einem Hunde als mit einem Skorpion hat, so sollte auch das Zeichen des „Wassermanns" (♒) ursprünglich gewiss nicht das „Wasser", sondern das Gebiss des Ebers und somit als pars pro toto das ganze Thier verbildlichen. Dass diese vier Thiere auch die vier alten Elemente (Erde, Luft, Feuer und Wasser) zu repräsentiren bestimmt waren, kann hier nur angedeutet werden.

Löwenkopfe (Ariel, d. h. Löwe Gottes, Jes. 29, 1) würde hiernach die belebende oder schaffende, das mit dem Adlerkopfe (Raphael, d. i. Arzt Gottes, Tob. 3, 25) die rettende und erhaltende, das mit dem Stierkopfe (Gabriel, d. i. Held Gottes, Dan. 8, 16. 9, 21) die richtende und strafende (vgl. 8, 19. 2 Mos. 12, 23. 2 Sam. 24, 16) und das mit dem Menschenkopfe (Michael, d. i. Wer ist wie Gott? Dan. 10, 13. 21. 12, 1) die göttlich-majestätische Eigenschaft Jehovas bezeichnen. Obgleich diese vier Cherubs, auf denen Jehova als König der Welt und Herr der Herrlichkeit sass (1 Sam. 4, 4. 2 Sam. 6, 2. Ps. 99, 1) oder — dahinschwebend auf den Fittigen des Windes — fuhr (2 Sam. 22, 11. Ps. 18, 11), von Ezechiel in seiner Vision zu einem einzigen symbolischen Gebilde vereinigt erblickt wurden, so kann doch schwerlich angenommen werden, dass die bildlichen Darstellungen derselben auch schon in der Urzeit diese Gestalt besassen. Es ist vielmehr wahrscheinlich, dass jeder als eine für sich bestehende Figur abgebildet wurde, wie z. B. auf den Kesselgestellen. Erst nachdem man ihnen einen Menschenleib gegeben hatte — doch schon vor der Erbauung des Salomonischen Tempels —, mochte man sich zu der Idee erhoben haben, je zwei und zwei derselben zu einem einzigen Bildwerke zu vereinigen, um die inneren Tempelräume zur Verherrlichung des Gottes, dessen geheimnissvolle Wesenheit sie symbolisch und hieroglyphisch ausdrücken sollten, damit auszuschmücken. Ezechiel beschreibt zwar nur das eine dieser mystischen Doppelwesen, indem er sagt (41, 18. 19): „Jeder Cherub hatte zwei Gesichter, nämlich ein Menschengesicht, welches der Palmensäule auf der einen Seite, und ein Löwengesicht, welches der Palmensäule auf der andern Seite zugekehrt war" —, aber er kannte das andere mit dem Stier- und Adlergesicht ebenso gut (1, 10). Wenn er das letztere nicht in seinem Tempel mitaufgenommen wissen wollte, so mochte es nur deswegen geschehen sein, weil die thierische Bildung an demselben die überwiegende war. Im Salomonischen Tempel dagegen standen ohne Zweifel noch beide vollkommen gleichgeachtet und gleichberechtigt neben einander und zierten die Wände, Thüren und Vorhänge dergestalt, dass zwischen je zwei Palmensäulen einmal der Cherub mit dem Löwen- und Menschenkopfe, dann zwischen den nächsten wieder der Cherub mit dem Adler- und Stierkopfe angebracht war.

Was nun die bildliche Darstellung der übrigen Körpertheile dieser Cherubs betrifft, so zeigten sie aufrecht stehende, vielleicht mit langem Gewande bekleidete Menschengestalten, die an den Schultern mit emporgerichteten Flügeln versehen waren. Ob sie mit leeren oder gefüllten Händen abgebildet wurden, ist nicht bekannt; wahrscheinlicher ist jedoch das Letztere. Der eine Zwillingscherub (Löwe-Mensch) mochte demgemäss mit einem Scepter und einem Becher (Ps. 16, 5. Jes. 51, 17), der andere (Adler-Stier) mit einem Spiess und einem Schwert (1 Mos. 3, 24. 1 Chron. 22, 16) ausgestattet worden sein. Ausserdem stand neben jedem Cherub jederseits noch ein grosses, mit Augen besetztes Rad (Ez. 1, 15 ff. 10, 2—20). Beide Räder muss man sich durch eine Achse, die jedoch durch den Körper des Cherubs grösstentheils verdeckt wurde, verbunden denken. Dieser Cherubswagen (1 Chron. 29, 18*)) sollte auf die Geschwindigkeit der Cherubs in den niederen, wie die Flügel auf ihre Schnelligkeit in den höheren Weltregionen hindeuten (Ps. 104, 4). Durch die Flügel und Räder wird ausserdem auch die Allgegenwart Gottes (Ps. 139, 7—10), wie durch die Augen der Räder seine Allwissenheit (V. 1—4. 16) allegorisch dargestellt.

Da auch die Palmensäulen ebenso wie die Cherubs eine hieroglyphische Bedeutung hatten, so bildete der ganze Wand- und Thürschmuck eine einzige, sich mehrmals wiederholende Schrift, deren Hauptgedanke etwa folgender sein mochte:

Preiset Jehova (Palme), den Gott der Herrlichkeit (Mensch), der Himmel und Erde gemacht hat (Löwe);
Preiset Jehova (Palme), den Allerhalter (Adler), der da richtet mit Gerechtigkeit (Stier)!

Die erste Strophe dieses Hymnus wird z. B. in Ps. 104, die zweite in Ps. 103 weiter ausgeführt. —

Wir kommen nun zur dritten Gattung der Tempelverzierungen, nämlich zu den „offenen (d. h. aufgeblühten) Blumen" (1 Kön. 6, 29). Was unter diesen „offenen Blumen" eigentlich zu verstehen sei, lehrt V. 18, welcher lautet: „Im Hause drinnen aber war (an den Wänden) überall Cedernbekleidung mit eingegrabener Arbeit von Koloquinten und offenen Blumen." Koloquinten sind bekanntlich gurkenähnliche Früchte, die ihrer vielen Samenkerne wegen im Alterthum eine phallische Bedeutung hatten. Die offenen Blumen, worunter man sich Lilien- (oder Lotus-) Blüthen zu denken hat, verbildlichten dagegen den fruchtbaren Mutterschooss. Beide Symbole sollten also offenbar auf die ununterbrochen wirksame göttliche Schöpfungskraft

---

*) Gräcisirte Cherubswagen waren z. B. der mit einem Löwen und einem Eber bespannte Wagen des Admetos (Apollodor. 1, 9, 15. Paus. 3, 18) und derjenige Wagen, auf welchem Homer den Hund Telemachos (vgl. Od. 2, 11. 17, 62. 20, 145) mit dem Stier Peisistratos (3, 454. 15, 195—197) von Pylos nach Sparta fahren lässt (3, 481 ff.). — Dass Heroen nur anthropomorphosirte Kultusbegriffe waren, kann hier nicht näher erörtert werden.

hindeuten. Zu dieser Erklärung zwingt namentlich der Umstand, dass in der Parallelstelle (2 Chron. 3, 5) nicht von „Koloquinten und offenen Blumen", sondern nur allein von „Kettenwerk" die Rede ist. Da nämlich unter diesem „Kettenwerk" keinesweges ein besonderer architektonischer Zierrath, sondern vielmehr nur eben jene „Koloquinten und offenen Blumen" zu verstehen sind, so muss dieser Ausdruck auf die lineare Aneinanderreihung der beiden Schöpfungssymbole bezogen werden, d. h. dadurch, dass stets eine Koloquinte mit einer Blüthe abwechselte, wurde gleichsam eine Kette gebildet, welche jene oben geäusserte Idee ausdrücken sollte. Dieses Kettenblumwerk, womit „alle Wände des Hauses ringsum" bedeckt waren, bildete jedenfalls eine, um jeglichen Doppelcherub in Form eines Rechtecks gezogene Einfassungslinie (wie solche z. B. noch jetzt um die einzelnen Figurengruppen der alten ägyptischen Tempelwände angetroffen werden); denn nur erst durch eine solche Annahme wird der Gedanke, der durch die Cherubs ausgedrückt werden sollte, als ein ununterbrochen fortbestehender oder fortwirkender bezeichnet. Darum befand sich auch noch eine solche Kette von Koloquinten und offenen Blumen auf dem oben ringsumlaufenden Architrav (Leo II, 198). Alles dies beweist zur Genüge, dass auch das Kettenblumwerk nichts Anderes als eine in engster Beziehung zu den beiden ersten Hauptemblemen stehende Hieroglyphe ist.

Die vierte und letzte Verzierung des inneren Tempels endlich bestand aus Edelsteinen. Die kurze Nachricht (2 Chron. 3, 6): „Und (Salomo) überzog das Haus mit edlen Steinen zum Schmuck" — lässt zwar der Phantasie hinsichtlich der Verwendung und Placirung dieser Steine den freisten Spielraum; wer jedoch von der Ueberzeugung durchdrungen ist, dass auch dieser Schmuck nicht bloss das Auge entzücken, sondern auch zugleich eine abstrakte Idee symbolisch und hieroglyphisch ausdrücken sollte, der kann um eine passende Deutung dieser Steine nicht verlegen sein. Unter den bisher erklärten Symbolen befindet sich nämlich kein einziges, das den Begriff der Ewigkeit speciell berücksichtigt. Wer möchte aber nach dem, was im Vorhergehenden dargelegt worden ist, noch behaupten wollen, dass ein solches in der altjüdischen Symbolik nicht vorhanden war, oder gar, dass man es für zu unwichtig hielt, um ihm neben den übrigen einen Platz im Tempel einzuräumen? Offenbar befand es sich darin, und zwar jedenfalls an einem Orte, wo es sowohl seiner hohen Bedeutung als auch seinem materiellen Werthe nach am vortheilhaftesten ins Auge fiel, nämlich in dem von zwei kleinen Palmensäulen begrenzten Wandfelde über der Thür des Allerheiligsten. Hier also mochte der aus funkelnden Edelsteinen kunstvoll zusammengesetzte Kreis — denn der Kreis war bekanntlich im Alterthum das Sinnbild der Ewigkeit*) — in entsprechender Grösse angebracht sein. Da aber ein einfacher Kreis den übrigen so sinnreich zusammengefügten Emblemen gegenüber als eine zu dürftige Gestalt erscheint, so darf man, ohne sich zu weit in das Gebiet der blossen Vermuthung zu verlieren, wohl annehmen, dass innerhalb dieses Kreises noch einige andere aus Edelsteinen zusammengesetzte allegorische Figuren vorhanden waren. Als solche würden das regelmässige Fünfeck, das Quadrat und das gleichseitige Dreieck, sämmtlich ebenfalls bekannte Symbole der göttlichen Vollkommenheit, zu bezeichnen sein (s. Fig. 6). Ausserdem leiten Salomos Worte (1 Kön. 8, 20): „Ich baute das Haus dem Namen Jehovas, des Gottes Israels" — zu augenscheinlich auf die Vermuthung, dass auch im Innern des Tempels dieser Name Gottes, nämlich יהוה (d. i. Jehova), irgendwo zu lesen sein musste. Wo aber hätte er passender angebracht sein können, als in dem vom Quadrat, Fünfeck und Kreise umschlossenen Dreieck über der Thür des Allerheiligsten?

Der Umstand, dass auch der jüdische Hohepriester ein Stirnschild mit dem heiligen Gottesnamen auf seinem Bundhute trug (2 Mos. 28, 36), beweist nicht nur das Gesagte, sondern führt auch noch zu einer weiteren Schlussfolgerung. Die Achselknöpfe des hohepriesterlichen Ephods bestanden nämlich aus zwei Edelsteinen, auf welchen die Namen der zwölf Stämme Israels eingegraben waren (2 Mos. 28, 9). Ebenso enthielt jeder der zwölf Edelsteine des Urim und Thummim einen von diesen Namen (V. 21). Sollten daher diese Namen nicht ebenfalls im Tempel eine Aufnahme gefunden haben? — Das Wandfeld über der Eingangsthür des Heiligen bot wenigstens einen sehr schicklichen Raum für dieselben dar. Nimmt man nun an, dass die einzelnen Buchstaben aus Edelsteinen zusammengesetzt und die ganze Schrift gleichfalls noch mit einer entsprechenden Verzierung eingefasst war, so erhalten die biblischen Worte: „Und Salomo überzog das Haus mit edlen Steinen zum Schmuck" — eine befriedigende Deutung, ohne dass man nöthig hat, sich über die Vertheilung und Placirung dieses Schmuckes in ganz willkürliche Vermuthungen zu verlieren. Damit soll jedoch keinesweges behauptet werden, dass diese Edelsteine nicht auch sonst noch zur Ausschmückung der übrigen Figuren verwandt sein konnten.

Bildeten — wie oben gezeigt ist — die Palmensäulen, die Cherubs mit ihren Attributen und das Kettenblumwerk im Heiligen einen hiero-

---

*) Ebenso die Schlange, weshalb auch die Israeliten der von Moses verfertigten ehernen Schlange (4 Mos. 21, 8. 9) bis in die Zeit des Königs Hiskias Rauchopfer darbrachten (2 Kön. 18, 8).

glyphischen Hymnus, so können die Namen der zwölf Stämme als der Anfang („Ihr Söhne Israels, preiset" u. s. w.) und die allegorische Hieroglyphe über der Thür des Allerheiligsten als der Schlussgedanke desselben betrachtet werden. Der letztere liesse sich etwa folgendermassen ausdrücken: **Ja preiset Gott, den Herrn** (die Palmensäulen zu beiden Seiten des Wandfeldes), **denn er ist Jehova** (יהוה), **der heilige (Dreieck) und gerechte (Viereck) Gott der Gnade (Fünfeck) in Ewigkeit (Kreis).** —

Von den Gegenständen, welche sich im Heiligen befanden, berichtet die heilige Schrift (1 Kön. 7, 48—50): Salomo machte auch „**den goldenen (Rauchopfer-) Altar und den goldenen Tisch, auf welchem die Schaubrote (liegen), und die Leuchter, fünf zur Rechten und fünf zur Linken, vor dem Allerheiligsten von köstlichem Golde, und das Blüthenwerk und die Lampen und Lichtschneuzen von Gold. Ferner (machte er) die Becken, Messer, Opferschalen, Rauchpfannen und Zangen von Gold.**"

Der aus Cedernbrettern erbaute, mit Goldblechen überzogene **Rauchopferaltar** war drei Ellen hoch und zwei Ellen lang und breit (1 Kön. 6, 20. Ez. 41, 22). Eine nähere Kenntniss dieses und der übrigen genannten Gegenstände kann mit Rücksicht auf die bereits anderweitig vorhandenen Beschreibungen und Abbildungen als im Wesentlichen bekannt vorausgesetzt werden. — Der goldene **Schaubrottisch***), der mit dem der Stiftshütte eine gleiche Grösse haben mochte (2 Mos. 25, 23), stand, vom Allerheiligsten aus gesehen, auf der linken Seite des Rauchopferaltars (d. i. auf der Nordseite, Ant. VIII, 3, 8), während ihm gegenüber auf der rechten Seite der Eingang zur Wendeltreppe des Nebengebäudes gelegen war (1 Kön. 6, 8). — Dass die übrigen in der oben angeführten Bibelstelle genannten Opfergeräthschaften in den Kammern des Nebengebäudes aufbewahrt wurden, ist

---

*) Da 1 Chron. 29, 16 berichtet wird . David gab „auch das Gold zu den Schaubrottischen, (nämlich) zu jeglichem Tische das Gewicht, und Silber zu den silbernen Tischen"—, und 2 Chron 4, 8 von zehn Tischen, die in den Tempel gethan wurden, die Rede ist, so behaupten die jüdischen Tempelbeschreiber, Salomo habe ausser dem oben erwähnten Schaubrottisch noch zehn andere aus Gold anfertigen lassen. Dass diese zehn aber **golden** waren, ist unerwiesen (s. unten), auch ist nicht einzusehen, warum sie 1 Kön. 7, 48—50 neben den übrigen Gegenständen des Heiligen nicht mitaufgeführt wurden, wenn sie wirklich darin vorhanden waren. — Die Anzahl der Leuchter soll sich gleichfalls auf elf belaufen haben; man glaubt nämlich — aber gewiss mit Unrecht —, dass Salomo auch den von Moses für die Stiftshütte verfertigten Armleuchter in dem Tempel aufgestellt habe. Nach Leo (II, 201. 202) standen die zehn Salomonischen Armleuchter — wie auch die zehn supponirten goldenen Tische — längs den beiden Seitenwänden des Heiligen. Das ist aber unrichtig, denn nach 1 Kön. 7, 49 und 2 Chron. 4, 20 hatten sie ihren Standort „vor dem Allerheiligsten", also nicht an den beiden Seitenwänden.

schon weiter oben angedeutet worden. Josephus berichtet über diese und einige andere Gegenstände, wie folgt: „Zu allem diesen kamen 80,000 **Krüge**, 100,000 goldene und doppelt so viele silberne **Platten** zum Heranbringen des angemengten Weizenmehls an den Altar, endlich 60,000 goldene und zweimal so viel silberne **Mischgefässe**, in denen das Mehl mit Oel gemengt ward. Hierzu gesellten sich 20,000 goldene und noch einmal so viel silberne **Maasse**, denen ähnlich, die bei Moses **Hin** und **Assaron** genannt sind; dann 20,000 goldene **Weihrauchschalen**, um den Weihrauch in den Tempel zu bringen, und ebenso 50,000 **Rauchfässer**, um von dem grossen Altar Feuer an den kleinen (Rauchopfer-) Altar innen im Tempel zu bringen. **Schulterkleider für die Hohenpriester**, sowie **Mäntel mit Brustschild und Steinen** wurden 1000 angefertigt; aber nur ein einziges **Stirnband** war da, auf welches Moses den Namen Gottes geschrieben hatte, und das sich bis zum heutigen Tage erhalten hat. Die **priesterlichen Gewänder** wurden aus Byssus angefertigt; dazu kamen 10.000 **purpurne Gürtel** für die Einzelnen, 20,000 **Posaunen** nach Moses Vorschrift, 200,000 **Byssusgewänder für die Sänger** aus den Leviten, endlich Musikinstrumente nebst den zur Begleitung des Gesanges dienenden Instrumenten, die **Nabla** (= Nebel, 1 Chron. 16, 5, Psalter) und **Kinyra** (= Kinnor, 1 Mos. 4, 21, Leyer) heissen, zusammen 40,000" (Ant. VIII, 3, 9).

Im Allerheiligsten, dessen Wände im Wesentlichen ebenso wie die des Heiligen ausgeschmückt sein mochten, befand sich nichts weiter als die schon von Moses verfertigte **Bundeslade** mit den beiden steinernen Gesetzestafeln (1 Kön. 8, 9) und **zwei freistehende Cherubs**. Die erstere hatte eine Länge von 2½ und eine Breite und Höhe von 1½ Elle. Sie war mit feinem Golde überzogen und an ihrem oberen Deckelrande ringsum mit einem leistenartigen **Kranze** geziert. In diesem Kranze wird man das oben beschriebene Kettenblumwerk um so leichter wiedererkennen, als auf dem Deckel selbst, der bekanntlich den Namen „Versöhndeckel" oder „Gnadenstuhl" führte, zwei goldene Cherubs befestigt waren, die von diesem Leistenkranze in ähnlicher Weise umgrenzt wurden, wie die Cherubs an den Tempelwänden durch das Kettenblumwerk*) (2 Mos. 25, 10—22). Die Bundeslade hatte ihren Standort genau in der Mitte des Allerheiligsten, so dass die beiden nach vorn hervorgezogenen Stangen, mittelst deren sie getragen

---

*) Dass auch der Leistenkranz des Schaubrottisches (2 Mos. 25, 24. 25), ebenso wie der des Rauchopferaltars (30, 3. 4), aus goldenen Koloquinten und offenen Blumen zusammengesetzt war, ist gewiss unzweifelhaft.

wurde, den Thürvorhang berührten und etwas nach aussen bogen (1 Kön. 8, 8. 2 Chron. 5, 9). — Von dem Stein, welcher der Bundeslade als Untersatz gedient haben soll, berichtet Leo (II, 214): „Daselbst (im Allerheiligsten) befand sich ein drei Finger hoher Stein von reinem Marmor, der Stein der Grundlegung genannt, auf welchem die Lade des Zeugnisses im Allerheiligsten gegen Westen*) stand. Unter diesem Stein waren tief gelegene Schatzkammern mit vielfach gewundenen Gängen, welche nur sehr schwer zu entdecken waren, wenn die Priester zur Zeit der Noth die Lade des Zeugnisses darin verbargen."

Ueber die beiden grossen Cherubs berichtet die heilige Schrift (1 Kön. 6, 23—28): „Er (Salomo) machte im Allerheiligsten zwei Cherubs von Oelbaumholz, zehn Ellen hoch. Fünf Ellen aber hatte der eine Flügel eines Cherubs und fünf Ellen der andere Flügel des Cherubs (und) zehn Ellen waren von der Spitze seines einen Flügels bis an die Spitze seines andern Flügels. Ebenso hatte auch der andere Cherub zehn Ellen, so dass beide Cherubs eine und dieselbe Grösse und Gestalt hatten. Der eine Cherub war zehn Ellen hoch und ebenso auch der andere Cherub. Und er stellte die Cherubs mitten in das innere Haus (Allerheiligste). (Sie standen aber auf ihren Füssen und ihre Gesichter waren dem Hause [Heiligen] zugekehrt, 2 Chron. 3, 13.) Und man breitete die Flügel der Cherubs aus, so dass der Flügel des einen an die eine Wand rührte, und der Flügel des andern Cherubs rührte an die andere Wand, mitten im Hause aber rührte Flügel an Flügel (zum Zeichen, dass die Gottheit das Universum ausfülle). Und er überzog die Cherubs mit Gold."

Ob auch diese Cherubs wie die an den Seitenwänden befindlichen zweiköpfig waren, ist schwer zu bestimmen. Waren sie einköpfig, so dürfte dieser eine Kopf jedoch nicht, wie es unserer heutigen Anschauung zusagender erscheint, ein Menschenkopf, sondern vielmehr ein Stierkopf gewesen sein; denn einerseits steht die Idee, welche durch den letztern verbildlicht werden sollte, nämlich die der göttlichen Gnade, Barmherzigkeit, Gerechtigkeit, des Segens, Friedens und überhaupt des Heils, zu dem „Gnadenstuhl" oder „Versöhndeckel" in näherer Beziehung — darum waren auch die Thürpfosten des Aller-

---

*) Wenn die Bundeslade an der Westseite des Allerheiligsten gestanden hätte, so würden die beiden aus Akazienholz verfertigten Stangen, mittelst deren sie getragen wurde, eine Länge von wenigstens 20 Ellen gehabt haben müssen, um den Vorhang des Allerheiligsten berühren zu können. Bei einer so ungeheuren Länge aber hätten sie beim Tragen durch das Gewicht der die steinernen Gesetzestafeln enthaltenden Lade entweder in der Mitte unverhältnissmässig tief hinabsinken oder trotz ihrer Zähigkeit geradezu zerbrechen mussen. Ihre Länge betrug jedenfalls nur zehn Ellen. — Jede der beiden Gesetzestafeln soll übrigens eine Elle lang und breit und eine halbe Elle dick gewesen sein (Leo III, 5).

heiligsten fünfeckig und die Cherubs selbst aus Oelbaumholz verfertigt —, andererseits aber nennt Ezechiel (10, 14) ausdrücklich den Cherub statt des Stiers, was doch offenbar auf die Vermuthung leiten muss, dass unter dem Namen „Cherub" vorzugsweise ein Wesen mit dieser thierischen Kopfbildung zu verstehen sei. — Leo giebt mit Rücksicht auf die Ezechielsche Vision jedem Cherub vier Gesichter und 16 (?) Flügel. Von diesen Flügeln sagt er (II, 216): „Die oberen Flügel (s. Fig. 7, A, aa) waren aufwärts ausgebreitet wie die der Vögel. Die beiden inneren (b) berührten sich gegenseitig und beschatteten die Lade oberwärts. Von den beiden äusseren Flügeln (c) der Cherubs berührte der eine die südliche Wand des Hauses, der andere die nördliche. Mit den beiden unteren (d) aber, welche sich vor den Gesichtern derselben befanden, wurde der ganze Leib eines jeden bedeckt." Auf den ersten Anblick scheint es zwar, als habe hiernach jeder Cherub vier Flügelpaare gehabt. Man sieht jedoch bald, dass jedem von den Flügelpaaren b und c nur ein Flügel angehörte, also kann auch jeder nur höchstens sechs Flügel besessen haben (s. A). Nach Analogie von b und c muss man jedoch weiter annehmen, dass jedem Cherub auch von den Flügelpaaren a und d nur ein Flügel zukam; hiernach würde dann jeder auch nur vier Flügel gehabt haben (s. B). Da aber jeder Flügel fünf Ellen lang war, so würden vier von ihnen (c b b c), zu einer einzigen wagerechten Linie vereinigt, die ganze Breite des Allerheiligsten ausgefüllt haben, wenn sie auf dem Rückgrath der Cherubs befestigt gewesen wären. Sie hafteten aber ohne Zweifel an den Schultern, folglich mussten auch die äusseren (c) etwas nach oben, die inneren (b) dagegen etwas nach unten hin geneigt sein. Daraus folgt nun sehr einfach, dass die oberen (a) mit den äusseren (c) und die inneren (b) mit den unteren (d) ganz identisch sind. Somit hatte jeder Cherub in Wahrheit nur zwei Flügel (1 Kön. 6, 24), von denen der äussere in die Höhe, der innere aber nach unten hin gerichtet war (s. C). Leos Angaben beruhen daher auf einem augenscheinlichen Irrthum. — Dass die gedachten Cherubs gleichfalls mit einem Wagen ausgestattet waren, ist aus 1 Chron. 29, 18 genugsam zu ersehen.

Zu erwähnen ist noch, dass unter dem Allerheiligsten eine kleine Quelle vorhanden gewesen sein soll, auf welche sich Leo bezieht, wenn er sagt (II, 217): „Daselbst befand sich auch eine Quelle lebendigen Wassers, welche an der Südseite des Tempels unter dem Fussboden des Allerheiligsten selbst hervorrieselte. Dieses Wasser aber war an seinem Quellpunkte so schwach wie die Hörner einer Grille. Von hier floss es an der bezeichneten Seite des Tempels unter der Erde nach der Ostseite des Tempels" (vgl. Ez. 47, 1) und ergoss sich dann in den grossen Tempelkanal.

5. Die Vorhalle.

In der Vorhalle, deren Innenwände ebenfalls überall vergoldet waren (2 Chron. 3, 4), befanden sich zunächst zehn silberne Tische (1 Chron. 29, 16), die vermuthlich mit den Schlachttischen des Ezechiel gleiche Grösse hatten (Ez. 40, 42). Es heisst zwar (2 Chron. 4, 8): Salomo „machte auch zehn Tische und setzte sie in den Tempel, fünf zur Rechten und fünf zur Linken." Da aber im Heiligen gar keine silbernen, sondern nur goldene oder doch vergoldete Gegenstände vorhanden waren (1 Kön. 7, 48—50), so muss hier unter dem vieldeutigen Ausdruck „Tempel" die Vorhalle des Tempels verstanden werden. Diese zehn Tische, von denen fünf im Norden und fünf im Süden — doch vermuthlich 2½ Elle von den Wänden entfernt (Leo II, 201) — standen, dienten jedenfalls nur als Aufbewahrungsgestelle für die verschiedenen Schlacht- und Opfergeräthe, als Beile, Messer u. s. w. (Ez. 40, 42. Leo II, 177), denn nachmals belegte man sowohl den nördlichen als auch den südlichen Theil der Vorhalle mit dem Namen Haus der Opfermesser (Leo II, 177).

Ausser den zehn silbernen waren in der Vorhalle noch zwei andere Tische, einer rechts, der andere links von der Eingangsthür des Heiligen, aufgestellt. Der eine bestand aus Marmor, der andere aus Gold. Auf ersteren legte man die frischgebackenen Schaubrote, damit sie zuvor erkalteten, ehe sie in das Heilige getragen wurden, auf den andern aber die von dem dortigen Schaubrottische hinweggenommenen alten Brote (Leo II, 183). Da somit, wie es scheint, der Tempel wirklich mehr als einen goldenen Schaubrottisch besass, so kann man, ohne mit irgend einer biblischen Angabe — z. B. 2 Chron. 4, 19 — in Widerspruch zu gerathen, die Stelle 1 Chron. 29, 16 so ungezwungen als naturgemäss in folgender Art vervollständigen: David gab „auch das Gold zu den (beiden) Schaubrottischen, (nämlich) zu jeglichem Tische das Gewicht, und das Silber zu den (zehn) silbernen (Opfermesser-) Tischen" (der Vorhalle). — Nach Josephus (Ant. VIII, 3, 8) befanden sich im Tempel überhaupt an Tischen, auf welchen die Geräthe, Schalen und Krüge standen, 20,000 von Gold und 40,000 von Silber.

Die Eingangsthür der Vorhalle hatte jedenfalls mit der des Heiligen gleiche Grösse, was oben bei der Betrachtung der analogen des Ezechielschen Tempels bereits erwähnt worden ist. Zu ihr führten, da das Krepidoma des Tempels sechs Ellen hoch war, zwölf Stufen, die wahrscheinlich jederseits mit einem hölzernen Geländer versehen waren (Ez. 41, 25). Die Zahl der in der Vorhalle angebrachten Fensteröffnungen betrug der dicken Wände wegen wahrscheinlich nur zwei; vielleicht befand sich jedoch noch ein drittes über der Eingangsthür.

Einige Schrifterklärer, welche sich mit Josephus auf 2 Chron. 3, 4 stützen, geben der Vorhalle eine zu der Höhe des Hauptgebäudes in gar keinem angemessenen Verhältnisse stehende Höhe von 120 Ellen. Eine Vergleichung mit der Parallelstelle (1 Kön. 6, 2), wo die Höhe der Vorhalle gar nicht, sondern statt deren die des Heiligen angegeben ist, lehrt aber, dass jene 120 Ellen gar nicht auf die Vorhalle, sondern vielmehr nur allein auf die Höhe des ganzen Heiligthums bezogen werden können. Um die angeführte Schriftstelle richtig aufzufassen, lese man: „Und Salomo legte den Grund zum Bau des Gotteshauses folgendermassen: zuerst die Länge, nämlich 60 Ellen, dann die Breite, (nämlich) 20 Ellen [ebenso hatte die Vorhalle, welche vorn war, eine Länge von 20 Ellen, gleich der Breite des Hauses —], die Höhe (des ganzen Heiligthums oder Gotteshauses) aber betrug 120 Ellen." Zum Heiligthum oder dem Hause Gottes im weitesten Sinne gehörte aber ursprünglich auch der ganze heilige Berg Morija, und dessen Höhe ist daher jedenfalls in den 120 Ellen mit enthalten. Das zeigt folgende Rechnung:

Aeussere Höhe des Salomonischen Tempels (incl. Krepidoma) 40 Ellen.
Höhe des Vorhofs der Priester . . . . 2 „
Höhe des Volksvorhofs . . . . 8 „
Höhe der Neigung des Vorhofs der Heiden . . . . . 4 „
Höhe des Morijaberges über dem Grunde der Caphnataschlucht . . . . 66 „

Summa . . 120 Ellen.

Die Höhe des Tempelberges wurde nämlich höchst wahrscheinlich von dem Grunde der Caphnataschlucht aus gemessen. Da aber diese Schlucht nach Strabo nur 60 Fuss tief war, so ist entweder anzunehmen, dass sie bei ihrer Mündung am Thal Josaphat, wo man gemessen haben mochte, bedeutend tiefer war, oder, was wahrscheinlicher ist, dass die Oberfläche des Morijagipfels um mehrere Ellen höher lag als der Nordrand der Caphnataschlucht.

Der leichteren Uebersicht wegen sei hier schon bemerkt, dass das Serubabelsche Tempelgebäude bis auf 60 und das Herodianische sogar bis auf 100 (mit Einschluss des Krepidoma: 106) Ellen erhöht wurde. Bei ersterem konnte man nicht mehr vom Grunde der Caphnataschlucht aus messen, weil man in diesem Falle 140 statt 120 Ellen erhalten haben würde. Es musste also, um mit der Angabe der h. Schrift nicht in Widerspruch zu gerathen, ein anderer Punkt aufgesucht werden, von wo aus der Morija als heilig betrachtet wurde. Dies war aber ohne Zweifel der **Mörserplatz**, von welchem aus sich das Volk durch das Kerkerthor in den Tempel begab. Ueber diesen Platz ragte der Berg, wie weiter unten nachgewiesen werden wird, etwa 40 Ellen hoch empor. Es ergiebt sich also folgende Rechnung:

Höhe des Serubabelschen Tempels (incl. Krepidoma) . . 66 Ellen.
Höhe des Vorhofs der Priester . . . . 2 „
Höhe des Vorhofs der Männer . . . . 8 „
Höhe des Vorhofs der Weiber . . . . 2 „
Höhe des Zwingers . . . . 2 „
Höhe des Morijaberges über dem Mörserplatze . . . . 40 „
Summa . . 120 Ellen.

Zur Zeit des Herodianischen Tempelbaues waren nicht nur die Caphnataschlucht und das Thal Azel ganz mit Erde ausgefüllt, sondern es hatte sich auch in Folge der oftmaligen Zerstörungen der Stadt und des Tempels der Schutt auf dem Mörserplatze und in den dem Tempelberge benachbarten Thaleinsenkungen so bedeutend angehäuft, dass sich keine sichere untere Grenzlinie des heiligen Berges mehr bestimmen lassen mochte. Um aber dessenungeachtet auch jetzt noch mit der biblischen Angabe im Einklang zu bleiben, war man gezwungen, die Höhe des Berges ganz unberücksichtigt zu lassen, aber statt dessen das Tempelgebäude selbst in entsprechender Weise zu erhöhen. Die Rechnung gestaltete sich daher folgendermassen:

Höhe des Herodianischen Tempelgebäudes . . . . . . 100 Ellen.
Höhe des Krepidoma . . . . 6 „
Höhe des Vorhofs der Priester . . . . 2 „
Höhe des Vorhofs der Männer . . . . 8 „
Höhe des Vorhofs der Weiber . . . . 2 „
Höhe des Zwingers über dem Vorhof der Heiden . . . 2 „
Summa . . 120 Ellen.

Ein Mehreres hierüber weiter unten!

6. Die beiden Tempelsäulen.

Ausserhalb der Vorhalle erhob sich auf jeder Seite der zwölf Aufgangsstufen eine 35 Ellen hohe, freistehende Säule von Kupfer. Jede Säule bestand aus vier von einander wesentlich verschiedenen Stücken, nämlich aus dem Postamente, dem Säulenschaft, dem Knauf und dem Aufsatz. Das auf dem Felsen Sakhrah ruhende steinerne **Postament** hatte eine Höhe von neun Ellen, war jedoch nur in einer Ausdehnung von sieben Ellen sichtbar, indem zwei Ellen durch die Terrasse des Priestervorhofs verdeckt wurden. Der eherne, inwendig hohle Säulenschaft war doppelt so hoch, denn er hatte eine Höhe von 18 und an der Basis einen Umfang von 12 Ellen; seine Erzwand war vier Finger dick (Jer. 52, 21). Der Knauf bestand aus einem eiuelligen, wulstartigen Säulenhals und einer darauf befestigten siebenblättrigen Lilienblüthe, welche vier Ellen hoch war (1 Kön. 7, 19), so dass der ganze Knauf eine Höhe von fünf Ellen hatte (V. 16). Aus dieser künstlichen Lilie, um welche viele eherne Granatäpfel an netzförmig mit einander verbundenen Schnüren hingen, ragte endlich noch der Aufsatz, d. h. ein pistillartig hervorstehender kleiner Kegel, in einer Höhe von drei Ellen empor (2 Kön. 25, 17), so dass die ganze Säule 35 Ellen hoch war (2 Chron. 3, 15), wovon jedoch, wie schon bemerkt, zwei Ellen durch die Terrasse des Priestervorhofs verdeckt wurden; ihre sichtbare Höhe betrug daher nur 33 Ellen. Da die Vorhalle mit Einschluss ihres Krepidoma 26 Ellen hoch war, so lag die Oberfläche ihres Daches mit der des Säulenhalses in derselben horizontalen Ebene, und der obere Theil des Knaufes, nämlich die Lilie, ragte sammt dem Aufsatze über das Dach der Vorhalle empor, so dass der ganze Knauf dem in einiger Entfernung stehenden Beschauer fast wie eine auf der Vorhalle stehende Dachverzierung erscheinen mochte (s. Fig. 5, a). Das ist ohne Zweifel auch der Sinn, der durch 1 Kön. 7, 19 ausgedrückt werden soll. — Die biblische Beschreibung der beiden Tempelsäulen lautet überhaupt, wie folgt (1 Kön. 7, 15—22): Chiram, der Künstler aus Tyrus, „bildete zwei kupferne Säulen; achtzehn Ellen hoch (vom Postament bis zum Knauf) war die eine (und auch die andere) Säule, und ein Faden von zwölf Ellen umfasste (die eine und auch) die andere Säule (d. h. der Umfang jeder Säule betrug zwölf Ellen, Jer. 52, 21). 16. Und machte zwei von Kupfer gegossene Knäufe (welche die Gestalt einer Lilienblüthe hatten, V. 19), um sie auf die Spitzen der Säulen (-Schafte) zu setzen; fünf Ellen hoch war der eine Knauf (mit Einschluss seines Säulenhalses, V. 20) und fünf Ellen hoch der andere Knauf. 17. (Auch) Gitter nach Art eines Netzwerks, nämlich ein maschenartig zusammengefügtes Kettenwerk (machte er) an den Knäufen auf der Spitze der Säulen, sieben (Gittermaschen) an dem einen Knauf und sieben an dem andern Knauf (d. h. die Spitzen der sieben S-förmig gebogenen Lilienblätter waren durch ebenso viele sehr schlaff hängende, kettenartige Metalldrähte verbunden). 18. Und er that sie (die Knäufe) auf die Säulen und (befestigte) ringsum zwei (über einander befindliche) Reihen Granatäpfel an das eine Netzwerk, um die Knäufe, welche auf der Spitze der Säulen waren, zu bedecken; ebenso that er auch mit dem andern Knauf. 19. Die Knäufe aber, welche auf der Spitze der Säulen waren, hatten die Gestalt einer Lilie, welche an der Vorhalle vier Ellen hoch war (d. h. diese Lilie überragte das Dach der Vorhalle um vier Ellen). 20. Und (er setzte) die Knäufe (d. h. hier: die kupfernen, vier Ellen hohen Lilienblüthen) auf die beiden Säulen (und zwar) unmittelbar auf den (eine Elle hohen, zum Knauf gehörigen) Wulst*) (Säulenhals), welcher dem Netzwerk gegenüber war (d. h. welcher von dem herabhängenden Netzwerk noch umkränzt wurde), und (befestigte) in (zwei) Reihen 200 Granatäpfel**) ringsum an dem (einen und ebenso viel an dem) andern Knauf. 21. Und er richtete die Säulen vor der Vorhalle des Tempels auf; da er aber die auf der rechten Seite befindliche Säule aufrichtete, nannte er ihren Namen Jachin (d. i. die in Kraft Emporschwellende), und da er die auf der linken Seite befindliche Säule aufrichtete, nannte er ihren Namen Boas (d. i. die Krafterfüllte). 22. Als das Lilienwerk auf der Spitze der Säulen stand, war das Werk der Säulen vollendet."

Was die Verzierung der Säulenknäufe betrifft, so ist oben schon erwähnt worden, dass die nach aussen gebogenen Spitzen der sieben kupfernen Lilienblätter durch ebenso viele guirlandenartig herunterhangende Ketten verbunden waren (V. 17). An den untersten Punkten dieser sieben Ketten war nun die erste Drahtschnur mit ihren 98 daran gereihten Granatäpfeln dergestalt befestigt, dass sie wie eine zweite, siebenfach herabhangende Guirlande erschien. In ganz gleicher Weise schloss sich dann an diese die zweite Schnur mit ihren Granatäpfeln und bildete so die dritte Guirlande. Somit musste in der That die ganze Verzierung mit einem um den Lilienknauf gezogenen grossmaschigen Netze Aehnlichkeit haben; darum sagt auch Josephus (Ant. VIII, 3, 4): „Auf jede Säule ward eine gegossene Lilie von fünf Fuss (Ellen) Höhe gestellt,

---

*) So ist das Wort בֶּטֶן (Bauch) hier zu übersetzen. Ganz gleichbedeutend damit ist der 1 Kön 7, 41. 42 und 2 Chron. 4, 12. 13 gebrauchte Ausdruck גֻּלָּה (Oelkrug).

**) Da die Granatäpfel jedenfalls symmetrisch, d. h. zwischen je zwei Lilienblättern gleich viele (nämlich 14), angebracht waren, so kann die volle Anzahl der an einer Drahtschnur hangenden nur $7 \times 14 = 98$, an beiden daher 196, nicht aber 200 betragen haben. Das soll auch ohne Zweifel durch Jer. 52, 23 ausgedrückt werden; denn die beiden in diesem Verse angeführten Zahlen (96 +100) geben zusammengenommen gerade die richtige Summe. Hieraus folgt aber, dass die oben im Texte angegebene Zahl nur als eine sogenannte „runde Zahl" zu betrachten ist. Solche runde Zahlen werden in der Bibel sehr häufig angetroffen, z. B. 1 Kön. 7, 26. 42. 2 Chron. 4, 5 u. s. w.

die von einem Netz aus metallenen Ketten umgeben war; daran waren in doppelter Ordnung 200 (196) Granatäpfel gereiht." —
Die beiden Tempelsäulen erinnern lebhaft an die canaanitischen Baalssäulen, welche nichts Anderes waren als Symbole der göttlichen Schöpferkraft*). Die Säulen mit ihren Lilienknäufen drückten daher bei den Canaanitern ganz dieselbe Idee aus, welche die alten Juden auch durch Koloquinten und offene Blumen bezeichneten. Die Granatäpfel galten ihrer vielen Samenkerne wegen als ein Sinnbild der Fruchtbarkeit. Aus diesem Grunde waren sie neben der Lilie das Attribut der canaanitischen Baala, welche als Stern- und Himmelskönigin (d. i. Mondgöttin) auch Aschthoreth hiess. Höchst wahrscheinlich waren die Salomonischen Säulen den canaanitischen ganz analog gebildet, denn ihr Erbauer war ein Tyrier, der neben dem „ehernen Meer" und den zehn Kesselgestellen auch diese Säulen nach seinem eigenen, d. h. nach dem bei den Canaanitern üblichen, Plane verfertigte (1 Kön. 7, 13—47), während alle übrigen Gegenstände nach dem Vorbilde gemacht wurden, welches Salomo von seinem Vater David erhalten hatte (1 Kön. 6, 2—36. 7, 48—51, vergl. mit 1 Chron. 29, 11—19). Hieraus ist auch die Abneigung der späteren Juden gegen die Säulen und das eherne Meer mit seinen zwölf Stierbildern, die sie mit dem molochistischen Stiere in Verbindung bringen mochten (Ant. VIII, 7, 5), leicht zu erklären; denn weder die Säulen, noch ein mit einem ähnlichen Untersatze versehenes Wasserbecken wurden bei den nachherigen Tempelbauten jemals wieder erneuert. Salomo wollte, indem er die beiden Säulen in seinem Jehovatempel aufstellte, entweder seinem Freunde, dem Könige Chiram zu Tyrus, einen unzweideutigen Beweis seiner religiösen Toleranz, welche er mit den Canaanitern getheilt zu haben scheint, geben**), oder er folgte hierin überhaupt nur der Sitte seiner Zeit, vermöge welcher die Gottheiten anderer Kultusgesellschaften vollkommen als solche anerkannt und deren Idole in die Tempel des eigenen Nationalgottes aufgenommen wurden, aber freilich hier nur eine untergeordnete Stellung erhielten. Den Beweis liefern z. B. die Philister. Diese brachten bekanntlich die erbeutete Bundeslade, welche sie mit dem Gott der Israeliten identificirten (1 Sam. 4, 7), in den Tempel des Dagon zu Asdod und stellten sie hier neben das

---

*) Vergl. den Abschnitt: „Der Naturdienst der semitischen Völker" in. Der Zug der Israeliten aus Aegypten nach Canaan. Ein Beitrag zur biblischen Länder- und Völkerkunde von Gustav Unruh. (Langensalza. Verlags-Comptoir.)
**) Er wollte auch keinesweges wie die späteren Juden, dass die Heiden vom Besuche des inneren Tempelhofes ganz ausgeschlossen werden sollten, vergl. 1 Kön. 8, 41—43. 2 Chron. 6, 32. 33.

Bild dieses Gottes (5, 1. 2). Auch die rechtgläubigen alten Israeliten können trotz ihres viel gerühmten reinen Monotheismus von einer gewissen Anerkennung, die sie den Gottheiten anderer Völker angedeihen liessen, keinesweges freigesprochen werden; man denke nur an Ausdrücke wie: „Herr, es ist dir keiner gleich unter den Göttern" (Ps. 86, 8. 1 Mos. 15, 11), oder an Jephthas zum Ammoniterkönige gesprochene Worte: „Was dir Kamosch, dein Gott, in Besitz giebt, das nimmst du ein, und Alles, was Jehova, unser Gott, uns erworben, das nehmen wir ein" (Richt. 11, 24). Wenn man übrigens beachtet, dass die Juden in Baal (d. i. Herr) ihren eigenen, nur unter einem andern Namen und unter andern Kultusformen verehrten Gott wiedererkannten (Hosea 2, 16. 17), so erscheinen Salomos tolerante Ansichten hinsichtlich der beiden Tempelsäulen gewiss bei weitem verzeihlicher als der fanatische Zelotismus seiner späteren Glaubensgenossen z. B. dem Herodianischen Adler (B. j. I, 33, 2. 3) oder den Fahnenbildern des Pontius Pilatus (II, 9, 2. 3) gegenüber. Dass auch in dem „gegossenen Kalbe" (2 Mos. 32, 1—4) Jehova selbst verehrt wurde, ist aus V. 5 ersichtlich, wo ausdrücklich dieser Name genannt wird. Eine ähnliche Bewandtniss mochte es mit der Miphlezeth (1 Kön. 15, 13), der kupfernen Schlange (2 Kön. 18, 4) und andern Idolen gehabt haben.

7. Der Brandopferaltar.

In einer Entfernung von etwa 20 Ellen erhob sich vor der Vorhalle des Tempels der ebenfalls von dem tyrischen Künstler erbaute Brandopferaltar (Ant. VIII, 3, 4. 8). Er war 20 Ellen lang und breit und mit Ausschluss der ellenhohen Altarhörner 10 Ellen hoch (2 Chron. 4, 1). Der Ezechielsche hatte zwar dieselbe Höhe, wich aber sonst in seiner Bauart von jenem etwas ab. Die Beschreibung desselben lautet (Ez. 43, 13—17): „Dies sind die Maasse des Altars nach Ellen, von denen jede eine Elle und eine Handbreite beträgt: nämlich der Fuss (d. h. die sockelartige Unterlage, s. Fig. 8) hat eine Elle (Höhe) und eine Elle Breite und seine Einfassung am Rande (seine Randerhöhung) ringsum hat eine Spanne (Höhe); das ist nämlich der Rücken (die Unterlage) des Altars. 14. Und von dem Fuss (der Unterlage) auf der Erde bis zum unteren Absatze (d. h. die erste Terrasse[*]) hat:) zwei Ellen und die Breite eine

---

[*] Im Alterthum scheinen solche auf Terrassen stehende Altäre auch in anderen Gegenden gebräuchlich gewesen zu sein; so befand sich z. B. ein dem Zeus geweihter „auf Stufen erhöhter Altar" in der Königsburg des Aeetes in Kolchis (Orph. Argon. 992).

Elle, und von dem kleineren Absatz bis zu dem grösseren Absatz (d. h. die zweite Terrasse hat:) vier Ellen (Höhe) und eine Elle Breite. 15. Der Harel (d. h. der eigentliche Altar) aber war (mit Einschluss seiner ellenhohen Hörner) vier Ellen (hoch) und bei (auf) dem Ariel (der oberen Platte des Harels) aufwärts (standen) die vier Hörner. 16. Der Ariel (die Heerdplatte) aber hat zwölf (Ellen) Länge bei zwölf (Ellen) Breite und ist viereckig an seinen vier Seiten. 17. Und der (oberste) Absatz (d. h. die zweite Terrasse) hat vierzehn (Ellen) Länge bei vierzehn (Ellen) Breite an seinen vier Seiten, und die Einfassung (Randerhöhung) ringsum ist eine halbe Elle (hoch) und der Fuss (die Unterlage) an demselben (springt) eine Elle ringsum (vor); seine (des Altars) Stufen aber sind gegen Osten gerichtet."

Hiernach lässt sich nun die Beschaffenheit des Salomonischen Altars mit ziemlicher Sicherheit angeben (s. Fig. 9). Da nämlich die Grundfläche desselben ein Quadrat von 20 Ellen (2 Chron. 4, 1), die Oberfläche des Harels (d. i. Gottesberges) aber ein Quadrat von 12 Ellen (Ez. 43, 16) bildete, so war die unterste, zwei Ellen hohe Terrasse — da die Unterlage des Altars jederseits um eine Elle vorsprang (V. 13) — 18 Ellen und die zweite, vier Ellen hohe Terrasse, vor welcher die untere ebenso weit hervortrat (V. 14), 16 Ellen lang und breit. Hieraus folgt nun, dass die zweite Terrasse jederseits zwei Ellen nach aussen hervorstand. Dieser mit einer spannenhohen Randerhöhung versehene Vorsprung, Umgang genannt, musste nämlich deshalb breiter als die übrigen sein, weil auf ihm die Priester beim Blutsprengen und bei andern Opferhandlungen ringsherum zu gehen hatten. Der analoge Umgang des Herodianischen Brandopferaltars war nach Leos Angabe (II, 67) 2 1/6 Elle breit.

Die beiden Terrassen waren aus Stein erbaut, während der Harel aus einem hohlen ehernen Kasten bestand, dessen obere Platte in der Mitte mit einem Eisenrost versehen war, damit die Asche in den unteren Raum der gleichfalls hohlen Terrassen hinunterfallen konnte. Durch diese Einrichtung musste zugleich ein Luftstrom von unten nach oben in Bewegung gesetzt werden, der beim Verbrennen des Opferfleisches von wesentlicher Bedeutung war*). — Was die Stufen des Altars betrifft, so ist deren Anwendung zwar 2 Mos. 20, 26 mit Rücksicht auf die damalige Kleidung der Priester verboten. Da jedoch

---

*) Ob die innere Höhlung des Altars wirklich, wie Einige behaupten, mit Erde ausgefüllt war, muss dahingestellt bleiben.

später hierin eine Aenderung vorgenommen wurde (2 Mos. 28, 42. 43), so kann ihre Anwendung im Salomonischen Tempel kaum bezweifelt werden (Ez. 43, 17). Sie befanden sich auf der Ostseite des Altars; ihre Anzahl muss sich auf 13 bis 14 belaufen haben. —
An der Südwestecke des Altars befand sich eine durch das Pflaster des Priestervorhofs verdeckte unterirdische Höhle, welche mit dem grossen Tempelkanal in Verbindung stand. Sie führte den Namen Schis*) und diente zur Aufnahme der verschiedenen Abfälle und Unreinigkeiten, welche in den Kidron hinabgeschwemmt werden sollten. Durch eine im Pflaster des Vorhofs angebrachte, eine Elle im Quadrat messende Oeffnung, welche durch eine Marmorplatte verschlossen wurde, konnte man in dieselbe hinabsteigen (Leo II, 61. 62). Ihre Tiefe muss, da die Oberfläche des Priestervorhofs um 14 Ellen höher lag als die des Vorhofs der Heiden am Wasserthore, und da ausserdem noch mehrere Ellen auf die Tiefe und allmählige Senkung des Tempelkanals zu rechnen sind, etwa 20 Ellen betragen haben. Wenn daher Leo berichtet (II, 94): „Mit dem Wasser, welches sich aus diesem Graben (d. h. aus der Höhle) in den Vorhof ergoss, wenn man die (Abfluss-) Oeffnung der beschriebenen Höhle verschlossen hatte, wuschen die Priester das bei der Menge der dargebrachten Opfer so vielfach im Vorhofe verschüttete Blut ab" —, so befindet er sich augenscheinlich im Irrthum. Welch eine ungeheure Druckkraft wäre erforderlich gewesen, um das Wasser des Kanals 20 Ellen hoch emporzutreiben! — Wir werden übrigens weiter unten sehen, dass das Wasser zum Reinigen des Vorhofs mit einem viel geringeren Kraftaufwande zu erlangen war. — In der Höhle Schis vereinigte sich auch das Wasser der oben erwähnten kleinen Quelle, welche unter dem Allerheiligsten hervorrieselte, mit dem des grossen Kanals und ergoss sich mit diesem vereint gleichfalls in den Kidron (Leo II, 217).

An der Südostecke des Altarfusses befanden sich zwei Röhren mit trichterförmigen Mündungen, welche bis in die Höhle Schis hinabreichten. Die eine dieser mit dem Namen „Nasenlöcher" belegten Mündungen war nach Süden, die andere nach Westen gerichtet. In diese Röhren goss man das Blut, welches man nach der Besprengung der Altarhörner im Opferbecken übrig behalten hatte. Waren die Röhren in Folge des vielen Bluts, das in dieselben gegossen wurde, verstopft, so musste ein Priester in die Höhle hinabsteigen, um sie wieder zu reinigen (Leo II, 61. 62). Zwei ähnliche, aber kleinere Röhren von Silber, die ebenfalls bis in die genannte Höhle hinab-

---

*) Eigentlich wohl שֶׁסַע, Spalt, vom Zeitworte שָׁסַע, einschneiden, einspalten.

reichten, befanden sich oben auf dem Altar an der Südwestecke. Beide waren zur Aufnahme der Trankopfer bestimmt. In die etwas weitere Mündung der einen, welche nach Osten gerichtet war, gossen die Priester die Weinspende, in die andere, nach Westen gerichtete, welche eine engere Mündung hatte, die Wasserspende. „Während eines Zeitraums von 60 bis 70 Jahren stiegen die Söhne der Priester, welche einst im heiligen Amte nachfolgen wollten, einmal in die unterirdische Höhle, welche daselbst war, und sammelten dort den zu rundlichen, den Feigen ähnlichen Klumpen verdickten Wein. Dann stiegen sie empor und verbrannten ihn an heiliger Stätte" (Leo II, 69).

Nach Josephus gehörten zum Brandopferaltare noch „eherne Geräthe, Schaufeln und Schöpfeimer, ferner Haken und Gabeln und allerlei sonstiges Geschirr, sämmtlich aus Kupfer, das an Glanz und Schönheit dem Golde gleichkam" (Ant. VIII, 3, 8, vergl. Leo II, 83—90).

8. Das eherne Meer.

Ueber das „eherne Meer", ein grosses im Priestervorhof stehendes Wasserbecken, berichtet die heilige Schrift, wie folgt (1 Kön. 7, 23—26): Chiram „verfertigte auch ein gegossenes Meer, von Rand zu Rand (d. h. im Durchmesser) zehn Ellen, ringsum gerundet und fünf Ellen hoch, und eine Schnur von 30 Ellen umfasste dasselbe ringsum. 24. Und unterhalb seines Randes waren ringsum Koloquinten (und offene Blumen?), welche es (in einer Ausdehnung von) zehn Ellen umgaben (s. unten), indem sie um das Meer ringsum hergingen; der Koloquinten waren bei seinem Guss zwei Reihen (?) mitangegossen (s. unten). 25. Es stand auf zwölf Rindern, von denen drei nach Norden, drei nach Westen, drei nach Süden und drei nach Osten gerichtet waren; das Meer aber war oben auf ihnen und ihre Hintertheile befanden sich sämmtlich nach innen zu. [„Die Höhlung (d. h. das Becken selbst) stützte sich (ausserdem noch) in der Mitte auf einen zehnmal gewundenen Fuss, der eine Elle im Durchmesser hielt." Ant. VIII, 3, 5.] 26. Seine (des Meeres) Dicke aber war eine Handbreite und sein Rand wie der Rand eines Bechers oder die Blüthe einer Lilie; es fasste 2000 (oder nach 2 Chron. 4, 5: 3000) Bath (à 18 Quart) in sich. — 39. Das Meer aber setzte er auf die rechte Seite des Hauses morgenwärts gegen Süden" (d. h. auf die Südostseite des Priestervorhofs, 2 Chr. 4, 10).

Vers 24 lautet in der Parallelstelle (2 Chron. 4, 3) folgendermassen: „Es waren auch unter demselben (dem Meere) ringsum (noch zwölf kleine) Stierbilder, die es ringsum umgaben; zehn Ellen umgaben (nämlich) das Meer ringsum zwei Reihen Stier(-Köpfe), die bei seinem Gusse mitangegossen waren." — Diese kleinen, an der Aussenwand des Wasserbeckens mitangegossenen Stierbilder können begreiflicher Weise ebenso wenig mit den oben genannten Koloquinten identificirt werden, als man annehmen darf, dass unterhalb des Beckenrandes zwei Reihen Koloquinten und an der weiter unten befindlichen Ausbauchung des Beckens zwei Reihen Stierköpfe angebracht waren. Der Parallelismus beider Schriftstellen trifft darin zusammen, dass an dem ehernen Meere überhaupt nur zwei Reihen von Verzierungen vorhanden waren, und geht darin auseinander, dass der Verfasser der einen Stelle summarisch nur Stierbilder, der der andern aber ebenso summarisch nur Koloquinten nennt.

Die an einander gereihten Koloquinten (und offenen Blumen) dienten nur als Randschmuck; die an der äusseren Ausbauchung des Wasserbeckens hervortretenden kleinen Stierköpfe dagegen waren eigentlich Röhren, durch welche das Wasser abfliessen konnte, wenn der Zapfen, den diese Köpfe im Maule halten mochten, herausgezogen wurde (s. Fig. 10). Da die zwölf grossen Stierbilder, welche das eherne Meer trugen, zu dreien gruppirt waren, so können aus diesem Grunde die kleinen Köpfe nur in den vier, zwischen je zwei Triaden befindlichen, für den Zugang offen gebliebenen Räumen angebracht gewesen sein. Da ferner jede Gruppe von ihnen hier den vierten Theil von zehn Ellen, also 2½ Elle, einnahm, die einzelnen Köpfe aber der bequemeren Benutzung wegen wenigstens eine Elle von einander entfernt bleiben mussten, so kann jede Gruppe ebenfalls nur aus drei, und alle vier Gruppen zusammengenommen daher nur aus zwölf Köpfen bestanden haben, d. h. rings um das Becken her wechselte stets eine Stiertriade mit einer Kopftriade.

Hiermit stimmt auch Leo überein, wenn er sagt (II, 92): „Ein ehernes Wasserbecken mit zwölf Spundlöchern war an der Südseite (des Vorhofs) nach Osten zu aufgestellt, damit die zwölf Priester, welche an jedem Tage den Brandopferdienst im Tempel verrichteten, daraus gleichzeitig ihre Hände und Füsse wüschen." Er befindet sich aber im Irrthum, wenn er gleich darauf die Vermuthung äussert, jene zwölf grossen Stiere, welche das eherne Meere trugen, hätten das Wasser aus ihren Mäulern gespieen. An andern Stellen (III, 24. 25) spricht er dagegen wieder — offenbar mit Rücksicht auf 2 Chron. 4, 3 — von zwei Reihen wasserspeiender Ochsenmäuler. Ebenso falsch ist auch, was er über die Art und Weise, wie das eherne Meer mit Wasser gefüllt wurde, berichtet; er schreibt (III, 25): „Von den zwölf aus Erz gegossenen Ochsen, auf welchen das Meer stand, blickten drei nach

Norden, drei nach Süden, drei nach Westen und drei nach Osten; ihre Hintertheile waren sämmtlich nach innen gerichtet. Innerhalb der Füsse der Ochsen (?) gelangte das lebendige Wasser aus der Quelle Etam (?), welche in dem Vorhof dahinrieselte, durch Kanäle (?) in das eherne Meer, welches Wasser nachher durch die Mäuler der Ochsen, (nämlich) durch die beiden erwähnten Reihen, welche das Meer ringsherum umgaben, herausfloss." Diese Behauptungen des jüdischen Tempelbeschreibers sind um so auffallender, als er sich II, 93 über das wahre Sachverhältniss folgendermassen ausspricht: „Nahe bei diesem Wasserbecken befand sich im Vorhofe (der Priester) eine (mit dem grossen Tempelkanal in Verbindung stehende) **Grube mit einer Schöpfmaschine und einem Schlauch.** Diesen befestigte man in jeder Nacht an dem Wasserbecken und entleerte es in das Wasser, welches daselbst (d. h. in der Grube) war, damit das Wasser, welches den Tag über in dem Becken gestanden und darin zurückgeblieben war, während der Nacht nicht verdürbe. Dann schöpfte man in früher Morgenzeit jenes (Becken) aus der Grube wieder voll mit frischem Wasser und bewahrte es an diesem seinem Orte Behufs Abwaschung der Hände und Füsse der erwähnten (zwölf) Priester." — Höchst wahrscheinlich glaubte Leo, das grosse Wasserbecken des Serubabelschen (und Herodianischen) Tempels sei auf diese, das des Salomonischen dagegen auf jene oben zuerst angegebene Weise mit Wasser gefüllt worden. Alle Umstände sprechen jedoch dafür, dass niemals eine andere als die zuletzt beschriebene Art in Anwendung gekommen ist.

Ueber das Postament, auf welchem die zwölf ehernen Stiere standen, giebt Leo folgenden Bericht (III, 26): „Als Untersatz diente dem erwähnten ehernen Meere ein ellendickes, aus Marmorsteinen nach Art eines Backwerks oder eines auf Kohlen gerösteten runden Brotkuchens verfertigtes Fundament, indem es nämlich zehnmal gefaltet war. **Und auf diesem Fundamente ruhte das erwähnte eherne Meer.**" Um sich eine Vorstellung von diesem Untersatze machen zu können, muss man die Gestalt solcher Brotkuchen, die mit den sogenannten Schaubroten grosse Aehnlichkeit hatten, genauer kennen. Nach Leos Beschreibung (III, 7. 9) waren die fingerdicken Schaubrote sechs Palmen lang und fünf Palmen breit, also länglich-rund. Die Ränder eines solchen Kuchens waren in einer Breite von zwei Palmen ringsum schräg aufwärts und dann wieder sieben Finger breit — etwa wie ein Gemshorn — nach aussen zu abwärts gebogen. Somit hatte der Kuchen die Gestalt eines länglich-runden Waschbeckens mit auswärts gebogenem und nach unten hin tief umgelegtem Rande. Auf seinem Boden befanden sich 18 koncentrisch um einander liegende, kreisförmige Erhöhungen

(Augenkreise), die, wie es scheint, gleichsam terrassenförmig bis zur kreisrunden Mittelfläche in die Höhe stiegen („quare et vocabatur panis adspectus"). Ein solches Schaubrot musste in der That eine auffallende Aehnlichkeit mit einem menschlichen Auge haben; denn der untere Theil desselben sollte jedenfalls den Augapfel, die 18 Kreise die Iris und die Mittelfläche die Pupille darstellen. Um dem Schaubrote eine solche Gestalt zu geben, bediente man sich einer eisernen Form. War es in dieser gebacken, so wurde es in einer ähnlichen, aber aus Gold verfertigten, in die Vorhalle und, nachdem es hier erkaltet war, endlich in das Heilige getragen, um dort auf die neben und über dem Schaubrottische befindliche, aus goldenen Ständern und Querstäben bestehende Vorrichtung niedergelegt zu werden.

Nach dieser Erläuterung ist es nun nicht mehr schwer, sich von dem Untersatze des ehernen Meeres ein anschauliches Bild zu machen. Derselbe bestand nämlich ohne Zweifel nur aus einem kreisrunden Marmorbecken von wenigstens 15 Ellen Durchmesser, dessen Rand von aussen eine und von innen vielleicht eine halbe Elle hoch war. In der Mitte dieses Beckens erhob sich „ein zehnmal gewundener Fuss", d. h. eine kleine runde Kegelsäule mit zehn koncentrischen Absätzen oder kleinen Terrassen (Augenkreisen), welche wahrscheinlich das volle Gewicht des ehernen Meeres zu tragen bestimmt war, während die zwölf Stiere mehr dazu dienten, das ungeheure Wasserbecken im Gleichgewicht zu erhalten. Die Stiere selbst standen wohl nicht unmittelbar auf dem Boden des unteren Beckens, sondern jede Triade hatte ohne Zweifel ihr eigenes, aus einer Marmorplatte bestehendes, Postament, das an Höhe dem Beckenrande gleichkam.

Hatte aber der Untersatz die beschriebene becken- und schaubrotförmige Gestalt, so kann über seinen Zweck gar keine Ungewissheit mehr obwalten. Waren nämlich die zwölf Priester, welchen der Opferdienst oblag, am frühen Morgen im Tempel erschienen, so stiegen sie gleichzeitig von allen Seiten in das Marmorbecken, traten an das eherne Meer, öffneten die in den Mäulern der zwölf kleinen Stierköpfe befindlichen Zapfen und liessen das herausspringende Wasser auf ihre Hände und Füsse fliessen (Leo II, 97). Nach Beendigung dieser vorgeschriebenen Waschung, die wahrscheinlich im Laufe des Tages mehrmals wiederholt wurde, steckten sie die Zapfen wieder an ihren Ort und gingen an ihr Geschäft. Das herausgeflossene Wasser aber blieb nun entweder bis zur Nacht in dem Marmorbecken, zu welcher Zeit es dann mittelst eines Schlauches in die daneben befindliche Grube, durch welche der grosse Tempelkanal strömte, hinabgelassen wurde, oder es lief — da dieses Becken seiner geringen Tiefe wegen bei oftmaligen

Waschungen bald überfüllt werden musste — sogleich durch eine in seinem Boden angebrachte Oeffnung in die Grube hinab, und der Schlauch hatte nur die Bestimmung, an einem der kleinen Stierköpfe befestigt zu werden, um des Nachts das in dem oberen Becken etwa noch zurückgebliebene Wasser unmittelbar in die Grube hinabzuführen. Alle Umstände sprechen entschieden für die letztere Verfahrungsweise.

9. Die Kesselgestelle und andere Vorrichtungen.

Vor dem Tempelgebäude standen in der Richtung von Osten nach Westen auf jeder Seite des Brandopferaltars fünf kupferne Kesselgestelle oder, wie man sie eigentlich nennen sollte, Kesselwagen. Sie werden sowohl in der Bibel (1 Kön. 7, 27—39) als auch von Josephus (Ant. VIII, 3, 6. 7) und Leo (III, 23) so umständlich beschrieben, dass sich von ihrer wahren Gestalt ein ziemlich sicheres Bild entwerfen lässt. Man denke sich nämlich einen ehernen Kasten von vier Ellen Länge und Breite und drei Ellen Höhe, der unten an zwei entgegengesetzten Enden mit Achsen und Rädern versehen war. Die viereckigen, von aussen mit Leisten bekleideten Eckpfeiler des Kastens, welche oben und unten durch andere breite Leisten mit einander verbunden waren, standen auf den Achsen. Die Leisten, auf welchen sich ein Kranz von Koloquinten und offenen Blumen befand, begrenzten die mit Palmensäulen und Cherubs gezierten Seitenwände des Kastens. Josephus beschreibt ein solches Kesselgestell folgendermassen (Ant. VIII, 3, 6): „Unter rechten Winkeln wurden vier kleine, vierseitige Säulen aufgestellt, zwischen denen die Wände des Ganzen als Lyseen eingelassen waren. Diese waren (durch drei Palmensäulen, Leo III. 23) in je drei (vier) Felder getheilt, und jedes dieser Felder hatte einen eigenen Sockel, auf dem hier ein Löwe, da ein Stier, dort ein Adler [und auf dem vierten Felde endlich, nach Leo, noch ein (Menschen-) Cherub] stand. Auf den Säulen befand sich ähnlich getriebene Arbeit, wie an den (wagerechten Leisten der) Seiten (nämlich Kettenblumwerk). Das Ganze ruhte auf vier Rädern, die ebenfalls gegossen waren und deren Scheibe anderthalb Ellen im Durchmesser hielt. Sah man den Umkreis der Räder an, so konnte man sich nicht genug wundern, wie sie so wohl gerundet und wie die Speichen so schön in die Scheiben (d. h. Felgen) hineingepasst waren."

Soweit ist die Beschreibung allen älteren und neueren Schrifterklärern deutlich geworden; eine richtige Einsicht in die Beschaffenheit der oberen Decke des Kastens, die in der heiligen Schrift der „Hals" genannt wird, ist dagegen bisher allen insgesammt verborgen geblieben. Diese obere Decke stieg von den vier Seitenwänden aus nach innen zu schräg in die Höhe und endigte an einem kreisrunden Reifen (Cylinder) von 3½ Elle Durchmesser und einer halben Elle Höhe (1 Kön. 7, 35), welcher zur Aufnahme des Wasserkessels diente (s. Fig. 11). Die schräge, dachartige Decke bildete den unteren, wie der darauf ruhende Reifen den oberen Theil des Halses. Da jeder Theil eine halbe Elle hoch war, so betrug die Höhe des ganzen Halses, der V. 31 mit einem Säulenfusse verglichen wird, eine Elle. Obgleich der Reifen auf dem unteren Theile des Halses hinreichend befestigt war, so erhielt er doch erst noch durch eine solide Verbindung mit den vier Eckpfeilern des Kastens seine volle Haltbarkeit. Auf jedem dieser vier Eckpfeiler war nämlich ein starker kupferner Arm (Schulter, V. 30) angebracht, der sich zuerst bis auf anderthalb Ellen (V. 31) aufwärts und dann in wohlabgerundeter Krümmung nach innen bis zu dem Reifen wieder abwärts bog. Diese vier Arme waren mit ihren Endpunkten an dem Reifen befestigt, setzten sich aber an der Aussenseite desselben nach unten hin noch in Form von Löwenfüssen bis zu seinem unteren Rande fort und endigten hier, also auf dem unteren, dachartigen Theil des Halses, als Löwenklauen. Durch diese Löwenfüsse wurde die Aussenseite des Reifens in vier gleich grosse Felder getheilt, die durch erhaben gearbeitete Adlerfüsse (Seiteneinfassungen, V. 35) wiederum in kleinere quadratische Felder oder Seitenschilder (V. 31. 35) abgetheilt wurden. Die Adlerfüsse, welche am oberen Rande des Reifens durch einen ringsum laufenden wulstartigen Kranz sämmtlich mit einander verbunden waren, endigten am unteren, also auf der schrägen Decke, als Adlerklauen. In jedem durch die Adler- und Löwenfüsse gebildeten viereckigen Seitenschilde des Reifens befand sich das Bild eines Phönix (Skulpturarbeit, V. 31).

Die schräge Decke war auf ihrer Oberfläche ganz ebenso wie die Leisten und Seitenflächen des Kastens mit Palmensäulen, Cherubs und Kettenblumwerk verziert. Ihre schräg abfallende, dachförmige Gestalt gewährte den Vortheil, dass das beim Füllen oder Entleeren etwa vorbei gegossene Wasser nicht in den Kasten dringen, sondern vielmehr nach allen Seiten hin bequem und leicht abfliessen konnte. Josephus gedenkt dieser schrägen Decke gar nicht. Den Reifen aber schildert er in einer Weise, die zu Missverständnissen Veranlassung geben kann, denn er sagt: „Die vier Ecken (Eckpfeiler) waren oben durch Handhaben ausgefüllt, die ausgestreckten Armen glichen; auf diesen ruhend trug ein gewundener Untersatz (d. h. der kreisrunde Reifen) den hohlen Kessel; dieser (Untersatz oder Reifen) stützte sich auf Löwenfüsse und Adlerklauen, die (am oberen wulstartigen Rande des Reifens) so an einander gereiht waren, dass Alles nur eine (kranzartige) Masse zu sein schien; zwischen ihnen (d. h. zwischen den Löwen- und Adlerfüssen) befanden sich getriebene Phönixe" (vgl. Plin. Nat. hist. 10, 1). Diese Phönixbilder waren eine ächt phönicische Zugabe des tyrischen Künstlers, wie denn überhaupt wohl die ganze Konstruktion der schwerfälligen Kesselwagen eine phönicische Erfindung ist.

Die vorstehenden Beschreibungen dürften zwar zur Veranschaulichung der Kesselgestelle im Ganzen vollkommen ausreichend sein; dessenungeachtet mag hier doch die mit einem Kommentar versehene biblische Beschreibung dieser eigenthümlichen Vorrichtungen noch eine Stelle finden. Sie lautet (1 Kön. 7, 27—39): Chiram „verfertigte auch zehn kupferne (Kessel-) Gestelle; jedes Gestell war vier Ellen lang, vier Ellen breit und drei Ellen hoch. 28. Das aber war die Gestalt der Gestelle: es waren (vier) Seitenwände an ihnen und diese Seitenwände waren zwischen den (senkrecht stehenden) Eckleisten. 29. Auf den Seitenwänden aber, welche sich zwischen den Eckleisten befanden, waren Löwen, Rinder und (andere) Cherubs (nämlich Menschen und Adler), und — wie oberhalb und unterhalb der Löwen und Rinder guirlandenartige (d. h. aus Kettenblumwerk bestehende) Einfassungen waren —, so war auf den Eckleisten herabhangende (d. h. ebenfalls aus Kettenblumwerk bestehende) Arbeit. 30. An jedem Gestell aber waren vier kupferne Räder und kupferne Achsen, und seine Ecken bildeten auf ihnen (den Achsen) vier Schultern (Ecksäulen); die Schultern waren unterhalb des Kessels (also auf den Achsen) angegossen, eine jede jenseits der guirlandenartigen Einfassungen (d. h. jede Ecksäule war von aussen mit Eckleisten bekleidet, auf welchen sich das herabhangende Kettenblumwerk befand). 31. Aber sein (des Gestells) Hals war (was seinen oberen Theil betrifft) inmitten der Oberdecke und ragte (im Ganzen) eine Elle darüber (über den Kasten) empor, und sein (oberer) Hals (-Theil) war rund nach Art eines Säulenfusses, von einer und einer halben Elle (im Durchmesser), und an diesem Halse (oder Reifen) war auch Skulpturarbeit (aus Phönixen bestehend), nämlich auf dessen Seitenschildern, die nicht gerundet, sondern viereckig waren. 32. Die vier Räder aber waren unten neben den Seitenwänden und die Achsen der Räder waren (unten) am Gestelle; jedes Rad aber war eine und eine halbe Elle hoch. 33. Und das Werk der Räder war wie das Werk eines Wagenrades und ihre Achsen, ihre Felgen, ihre Speichen und ihre Naben waren sämmtlich gegossen. 34. Die vier Schultern (Eckpfeiler) aber waren an den vier Ecken eines jeden Gestells; aus jedem Gestell (traten nämlich) seine Schultern (als gekrümmte Arme in die Höhe). 35. Im obern Theile (seines Halses) war das Gestell eine halbe Elle hoch (und) gerundet ringsum, und an diesem oberen Theile (also am Reifen) hatte das Gestell seine (senkrechten) Seiteneinfassungen (d. h. die Löwen- und Adlerfüsse) und seine (viereckigen) Seitenschilder (mit den Phönixbildern, V. 31) daran. 36. Und er grub auf ihre Seiteneinfassungsleisten und auf ihre Seitenschilder Cherubs (d. h. Menschen), Löwen (und Adler und Stiere) und Palmensäulen ein nach dem Raum einer jeden (Leiste und eines jeden Schildes) und Guirlanden- (d. h. Kettenblum-) Werk ringsum (um die gedachten Figuren). 37. Auf dieselbe Weise machte er zehn Gestelle, die sämmtlich von einem Metallguss, von einer Grösse und von einer Gestalt waren. 38. Er machte auch zehn kupferne Kessel; jeder Kessel fasste 40 Bath (720 Quart); jeder war vier Ellen (hoch); jeder stand auf einem der zehn Gestelle. 39. Fünf Gestelle setzte er aber auf die rechte Seite des Hauses und fünf auf die linke Seite des Hauses." — Die Wasserkessel wurden jedenfalls täglich in der Morgenfrühe aus der neben dem ehernen Meere befindlichen Wassergrube gefüllt und Abends ebendaselbst — oder vielleicht auch in die Höhle Schis — entleert. In dem Wasser dieser Kessel wuschen die Priester sowohl das zum Verbrennen wie auch das zum Kochen bestimmte Opferfleisch (2 Chron. 4, 6. Leo II, 96. 104). —

Ausser den beschriebenen Gegenständen befanden sich im Vorhof der Priester nach Leos Angabe (II, 91—104) nördlich vom Brandopferaltar 1) noch 24 im Pflaster des Vorhofs haftende eiserne Ringe, an welchen die Hälse der zu schlachtenden Opferthiere befestigt wurden, 2) acht Marmortische von anderthalb Ellen Länge und Breite und einer Elle Höhe, auf welchen man das Opferfleisch zerlegte (vgl. Ez. 40, 41—43), 3) acht kleine Schlachtsäulen, die oben mit viereckigen Querstäben von Cedernholz und drei Reihen Haken zum Aufhängen der geschlachteten Opferthiere versehen waren, und 4) ein Schlachthaus, d. h. eine aus Zeltdecken oder Vorhängen gebildete Umhegung von acht Ellen Länge und zwölf und einer halben Elle Breite, in welcher die eben gedachten Marmortische und Schlachtsäulen aufgestellt waren, um die Ausschlachtungsarbeiten vor den Augen der Zuschauer zu verbergen. Auf der Südseite des Altars standen dagegen zwei Tische, ein silberner, auf welchen man täglich diejenigen silbernen und goldenen Gefässe stellte, welche beim Opferdienst gebraucht wurden, und ein marmorner, der Fetttisch genannt, auf welchen man die zum Brandopfer zugerichteten Fleisch- und Fettstücke legte, ehe sie zum Altar gebracht wurden. Bei diesen Tischen erhoben sich auch zwei kurze Säulen oder dicht neben einander befindliche Postamente (die Priesterbühne), auf welchen die beiden Priester standen, die den auf ihrer Bühne versammelten Leviten durch Trompetenstösse das Zeichen zum Anstimmen des Gesanges gaben, was stets beim Beginn des Brand- und Dankopfers und während der Weinsprengung geschah (vgl. 2 Chron. 29, 26—28. 4 Mos. 10, 2—10). — Ausserdem befand sich (nach Leo) in der südlichen Hälfte des Vorhofs noch die Decke des Sabbaths (2 Kön. 16, 18), d. h. ein Zelt, in welchem diejenigen Priester, deren siebentägige Dienstzeit abgelaufen war, noch einen Sabbath hindurch verweilten, ehe sie nach Hause zurückkehrten.

Wie aus Leos Bericht hervorgeht, so hatte er bei der Aufzählung und Beschreibung dieser Gegenstände den Serubabelschen (oder Herodianischen), nicht aber den Salomonischen Tempel im Sinne. Da die Altarstufen in dem letzteren aber, wie oben gezeigt ist, nicht im Süden (wie im Herodianischen Tempel), sondern vielmehr auf der Ostseite desselben angebracht waren, so muss die Aufstellung jener oben aufgezählten Vorrichtungen eine mehr symmetrische gewesen sein. Diese Behauptung wird augenscheinlich dadurch unterstützt, dass von den zehn Kesselgestellen fünf zur Rechten und ebenso viele zur Linken des Altars standen (1 Kön. 7, 39. 2 Chron. 4, 6). Da aber ferner zu jedem Kesselgestell wenigstens ein Schlachttisch, eine Schlachtsäule und einige Ringe gehörten, so waren im Salomonischen Priestervorhofe jedenfalls **zwölf Schlachttische, zehn Schlachtsäulen, 48 Ringe und zwei Schlachtzelte** vorhanden, die sich zu beiden Seiten des Altars symmetrisch gegenüberstanden. Die Decke des Sabbaths erhob sich ohne Zweifel auf der Nordseite des Vorhofs, dem ehernen Meere gegenüber. Was die noch übrigen Gegenstände betrifft, so mochte der erwähnte silberne Tisch auf einer Seite der Altarstufen, der marmorne Fetttisch aber auf der andern Seite derselben aufgestellt gewesen sein. Die Priesterbühne hatte wahrscheinlich ihren Standort auf der Ostseite des Altars. Nördlich davon befand sich vielleicht die hölzerne Büchse mit den beiden goldenen Loosen, welche der Hohepriester am Versöhnungsfeste auf die Köpfe der beiden herbeigebrachten Ziegenböcke legte. Das eine dieser Loose hatte die Aufschrift: „Für Jehova", das andere: „Für Asasel". Der Bock, welchen das erste traf, wurde geopfert, der andere dagegen in die Wüste zum Asasel (Teufel) geschickt (Leo III, 22). Diese Büchse stand an demselben Orte, wo die Loose geworfen wurden (II, 58), also jedenfalls in der Nähe des Altars.

10. Die Hauptthore des Tempels.

Ueber die Bauart der eigentlichen Tempelthore würden wir so gut wie gar nichts zu berichten haben, wenn nicht Ezechiel sich in seinem Entwurfe gerade über diese Gebäude so ausführlich verbreitet hätte. Seine Beschreibung kann bei einiger Beachtung gewisser Eigenthümlichkeiten in seiner Ausdrucks- und Darstellungsweise gar nicht missverstanden werden, und es ist daher um so mehr zu verwundern, dass das rechte Verständniss auch dieser Beschreibung bisjetzt allen Schrifterklärern so gut wie ganz verborgen geblieben ist. Ehe wir uns jedoch mit diesem Gegenstande näher beschäftigen, muss zuvor noch erinnert werden, dass Ezechiel um seinen **inneren** oder Priestervorhof statt einer einfachen, drei Ellen hohen Umhegung, wie sie der Salomonische besass, ebenfalls eine hohe Mauer errichtet haben wollte, die, wie diejenige seines **äusseren** oder Volksvorhofs, nur auf der Nord-, Ostund Südseite ein Thor erhalten sollte (s. Plan Nr. III). Sein **Vorhof der Heiden** war nur von einer einfachen Mauer von sechs Ellen Breite und Höhe umgeben*) (Ez. 40, 5). Für die erwähnten Thore beider Hauptvorhöfe ist ein und derselbe Bauplan vorgeschrieben, doch unterscheiden sich die drei Thore des inneren Vorhofs von denen des äusseren dadurch, dass 1) zu ihnen nicht sieben, sondern acht Stufen hinaufführten, und dass sie 2) neben der inneren Vorhalle noch jederseits einen kleinen **Kammerraum** hatten. Die von Ezechiel gegebene Beschreibung eines (des östlichen) Thors passt daher mit Ausnahme der erwähnten Stücke auf sämmtliche Tempelthore. Um dem Leser das volle Verständniss derselben zu erleichtern, mögen auch hier die biblischen Worte, mit dem nöthigen Kommentar versehen, eine Stelle finden. Sie lauten (Ez. 40, 6—16): „**Und er** (der Mann mit der Messruthe, V. 3) **kam zum Thor** (des äusseren Vorhofs), **welches vorn gegen Osten war, und stieg auf seine** (sieben, V. 22) **Stufen** (s. Fig. 12. a) **und mass die** (untere) **Schwelle** (A) **des Thors,** (nämlich) **eine Ruthe** (d. h. sechs Ellen, V. 5) **die Breite, und die andere** (obere) **Schwelle,** (ebenfalls) **eine Ruthe die Breite. 7. Und** (mass) **jede** (Thorhüter-) **Kammer** (KK), **eine Ruthe die Länge und eine Ruthe die Breite, und zwischen den Kammern** (mass er Thornischen MM von) **fünf Ellen** (Breite); **und** (er mass auch) **die Schwelle** (G) **des Thors neben der Vorhalle des Thors von innen** (d. h. die neben der Vorhalle F gelegene Schwelle), **eine Ruthe. 8. Und er mass die Vorhalle** (F) **des Thors von innen** (d. h. die Länge der inneren Vorhalle), **eine Ruthe. 9. Und mass die Vorhalle des Thors** (d. h. die Breite dieser Vorhalle), **acht Ellen, und ihre Wandsäulen** (qq), **zwei Ellen; also** (mass er) **die Vorhalle des Thors von innen. 10.**

---

*) Dass Leo auch dem Salomonischen Tempel eine solche Aussenmauer von sechs Ellen Höhe und Breite zuertheilt (II, 7), ist ein so augenscheinlicher Irrthum, dass eine specielle Widerlegung desselben überflüssig ist.

Und die Kammern (KK) des Thors gegen Osten, (von denen) drei auf der einen und drei auf der andern Seite waren, hatten unter sich dieselbe Grösse, und ein und dieselbe Grösse hatten auch die Wandsäulen (hh) auf der einen und auf der andern Seite (des Thorwegs TT). 11. Und er mass die Breite der Thüröffnung, (nämlich) zehn Ellen, (und) die Länge (Höhe) des Thors (Thorwegs), dreizehn Ellen. 12. Und Raum war (im Thorwege) vor den Kammern (also bei n n, nämlich) eine Elle, (und zwar war) auf jeder Seite (des Thorwegs) eine Elle Raum, und jede Kammer war sechs Ellen (lang und breit, V. 7) sowohl auf der einen, als auch sechs Ellen (lang und breit) auf der andern Seite. 13. Und er mass das Thor (d. h. die ganze Breite des Thors) vom platten Dache (oberhalb) einer jeden Kammer bis zu seinem Dache, (nämlich) die (volle äussere) Breite (und zwar von einer Dachecke, a, bis zur andern, b), 25 Ellen (V. 21. 25. 29. 33. 36); eine Thür (m) stand der andern (u) gegenüber. 14. Und er machte Wandsäulen (hh, V. 10), 60 Ellen (nämlich auf jeder Seite des Thorwegs TT in einer Länge von etwa 30 Ellen; zwischen z und k), und nach jeder Wandsäule zu (d. h. von Wandsäule zu Wandsäule) einen Vorhof des Thors (nn, V. 12, d. h. ein kleines Gitter, um das Eindringen unberufener Personen in die Thornischen MM und ein zu nahes Herantreten an die Kammerfenster ii, V. 16, zu verhindern) ringsherum. 15. Und von dem Thore des Eingangs (von g) bis zu der Vorhalle (F) des inneren Thors (bis v. mass er) 50 Ellen (d. h. die ganze Länge des Thors betrug 50 Ellen, V. 21. 25. 29. 33. 36). 16. Und (machte) verschlossene (d. h. verschliessbare) Fenster (oo) zwischen den Kammern und zwischen ihren Wandsäulen (ii) innerhalb des Thors ringsherum, und ebenso an den (beiden) Vorhallen (das Thor hatte also auch eine äussere Vorhalle) inwendig auch Fenster (xx) ringsherum, und (machte auch) an jeder Wandsäule Palmenzweige" (d. h. die Wandsäulen waren auch zugleich Palmensäulen).

Die Höhe des Thores mochte zu 25 Ellen gerechnet sein. Die Thornischen (MM, vgl. B. j. V, 5, 3), welche sich bis zu den Kalymmatien, d. h. bis zum Dache des Thors, hinauf erstreckten, waren 20 Ellen hoch (Leo II, 19). Sie hatten oben ein kleines Fenster (o), durch welches sowohl die Nischen selbst als auch der Thorweg erleuchtet wurde; auch befanden sich in ihnen die in das obere Stockwerk und auf die Vorhofsmauer führenden Treppen. Da der Thorweg zehn Ellen breit, jede Kammer aber sechs Ellen lang war, so betrug die ganze Thorbreite im Innern 22 Ellen, und es bleibt somit für jede der beiden langen Wände des Thors nur eine Dicke von anderthalb Ellen übrig. Diese geringe Dicke war jedoch vollkommen ausreichend, indem diese Wände an ihrer Aussenseite durch gewisse Gebäude, welche hier ihre eigenen Wände hatten, feste Stützpunkte erhielten. Die Wände der Thorhüterkammern kommen bei dieser Rechnung deswegen nicht in Betracht, weil sie wie die Scheidewand des Heiligen und Allerheiligsten und die Kammerwände des Nebengebäudes nur aus dünnem Brettwerk bestanden.

Dass die beiden andern Thore des Ezechielschen äusseren Vorhofs eine ganz gleiche Konstruktion mit dem beschriebenen hatten (V. 20—26), ist oben schon erwähnt worden. Die Breite des äusseren Vorhofs zwischen seinen eigenen Thoren und den entsprechenden des inneren Vorhofs betrug überall 100 Ellen (V. 19. 23. 27). Die Thore des letztern (V. 28—37) hatten ebenso wie die des ersteren an ihrer Aussenseite eine Vorhalle (V) von 25 Ellen Länge und fünf Ellen Breite, zu welcher aber acht Stufen hinaufführten. Neben der innern Vorhalle dieser Thore (F) befand sich jederseits ein Kammerraum (UU) von etwa sieben Ellen Länge und fünf Ellen Breite, in welchem die zum Brandopfer bestimmten Fleischstücke gewaschen werden sollten (V. 38). Diese Kammerräume vertraten somit die Stelle der Salomonischen Kesselgestelle. An ihren Wänden waren ringsherum handbreitgrosse Haken angebracht, an denen das Vieh befestigt wurde (V. 43). In der innern Vorhalle (F) standen jederseits zwei Schlachttische, von denen schon weiter oben die Rede gewesen ist. Vier solche Tische befanden sich noch vor dieser Vorhalle (V. 39—43).

Im Allgemeinen waren ohne Zweifel nicht nur die Salomonischen Tempelthore, sondern auch die Burg- und Stadtthore zu Jerusalem sämmtlich nach demselben Plane erbaut, den wir eben kennen gelernt haben. Die Abweichungen mochten nur darin bestehen, dass den letzteren die Vorhallen fehlten und dass die Anzahl der Thorhüterkammern und Thornischen sich auf vier oder gar nur auf zwei beschränkte. Der Grund für diese Behauptung wird sich aus dem Nachfolgenden ergeben.

Was nun zunächst die drei grossen Hauptthore des Salomonischen Tempels betrifft, so beweisen alle Untersuchungen, dass das hohe Thor im Osten dem oben beschriebenen Ezechielschen Thore fast in allen Stücken glich; denn zu seiner Bewachung waren sechs Leviten als Hüter bestimmt (1 Chron. 27, 17), woraus deutlich genug hervorgeht, dass darin auch sechs Kammern und sechs Thornischen vorhanden sein mussten. Da aber die Salomonische Vorhofsmauer nur sieben Ellen, die des Ezechiel aber zehn bis zwölf Ellen dick war, so muss das hohe Thor etwas kürzer als die Ezechielschen gewesen sein. Ausserdem unterschied es sich von den Ezechielschen nur noch dadurch, dass 1) seine innere Vorhalle grösser als die analoge der Ezechielschen Thore war, indem hier der Raum durch Aussenkammerräume (Ez. 40, 38) nicht beschränkt wurde, und dass 2) seine dem Volksvorhofe zugekehrte innere Wand nur fünf, seine äussere, wie bereits bemerkt, nur sieben Ellen breit war. Seine ganze Länge — natürlich mit Ausschluss der unwesentlichen Vorhallen — betrug daher nur 45 Ellen, eine Länge, die durch anderweitige, später zu berührende Berechnungen ihre volle und sichere Bestätigung finden wird.

Die beiden andern grossen Hauptthore am Vorhof des Volks, nämlich das Thor des Altars im Norden und das Thor der Erstlinge im Süden, hatten, da für jedes nur vier Hüter bestimmt waren (1 Chron. 27, 17), ohne Zweifel nur vier Kammern und vier Thornischen (s. Fig. 13, a). Ihre Länge betrug 32, ihre Höhe dagegen 25 Ellen, so dass sie also mit der Vorhofsmauer gleich hoch waren (s. Fig. 14). Was ihre Breite betrifft, so betrug dieselbe 28 Ellen, da jede der beiden langen Seitenwände eine Dicke von drei Ellen hatte. Dagegen besassen aber die Gebäude, welche sich von aussen an diese langen Wände anlehnten, jedenfalls hier keine eigenen Wände, sondern erhielten ihre sichere Stellung dadurch, dass ihr Gebälk in die Thorwände miteingefügt war. — Dem Thor Schallecheth, welches vorzugsweise zur Einführung der Opferthiere bestimmt war, fehlten jedenfalls die Vorhallen ganz. Um Aufsehen und Störungen bei den im Vorhofe des Volks stets so zahlreich versammelten Personen zu vermeiden, mochten aber auch die Korn-, Oel- und Weinzehnten von den Zehntpflichtigen immer nur bis in dieses Thor gebracht und von hier aus durch die Leviten unmittelbar in die zu beiden Seiten desselben befindlichen Vorrathshäuser weiter befördert werden. Zu diesem Zwecke waren die Wände der Thornischen, wie dies überhaupt bei allen Thoren der Fall war, durchbrochen und mittelst einer Thür verschliessbar. Wenn es nun 1 Chron. 27, 17, b heisst: „Bei den Vorrathshäusern (zwischen denen das zu bewachende Thor Schallecheth lag) aber (hatten) je zwei und zwei" (Leviten die Thorwache), — so kann dies nichts Anderes heissen sollen, als dass zwei Hüter die Eingänge der Vorrathshäuser und zwei andere den Thorweg selbst zu bewachen hatten. Dieses Amt wurde zuerst den Söhnen Obed Edoms übertragen (V. 15).

Das Thor Parbar auf der Westseite des Priestervorhofs glich dem Thor Schallecheth darin, dass es ebenso wie dieses nicht mit Stufen, sondern nur mit einem schräg ansteigenden Auf- und Durchgang versehen war. In diesem Thore hatten zwei Leviten das Hüteramt (V. 18). Ausserdem gehörten zu demselben noch vier Leviten aus den Geschlechtern Schuppim und Chosa (V. 16), die sich vermuthlich nur zur Zeit des Opferdienstes hier einfanden, um bei der Hereinführung der Schlachtopfer theils auf Ordnung zu halten, theils aber unkundigen Fremdlingen hülfreiche Hand zu bieten. Die für die Opferthiere gebahnte, allmählig ansteigende Strasse (V. 16. 18) begann schon im Vorhof der Heiden, zog sich durch das Thor Schallecheth hindurch und endigte im Thor Parbar. An dieser Strasse standen jene vier Hüter (V. 18) ohne Zweifel so, dass zwei von ihnen an der Ostseite des Thors Schallecheth und zwei an der Westseite des Thors Parbar postirt waren. Diese Annahme wird durch folgende Nachricht (V. 16) bestätigt: „Den (vier Mitgliedern der Familien) Schuppim und Chosa (fiel das Loos) gegen Westen bei dem Thore Schallecheth, (zu stehen) auf der gebahnten (zum Thor Parbar führenden) Aufgangsstrasse (als) Wache gegen Wache." — Der scheinbare Widerspruch, der darin liegt, dass hiernach diese vier Hüter der Strasse ihren Standort beim Thore Schallecheth, nach V. 18 aber beim Thor Parbar hatten, wird dadurch ausgeglichen, dass die genannten Thore sehr nahe bei einander lagen*) und beide Ausdrucksweisen daher unzweideutig auf dasselbe hinauslaufen. — Dass im Thore Parbar zur Zeit der jüdischen Könige Manasse und Amon Sonnenrosse und Sonnenwagen unterhalten wurden (2 Kön. 23, 11), ist bereits weiter oben angeführt worden.

Wenn somit durch die im Vorstehenden enthaltenen Erörterungen die ehemalige Existenz einer schräg ansteigenden Tempelstrasse, auf welcher sowohl die Opferthiere, als auch die Zehnten und andere Naturalien bequem in die oberen Vorhöfe hinaufgeschafft werden konnten, sowie der mit dieser Strasse in Verbindung stehenden, nach einem besonderen Plane erbauten Thore Schallecheth und Parbar vollkommen erwiesen ist, so muss es in der That sehr befremden, dass weder Ezechiel noch Josephus in ihren Tempelbeschreibungen etwas davon erwähnen. Beide übersahen entweder diese Gegenstände ihrer scheinbaren Geringfügigkeit wegen, oder sie setzten dieselben als bekannt voraus, oder endlich, sie hielten es überhaupt nicht für schicklich, ihrer neben den andern mehr ins Auge fallenden Bestandtheilen des Heiligthums noch besonders zu gedenken, um die Aufmerksamkeit ihrer Leser nicht auf Dinge zu lenken, die mit dem alltäglichen Leben

---

*) Leo nennt das Thor Parbar (II, 27) conclave posticum, und das Thor Schallecheth: conclave remotius paulo a postico.

in so naher Beziehung standen. Die Opferthiere wurden übrigens vom Grundthor aus jedenfalls vor dem hohen Thore vorbei nach Norden, dann neben der nördlichen Ringmauer des Vorhofs der Heiden nach Westen und endlich längs der westlichen Mauer dieses Vorhofs nach dem Thor Schallecheth geführt.

II. Die Nebenthore.

Die vier Nebenthore des Volksvorhofs waren nach einem und demselben Plane erbaut. Da Leo sich namentlich über das eine derselben, das Thor des Heerdes, oder, wie es in der h. Schrift heisst, das Oberthor Benjamin, mit hinreichender Ausführlichkeit verbreitet (II, 112—116), so lässt sich von diesen eigenthümlichen Bauwerken eine ziemlich sichere Beschreibung geben. Das genannte Thor (s. Fig. 15) war 37 Ellen lang und 36 Ellen breit. Es sprang aus der Vorhofsmauer nach aussen, d. h. in den Vorhof der Heiden, um fünf Ellen vor und frontete daher mit der Vorhalle des Altarthors. Dieser vorspringende Theil war unten gewölbt und besass daher stärkere Mauern als der im Volksvorhof gelegene Theil desselben. Auf sechs bis sieben Stufen gelangte man zu der stets verschlossen gehaltenen Eingangsthür und trat durch eine kleine darin angebrachte Pforte in den zehn Ellen breiten Thorweg, welcher sich in derselben Breite durch das ganze Thor hindurchzog. Nach mehreren Schritten kam man an eine Treppe von etwa acht Stufen und nach Ersteigung derselben an ein Gitter mit zwei kleinen Pforten (II, 14). Hatte man eine derselben passirt, so betrat man den oberen, mit dem Volksvorhof in gleicher Höhe gelegenen, Theil des Thorwegs und befand sich somit in dem heiligen Tempelbezirk. Das Gitter, welches mit der Innenseite der Vorhofsmauer eine gerade Linie bildete, schied nämlich den heiligen inneren Thorraum von dem weniger heiligen äussern. In jenem durfte Niemand, sitzen oder liegen, in diesem war dagegen Beides erlaubt. Die hier unten (wie in den analogen Räumen der drei übrigen Nebenthore, vergl. II, 119) stationirten Thorhüter und deren Vorsteher — „die Hüter an den Schwellen" (1 Chron. 10, 22. 2 Kön. 12, 9. 22, 4. 23, 4) — mussten auch des Nachts auf ihrem Posten bleiben (1 Chron. 10, 27), während alle übrigen Tempelhüter sich nach der Schliessung der Hauptthore nach Hause begaben. Diese unteren Theile der Thorwege bildeten also, so zu sagen, die Hauptwachen des Tempels (Neh. 12, 25). In jedem dieser Räume erhoben sich zu beiden Seiten einige nach Art der Theatersitze über einander gelegene „Schwellen" (1 Chron. 10, 19. 2 Chron. 23, 4), d. h. breite Steinterrassen, auf welchen die Tempelhüter zur Nachtzeit der Ruhe pflegten*) (vgl. Leo II, 136). „In dem Fussboden dieser Kammer (d. h. des unteren Thorraums) befand sich eine unterirdische, eine Elle im Quadrat messende Höhlung, auf deren Mündung eine Marmorplatte mit daran befestigtem Ringe gedeckt wurde, damit diese Platte, so oft es nöthig war, emporgehoben werden konnte. In dieser Höhlung war eine goldene Kette, an welcher die Schlüssel des Vorhofs — Andere verstehen dies von den Schlüsseln des Tempels — an einem Haken herabhingen. Wenn die Zeit des Verschliessens herankam, hob ein gewisser Priester jene Platte mittelst des Ringes in die Höhe, nahm die Schlüssel von der Kette und schloss sorgfältig zu. Nachdem er Alles verschlossen, auch die Schlüssel an die Kette und die Platte wieder an ihren Ort gethan hatte, warf er seine Kleider auf dieselbe und überliess sich auf ihnen dem Schlafe" (II, 113).

Treten wir nun noch einmal durch eine der erwähnten beiden Gitterpforten (rr, Fig. 15) in den oberen Theil des Thorwegs (A). Hier befand sich zu beiden Seiten desselben eine Thornische (nn), welche sich wie die der Hauptthore bis an das Dach des Thors, also 20 Ellen hoch (II, 48), erstreckte, damit durch die oben angebrachten kleinen Fenster Licht hereinfallen konnte. Von diesen Nischen, die an ihren Aussenseiten mit Durchgangsöffnungen (pp) in die neben dem Thore gelegenen Gebäude versehen waren, gelangte man durch Thüren in die beiden Aussenkammern (1. 2), deren Fussboden mit dem der Nischen gleiche Höhe hatte. In der rechts gelegenen, der Kammer des Heerdes, wurde beständig ein Feuer unterhalten, bei welchem sich die dienstthuenden Priester während der kalten Jahreshälfte von Zeit zu Zeit einfanden, um ihre nackten Füsse zu erwärmen. Durch eine im Boden befindliche Oeffnung stieg man mittelst einer Wendeltreppe in das darunter gelegene sehr tiefe, aber beständig durch Fackeln erleuchtete Gewölbe hinab, wenn man seine Nothdurft verrichten wollte (s. Fig. 16, F). War dies geschehen, so badete man in dem hier vorüber fliessenden Tempelkanal (m) und stieg wieder zum wärmenden Feuer empor. Die links gelegene Aussenkammer ist jedenfalls dieselbe, welche Leo (II, 111) die Kammer des steinernen Hauses nennt**). „In dieser verweilte der Priester, welcher die (röthliche) Kuh auf dem Oelberge verbrannte, sieben Tage und Nächte hindurch, um sich in derselben

---

*) Nach Leo (II, 113) hiessen diese als Lagerstätten dienenden Steinterrassen Rofedhim, eigentlich aber wohl רְפִידִים (Lehnen, Stützen), Plural von רְפִידָה (Lehne eines Bettes).

**) Zur Zeit des zweiten Tempels erhielt sie den Namen Kammer der Altarsteine (II, 112), weil die Steine des durch die Syrer entweihten Brandopferaltars in der neben derselben befindlichen Aussenecke z aufbewahrt wurden (1 Makk. 4, 44—46).

zur Verrichtung des die Kuh betreffenden Dienstes zu heiligen." Während der übrigen Zeit des Jahres mochte ein Vorsteher der Tempelhüter sich darin aufhalten. Das darunter befindliche Gewölbe hiess das **Haus der Fussfessel**, weil es als Gefängniss diente (II. 110). Es ist dasselbe, in welchem der Prophet Jeremias durch Paschchur, einen damaligen Vorsteher der Tempelhüter, gefangen gehalten wurde (Jer. 20, 1—3). — Den beiden Aussenkammern gegenüber enthielt das Thor des Heerdes auf jeder Seite des Thorwegs noch zwei grosse Zimmerräume, von denen jeder durch eine dünne Wand in zwei Kammern, **Innenkammern** genannt, getheilt war. Die an die linke Thornische grenzende (3, Fig. 15) war ohne Zweifel die **Kammer der Schaubrotbäcker**, in welcher die Schaubrote bereitet wurden (Leo II, 112, vgl. 1 Chron. 10, 31. 32). Sie ist vielleicht mit der **Kammer der Hebeopfer und Opferfladen** (Leo II, 157) identisch. Die daneben gelegene (4) war vermuthlich die **Kammer der Zahlungsscheine**, in welcher sich der Vorsteher der Zahlungsscheine aufhielt. Jeder Israelit nämlich, welcher ein Trankopfer darbringen wollte, zahlte die dafür festgesetzte Summe Geldes an diesen priesterlichen Beamten und erhielt dann von demselben eine Bescheinigung, welche er dem Vorsteher der Trankopfer überreichte, worauf dieser dann das bezahlte Trankopfer in vorgeschriebener Weise darbrachte (II. 112). Die der zuletzt genannten Kammer auf der andern Seite des Thorwegs zunächst gelegene (5) hiess die **Kammer der Lämmer** (vielleicht auch **Kammer der Erstlinge**, II, 156), weil man in derselben beständig eine festbestimmte Anzahl von fehlerfreien Lämmern unterhielt, von denen täglich zwei geopfert wurden. Die letzte Kammer (6) diente wahrscheinlich als **Holzkammer** (II, 160, vgl. Neh. 13, 31).

Im oberen Stockwerk, zu welchem man mittelst der in den Nischen angebrachten Treppen oder Leitern gelangte, waren vermuthlich ebenso viele Aussen- und Innenkammern vorhanden als im untern. Ueber die Bestimmung derselben lässt sich nur wenig mit Sicherheit anführen; gewiss ist aber, dass die beiden oberen Aussenkammern den **Tempelhütern und deren Vorstehern** als Aufenthaltsorte dienten (Leo II, 120. 140. 141. 166). Ebenso gewiss scheint auch zu sein, dass die eine der vier oberen Innenkammern die **Kammer der Heilmittel** war (II, 161). In dieser wurden nämlich sämmtliche Heilmittel, Pflaster u. s. w., welche der Vorsteher der Kranken bei seiner ärztlichen Praxis im Tempel bedurfte, aufbewahrt. Da Priester und Leviten während ihrer Dienstzeit auch bei der strengsten Kälte auf dem Marmorpflaster der Vorhöfe stets mit unbekleideten Füssen gehen und dabei noch oft kalt baden oder sich doch mit kaltem Wasser waschen mussten, so zogen sie sich sehr häufig Krankheiten zu. Ausserdem verdarben sie sich in Folge des beständigen zu reichlichen Genusses fetter Opferfleischspeisen so oft den Magen, dass es dem Priesterarzte und seinen Leuten nie an Beschäftigung fehlte (I, 19). — Der Raum über dem Thorwege bildete einen geräumigen Korridor (s. Fig. 17, B), von welchem aus die hier postirten jüngeren Priester durch die an beiden Enden desselben befindlichen Fenster zur Abendzeit mit Trompeten bliesen, um dem Volke anzuzeigen, dass der Sabbath oder irgend ein anderer Festtag beginne und daher Jedermann seine Arbeit einzustellen habe (II. 116, vgl. 120). — Ueber dem ellendicken Dache des Thors erhob sich ringsum eine Brustwehr mit vier Ellen hohen Pfeilern, so dass die ganze Thorhöhe (wie die der Thore des Altars und der Erstlinge) über dem Vorhof der Heiden 33, über dem Vorhof des Volks 25 Ellen betrug.

Da die drei übrigen Nebenthore mit dem eben beschriebenen ganz gleiche Bauverhältnisse besassen, so bleibt uns nur noch übrig, das Bemerkenswertheste über die Bestimmung der darin angebrachten Kammern hier anzuführen. Betrachten wir daher zuerst die Kammern des Thors Nizoz in der in Fig. 15 beobachteten Reihenfolge. Die rechts gelegene Aussenkammer (1) war wahrscheinlich dieselbe, welche Leo (II, 151) die Kammer der Palmenzweige nennt. In diese brachte man nämlich schon am Tage vor dem Laubhüttenfeste die zur Verherrlichung dieses Festes bestimmten Palmenzweige der Aeltesten des Volks, damit sie hier zum festlichen Gebrauche in Bereitschaft lägen. Das unter der genannten Kammer befindliche Gewölbe war jedenfalls seiner Einrichtung und Bestimmung nach dem unter der Kammer des Heerdes gelegenen in allen Stücken gleich, da unter demselben ebenfalls fliessendes Wasser, nämlich das des kleinen Tempelkanals, dahinrauschte. Die linke Aussenkammer (2) hiess die Kammer des Opfers und zwar, wie Leo vermuthet (II, 121), deshalb, weil sie dem Thore des Opfers zugekehrt war. In ihr hielten sich Tempelhüter (eigentlich aber wohl nur deren Vorsteher) auf (II, 121. 137). Das Gewölbe unten mochte ebenso wie das analoge des Oberthors Benjamin als Gefängniss dienen. Die zunächst gelegene Innenkammer (3) hiess die Salzkammer oder die Kammer des Salzhauses, weil darin alles Salz, welches man im Tempel zu verschiedenen Zwecken gebrauchte, aufbewahrt wurde (II, 122). Die folgende (4) nannte man in späterer Zeit die Kammer des Parva, nach einem Manne dieses Namens, der einst als Vorsteher darin seinen Sitz hatte. Hier wurden die Häute der geopferten Thiere gesalzen, damit sie nicht in Fäulniss geriethen (II, 123). Die nächste Innenkammer (5) hiess die Kammer der

Reinigung, weil die Priester in dieser den Magen und die Eingeweide aller geschlachteten Opferthiere reinwuschen (II. 124). In der letzten Kammer (6) wurde wahrscheinlich das Brennholz für die neben dem Thore Nizoz gelegene Tempelküche aufbewahrt. — Im oberen Stockwerk befand sich, und zwar oberhalb der Kammer des Parva, die **Waschungskammer des Hohenpriesters**. Hier verrichtete nämlich der Hohepriester am Versöhnungsfeste die vierte von den fünf Waschungen, welche er an diesem Tage vorzunehmen hatte (II. 125). Ausserdem mögen daselbst noch folgende zwei Kammern gewesen sein: die **Kammer der Werkzeuge**, in welcher die Geräthe und Werkzeuge, deren man bei Reparaturen des Tempels bedurfte, aufbewahrt wurden (II, 139), und die **Kammer der veralteten Priesterkleider**, in welcher man die abgelegten oder beschmutzten Amtskleider der Priester aufhob, um daraus die Dochte zu den Lampen der im Heiligen aufgestellten goldenen Armleuchter und anderer am Laubhüttenfeste im Tempel angebrachter Leuchter zu bereiten (II, 152).

Betrachten wir nun die Gemächer des **Thors der Hitze**. Die rechts gelegene Aussenkammer (1, Fig. 15) hiess zur Zeit des Propheten Jeremias nach einem Manne, der dieselbe damals als Vorsteher der Thorhüter bewohnte, die **Kammer des Maasejahu** (Jer. 35, 4. Leo II, 146). Die andere Aussenkammer (2) führte den Namen **Holzkammer**, ohne Zweifel deshalb, weil hier das Brennholz für die südliche Tempelküche aufbewahrt wurde (II, 130). Die unter diesen Kammern befindlichen Gewölbe mochten beide als **Weinkeller** dienen. Die nächste Innenkammer (3) war die **Kammer des Rades**. Unter ihr befand sich nämlich der schon weiter oben erwähnte Brunnquell, aus welchem die Priester und Leviten mittelst eines Rades und eines daran befestigten Seiles ihr Trinkwasser schöpften. Da die Obersten des jüdischen Volks nach ihrer Rückkehr aus dem babylonischen Exil diesen Brunnen zuerst wieder aufgruben, als sie den Wiederaufbau des Tempels begannen, so soll die genannte Kammer davon den Namen **Kammer des Verbannten** erhalten haben*) (II, 129). Die Quelle, welche diesen Brunnen speiste, hatte vor dem Bau des Salomonischen Tempels ihren Abfluss zweifelsohne in das Thal Azel und aus diesem in die Caphnataschlucht gehabt. Da die letztere somit das Wasser von

---

*) Eigentlich hiess diese „sehr bekannte Kammer" (II, 142) zu dieser Zeit die **Kammer Jehochanans**, weil damals ein Mann dieses Namens das Vorsteheramt in derselben bekleiden mochte. Dass sie auch als ein **Speisezimmer** diente, lässt sich aus folgenden Worten schliessen (Esr. 10, 6): „Und Esra machte sich auf vom Hause Gottes hinweg und ging in die Kammer Jehochanans, des Sohnes Eljaschibs; er ging dahin, **ass aber kein Brot und trank kein Wasser**" u. s. w.

zwei Quellen, nämlich das der eben bezeichneten und das der aus dem Teiche Amygdala fliessenden, in sich aufnahm, so wird mit Rücksicht auf die weiter oben gegebene Etymologie des Namen Caphnata am sichersten anzunehmen sein, dass derselbe ursprünglich in der Dualform gebräuchlich war und daher durch „Zweiquellenschlucht" zu übersetzen ist. — Die der Kammer des Rades zunächst gelegene Innenkammer (4) war vermuthlich die Kammer der Loose. Hierher kamen diejenigen Priester, welche ihren Opferdienst antreten wollten, schon am frühen Morgen in ihrer Amtskleidung. Waren sie alle versammelt, so warf der Vorsteher der Loose einem jeden das Loos und bestimmte somit, welcher Theil der Opferfunktionen jeglichem zufalle. Ohne Murren traten nun alle ihr Amt an, schlachteten das zum Brandopfer bestimmte Thier, salzten die zugerichteten Fleischstücke und legten sie auf die Altarstufen. Ehe sie dieselben aber ins Opferfeuer warfen, kehrten sie nochmals in die kurz vorher verlassene Kammer zurück und recitirten die Worte (5 Mos. 6, 4. 5): „Höre, Israel! Jehova ist unser Gott, Jehova, der Eine. Und liebe Jehova, deinen Gott, mit deinem ganzen Herzen und mit deiner ganzen Seele und mit deinem ganzen Vermögen" (Leo II, 128, vgl. I, 19). — Die folgende Innenkammer (5) war die Kammer der Fürsten (Jer. 35, 4). In ihr versammelten sich zu gewissen Zeiten sämmtliche Vorsteher der Priester und Leviten (Leo II, 145). Die letzte Kammer (6) endlich hiess zur Zeit des Propheten Jeremias die Kammer der Söhne Chanans (Jer. 35, 4. Leo II, 144). Der Umstand, dass der genannte Prophet hier den Rechabiten „mit Wein gefüllte Gefässe und Becher" vorsetzte, lässt mit Recht vermuthen, dass dieselbe ebenso wie die Kammer des Rades als Refektorium diente. Derselbe Umstand macht es auch wahrscheinlich, dass die beiden benachbarten Gewölbe wirklich die Wein- und Vorrathskeller des Tempels waren. — Im Thor der Hitze befand sich ausser den angeführten noch die Kammer der Beisitzer, in welcher der Hohepriester täglich das Gesetz und die Satzungen auslegte. Hier machte er sich auch mit allen religiösen Gebräuchen, welche sich auf die Feier des Versöhnungsfestes bezogen, während der letzten sieben Tage vor diesem Feste bekannt. Ausserdem war dies der Ort, wo er seine Amtskleider nebst den hohenpriesterlichen Insignien täglich an- und ablegte und in hölzernen Laden aufbewahrte. Mit Rücksicht auf diese hölzernen Kasten identificirt Leo irriger Weise die Kammer der Beisitzer, die sich jedenfalls im oberen Stockwerk des Thors der Hitze befand, mit der in demselben Thore gelegenen Holzkammer (II, 130).

Schliesslich wenden wir uns nun noch zu den Kammern des Thors der Waschung. In der rechts gelegenen Aussenkammer (1, Fig. 15) hielt sich vermuthlich ein Vorsteher der Thorhüter auf; das Gewölbe unten mochte als Gefängniss dienen. Die andere Aussenkammer (2) war jedenfalls diejenige, in welcher der Hohepriester am Versöhnungsfeste seine erste Waschung vornahm, falls er nicht wie die andern Priester in das darunter befindliche Gewölbe hinabstieg und unmittelbar in dem daselbst fliessenden Wasser des grossen Tempelkanals ein Bad nahm (II, 133). Die nächste Innenkammer (3) war ohne Zweifel die Kammer des Hauses Aftines. Sie führte diesen Namen deshalb, weil hier in späterer Zeit die Männer aus der Familie des Aftines das Räucherwerk bereiteten (II, 131, vgl. 1 Chron. 10, 30). Die folgende (4) mochte die Kammer der Tische sein. In dieser wurden am funfzehnten Tage des Monats Adar Tische aufgestellt, und jeder Israelit entrichtete hier die Tempelsteuer, welche jährlich einen halben Sekel betrug (II, 158). Diese Kammer hiess auch die Kammer des Tempelverfalls (II, 147), weil hier die zur Renovirung des Tempels dargebrachten Gaben und Geschenke aufbewahrt wurden (159). Wahrscheinlich sammelte man hier überhaupt alle zu verschiedenen Zwecken bestimmten Gelder ein (vgl. 2 Kön. 12, 4. 5. 22, 4. 2 Chron. 24, 8. 9. 34, 9. Neh. 10, 32. 33). Leo gedenkt noch zweier Kammern, nämlich der der freiwilligen Gefässgaben (II, 149) und der der verschämten Armen (150), welche allem Ansehen nach ebenfalls dem Thore der Waschung zuzuweisen sind. In der ersteren deponirten reiche Juden silberne und goldene zum Tempeldienste bestimmte Gefässe. Man öffnete sie alle 30 Tage, um nachzusehen, was darin war. Diejenigen Gefässe, welche sich zum Tempelgebrauch eigneten, wurden in die Kammer der Opfergefässe (6) gebracht, die übrigen dagegen verkaufte man und legte das dafür erhaltene Geld in die Kammer des Tempelverfalls. In die Kammer der Verschämten warfen fromme Personen Geld, damit mittelst desselben arme Kinder guter Aeltern verpflegt würden. Mit Rücksicht auf das eben Mitgetheilte, wie auch auf die so vieldeutige Benennung „conclave" (Kammer), hat man aber hier gewiss nicht an zwei wirkliche Kammern, sondern vielmehr nur an zwei zu den oben angegebenen Zwecken bestimmte Kasten zu denken, die vor der Kammer der Tische im Volksvorhofe aufgestellt waren. Hier hatte höchst wahrscheinlich auch die einst auf Joas' Befehl angefertigte Lade ihren Standort (2 Chron. 24, 8—11). — Die folgende Innenkammer (5), in welcher sich diejenigen Priester, welchen die Bewachung des Altars oblag, versammelten, hiess die Kammer der Altarhut (Leo II, 132). Die letzte (6) endlich war vermuthlich die schon erwähnte Kammer der Opfergefässe. In dieser verwahrte man sämmtliche goldene und silberne Gefässe, welche bei den Opferhandlungen gebraucht wurden. Die Anzahl dieser Gefässe muss sehr beträchtlich gewesen sein, da täglich nicht weniger als 93 in Gebrauch gekommen sein sollen (II, 148. 91, vgl. 1 Chron. 10, 28. 29).

Im oberen Stockwerk des Thors der Waschung mögen sich noch folgende Kammern befunden haben: 1) die **Aussenkammer der Vorhänge**, in welcher der Vorsteher über die Vorhänge verweilte (Leo II, 140), 2) die gleichnamige Aussenkammer, in welcher die Leviten auch während der Nacht der Hut des Tempels warteten (II, 141), 3) die **Kammer der geweihten Gegenstände**, in welcher man alle diejenigen Dinge verwahrte, die als Antheil den Priestern zufielen (II, 162), 4) die **Kammer des zum Kriege gesalbten Priesters**, in welcher sich derjenige Priester, der einen Feldzug mitzumachen erwählt war, zum Kriege vorbereitete (II, 163), 5) die **Kammer des Vice-Hohenpriesters**, welche nur allein dem Stellvertreter des Hohenpriesters zur Verfügung stand (II, 164), und endlich 6) diejenige Kammer, in welcher die kunstreich gewirkten Vorhänge des Tempels verfertigt wurden. Nach Leos Berichten befanden sich ausser dem Vorhang des Allerheiligsten noch in den Thüröffnungen des Heiligen (II, 190), der Vorhalle des Tempelgebäudes (178) und der Tempelthore (49) solche Vorhänge. Mit den ausser Gebrauch gesetzten schmückte man am Laubhüttenfeste die Vorhöfe aus.

12. Die Kammergebäude.

Die Kammergebäude waren dreistöckige Bauwerke, welche in den von den langen Thorseiten und der Vorhofsmauer gebildeten Ecken errichtet waren. Ihre Eigenthümlichkeit bestand theils darin, dass — wie dies auch am Nebengebäude des Tempels der Fall war — jedes höhere Stockwerk etwas hinter das zunächst darunter gelegene zurücktrat, theils darin, dass die neben der Vorhofsmauer befindliche Eingangsthür in einen längs der Hinterwand sich hinziehenden **Korridor** führte, von welchem aus man durch schmale Thüröffnungen in die neben einander liegenden **Kammern** gelangte. In diesen Kammern wurden nicht allein von den Priestern und Leviten, sondern auch von dem ganzen übrigen Volke die Opfermahlzeiten gehalten, weswegen man die Kammergebäude auch **Opferspeisehäuser** nennen könnte.

Die Ezechielsche Beschreibung dieser Bauwerke lautet folgendermassen (Ez. 42, 1—9): „**Und er (der Mann mit der Messruthe) führte mich (aus der Vorhalle des Tempels) hinaus in den ausserhalb gelegenen (d. h. in den inneren) Vorhof den Weg nach Nor-**

den und brachte mich zu dem Kammergebäude*), welches
dem Nebengebäude — wie auch dem Hauptgebäude — an
seiner Nordseite gegenüberlag. 2. Vorn war die Länge
(d. h. die Länge des vor dem Kammergebäude gelegenen freien Platzes)
100 Ellen (vom Nebengebäude) bis zur nördlichen Thür (Thor)
und die Breite (des Platzes vor dem Kammergebäude) 50 Ellen
(weil nämlich das Kammergebäude 50 Ellen Länge hatte. V. 7, so musste
der davor gelegene, bis zum Nebengebäude reichende, 100 Ellen lange
Raum auch 50 Ellen breit sein, s. $\alpha \beta \gamma \delta$ auf dem Plan Nr. III).
3. Gegenüber (der Nordseite des Haupt- und Nebengebäudes) war
(in dem Kammergebäude ein mit Kammern besetzter Raum von) 20
Ellen (womit zugleich gesagt ist, dass die Länge einer jeden einzelnen
Kammer ebenfalls 20 Ellen betrug. s. Fig. 12, b), welcher an dem
inneren Vorhofe lag, (derselbe 20 Ellen breite Kammerraum lag)
auch gegenüber der Pflasterung (d. h. der Säulenhalle), welche
sich an (in) dem äusseren Vorhofe befand; es war (an der
Aussenseite des Kammergebäudes) Wandeinrückung auf Wandeinrückung in drei Absätzen. 4. Und vor den Kammern
(die sich in dem 20 Ellen breiten Raum, V. 3, befanden) war ein
Korridor von zehn Ellen Breite (von der ersten Kammer) bis
zur letzten; ein Weg von einer Elle (führte in jegliche Kammer)
und ihre Thüren waren (sämmtliche) nach Norden gewandt
(also dem Korridor zugekehrt). 5. Die (unteren) Kammern hatten
aber obere (und zwar aussen) verkürzte (Kammern); denn die
Wandeinrückungen (V. 3) nahmen (etwas) hinweg von ihnen,
(nämlich) von den unteren und mittleren (Kammern) des Gebäudes (d. h. die Aussenwand wurde mit jedem höheren Stockwerk
schwächer). 6. Denn diese (Kammern) waren in drei Stockwerke
vertheilt und hatten (vorn) keine Säulen nach Art der Säulen
(-Hallen) der Vorhöfe; deshalb wurde (um dem Gebäude mehr
Festigkeit zu geben) von den unteren und mittleren (etwas)
eingezogen (nämlich) von der Erde (d. h. die Aussenseiten der
oberen Stockwerke bildeten mit denen des Erdgeschosses keine zusammenhangende, senkrecht über einander stehende Flächen, sondern
traten, wie gesagt, nach innen zurück). 7. Und die Mauer, welche
ausserhalb nahe bei den Kammern dem äusseren Vorhofe
zugekehrt war, hatte vor diesen Kammern 50 Ellen (d. h.
die hintere, sich an die Vorhofsmauer anlehnende Wand des Kammer-

---

*) Wie aus dem Zusammenhange hervorgeht, muss das Wort לִשְׁכָּה (Zimmer, Kammer)
hier und an andern Stellen (Ez. 40, 44—46) durch Kammergebäude übersetzt werden.

gebäudes hatte 50 Ellen Länge). 8. **Denn die Länge der Kammern (besser: Kammerreihen), welche dem äusseren Vorhofe zugekehrt waren, betrug 50 Ellen** (d. h. der Raum, in welchem sich die Kammern befanden, hatte gleichfalls eine Länge von 50 Ellen), **und siehe, vor dem Tempel waren 100 Ellen** (d. h. das Kammergebäude war von dem Tempelgebäude 100 Ellen entfernt, V. 2). 9. **Und unten bei diesen Kammern war ein Eingang von Osten***), **wenn man** (nämlich) **vom äusseren Vorhofe her** (durch das östliche Thor kommend) **zu ihnen** (den Kammern) **ging."**

So weit reicht die Beschreibung dieses auf der Ostseite des nördlichen Thores gelegenen Gebäudes. Aus den nachfolgenden Worten (V. 10—12) ergiebt sich, dass ein gleiches auch auf der Ostseite des südlichen Thores errichtet werden sollte. Dieser Bericht lautet: „**An der Breite der Vorhofsmauer gegen Süden waren vor dem Nebengebäude und vor dem Hauptgebäude** (gleichfalls) **Kammern** (d. h. auf der Ostseite des südlichen Thores stand ein zweites Kammergebäude). 11. **Die Oertlichkeit aber vor ihnen war von gleicher Beschaffenheit mit derjenigen der Kammern, welche sich gegen Norden befanden, nach ihrer Länge und nach ihrer Breite** (V. 1. 2), **und alle ihre Bauverhältnisse waren wie jene, sowohl ihrem ganzen Ansehen** (V. 3—8), **als auch ihren Thüreingängen nach** (V. 4). 12. **Was aber die** (diese) **Kammerthüren betrifft, so waren sie nach Süden gewandt: die** (Haupt-) **Thür** (dagegen) **war vorn am Wege,** (nämlich) **an dem Wege, welcher vor der** (Vorhofs-) **Mauer von Osten her gerade in den Eingang derselben** (Kammern) **hineinführte."** — Hierauf fährt Ezechiel fort (V. 13. 14): „Und er (der Mann mit der Messruthe) sprach zu mir: **die Kammern gegen Norden** (und) **die Kammern gegen Süden, welche dem Nebengebäude gegenüberstehen, sind heilige Kammern, worin die Priester, wenn sie dem Jehova nahen, das Hochheilige essen**; dahin legen sie das Hochheilige, nämlich Speisopfer und Sündopfer und Schuldopfer, denn der Ort ist heilig. Und wenn die Priester hineingehen, sollen sie nicht aus dem Heiligthum (d. h. dem inneren Vorhof) in den äusseren Vorhof gehen. sondern sollen **daselbst ihre Kleider, worin sie dienen, niederlegen**, denn sie sind heilig, und sollen andere Kleider anlegen und alsdann zu dem Volke (in den äusseren Vorhof) zurückkehren."

Man wird aus dem Vorstehenden die volle Gewissheit erlangt haben, dass in den angeführten Worten des Ezechiel (V. 1—14) nur von den

---

*) Es ist hier zu beobachten, dass das Kammergebäude, welches Ezechiel beschreibt, auf der Ostseite des nördlichen Thors lag.

Kammern zweier Kammergebäude (von denen das eine neben dem nördlichen, das andere neben dem südlichen Thore des inneren Vorhofs stand) die Rede ist, und dass diese beiden Gebäude nur ausschliesslich für die Priester bestimmt waren. Wenn nun Ez. 40, 44 gesagt wird: „Und ausserhalb (d. h. an den Seiten) des inneren (östlichen) Thores waren die (beiden) Kammergebäude der Sänger im inneren Vorhofe" —, so sind hier offenbar Kammergebäude gemeint, die von jenen oben besprochenen verschieden sind; denn einestheils waren die Sänger nicht Priester, sondern nur Leviten (1 Chron. 24, 3—5), anderntheils aber ist hier nur von einem Thore die Rede, worunter nur allein das östliche verstanden werden kann. Es ist somit evident, dass sich neben dem östlichen Thore des inneren Vorhofs noch zwei den oben beschriebenen Kammergebäuden ähnlich konstruirte Gebäude befanden, welche ausschliesslich für die Sänger bestimmt waren. Nun aber lautet die Fortsetzung des V. 44 folgendermassen: „— welche (Kammergebäude) an der Seite des nördlichen Thors und nach Süden gewandt waren, (und) eins an der Seite des südlichen Thors, welches nach Norden gewandt war." — Hier sind augenscheinlich nicht mehr die Kammergebäude der Sänger gemeint, sondern wieder die der Priester; darum berichtet auch Ezechiel weiter, wie folgt (V. 45. 46): „Und er (der Mann mit der Messruthe) sprach zu mir so: das Kammergebäude, welches nach Süden schaut (also das nördliche), gehört den Priestern, welche den Dienst des Hauses besorgen. Das Kammergebäude aber, welches nach Norden schaut (also das südliche), gehört den Priestern, welche den Dienst des (Brandopfer-) Altars besorgen."

Jedermann muss somit in diesen Kammergebäuden mit vollkommener Sicherheit die Ez. 42, 1—13 beschriebenen beiden Kammergebäude der Priester wiedererkennen. Die Gedankenverbindung in V. 44 ist freilich eine so enge, dass man sich versucht fühlen müsste, auch das Vorhandensein von Sängerkammern neben dem nördlichen und südlichen Thore vorauszusetzen, wenn eine solche Voraussetzung nicht durch die ganz klaren und unzweideutigen Verse 45 und 46 auf das entschiedenste widerlegt würde. Wenn daher im V. 44 nicht nur von Sängerkammern, sondern auch von Priesterkammern die Rede ist, so muss dieser Vers des besseren Verständnisses wegen folgendermassen gelesen werden: „Und ausserhalb (d. h. an den Seiten) des inneren (östlichen) Thores waren die (beiden) Kammergebäude der Sänger im inneren Vorhofe; ausserdem aber war im inneren Vorhofe ein Kammergebäude an der Seite des nördlichen Thores und nach

Süden gewandt, ein anderes an der Seite des südlichen Thores, welches nach Norden gewandt war." —

Nach diesen Erörterungen können wir uns den Kammergebäuden des Salomonischen Tempels zuwenden. Diese waren ohne Zweifel auf ganz dieselbe Weise konstruirt wie die von Ezechiel beschriebenen*). Sie befanden sich jedoch nicht im Priestervorhof, da dieser keine eigentliche Ringmauer hatte, sondern im Vorhof des Volks neben den im Norden und Süden gelegenen Thoren. Hieraus ergiebt sich ihre Breite, denn ihre Länge betrug wie die der Ezechielschen gerade 50 Ellen (s. unten). Subtrahirt man nämlich von der Länge dieser Thore (d. h. von 32 Ellen) die Dicke der Vorhofsmauer (7 Ellen), so erhält man die gesuchte Breite, nämlich 25 Ellen. Davon sind nun drei Ellen auf die massive Aussenwand, eine Elle auf die Korridorwand und fünf Ellen auf die Breite des Korridors abzurechnen, so dass für jede Kammer noch eine Länge von 16 Ellen übrig bleibt (s. Fig. 13, b und Fig. 18). Da nun jedes Gebäude 30 Kammern (jedes Stockwerk also deren 10) enthielt, so betrug die Anzahl sämmtlicher Kammern in den beiden Kammergebäuden der Priester 60, eine Anzahl, die nicht zu gross erscheinen kann, wenn man sich vergegenwärtigt, dass die jüdische Priesterschaft schon zu Davids Zeiten so zahlreich war, dass sie in 24 Ordnungen getheilt werden konnte (1 Chron. 25, 1—19). Dasselbe lässt sich auch hinsichtlich der Leviten behaupten (1 Chron. 26. 27), und es ist daher sehr wahrscheinlich, dass zwei andere Kammergebäude, nämlich diejenigen, welche mit denen der Priester an denselben Hauptthoren, aber westwärts davon, lagen, ausschliesslich den Leviten eingeräumt waren. In den vier übrigen, von denen je eins sich an ein Nebenthor anlehnte, hielten dagegen die übrigen Israeliten ihre Opfermahlzeiten (Leo II, 126. 134).

Da die einzelnen Kammern nur etwa vier Ellen breit waren, so würde es schwer zu erklären sein, wie darin eine grosse Anzahl von Personen gleichzeitig habe gespeist werden können, wenn man nicht wüsste, dass im jüdischen Heiligthum, d. h. innerhalb der Ringmauer des Volksvorhofs, Niemand sitzen und liegen durfte. Die Speisenden mussten also ihr Geschäft stehend verrichten. Nimmt man nun an, dass in jeder Kammer stets wenigstens 20 Personen mit Essen und Trinken beschäftigt waren, so konnten in einem Kammergebäude ihrer 600 und in allen acht wenigstens 4800 zu gleicher Zeit ihre Mahlzeit

---

*) Ebenso auch die 2 Kon. 23, 7 erwähnten „Häuser der geweihten Buhler, welche im Hause Jehovas (d. h. im Vorhof der Heiden) waren, worin die Weiber für die Aschera Hauser (d. h. Zeltdecken) webten."

halten. Ohne Zweifel standen die Speisenden zu beiden Seiten der Kammern, während kleine, in der Kammermitte aufgestellte, Tische die Opferspeisen, sowie die Wein- und Wasserkrüge trugen. Die Priester überreichten wahrscheinlich jedem Hausvater die für ihn und seine Angehörigen bestimmte Portion vom Korridor aus durch die Kammerthür.

In jedem der beiden priesterlichen Kammergebäude dienten mehrere Kammern als Kleiderkammern. In diesen legten nämlich die Priester jeden Morgen ihre Amtskleidung an und bewahrten sie nach vollendetem Tagewerke daselbst wieder, und zwar in hölzernen Kasten, auf. Solcher Kasten besass jede der 24 Priesterordnungen vier; einer enthielt die Beinkleider, der andere die Ueberröcke, der dritte die Gürtel und der vierte die Bundhüte (Ez. 42, 14. 44, 19. Leo II, 106). — Den Leviten waren jedenfalls die oberen Kammern der Hauptthore als Kleiderkammern zugewiesen. —

Dass jedes der acht Kammergebäude mit den Ezechielschen dieselbe Länge von 50 Ellen hatte, beweist folgende Uebersicht:

Dicke der östlichen Mauer des Volksvorhofs	7 Ellen.
Breite der östlichen Doppelhalle (s. unten)	38 „
Breite des Oberthors Benjamin	36 „
Länge des östlichen Kammergebäudes	50 „
Breite des daneben gelegenen freien Raumes	11½ „
Länge des priesterlichen Kammergebäudes	50 „
Breite des Altarthors	28 „
Länge des levitischen Kammergebäudes	50 „
Breite des daneben befindlichen freien Raumes	11½ „
Länge des westlichen Kammergebäudes	50 „
Breite des Thors Nizoz	36 „
Breite des nördlichen Tempelküchenhofes (s. unten) . .	25 „
Dicke der westlichen Mauer des Volksvorhofs	7 „
Summa	. . 400 Ellen.

Erinnert man sich nun, dass der Vorhof des Volks ein Quadrat von 400 Ellen bildete, so wird man die Richtigkeit der obigen Angabe anerkennen müssen.

Aehnliche, jedoch kleinere Gebäude, wie die Kammergebäude waren, mochten sich nicht nur neben den Thoren des Vorhofs der Heiden, sondern auch überhaupt neben allen Thoren des alten Jerusalems befinden. Im Allgemeinen dienten die an den Burg- und Stadtthoren gelegenen ohne Zweifel den Thorhütern, Trabanten und andern Burg- und Stadtdienern als Amtswohnungen.

13. Die Säulenhallen.

Ueber keinen Theil des Salomonischen Tempels sind die alten Nachrichten dürftiger als über die Säulenhallen. Josephus berichtet hierüber nur, dass der Vorhof der Heiden „mit doppelten Hallen umgeben ward, die auf Säulen aus dem an Ort und Stelle gebrochenen Stein ruhten" (Ant. VIII, 3, 10), und dass sich längs der ganzen Ostseite des Volksvorhofs ebenfalls eine zwiefache Halle befand (XV, 11, 3). Da jedoch alle Umstände dagegen sprechen, dass schon das Salomonische Heiligthum ebenso reich mit Säulenhallen ausgestattet war wie die späteren Tempel, so muss die erstere Angabe des Josephus dahin berichtigt werden, dass die Doppelhallen des Vorhofs der Heiden sich nicht um den ganzen Vorhof herumzogen, sondern hier nur ebenfalls den östlichen Theil desselben einnahmen, weswegen auch nur allein die analoge Halle des Herodianischen Tempels mit dem Namen der „Halle Salomonis" belegt werden konnte (Joh. 10, 23. Ap.-Gesch. 3, 11. 5, 12).

Ezechiel giebt leider keine besondere Beschreibung der Säulenhallen. Nur beiläufig erwähnt er die „Säulen der Vorhöfe" (42, 6) und V. 3 die „Säulenhalle*) im äusseren Vorhofe", welche neben der Ostseite des nördlichen Thors stand. Etwas bestimmter lauten folgende Worte (40, 17. 18): „Und er (der Mann mit der Messruthe) führte mich (durch das östliche Thor, V. 6) in den äusseren Vorhof, und siehe, da waren Kammern (neben diesem Thore) und eine Säulenhalle; (also war es) gemacht im Vorhofe ringsherum (d. h. neben den andern Thoren waren gleichfalls Säulenhallen mit Kammern); 30 Kammern waren in der (in jeder) Säulenhalle. Und die Säulenhalle war an den Seiten der Thore (d. h. der Vorhof besass ringsherum Säulenhallen), nach der Länge der Thore (d. h. die Hallen hatten mit den in den Vorhof hineinspringenden langen Seiten der Thore gleiche Breite, also 38—40 Ellen); dies war die untere Säulenhalle" (hieraus folgt nothwendig, dass auch im oberen, d. h. inneren, Vorhof noch eine Säulenhalle vorhanden gewesen sein muss, nämlich diejenige, in welcher sich die V. 44 erwähnten Kammern der Sänger befanden).

Wenn somit erwiesen ist, dass dem Ezechielschen Tempel weder im äusseren noch im inneren Vorhofe Säulenhallen fehlten, so fragt sich nur noch, wie sie konstruirt und in welcher Weise die Kammern in ihnen angebracht waren. Was zuerst die Hallen betrifft, so denke

---

*) Der Zusammenhang lehrt, dass hier und Ez. 40, 17. 18 das Wort רִצְפָה (Pflaster, pavimentum) sowohl mit Rücksicht auf die „Säulen der Vorhöfe" (42, 6), wie auch mit Rücksicht auf die Bedeutung des Stammworts רָצַף (künstlich anordnen) durch Säulenhalle zu übersetzen ist

man sich längs der Ringmauer des äusseren Vorhofs einen 38—40 Ellen breiten, etwas erhöhten Raum, auf welchem sich drei gleichweit von einander entfernte Säulenreihen erhoben. Die Säulen jeder Reihe blieben in ihrer Frontrichtung jedenfalls 10 Ellen von einander entfernt; ihre Höhe mochte etwa 18 Ellen betragen. Die beiden äussersten Reihen standen frei, während die an der Ringmauer befindlichen Säulen nur zur Hälfte aus dieser hervortraten und somit Wandsäulen bildeten. Die Säulen waren oben durch starke Balken verbunden, die das flache, oben mit einer Brustwehr umkränzte Dach trugen. — Die Kammern befanden sich nun unmittelbar neben den Thoren zwischen den beiden innersten Säulenreihen in drei über einander gelegenen Stockwerken. Der Bau derselben war — was wenigstens den Salomonischen Tempel betrifft — einfach dadurch bewirkt worden, dass eine Anzahl der den Thoren zunächst stehenden Säulen der mittleren Reihe durch Zwischenwände und ebenso die letzte von diesen wieder mit der ihr zunächst stehenden Wandsäule durch eine Wand verbunden worden war. Neben dieser Wandsäule befand sich auch der Eingang in den (5 Ellen breiten) Korridor. Zahl und Einrichtung der neben dem Korridor errichteten Kammern stimmten jedenfalls mit denen der eigentlichen Kammergebäude überein. — Im inneren Vorhofe befanden sich nur an der Ostseite Säulenhallen; die darin erbauten Kammern sind die Ez. 40, 44 gedachten Kammern der Sänger.

Im Volksvorhofe des Salomonischen Tempels waren die Säulenhallen gleichfalls nur an der Ostseite angebracht worden (s. Plan Nr. II und Fig. 19). Dass auch hier die Sängerkammern, in welchen (nach Josephus) nicht weniger als 40,000 Musikinstrumente aufbewahrt wurden, sich zu beiden Seiten des hohen Thors befanden, wird schwerlich zu bezweifeln sein. Die Hinterwände der Säulenhallen waren mit mancherlei Waffen und Rüstungen ausgeschmückt. Diese stammten theils noch vom Könige David her (2 Chron. 23, 9), theils waren sie fremden Völkern im Kampfe entrissen worden (Ant. XV, 11, 3). Was Leo Kammer der Schilde nennt (II, 138), ist wahrscheinlich keine besondere Kammer, sondern es sind wohl nur ebendiese mit Waffen und Rüstungen verzierten Wände der Säulenhallen im Volksvorhofe. — Die Doppelhalle an der Ostseite des Vorhofs der Heiden war jedenfalls ganz ohne Kammern. — Alle Geländer (1 Kön. 10, 12) und Treppen (2 Chron. 9, 11) in den sowohl zum Tempel wie auch zum königlichen Palaste gehörigen Gebäuden waren aus einem glänzend weissen (Fichten-) Holze*) angefertigt, welches Salomo durch seine

---

*) Diejenigen, welche Ophir für einen arabischen oder indischen Landstrich halten, ver-

Seeleute aus dem Goldlande Ophir (wahrscheinlich der jetzigen afrikanischen Küste Sofala) erhalten hatte (Ant. VIII, 7, 1).

14. Die Tempelküchen und die Vorrathshäuser.

Von jedem zum Opfer bestimmten Thiere, das der jüdische Laie in den Tempel brachte, wurden bekanntlich gewisse Fleischstücke geopfert; andere Stücke erhielten die Priester und noch andere die dienstthuenden Leviten. Was übrig blieb, bekam der Opferer gekocht zurück und verspeiste es mit seinen Angehörigen in einem der Kammergebäude des Tempels. Da nun an gewissen Festtagen wahrhaft grossartige Fleischmassen von den Leviten zubereitet und gekocht werden mussten, so müssen auch die Kochanstalten des Tempels ebenso grossartig gewesen sein. Ezechiel schreibt hierüber (46, 19—24): „Und er (der Mann mit der Messruthe) führte mich durch den Eingang an der Seite des Thors zu den heiligen Kammern (im inneren Vorhofe), welche den Priestern gehörten (und die) nach Norden gewandt waren (also zum südlichen Kammergebäude), und siehe, daselbst war ein Ort in beiden Ecken gegen Westen (— es ist der unmittelbar neben der Westseite sowohl des südlichen wie auch des nördlichen Thors gelegene Raum gemeint —). 20. Und er sprach zu mir: dies ist der Ort, woselbst die Priester kochen sollen das Schuldopfer und das Sühnopfer, und woselbst sie backen sollen das Speisopfer, damit sie es nicht in den äusseren Vorhof hinausbringen und dadurch das Volk heiligen. — 21. Und er führte mich hinaus in den äusseren Vorhof und liess mich gehen an die vier Ecken des Vorhofs, und siehe, der Vorhof hatte in jeder Ecke einen (kleineren) Vorhof, (also war es) in jeder Ecke des Vorhofs. 22. In den vier Ecken des Vorhofs waren (nämlich) unbedeckte Vorhöfe von 40 Ellen Länge und 30 Ellen Breite; alle vier Eckhöfe hatten einerlei Grösse. 23. Und eine Wand ging um einen jeden der vier (Höfe) herum, und unten an den Wänden waren ringsum Kochheerde gemacht. 24. Und er sprach zu mir: dies ist das Haus der Kochheerde (die Küche), woselbst die Diener des Hauses (die Leviten) kochen sollen das Opfer des Volks."

Was die Küchenhöfe des Salomonischen Tempels betrifft, so können im Vorhofe des Volks deren nur zwei vorhanden gewesen sein, da es zur Anbringung von mehreren an schicklichen Räumen fehlte. Der eine nämlich befand sich in der Nordwest-, der andere in der Südwestecke

---

stehen unter אַלְמֻגִּים (1 Kön. 10, 11. 12) und אַלְגּוּמִּים (2 Chron. 2, 8. 9, 10. 11) das rothe Santelholz, welches in Indien und Persien vielfach verarbeitet wird.

(Leo II, 127). Beide müssen aber aus naheliegenden Gründen eine weit bedeutendere Grösse gehabt haben als die Ezechielschen. Ueber die innere Einrichtung dieser Tempelküchen fehlen genauere Nachrichten; soviel ist indess wohl gewiss, dass jede derselben mit einem der beiden Vorrathshäuser in so unmittelbarer Verbindung stand. dass Mehl, Oel, Wein und andere Lebensmittel aus dem letzteren herbeigeholt werden konnten, ohne dass das im Vorhofe versammelte Volk etwas davon wahrnahm. Ueber den an den Seitenwänden der Küchenhöfe angebrachten Kochheerden befand sich jedenfalls eine mit Rauchfängen versehene dachartige Schutzwehr gegen Regen und Schnee, deren nach innen gekehrter Theil wahrscheinlich nur durch freistehende Pfeiler gestützt wurde. In den mittleren Räumen der Höfe mochten Tische. auf denen das Fleisch zubereitet und zerlegt wurde. Wasserkessel. Handmühlen und mancherlei andere Geräthe und Gefässe in bedeutender Menge aufgestellt sein. — An den hohen Festtagen mussten die Küchenhöfe ein ungemein buntes, lebensvolles Bild der emsigsten Geschäftigkeit darbieten. —

Ueber die Vorrathshäuser ist nach dem, was schon weiter oben über diese Gebäude gesagt worden ist, nur noch wenig nachzutragen. Sie waren ohne Zweifel dreistöckig und überhaupt im Wesentlichen nach demselben Plane erbaut wie die Kammergebäude, nur dass sie jedenfalls eine bedeutendere Länge hatten. Die darin befindlichen Kammern führten mit Ausnahme der Zehntkammern der Priester und Leviten (Neh. 10, 38. Leo II, 154. 155) wahrscheinlich keine besonderen Namen. —

Ehe wir die Beschreibung des Salomonischen Tempels beschliessen. ist es zweckmässig, noch einen Blick auf die beiden oberen oder inneren Vorhöfe zurückzuwerfen. Der Vorhof der Priester war nämlich nach Leos Angabe (II, 46) von Osten nach Westen 187 Ellen lang und von Norden nach Süden 135 Ellen breit. Dass diese Zahlen sich indess nur auf die inneren, nicht aber auf die äusseren Ausdehnungsverhältnisse dieses Vorhofs beziehen, ist augenscheinlich. wenn man den ganzen von der Mauer des Volksvorhofs abgegrenzten Raum in seiner Ausdehnung von Norden nach Süden, etwa vom Thore des Altars aus nach dem der Erstlinge hin, misst, nämlich:

Länge des Altarthors (doch ohne die 5 Ellen tiefen Vorhallen) 32 Ellen.
Breite des nördlichen freien Hofraums (vgl. Ez. 40, 19. 23) 100 „
Innere Breite des Vorhofs der Priester (Leo II, 46) . . 135 „
Breite des südlichen freien Hofraums (vgl. Ez. 40, 27) . 100 „
Länge des Thors der Erstlinge . . . . 32 „
Summa . . 399 Ellen.

Giebt man nun der schon weiter oben erwähnten ellenhohen Mauerkrönung, welche den Priestervorhof umkränzte, eine Dicke von einer halben Elle, so wächst diese Summe (399) zu der vollen Breite des Volksvorhofs (d. h. zu 400 Ellen) an, und es ist somit zur Evidenz erwiesen, dass die Leoschen Angaben sich nur auf den inneren Raum des Priestervorhofs beziehen. Durch diese Rechnung ist aber auch zugleich ebenso klar bewiesen, dass der Volksvorhof wirklich 400 Ellen breit war [*]). Misst man nun diesen Vorhof von Osten nach Westen, so ergiebt sich folgende Rechnung:

Länge des hohen Thors	45 Ellen.
Breite des östlichen freien Hofraums (vgl. Ez. 40, 19. 23)	100 „
Breite der Levitenbühne	11 „
Dicke der Mauerkrönung des Priestervorhofs	$\frac{1}{2}$ „
Innere Länge des Priestervorhofs (Leo II, 46)	187 „
Dicke der Mauerkrönung des Priestervorhofs	$\frac{1}{2}$ „
Breite des westlichen freien Hofraums	24 „
Länge des Thors Schallecheth	32 „
Summa	400 Ellen.

Da der Priestervorhof — und namentlich das Thor Parbar — dem Thore Schallecheth erwiesenermassen sehr nahe lag, so wird auch gegen diese Rechnung um so weniger etwas zu erinnern sein, als sie zeigt, dass die Länge des Volksvorhofs mit seiner Breite genau übereinstimmte.

---

*) Ebenso breit war auch der innere Vorhof des Ezechielschen Tempels, wie nachstehende Uebersicht zeigt (s. Plan Nr. III).

Länge des nördlichen Thors (Ez. 40, 36)	50 Ellen.
Breite des nördlichen freien Hofraums (42, 2)	100 „
Breite des Tempelgebäudes (41, 14)	100 „
Breite des südlichen freien Hofraums (42, 11. 2)	100 „
Länge des südlichen Thors (40, 29)	50 „
Summa	400 Ellen.

Die Breite des äusseren Ezechielschen Vorhofs betrug 700 Ellen, nämlich:

Länge des nördlichen Thors (40, 21)	50 Ellen.
Breite des nördlichen freien Hofraums (V. 23)	100 „
Breite des inneren Vorhofs	400 „
Breite des südlichen freien Hofraums (V. 27)	100 „
Länge des südlichen Thors (V. 25)	50 „
Summa	700 Ellen.

Da beide Vorhöfe jedenfalls Quadrate waren, so stimmte die Länge des äusseren auch mit der des Salomonischen Vorhofs der Heiden überein, denn letzterer war allen Berechnungen zufolge gleichfalls gerade 700 Ellen lang.

IV. Die Bauwerke der Salomosburg.

I. Das Waldhaus Libanon.

Mit Ausnahme der Tempelgebäude verbreitet sich die h. Schrift über kein Bauwerk des alten Jerusalems so ausführlich als über das Hauptgebäude der Salomonischen Königsburg. Dies war bekanntlich der prachtvolle Palast, welcher wegen seiner Grösse, seines festen Baumaterials und seiner nach oben hin terrassenförmig verjüngten Gestalt, besonders aber wegen der vielen in seinen drei Stockwerken vorn angebrachten Cedernsäulen, die zum Theil auch von aussen sichtbar waren, den Namen des Waldhauses Libanon oder (nach Josephus) des Eichenwaldes Libanon erhielt. Die älteste Beschreibung dieses Gebäudes lautet (1 Kön. 7, 1—12): „An seinem Hause aber baute Salomo 13 Jahre und vollendete (während dieser Zeit) den ganzen Bau. 2. Er baute nämlich das Waldhaus Libanon 100 Ellen lang, 50 Ellen breit und 30 Ellen hoch (s. Fig. 20); er setzte (zuerst) auf das Gevierte (d. h. auf das Krepidoma) Stockwerke von Cedernsäulen und legte behauene Balken auf die Säulen. 3. Und machte das Dach von Cedernbrettwerk oben auf dem Zimmerwerk, welches auf den (obersten) Säulen war; der Säulen aber waren 45, je 15 in einem Stockwerk (s. Fig. 21). 4. Auch legte er die Deckbalken der drei Stockwerke und machte (in jedem Stockwerk) Fenster gegen Fenster, dreimal. 5. Alle Thüren und Thürpfosten aber waren viereckig gedeckt, und Fenster war gegen Fenster, dreimal (d. h. in allen drei Stockwerken). 6. Auch machte er eine Vorhalle von Säulen, 50 Ellen lang und 30 Ellen breit; diese Vorhalle war nämlich vor jenen (Säulen, V. 2. 3), und die Säulen (der Vorhalle), sowie die Treppenbrustwehr, waren (gleichfalls) vor jenen (Säulen, V. 2. 3). [7. Ferner machte er (und zwar im Vorhofe des Gefängnisses) eine Halle des Thrones, woselbst man Gericht hielt, nämlich eine Gerichtshalle, und bekleidete sie (im Innern) von Boden zu Boden mit Cedernbrettwerk.] 8. In seinem Hause (d. h. im Waldhaus Libanon) aber, worin er wohnte, hatte er (noch) einen andern Hof, hinterwärts von der Vorhalle, welcher wie diese beschaffen war (d. h. welcher eine von Säulen getragene kleine Halle hatte); [auch das für die Tochter Pharaos gebaute Haus, die Salomo (zum Weibe) genommen hatte, war wie diese Vorhalle.] 9. Solches alles waren köstliche, nach dem Richtmaass behauene und an der Innen- und Aussenseite mit der Säge geschnittene Quadersteine, sowohl von der Grundlage (dem Krepidoma) bis an die Sparrenköpfe (des Palastes), als auch ausserhalb (desselben) bis an den grossen Vorhof (d. h. bis zu der Ringmauer des Burghofs). 10. Der Grundbau (der Ringmauer) bestand auch aus köstlichen und grossen Steinen, nämlich aus Steinen von zehn Ellen und Steinen von acht Ellen (d. h. aus Steinen von 10 Ellen Länge und 8 Ellen Breite und Höhe). 11. Darüber befanden sich ebenfalls köstliche, nach dem Richtmaass behauene Quadersteine und (auf diesen eine Brustwehr von) Cedernbrettwerk. 12. Der grosse (Burg-) Hof hatte nämlich ringsum drei Reihen (Stockwerke) von behauenen Steinen und eine Reihe (Stockwerk, nämlich die Brustwehr) von Cedernzimmerwerk; also war es auch mit dem innern Vorhof (Volksvorhof) des Jehovahauses und der Vorhalle des Hauses" (d. h. die Seitenwände dieser Vorhalle bestanden ebenso wie die bezeichneten Ringmauern aus drei Schichten behauener Steine, auf welchen eine aus Cedernbrettern verfertigte Brustwehr angebracht war).

Diese Beschreibung ist nun freilich ebenso wenig wie die Josephische — welche letztere sich ausserdem noch mit der ersteren in einigen Stücken in offenbarem Widerspruche befindet — geeignet, eine vollkommen klare Vorstellung von dem in Rede stehenden Gebäude zu geben*). Durch Kombination verschiedener Andeutungen und der daraus gezogenen Schlussfolgerungen gelangt man jedoch zu Resultaten, die im Allgemeinen nur noch wenig zu wünschen übrig lassen. So lässt sich z. B. aus der kurzen Notiz (V. 12), dass die Vorhalle des Palastes ebenso gebaut war wie die Ringmauern der Burg und des Volksvorhofs im Tempel, mit Sicherheit folgern, dass sie auch hinsichtlich ihrer Höhe mit diesen Mauern übereinstimmte. War dies aber der Fall, so musste sie bis zu der hölzernen Brustwehr 21 Ellen hoch sein und also mit dem Fussboden des dritten Stockwerks im Hauptgebäude gleiche Höhe haben, denn sonst hätte man von hier aus nicht auf das flache Dach derselben heraustreten können (s. Fig. 22). Nun hatte aber der Palast ein Krepidoma (V. 2), das jedenfalls wie das des Tempelgebäudes sechs Ellen über die Erde emporragte. Die Entfernung des dem dritten Stockwerke angehörenden Fussbodens betrug somit, da auf die beiden unteren Stockwerke 18 Ellen zu rechnen sind, vom Pflaster des Burghofes 24 Ellen. Da nun des angegebenen Zweckes wegen die Vorhalle eine gleiche Höhe haben musste, das Dach derselben aber nur 21 Ellen hoch war, so muss die Höhe ihres Krepidoma drei Ellen betragen haben. Hieraus folgt, dass man zu ihr auf

---

*) Leos Beschreibung, die von der des Josephus im Wesentlichen wenig abweicht, ist noch unklarer und dabei voller Irrthümer. Was darin bemerkenswerth ist, wird im Nachfolgenden Berücksichtigung finden.

sechs Stufen und aus ihr in die untere Säulenhalle des Palastes ebenfalls auf sechs Stufen hinaufstieg.

Betrachten wir nun die architektonische Einrichtung des königlichen Wohnsitzes und zunächst die der Vorhalle etwas genauer. „Das Dach dieses Hauses (d. h. der Vorhalle) stützte sich auf vier Reihen viereckiger Cedernsäulen" (Leo IV, 8). Diese Säulen hatten, wenn man auf das Gebälk und das Dach selbst drei Ellen abrechnet, eine Höhe von 18 Ellen. Zwischen den Säulenreihen befanden sich in den massiven Seitenwänden die Fensteröffnungen, so dass das Innere der Vorhalle überall hell erleuchtet war. Der Eingang wurde vermuthlich durch grosse Flügelthüren verschlossen. — In dieser Vorhalle hielten sich ohne Zweifel beständig Trabanten und andere Palastdiener auf; königliche Beamte aus allen Theilen des weiten Reichs mochten bei Tage unaufhörlich ab- und zugehen, so dass dieser ansehnliche Raum beständig mit einer grossen Menge von Menschen erfüllt war.

Mittelst der aus den oben erwähnten sechs Stufen bestehenden Treppe, welche jederseits mit einem Geländer oder einer Brustwehr (1 Kön. 7, 6) versehen war, gelangte man aus der Vorhalle in die mit 15 Cedernsäulen gezierte Säulenhalle des unteren Stockwerks, die wahrscheinlich nur durch kunstvoll gearbeitete, drei Ellen hohe Gitterwerke von der Vorhalle geschieden wurde. Diese Gitterwerke befanden sich ohne Zweifel auch hier wie in den beiden oberen Stockwerken zwischen den Säulen der ersten Reihe. Die höchst prachtvoll ausgeschmückte Säulenhalle, in welcher vermuthlich die auf Audienz harrenden Standespersonen das Zeichen zum Einlass zu erwarten hatten, wurde auf jeder Seite durch drei grosse, aussen und innen gleich weite Fenster erleuchtet, so dass ein freier Blick ins Weite möglich war. Im Hintergrunde befanden sich, den vorderen Gitterthüren gegenüber, die „symmetrisch angebrachten Thüröffnungen mit dreimal gebrochenen Flügelthüren", durch welche man in das grosse Hauptzimmer des Palastes, d. h. in die Kanzlei (Jer. 36, 12)*), eintrat. Durch die auf der entgegengesetzten Seite dieses Zimmers angebrachten Thüren gelangte man theils in den inneren Hofraum, theils auf die beiden Korridore (s. Fig. 20). Diese Korridore zogen sich zu beiden Seiten des Hofes nach hinten, vereinigten sich dort wieder und endigten an der Hinterthür, durch welche vorzugsweise nur die Dienerschaft ihren Ein- und Ausgang nehmen mochte. Die hier gelegenen beiden Zimmer wurden

---

*) Mit Rücksicht auf 1 Sam. 9, 22, Ant. VIII, 5, 2 und Leo IV, 14 dürfte das Wort לִשְׁכָּה hier vielleicht besser durch „Speisesaal" zu übersetzen sein.

ohne Zweifel als Rüst- und Harnischkammern (2 Kön. 20, 13. 1 Kön. 10, 17), die zwischen diesen und dem Hauptzimmer befindlichen „kleinen Gemächer" (Leo IV, 2) aber als Schatzkammern (Jer. 38, 11. 2 Kön. 20, 13) benutzt. — Der mit kleinen Hallen (Arkaden) umgebene innere Hof enthielt neben mancherlei anderen Nothwendigkeiten vermuthlich auch Vorrichtungen zum Baden.

Die Anordnung der oberen Räume war schwerlich von der des unteren Stockwerks verschieden, nur mochten hier die grossen Zimmer eine andere Bestimmung haben. Von der Säulenhalle des zweiten Stockwerks konnte man das Innere der Vorhalle bequem übersehen. Hier oben mochte sich die königliche Familie zu gewissen Zeiten aufhalten, auch mochte der König von hier aus häufig seine Befehle an die in der Vorhalle versammelten Personen ergehen lassen. Von aussen war das zweite Stockwerk an der Hinterseite und an den beiden langen Seiten jedenfalls wie das Nebengebäude des Tempels eine Elle eingerückt, so dass die Wände hier nicht fünf, sondern nur vier Ellen Dicke hatten. In gleicher Weise verjüngte sich auch das dritte Stockwerk. Aus der Säulenhalle dieses dritten Stockwerks, die — wie es scheint — mit noch kunstvolleren Zierrathen ausgeschmückt war wie die beiden unteren, konnte man, wie schon erwähnt, auf das mit einer Brustwehr versehene flache Dach der Vorhalle heraustreten. Von diesem hochgelegenen Dache musste man eine äusserst imposante Aussicht auf die Stadt Jerusalem und deren Umgebungen geniessen. Dieser grossartige Balkon mochte daher namentlich in der Abendkühle ein beliebter Aufenthaltsort der königlichen Familie sein.

Josephus beschreibt das Waldhaus Libanon folgendermassen (Ant. VIII, 5, 2): „Der Haupttheil des Palastes war eine geräumige und prächtige Halle, die auf einer Menge (?) von Säulen ruhte; sie war bestimmt, bei Gerichtssitzungen und Rechtsverhandlungen das Volk aufzunehmen (?), und musste der ganzen Menge, die zu Gericht zusammenkam, hinreichenden Raum bieten*). Diesem Zwecke entsprach ihre Ausdehnung, 100 Ellen in der Länge, 50 in der Breite, 30 in der Höhe (1 Kön. 7, 2). Die vierkantigen Säulen, die ihn (den vorderen Theil des Palastes) trugen, waren ganz aus Cedernholz, die Decke war korinthisch und die symmetrisch angebrachten Thüröffnungen mit dreimal gebrochenen Flügelthüren gaben ihr (der Säulenhalle) ebensowohl ein solides, als ein gefälliges Ansehen. Die ganze Breite dieser Halle

---

*) Dass Josephus irriger Weise hier die weiter unten erwähnte Gerichtshalle mit der untern Säulenhalle des Palastes identificirt, liegt auf der Hand und bedarf daher eines weiteren Nachweises nicht.

machte die Länge eines andern Gebäudes (nämlich der Vorhalle) aus, das sich im Viereck mit 30 Ellen Breite anschloss (V. 6) und an der entgegengesetzten Seite wieder (nämlich im Vorhofe des Gefängnisses) eine auf kurzen Säulen ruhende Halle (d. h. die Gerichtshalle, V. 7) hatte; in dieser befand sich ein prächtiger Thron, auf den der König sich setzte, wenn er Gericht hielt. Hieran (doch nicht unmittelbar) reihte sich wieder der Palast der Königin (V. 8) sammt allen andern Räumen, die zur Haushaltung oder zur Erholung nach den Geschäften des Tages dienen sollten, sämmtlich mit geschnitzten Thüren aus Cedernholz. Alles ward aus Quadersteinen von 10 Ellen (Länge) erbaut. Die Wände wurden mit buntem gehauenen Stein bekleidet, wie man ihn zum Schmuck der Tempel und zur Zierde königlicher Häuser aus dem Schoosse der Erde bricht. Aussen (und zwar an der Vorderseite) war das ganze (Haupt-) Gebäude mit einer dreifach über einander stehenden Säulenordnung geschmückt (V. 3). Ein viertes Feld (d. h. der Architrav, Fig. 23, aa, und der Fries, bb) zeigte oben eine (unter dem vortretenden Hauptgesimse, cc, angebrachte) wunderschöne Dreischlitzordnung (d. h. triglyphenartige Verzierungen, dd) und darunter allerlei (rosettenförmig geordnetes) Laubwerk mit Früchten (ee), das mit seinen (guirlandenartig gewundenen) Zweigen und herabhangenden Blättern Schatten gewährte*) und die Steine (d. h. den aus einer Steinlage bestehenden Architrav, aa) verbarg; es war so übermässig fein gearbeitet, dass man jeden Augenblick erwartete, es werde sich bewegen. Die übrige Fläche bis zum Dache (d. h. das Fronton oder Giebelfeld zwischen dem Haupt- und Dachgesims, gg) war gemalt und glänzte in bunten Farben und Sinnsprüchen (die von den auf dem Dache der Vorhalle stehenden Personen bequem gelesen werden konnten). — Kurz, der ganze Bau bestand nur aus Marmor und Cedernholz und Gold und Silber, und die Decke (in den drei Säulenhallen) nebst den Wänden war mit Steinen, die mit Gold ausgelegt worden, ebenso geschmückt wie der Tempel des Herrn."

2. Die Gerichtshalle und der Vorhof des Gefängnisses.

Das zweite bedeutende Gebäude der Salomosburg war die Gerichtshalle (1 Kön. 7, 7) mit ihrem besonderen Vorhofe. Sie hatte 70 Ellen

---

*) Das ist natürlich nicht ganz wörtlich zu nehmen. Der Sinn dieser Worte kann nur der sein, dass dieses Laubwerk nicht bloss en relief gearbeitet, sondern vielmehr der Natur so vollkommen nachgebildet war, dass Zweige und Blätter zum Theil frei aus dem Gebäude hervortraten und daher, wenn die Sonne darauf schien, einen Schatten warfen.

Länge und 50 Ellen Breite (Leo IV, 4). Die Architektonik dieses einstöckigen Bauwerks war ohne Zweifel sehr einfach: eine massive, mit nach innen vorspringenden Wandsäulen versehene Einfassungsmauer mochte das im Innern durch „kurze Säulen" (Ant. VIII, 5, 2) unterstützte Dach derselben tragen; Wände, Fussboden und Decke waren mit Cedernbrettern bekleidet. Ins Innere gelangte das Volk durch drei an verschiedenen Seiten gelegene Thüren (Leo IV, 4). Dem an der Nordseite angebrachten Haupteingang gegenüber prangte an der südlichen Wand der kunstreich gearbeitete Salomonische „Richterstuhl".

Ueber diesen königlichen Thronsessel berichtet die h. Schrift (1 Kön. 10, 18—20): „Der König machte auch einen grossen Thron von Elfenbein und überzog ihn mit geläutertem Golde. Sechs Stufen (— „und ein goldener Fussschemel", 2 Chron. 9, 18 —) waren an dem Thron, und der obere Theil an dem Thron hinterwärts (d. h. der obere Theil der Rücklehne) war gerundet [d. h. „die Rücklehne bildete (oben) ein rückwärts (?) gewandtes Stierhaupt" (Ant. VIII, 5, 3), oder besser: „im Rücken des Thrones (nämlich oben an der Rücklehne) befand sich das Bild eines kleinen Stierkopfes, welches von hinten auf den König (herab-) blickte", Leo IV, 12]; auch waren Armlehnen zu beiden Seiten am Sitze („gleichwie zwei ausgebreitete Hände, welche den König zu empfangen bereit waren", Leo ibid.), und zwei Löwen standen bei den Armlehnen. Zwölf Löwen aber standen auf den sechs Stufen zu beiden Seiten. Etwas Aehnliches ist in keinem Königreiche gemacht worden." — Das Stierhaupt war im Alterthum ein allgemein bekanntes Symbol der gesetzmässig geübten Gerechtigkeitspflege. Man denke z. B. an den indischen Gott Dherma, eine Personifikation des Schiwa, der als Richter in der Unterwelt (— wie der kretische Gesetzgeber Minos in seiner Personifikation als Minotaur —) mit einem Stierhaupte, oder auch statt dessen auf dem „Stier der Gerechtigkeit" (oder „Stier des Gesetzes") reitend, abgebildet wurde. Das Stierhaupt auf dem Salomonischen Richtersitze kann daher auch nur die angegebene Bedeutung gehabt haben und sollte demgemäss von vorn herein dem Unschuldigen, der die Gerichtshalle betrat, Vertrauen und Hoffnung, dem Schuldigen aber Furcht und Schrecken einflössen. Dass die Löwen dagegen hier nichts weiter als eine Allusion auf die königliche Hoheit, Macht und Würde waren, unterliegt wohl keinem Zweifel.

Der mit der Gerichtshalle verbundene, in der Nordwestecke der Burg gelegene Hofraum, welcher mit dem Mörserplatz durch das Zählungsthor (Neh. 3, 31) in Verbindung stand, hiess der Vorhof des Gefängnisses, weil er an den Seiten mit Gefängnisskammern besetzt war. Neben dem Zählungsthore mochten sich die Wohnungen der Thorhüter, Gefangenwärter und anderer Gerichts- und Militairbeamten (Jer. 37, 15) befinden. Die eine von diesen hiess das Haus der Grube (V. 16), weil unter derselben ein unterirdisches Verliess angebracht war, das ebenso wie die Grube Malkijahus (s. unten) durch das Schicksal des Propheten Jeremias eine traurige Berühmtheit erlangt hat. Der Umstand, dass dieses Burgverliess durch den Zusatz „im Hause Jehonathans, des Musterungsgenerals," näher bezeichnet wird, lässt vermuthen, dass auf der andern Seite des Thores, in oder neben dem Eckthurm, noch ein zweites eingerichtet war; denn hier, an der Nordwestseite der Burg, hatte Salomo, wie schon berichtet worden, gewaltige Grundmauern aus dem Thal Azel und von dem Mörserplatze in die Höhe geführt und dadurch zwischen ihnen und dem Berge Ophel einen Raum gewonnen, der sich sehr passend zu Kellergewölben und Burgverliessen einrichten liess. Dieses zweite grössere Verliess aber war unstreitig das 2 Chron. 16, 10 erwähnte Stockhaus, d. h. ein Gefängniss mit hölzernen Vorrichtungen, in welchen die Füsse (auch wohl die Hände und der Kopf) der Gefangenen befestigt wurden.

Was die Grube Malkijahus (Jer. 38, 6—13) betrifft, so liegt zwar die Vermuthung nahe, dass dieselbe sich unterhalb des Hauses der Grube befunden haben möge; wenn man jedoch bedenkt, dass der Cuschit Ebed Melech beim Heraufziehen des Propheten Jeremias aus dieser Grube durch 30 Männer unterstützt wurde (V. 10. 11), diese ansehnliche Menschenmenge aber unmöglich in einer über der Grube befindlichen Kammer Raum gehabt haben dürfte, so kann nur an eine frei im Gefängnisshofe gelegene Grube (oder Cisterne), die von allen Seiten bequem zugänglich war, gedacht werden. Und in der That sprechen auch alle Umstände um so mehr für diese Annahme, als in dem Vorhofe jedenfalls eine durch den Aquädukt der Salomosburg gespeiste Wassergrube, aus welcher die Bewohner des Gefängnisshofes ihren Wasserbedarf schöpften, vorhanden war (s. Plan Nr. II. n). Diese Vermuthung wird sodann noch dadurch unterstützt, dass es V. 6 heisst: „in der Grube aber war (zur Zeit der Belagerung durch die Chaldäer) nicht Wasser, sondern (nur) Schlamm". — weil nämlich die Nethinim von ihren Pumpwerken am Drachenbrunnen durch die zerstörungslustigen Feinde verjagt sein mochten und daher weder den Tempel noch die königliche Burg wie sonst mit Wasser versorgen konnten. Da somit die Wassergrube des Gefängnisshofes zur Zeit der chaldäischen Belagerung in der That ganz wasserleer sein mochte, so kann sie sehr wohl mit der in Rede stehenden Grube Malkijahus identisch sein.

3. Der Palast der Königin und andere Gebäude.

Der Palast der Königin (1 Kön. 9, 24. 2 Chron. 8, 11) und die damit in naher Verbindung stehenden „Räume, die zur Haushaltung oder zur Erholung nach den Geschäften des Tages dienen sollten", sowie die „Räume für die Hoffeste und weitläuftige Säulenhallen", — ferner die „reizenden Anlagen, die zur Ergötzung des Auges, zum Schutz gegen die Hitze und zur Erquickung des Körpers vorhanden waren" —, genug, alle diese der Lust und Freude gewidmeten Aufenthaltsorte befanden sich wohl sämmtlich in dem südwestlichen Theile der Burg und waren durch eine besondere Mauer, an deren Innenseite die Säulenhallen mit ihren Zimmerreihen angebracht sein mochten, von den übrigen Bezirken des Burghofes abgegrenzt. Der ganze innere Raum dieses Vierecks, in dem sich auch der Palast der Königin (1 Kön. 7, 8) erhob, bildete wahrscheinlich einen künstlich angelegten, anmuthigen Garten mit hohen Bäumen (Leo IV, 25) und Teichen, in welchem neben mancherlei Lusthäusern auch die Käfige mit den aus Ophir (Sofala) herbeigebrachten Affen und Papageien*) aufgestellt waren. — Dass dieser ganze Burgtheil nicht erst von den späteren jüdischen Königen (Jer. 38, 22. 23), sondern schon von Salomo selbst zu einem wirklichen Harem umgestaltet wurde, wird mit Rücksicht auf die 700 Gemahlinnen und 300 Kebsweiber des Letztern (1 Kön. 11, 1—3) kaum zu bezweifeln sein.

Das Winterhaus wird in der biblischen Beschreibung der Salomonischen Burg (1 Kön. 7, 1—12) gar nicht erwähnt und scheint daher nicht von Salomo erbaut zu sein. Wahrscheinlich wurde es nebst dem daranstossenden Garten Ussa erst von Josaphat gegründet, denn Josephus meldet von diesem Könige (Ant. VIII, 15, 1): „er erweiterte die königliche Burg"; was aber unter dieser „Erweiterung" sonst zu verstehen sein könnte, ist schwer zu bestimmen.

Ueber die Beschaffenheit und innere Einrichtung des Winterhauses ist nichts weiter bekannt, als dass es mit einer Feuerstätte zum Heizen versehen war (Jer. 36, 22. 23). Im Innern hatte es vermuth-

---

*) קוֹפִים וְתֻכִּיִּים (1 Kön. 10, 22. 2 Chron. 9, 21). Wie das Wort קוֹף (Affe) — und viele andere morgenländische Ausdrücke — in die griechische Sprache überging (vgl. κῆπος, κῆβος und κεῖβος), ebenso gut konnte auch תֻּכִּיִּים (Papageien) in dieselbe Eingang finden. Als die Griechen den Papagei kennen lernten, mussten sie sogleich bemerken, dass er zu den Klettervögeln gehöre und deshalb namentlich mit dem Specht (σίττη) verwandt sei. Sie nannten ihn wahrscheinlich darum auch σίττας. Da aber diese fremden Vögel auch ihren eigenen morgenländischen Namen mit nach Griechenland brachten, so komponirte man beide Namen, etwa σιττ'-תֻּכִּיִּים, woraus dann allmählig die gräcisirten Singularformen σιττακός, ψιττακός und ψιττάκη entstanden.

lich wie alle grösseren morgenländischen Gebäude einen kleinen, mit leichten Hallen (Arkaden) umgebenen Hofraum und an der mit dem Garten Ussa zusammenhangenden Seite einen grossen Speisesaal nebst einer geräumigen Vorhalle. Hier mochten sich die jüdischen Regenten gewöhnlich mit ihren Freunden aufhalten, da diesen Letzteren der Eintritt in den als Harem dienenden Hauptgarten wohl ganz verwehrt war. Von dem flachen Dache des Winterhauses überblickte man den ganzen Pferdehof, auf welchem ohne Zweifel beständig ein stets wechselvolles, anmuthiges Leben und Treiben herrschte. Auf den Garten Ussa, in dem späterhin die Könige Manasse und Amon zur Erde bestattet wurden (2 Kön. 21, 18. 26), beziehen sich wahrscheinlich — wenigstens zum Theil — folgende Worte des Josephus (Ant. VIII. 5. 2): „Zu allen diesen (schon weiter oben beschriebenen Gebäuden) baute der König (Salomo) noch **eigene Räume für die Hoffeste und weitläuftige Säulenhallen**, darunter auch einen **Speisesaal**, der von Gold strotzte. Alle Geräthe in demselben, die zur Bewirthung der Gäste nöthig waren, bestanden aus lauterm Golde. Es ist überhaupt schwer, die Grösse und die Pracht der königlichen Burg zu beschreiben oder herzuzählen, wieviel **grosse Säle**, wieviel **kleine Gemächer**, wieviel **unterirdische Räume** sie hatte, oder von der Schönheit des äusseren Anblicks und den reizenden Anlagen zu sprechen, die zur Ergötzung des Auges, zum Schutz gegen die Hitze und zur Erquickung des Körpers vorhanden waren."

Von dem **inneren Vorhofe**, in welchem sich das Waldhaus Libanon erhob (Jer. 36, 20), berichtet Leo (IV, 14): „Siehe, der Vorhof des dem Könige (ausschliesslich) gehörenden Königshauses war ein überaus anmuthiger, geräumiger und mit Marmorsteinen von verschiedenen, unter sich abwechselnden Farben gepflasterter Ort. Dieser Vorhof wurde **auf allen seinen Seiten von Säulenhallen umgeben**, ebendaselbst waren auch **Kellerräume** unter der Erde, sowie **kleine Gemächer** und **prachtvolle Speisesäle** (unter diesen letzteren sind wahrscheinlich die im Waldhaus Libanon befindlichen grossen Zimmer zu verstehen). Alle diese (Räume) waren mittelst der Thüren, die sie enthielten, mit der Gerichtshalle, deren wir Erwähnung gethan haben, verbunden."

An den Burgmauern, besonders neben den Thoren und Thürmen, waren ohne Zweifel die mit zahlreichen Kammern versehenen Wohngebäude der Thorhüter, Trabanten, Pferdeknechte und der ganzen übrigen königlichen Dienerschaft angebracht, so dass die Burg eine sehr bedeutende Menge von Menschen in sich schloss.

4. Die Pferdeställe.

Die ganze Ostseite der Burg bildete jedenfalls den besonderen Hof, in dem sich die königlichen Pferde- und Maulthierställe befanden. Salomo unterhielt nämlich hier und in besonderen „Wagenstädten" 12,000 Reiter und 1400 Wagen (1 Kön. 10, 26. 2 Chron. 1, 14). Die Anzahl seiner Pferde belief sich auf 22,000, die in 4000 Ställen untergebracht waren (2 Chron. 9, 25. 1 Kön. 4, 26). Jeder mit einer Krippe versehene Stall war so gross, dass fünf bis sechs von diesen Thieren darin Raum fanden. Josephus berichtet über diesen Gegenstand, wie folgt (Ant. VIII, 7, 3): Die benachbarten Fürsten sandten dem König Salomo „goldene und silberne Geräthe, Purpurgewänder, mannigfache Specereien, Pferde, Wagen, dann auch Maulthiere zum Lasttragen (vgl. 2 Chron. 9, 24), von denen man hoffte, dass sie wegen ihrer Stärke und Schönheit dem Könige angenehm sein würden. Durch diese Sendungen stieg die Zahl seiner Wagen, die sich erst auf 1000 belief, um 400, die der Pferde aber, deren er 20,000 hatte, um 2000*). Bei ihrer Wartung nahm man ebenso sehr Rücksicht auf Schönheit als auf Schnelligkeit, so dass man bei anderen Pferden weder eine schönere Haltung noch eine grössere Raschheit antreffen konnte. Alle mussten gestehen, dass sie fürs Auge wunderbar gefällig, und dass ihre Schnelligkeit unvergleichlich sei. Den Pferden dienten auch die Bereiter zur Zierde, die in der blühendsten Jugend standen, an Wuchs und Höhe sich ansehnlich vor allen jungen Leuten unterschieden, langes Haar trugen und in Gewänder von tyrischem Purpur gekleidet waren. Sie rieben ihre Haare täglich mit Goldstaub ein, so dass ihr ganzes Haupt strahlte, wenn die Sonne in dem Golde erglänzte. In solchem Aufzug reihten sie sich, gewaffnet und Bogen tragend, um den König, der die Gewohnheit hatte, bei Sonnenaufgang in weissem Gewande auszufahren und selbst den Wagen zu führen. Das Ziel dieser Spazierfahrten war meistens ein Flecken, der zwei Stunden von Jerusalem entfernt war und Ethâm (jetzt Urtâs) hiess; derselbe war durch Gärten und Bäche ebenso angenehm als fruchtbar." — Die in der Burg wohnenden Reiter und Wagenlenker waren ebenso wie die übrigen königlichen Dienstboten geborne Canaaniter (Esr. 2, 55. 58) und gehörten den von Salomo tributpflichtig gemachten Volksstämmen an (1 Kön. 9, 20—22).

In der Salomonischen Königsburg befanden sich also, wie aus dem

---

*) „Von den ägyptischen Kaufleuten kaufte er zweispännige Wagen mit den Pferden für je 600 Drachmen Silber (135 Thaler) und schickte diese den Königen in Syrien und jenseits des Euphrats" (7, 4, vgl. 1 Kön. 10, 28. 29. 2 Chron. 1, 16. 17).

Vorhergehenden erhellt, im Ganzen fünf besondere, durch Mauern von einander getrennte Bezirke, nämlich der **Vorhof des Gefängnisses**, der **Harem**, der **Garten Ussa**, der **Pferdehof** und der **innere Vorhof**.

V. Die Bezetha oder die alte Neustadt.

1. Die Bezethamauer.

Wenn die Bevölkerung der Stadt Jerusalem schon bei Davids Lebzeiten fort und fort im Zunehmen begriffen war, so musste dies noch weit mehr der Fall sein, als sein Sohn Salomo die Regierung angetreten hatte. Dieser ruhmreiche Fürst bedurfte zur Ausführung seiner grossartigen Bauunternehmungen in der Residenz viele Jahre hindurch einer so gewaltigen Menschenmenge, dass die in den vorhergehenden Kapiteln beschriebenen alten Stadttheile, die ohnehin schon längst übervölkert sein mochten, zur Aufnahme der zuströmenden Volksmassen sich bald als zu eng und beschränkt erweisen mussten. Die aus allen Theilen des weiten Reiches, selbst aus Phönicien, herbeigezogenen Arbeiter waren daher jedenfalls gezwungen, sich in dem nördlichen, neben der Caphnataschlucht gelegenen Theile des Käsemacherthals und auf den benachbarten Anhöhen im Westen und Norden des Tempelberges Hütten und Baracken zu errichten, die ihnen als Wohnungen und Werkstätten dienen konnten: Da eine definitive Beendigung der königlichen Bauten kaum abzusehen war, so ist nichts natürlicher, als dass sich sehr bald die Familien dieser Menschen zu ihnen gesellten und sich hier förmlich häuslich niederliessen. Die improvisirten engen Hütten und Baracken mussten somit bald wieder verschwinden, um geräumigeren Wohnungen Platz zu machen. Da ausserdem Salomos Kunstsinn, Baulust und Prachtliebe auch auf die reicheren und intelligenteren Bürger der Stadt allmählig ihren Einfluss geltend machen und sie zur Nacheiferung anspornen mussten, so sahen jene Handwerker und Künstler, die sich inzwischen in ihren Handtierungen immer mehr und mehr ausgebildet und vervollkommnet hatten, und die in Folge dessen nothwendig von einer stets wachsenden Vorliebe für ihre mit steigender Sachkenntniss und Geschicklichkeit geübten Beschäftigungen erfüllt werden mussten, einer Zukunft entgegen, die ihnen auf mehr als Lebenszeit sichere und lohnende Erwerbsquellen in Aussicht stellte. Die Anziehungskraft, welche überhaupt jede bedeutende Residenz auf strebsame, unternehmende Personen jeden Alters und Standes ausübt, musste ausserdem immer neue Schaaren von Einwanderern herbeilocken, die zwischen den

Hütten und Häusern der königlichen Handwerker und Künstler noch überall Raum zu Wohnungen und Aufmunterung und Gelegenheit zu emsiger Gewerbsthätigkeit fanden. Auf solche Weise musste aus dem ehemaligen improvisirten Arbeiterlager, noch ehe zwei Jahrzehente verstrichen waren, eine umfangreiche, wohlbevölkerte Vorstadt entstanden sein, in welcher überall reges Leben und Treiben und von früh bis spät geschäftiger Verkehr herrschte; ja Handel und Wandel mochte hier in weit höherem Maasse blühen als in den älteren Stadttheilen. Es ist wenigstens bemerkenswerth, dass hier ein grosser Bazar oder Marktplatz abgegrenzt wurde, auf dem die Eisenarbeiter, die Woll-, Kleider- und Holzhändler und andere Gewerbtreibende ihren Wohnsitz nahmen. Alle diese Umstände mussten für den König Salomo ebenso viele dringende Gründe sein, diesen bedeutenden Bezirk durch eine besondere Mauer mit den alten Stadttheilen zu verbinden und ihn dadurch selbst zu einem integrirenden Bestandtheil der Stadt Jerusalem zu erheben, der naturgemäss mit dem Namen Bezetha (Neustadt) belegt werden konnte (s. Plan Nr. I). Der Prophet Jesaias nennt ihn (22, 1. 5) das Schauthal.

Kein Gegenstand des alten Jerusalems lässt sich sicherer bezeichnen als die Lage und Ausdehnung der von Salomo um die Bezetha erbauten Stadtmauer. Alle Untersuchungen beweisen nämlich auf das unzweideutigste, dass der ganze nordöstliche und nördliche Theil der heutigen Ringmauer von Jerusalem auf den Substruktionen jener alten Salomonischen Mauer errichtet worden ist. Der westliche Theil der Bezethamauer wird aber durch die jetzige, auf der Westseite der h. Grabeskirche von Süden nach Norden laufende Strasse und durch deren ideale nördliche Verlängerung (bis zur nördlichen Mauer) angedeutet. Hinsichtlich dieses westlichen Theils könnten zwar noch einige Zweifel obwalten, wenn nicht glücklicher Weise die h. Schrift selbst noch einige darauf bezügliche Fingerzeige darböte, die jedoch erst in einem der nächsten Kapitel einer genaueren Betrachtung unterzogen werden können. Dass übrigens schon Salomo die Bezethamauer aufgeführt hat, lässt sich auch daraus schliessen, dass er „die Mauer Jerusalems ringsum" (1 Kön. 3, 1. 9, 15), d. h. sämmtliche Aussenmauern der Stadt mit Ausnahme derjenigen baute, welche — wie die der Davidsstadt — schon vorhanden waren. Zu den von ihm erbauten Aussenmauern gehörte aber ausser der Mauer Ophel und der östlichen Tempelmauer nur noch die Bezethamauer. Wenn Josephus (Ant. VIII, 2, 1) berichtet, dass Salomo die Mauern Jerusalems viel höher und fester baute, als sie vorher waren, so hat er nur die der Davidsstadt im Sinne; wenn er jedoch (6, 1) sagt: „Nach Vollendung dieser (d. h. der Tempel-

und Palastbauten) wandte der König sein Augenmerk auf die Stadt Jerusalem selbst. Dass sie (in ihrem nördlichen Theile) gar keine Thürme zu ihrem Schutze und keine Befestigung hatte, schien ihm mit der Würde der Hauptstadt unvereinbar; daher liess er vor Allem Mauern aufführen und hohe Thürme darauf setzen" — so bezeichnet er offenbar nur die von Salomo neu errichteten Aussenmauern, d. h. die Mauer Ophel und ganz besonders die Bezethamauer.

2. Die Thore der Bezetha.

In der Bezethamauer, welche sich einerseits an die Nordostecke des Tempels, andererseits aber an die nördliche Mauer der Davidsstadt — und zwar wahrscheinlich an den Thurm Mea — anschloss, befanden sich folgende fünf Thore:

1. Das Mittelthor (Jer. 39, 3), auf der Westseite, dem Zion sehr nahe gelegen, mochte vor dem Aufbau der Mauer des Hiskias (s. unten) einen andern Namen geführt haben, der jedoch nicht mehr bekannt ist.

2. Das Eckthor (2 Kön. 14, 13. 2 Chron. 25, 23. 26, 9. Sach. 14. 10), an der Nordwestecke der Bezetha, hiess auch, da es bis auf Nehemias Zeit niemals von Grund aus erneuert sein mochte, das alte Thor (Neh. 3, 6. 12, 39).

3. Das Thor Ephraim (2 Kön. 14, 13. 2 Chron. 25, 23. Neh. 8. 16. 12, 39), nordöstlich vom vorigen, heisst gegenwärtig das Damaskusthor. Bei diesem Thore befand sich der schon oben erwähnte grosse Marktplatz (Neh. 8, 16. Leo II, 13), dessen Josephus unter dem Namen Holz- und Kleidermarkt gedenkt. Auf der Westseite dieses Platzes lag neben der Stadtmauer der von einem Vorhofe umgebene Wohnsitz des Stadtpräfekten (Bürgermeisters) von Jerusalem, vor dessen Hofthore der König Manasse einige dem Baal und anderen Gottheiten geweihte Anhöhen hatte errichten lassen (2 Kön. 23, 8).

4. Das Thor Benjamin (Jer. 37, 13. 38, 7. Sach. 14, 10), östlich vom vorigen, ist mit dem jetzigen Herodesthor identisch.

5. Das Thalthor (2 Chron. 26, 9. Neh. 2, 13. 3, 13), im Osten, war das Hauptthor, durch welches man aus der Stadt in das Thal Josaphat hinabschritt, und stand an der Stelle des heutigen St. Stephansthors.

Die Richtigkeit der vorstehenden Angaben wird weiter unten ausführlich und überzeugend dargethan werden. —

In der Bezetha befanden sich drei bedeutende Bodenerhöhungen, nämlich im Nordosten der mit mehreren Gipfeln versehene Berg Bezetha (B. j. V, 4, 2. 5, 8), dann südlich von diesem der Antoniahügel und im Westen eine in Terrassen allmählig immer höher hinansteigende Bergfläche mit dem Felsen Golgatha, einem ursprünglich isolirt daraus hervorragenden Hügelkopfe. Zwischen dem Zion, dem Morija und den genannten Bergen dehnte sich der sehr breite nördliche Theil des Käsemacherthals aus, dessen nordwestliche Fortsetzung sich bis zum Thor Ephraim erstreckte. In seinem östlichen Theile dachte es sich immer mehr und mehr ab und vertiefte sich an dem westlichen Fusse sowohl des Tempelberges wie auch des schroffen Antoniahügels plötzlich zu tiefen Schluchten, die wir bereits als Caphnata- und Antoniaschlucht kennen gelernt haben. — Dass der zwischen dem Antoniahügel und dem Morija gelegene Theil der Caphnataschlucht von Johannes Hyrkanus, der östliche von Pompejus und der südwestliche von Herodes dem Grossen ausgefüllt wurde, wird unten gehörigen Orts näher berührt werden.

In der Bezetha befand sich ausser dem schon weiter oben erwähnten Teich Amygdala noch ein zweiter See, nämlich der zwischen dem Thalthor, der Caphnataschlucht und dem Antoniahügel gelegene, zum Theil noch jetzt vorhandene Fischteich Struthia (B. j. V, 11, 4), den man irriger Weise fast allgemein für den Teich Bethesda hält. Er mochte durch Quellen und Bäche, die auf dem nahen Bezethahügel entsprangen, gespeist werden und entsandte wahrscheinlich seinen Wasserüberfluss mittelst eines Abzugskanals in die Caphnataschlucht.

VI. Jerusalem unter Salomos Nachfolgern.

1. Eroberung der Stadt Jerusalem durch verschiedene Völker.

Nach der Vollendung der Bezethamauer blieb der äussere Umfang der Stadt Jerusalem bis auf die Zeit des Königs Hiskias, also Jahrhunderte hindurch, unverändert. So sehr sich Salomo auch um die Vergrösserung, Befestigung und Verschönerung derselben verdient gemacht hatte, so wenig leisteten in dieser Hinsicht seine Nachfolger. Ja trotz ihrer natürlichen und künstlichen Schutzwehren hatte die Stadt während dieses Zeitraums nicht weniger als viermal das beklagenswerthe Schicksal, von fremden Eroberern mit leichter Mühe genommen und ausgeplündert zu werden. So überraschend diese Thatsachen auch sein mögen, so leicht sind sie jedoch erklärlich, wenn man bedenkt, dass zur Vertheidigung der Stadt von den schwachen jüdischen Regenten so gut wie gar nichts gethan wurde und auch wohl nicht gethan werden konnte, so lange die Mauern noch nicht mit Zinnen und Brustwehren versehen waren, durch welche gedeckt man den Feind hätte abtreiben können.

Der Erste, welcher ohne Schwertstreich — und zwar schon zu Rehabeams Zeit — in Jerusalem eindrang, war der ägyptische König Schischak (Sesokchis). Er raubte mit Hülfe seiner zahllosen afrikanischen Horden „die Schätze des Jehovahauses und die Schätze des Königshauses, Alles nahm er, und nahm (auch) die goldenen Schilde, die Salomo gemacht" (2 Chron. 12, 2—9. 1 Kön. 14. 25—28). Hierauf brachen die Philister in Verbindung mit den arabischen Völkerschaften der Sinai-Halbinsel in die Stadt, plünderten gleichfalls den königlichen Palast und führten sogar die Weiber und Kinder des Königs Joram mit sich hinweg (2 Chron. 21, 16. 17). Bald darauf rückte der siegreiche König der Syrer, Chasael, vor Jerusalem, liess sich jedoch dadurch, dass ihm vom Könige Joas alles im Tempel- und Palastschatze vorhandene Gold ausgeliefert wurde, zum friedlichen Abzuge bewegen (2 Kön. 12, 17. 18). Dies hielt ihn jedoch nicht ab, im nächsten Jahre durch sein Kriegsheer, das mit leichter Mühe in die Stadt eindrang, eine unter Verübung vieler Grausamkeiten vollzogene Plünderung vornehmen zu lassen (2 Chron. 24, 23. 24). Die vierte Eroberung endlich geschah zur Zeit des Königs Amazia durch den israelitischen König Joas, der die 400 Ellen lange Mauerstrecke zwischen dem Thor Ephraim und dem Eckthor zerstörte, um hier triumphirend seinen Einzug zu halten und dann ebenfalls den Tempel und den königlichen Palast auszuplündern (2 Kön. 14, 8—14. 2 Chron. 25. 17—24).

Ueber die baulichen Veränderungen, die während dieses Zeitraums in Jerusalem vorgenommen wurden, berichtet die h. Schrift nur, dass der grosse Brandopferaltar von Assa (2 Chron. 15, 8) und der Priestervorhof (von Josaphat) erneuert wurde (20, 5). Erst Usias erwirbt sich wieder um die Befestigung der Stadt ein nicht geringes Verdienst, denn er „baute Thürme zu Jerusalem. (nämlich) auf dem Eckthor und auf dem Thalthor und auf der (dazwischen gelegenen) Aussenecke*) (also den Ofenthurm, s. unten) und befestigte sie" (2 Chron. 26, 9). „Wo das Gemäuer entweder vor Alter oder in Folge der Sorglosigkeit der früheren Könige zusammengestürzt war, baute er es aufs neue wieder auf oder stellte es wieder her, ebenso auch das Mauerwerk (zwischen dem Thor Ephraim und dem Eckthor), das der König in Israel (Joas) hatte wegreissen lassen. als er, seinen Vater Amasias gefangen vor sich herführend, in die Stadt einzog. Ueberdies befestigte er die Stadt mit vielen Thürmen, die er 150 Ellen hoch aufführen liess" (Ant. IX, 10, 2). „Und machte zu

---

*) מִקְצֹעַ ist mit Rücksicht auf Ez. 41, 22 hier und an andern Stellen (Neh. 3, 24. 25) durch Aussenecke zu übersetzen.

Jerusalem Schleudermaschinen von künstlicher Arbeit, die auf den Thürmen und auf den Mauerzinnen sein sollten, zu schiessen mit Pfeilen und grossen Steinen" (2 Chron. 26, 15). Endlich verstärkte er wahrscheinlich auch den zwischen den Thoren Ephraim und Benjamin gelegenen Theil der Stadtmauer, der auf dem schroffen nördlichen Abhange des Bezethahügels stand, so bedeutend, dass derselbe seitdem mit dem Namen „breite Mauer" (Neh. 3, 8) bezeichnet wurde.

Von Jotham, Usias' Sohne, erzählt Josephus (Ant. IX, 11, 2): „Alles, was einer Erneuerung oder einer Ausschmückung bedurfte, liess er mit dem grössten Eifer wieder in den Stand setzen; in dem Tempel stellte er die Halle und den Vorhof (d. h. die ganze Ostseite des Volksvorhofs und namentlich auch das hohe Thor, 2 Chron. 27, 3) wieder her; die (wahrscheinlich in Folge eines Erdbebens, Amos 1, 1) zusammengestürzten Mauern (und besonders die Mauer Ophel, 2 Chron. 27, 3) liess er wieder aufrichten und sie mit hohen und festen Thürmen versehen." Sein Sohn Ahas endlich wurde wiederum durch ein syrisch-israelitisches Heer, welches Jerusalem belagerte, ernstlich bedroht. Da er sich jedoch durch das Gold und Silber des Tempel- und Palastschatzes die Gunst des assyrischen Königs Tiglath Pileser erkaufte, so zog sich dieses Heer aus Furcht vor jenem mächtigen Eroberer bald wieder zurück, und Ahas reiste nun seinem Gönner bis Damaskus, das inzwischen von den Assyrern in Besitz genommen war, entgegen. Von einem eigenthümlich gestalteten Altar, den er hier sah, übersandte er sogleich eine Abbildung nebst Beschreibung an den Hohenpriester Urijja in Jerusalem mit dem Auftrage, einen ähnlichen auch im Tempel daselbst aufzustellen. Urijja gehorchte und Ahas opferte nach seiner Zurückkunft auf demselben. „Aber den kupfernen (Brandopfer-) Altar, der vor Jehova stand, rückte er weg von dem Angesichte (der Vorderseite) des Hauses, dass er nicht stände zwischen diesem (seinem neuen) Altar und dem Hause Jehovas, und setzte ihn zur Seite des Altars gegen Norden. — Und der König Achas brach ab die Seitenwände der Kesselgestelle und entfernte ihre Oberdecken und die Kessel; auch das (eherne) Meer nahm er von den kupfernen Rindern herab, die unter demselben waren, und setzte es auf das Steinpflaster. Ebenso die Decke des Sabbaths, welche man am Hause (im Vorhof der Priester) gebaut hatte, und den äusseren Königseingang (d. h. die Brücke über dem Thal Azel) wandte er weg vom Hause Jehovas wegen des Königs von Aschur" (2 Kön. 16, 5—18). Sein Sohn und Nachfolger Hiskias erneuerte jedoch alle diese Gegenstände wieder, brachte sie an ihre ehemaligen Standorte und gab sie ihrem früheren Gebrauche zurück.

2. Der Teich und die Mauer des Hiskias.

„Und als Hiskia sah, dass Sancherib (der König von Assyrien) kam und seine Absicht war, zu streiten wider Jerusalem, beschloss er mit seinen Obersten und seinen Helden, die Wasserquellen, die ausserhalb der Stadt waren, zu verstopfen, und sie halfen ihm. Und es versammelte sich viel Volk, und sie verstopften alle Quellen und den Bach, der mitten durch das Land fliesst*), und sprachen: Warum sollten die Könige von Aschur kommen und viel Wasser finden? Und er fasste Muth und baute alle schadhaft gewordenen Mauern und führte sie auf bis an die Thürme und (baute) ausserhalb (noch) eine andere Mauer und befestigte das Millo an der Stadt Davids und machte viele Waffen und Schilde" (2 Chron. 32, 2—5). „Und er. Hiskia, verstopfte den oberen Ausfluss des Wassers Gichon und leitete es hinunter westwärts von der Stadt Davids" (V. 30. 2 Kön. 20, 20).

Der obere Gichonteich erhielt zu dieser Zeit ohne Zweifel sein Wasser aus reichfliessenden Quellen, welche auf dem nördlich davon gelegenen Berge entsprangen. Um das Wasser dieser Quellen durch verborgene Röhren in die Stadt zu leiten, hätte man den Theil der Stadtmauer, unter welchem sie hindurchgeführt werden sollten, abbrechen müssen. Dies wäre aber ein sehr gewagtes Unternehmen gewesen, indem jeden Augenblick die Assyrer herbeikommen und durch die Mauerlücke in die Stadt dringen konnten. Um einer solchen Eventualität vorzubeugen, legte nun Hiskias den nach ihm benannten Teich ausserhalb der damaligen Stadtmauern in der Ecke an, welche durch die westliche Mauer der Bezetha und die nördliche Mauer der Davidsstadt gebildet wurde (s. Plan Nr. I). Hier, am südöstlichen Fusse des Gareb**), war das Terrain niedriger als dasjenige, auf welchem die eben bezeichneten Stadtmauern standen, weshalb es von Einigen sogar als der Anfangspunkt des Thals Ben Hinnom angesehen wird. Wegen der ebenen und sonst günstigen Bodenbeschaffenheit dieses Ortes mochte sich im Laufe der Zeit hier eine nicht unbedeutende Anzahl von Menschen angebaut haben, die nun bei dem drohenden Anmarsch des Feindes in die grösste Gefahr gerieth. Die Errichtung einer Schutzmauer um diese neue Vorstadt musste daher

---

*) D. h. den Bach Gichon, der ursprünglich aus dem oberen Gichonteich (2 Kön. 18, 17. Jes. 7, 3. 36, 2) in den unteren Gichonteich (Jes. 22, 9) floss.

**) Auf dem Hügel Gareb (Jer. 31, 39) erhebt sich gegenwärtig das lateinische Kloster, von dessen plattem Dache man ganz Jerusalem, selbst die hochgelegene Oberstadt, überblicken kann. Jes. 22, 5 ist unter „Berg" nur allein der genannte Hügel zu verstehen.

für den König zur dringendsten Pflicht werden, und das um so mehr, als durch eine solche Mauer zugleich der zu grabende Teich in die Umfassungsmauer der Stadt aufgenommen werden konnte, ohne dass die Stadt selbst dadurch irgend einer Gefahr blossgestellt wurde. Bei der Anlegung der neuen Mauer, die begreiflicher Weise in grosser Eile aufgeführt werden musste, konnte man jedoch nicht alle hier erbauten Wohnhäuser berücksichtigen, sondern musste vielmehr die äussersten oder die sonst vereinzelt und ungünstig liegenden ausschliessen und andere, die in der Baulinie standen, ganz abbrechen. Das drückt auch der Prophet Jesaias aus, indem er seinen Mitbürgern zuruft: „**Und ihr zähltet die Häuser Jerusalems** (d. h. die eben erwähnten Häuser der Vorstadt) und **brachet die** (im Wege stehenden) **Häuser ab, um die** (neue) **Mauer zu befestigen. Und ihr machtet einen Behälter** (Teich) **zwischen den beiden Mauern** (d. h. zwischen der alten Bezethamauer und der neu errichteten) **für das Wasser des alten** (oder: oberen Gichon-) **Teiches**" (Jes. 22, 10. 11).

Schon vorher hatten die Bewohner Jerusalems das Wasser des unteren Gichonteiches irgendwo gesammelt (V. 9). Da aber der hierdurch gewonnene Wasservorrath zu unbedeutend sein mochte, so musste sich ihnen bald die Ueberzeugung aufdrängen, dass unter den obwaltenden Umständen nur ein durch eine Mauer gedecktes grösseres Wasserreservoir allen Anforderungen Genüge leisten könne. Man säumte daher nicht, diesen Plan in Ausführung zu bringen. Während ein Theil des Volks die Mauer — ohne Zweifel vom Thurm Chananeel aus, gleichlaufend mit der nahen Bezethamauer — in nördlicher Richtung aufführte und ein anderer den Teich grub und ausmauerte, hieb ein dritter Theil mit Eisenwerkzeugen von den Gichonquellen aus ein tiefes Rinnsal in den Fels (Sir. 48, 19) und bedeckte es dergestalt mit mächtigen Steinplatten, dass eine Auffindung dieses unterirdischen Kanals noch bisjetzt vergeblich geblieben ist. Da die Gichonquellen selbst durch tiefliegende Rinnen sämmtlich in diesen Hauptkanal geleitet, Quellen und Rinnen aber sorgfältig verdeckt wurden, so ist leicht erklärlich, warum auch von diesen Quellen bisjetzt noch keine Spur wieder aufgefunden ist.

Ueber den noch gegenwärtig vorhandenen Teich berichtet das Heinzelmannsche Werk Seite 68: „**Der Hiskias-Teich**, bei den Arabern **Birket el Hammam** oder **el Batrak**, liegt in der Nähe des (jetzigen) Bethlehem-Thores, und sein von hohen Mauern umschlossenes, sonst aber offenes Becken enthält eine ungeheure Masse schönen klaren Wassers. In dem erwähnten **oberen Gihon-Teich**, bei den Arabern **Birket el Mamilla**, quillt freilich heutzutage kein lebendiges Wasser, aber zur Regenzeit füllt er sich und entsendet seinen Ueberfluss durch einen Kanal*) zum Hiskias-Teich. Die Länge desselben beträgt 125 Schritt, die Breite 80 Schritt. Die Wände des Beckens sind mit kleinen Steinen eingefasst und mit Mörtel bekleidet. An der Westseite sieht man eine geräumige Felsenhöhle, und im Südwestwinkel rauscht ein kleiner Wasserfall."

Die Mauer des Hiskias, wie schon bemerkt, am Thurm Chananeel beginnend, erstreckte sich bis an den Hügel Gareb, bog dann nach Nordosten um und endigte an der Bezethamauer. Dass sie nicht über den Gareb hinweglief, geht daraus hervor, dass die Assyrer auf diesem Hügel späterhin ihr Lager aufschlugen. Auch die Chaldäer erstürmten Jerusalem von hier aus, da die Stadtmauer in dieser Gegend von dem Gipfel des Hügels beherrscht wurde und daher den vortheilhaftesten Angriffspunkt darbot. — Einen besonderen Namen erhielt der durch die Mauer des Hiskias umgrenzte neue Stadttheil nicht. Da die Namen der auf Bergen gelegenen ältesten Stadtbezirke (Zion oder Davidsstadt, Ophel oder die Unterstadt und der Tempelberg) in Jedermanns Munde waren, so hiess die Bezetha ihres bedeutenden Umfanges wegen vorzugsweise die „Stadt", und daher ist es auch zu erklären, dass der von der Mauer des Hiskias umschlossene Stadttheil durch die Benennung „die andere Abtheilung der Stadt" bezeichnet wurde (Neh. 11, 9. 2 Kön. 22, 14. Zeph. 1, 10). Wir werden ihn jedoch im Nachfolgenden der Kürze wegen die Hiskiasstadt nennen.

In der Mauer des Hiskias befand sich nur ein einziges Thor, nämlich das Fischthor (2 Chron. 33, 14. Zeph. 1, 10. Neh. 3, 3. 12, 39) oder das erste Thor (Sach. 14, 10). Den Namen Fischthor erhielt es ohne Zweifel deswegen, weil hier die Bewohner von Joppe, Tyrus und andern Seestädten ihre Fische feilboten (Neh. 13, 16). Das nahe Thor der Bezethamauer wurde nach Errichtung des Fischthors wegen seiner Lage zwischen diesem und dem Schafthor — oder zwischen dem Fisch- und Volksthor — sehr passend das Mittelthor genannt. Während die Chaldäer Jerusalem belagerten, scheint dieses letztere gar nicht verschlossen gewesen zu sein, denn als jene die Mauer des Hiskias an dem bezeichneten Punkte unterhalb des Garebgipfels erstürmt hatten, „zogen" — wie es Jer. 39, 3 heisst — „hinein alle Fürsten des Königs von Babel und hielten unter dem Mittelthor". Diese Schriftstelle beweist ausserdem nicht nur, dass das Mittelthor sich wirklich in dem südwestlichen Theil der Bezethamauer befand, sondern

---

*) Dieser Kanal ist jedenfalls verschieden von dem oben erwähnten.

auch, dass das Thor zwischen den zwei Mauern der Davidsstadt und nicht etwa, wie man bisher irrthümlich angenommen hat, der Unterstadt angehörte, denn V. 4 lautet es weiter: „Und es geschah, als Zedekia, der König von Juda (der auf der nördlichen Mauer der Davidsstadt stand), und alle seine Kriegsleute sie (die babylonischen Fürsten) sahen, flohen sie und zogen des Nachts aus der (Davids-) Stadt in der Richtung nach dem Garten des Königs*) (und zwar) durch das Thor zwischen den zwei Mauern."

3. Eroberung der Stadt Jerusalem durch die Assyrer.

Manasse, Hiskias' Sohn, verwarf bekanntlich die Religion seiner Väter und führte den mit unsittlichen Gebräuchen verbundenen Kultus der Emoriter (2 Kön. 21, 11) in Jerusalem ein. „Er baute auch Altäre allem Heer des Himmels in beiden Vorhöfen des Jehovahauses. Auch weihte er seine Söhne durchs Feuer im Thale Ben Hinnom und nahm Weissagungen aus Vorbedeutungen und Ahnungen und trieb Zauberei und verordnete Todtenbeschwörer und Wahrsager und that viel Böses in den Augen Jehovas, ihn zu reizen. Er setzte auch eine Götzenstatue (in Menschengestalt), welche er gemacht, ins Haus Gottes. — Da liess Jehova über sie (über Manasse und die Juden) kommen die Heerfürsten des Königs von Aschur, die nahmen (nachdem sie die Mauer des Hiskias zerstört und so die Stadt erobert hatten) Manasse gefangen mit Zwangsringen und banden ihn mit Ketten und führten ihn nach Babel" (2 Chr. 33, 5—11). — Nach seiner Freilassung aus der Gefangenschaft und Rückkehr aus Babel „baute (renovirte) er die äussere Mauer an der Davidsstadt gegen Westen am Gichon im Thale, und wo man ins Fischthor geht (also die von den Assyrern bei der Erstürmung Jerusalems zerstörte Mauer des Hiskias), und ringsum an Ophel und machte sie sehr hoch. — Und that weg die fremden Götter und das Bild aus dem Hause Jehovas und alle Altäre, die er gebaut auf dem Berge des Jehovahauses und in Jerusalem, und warf sie hinaus vor die Stadt. Und stellte den Altar Jehovas her und opferte auf demselben Dankopfer und Lobopfer und befahl Juda, Jehova, dem Gott Israels, zu dienen" (V. 14—16).

Dass die Assyrer wirklich gewaltsam (und zwar vom Hügel Gareb

---

*) „An der Einmundung des Gihon in den Kidron breiten sich zwischen dem Rogel- und Siloah-Brunnen jene wohlbewässerten Gemüse- und Obstgärten aus, wo, wie namentlich in den Königsgärten, zu allen Zeiten das Volk gern im Schatten der Feigen, Granaten, Oliven und anderer Bäume lustwandelte" (Hzlm. S. 69).

aus) durch die Mauer des Hiskias in Jerusalem eindrangen, geht theils
daraus hervor, dass die Juden noch zu Josephus' Zeit den verhängnissvollen Ort am Gareb den Einbruch der Assyrer nannten (B. j. V.
7, 3. 12, 2) — und von einer andern Eroberung der jüdischen Hauptstadt durch Assyrer wird nirgends etwas gemeldet —, theils aber aus
der oben angeführten Nachricht, dass Manasse die Mauer, in welcher
sich das Fischthor befand, also die des Hiskias, überhaupt wieder
bauen muss. Sie musste mithin bei Gelegenheit seiner Gefangennehmung
zerstört worden sein, da die Zeit ihres Bestehens viel zu kurz war,
als dass sie schon wieder hätte baufällig sein können. Wenn Josephus
(Ant. X, 3, 2) erzählt, Manasse habe eine neue Mauer aufführen
lassen, so ist keine andere als die des Hiskias gemeint, und dieser
Bericht beweist nicht nur, dass diese Mauer in ihrer ganzen Ausdehnung niedergerissen worden war, sondern er lässt auch den eigentlichen
Grund vermuthen, der die Feinde dazu bewog, gerade diese Mauer
zu zerstören. Aus der h. Schrift ist nämlich bekannt, dass Sancheribs
wiederholte Aufforderung zur Uebergabe der Stadt Jerusalem fruchtlos
blieb und dass Hiskias in Folge der feindlichen Drohungen Jerusalem
noch mehr befestigte, Wasser in die Stadt leitete und die neue Mauer
errichtete. Der schnell ausgeführte Aufbau dieser letzteren musste den
assyrischen Heerführern begreiflicher Weise wie eine ihnen zugefügte
bittere Kränkung erscheinen, gegen die sich vorläufig nichts unternehmen liess. Sobald es ihre heimatlichen Verhältnisse aber gestatteten,
entsandten sie ohne Zweifel ein neues Heer nach Jerusalem mit dem
Auftrage, diese Stadt zu erobern, die neue, ihnen gleichsam zum Hohn
und Trotz aufgestellte Mauer zu zerstören und den König gefesselt
nach Babylon zu führen. So sank denn die Mauer dahin, um den
langverhaltenen Zorn der Assyrer zu sühnen, und Manasse fiel nun
statt seines inzwischen gestorbenen Vaters der feindlichen Rache
anheim.

Der Prophet Jesaias erlebte diesen Einbruch des assyrischen Heeres
wahrscheinlich nicht, aber er sah ihn voraus; denn als die Bewohner
Jerusalems nach Sancheribs plötzlichem Abzuge sich der ausgelassensten
Freude hingaben, während er selbst ob dieser unrühmlichen Siegesfeier
mit Trauer erfüllt war (Jes. 22, 1—3), ruft er ihnen zu (V. 4 ff.):
„Blicket weg von mir, (denn) ich will bitterlich weinen, (und) dringet
nicht in mich, mich zu beruhigen hinsichtlich des (herannahenden)
Verderbens der Tochter meines Volks. Denn (es steht euch bevor)
ein Tag der Bestürzung, der Zertretung und der Verwirrung vom Herrn Jehova Zebaoth im Schauthal (in der Bezetha); man (nämlich Aschur) zerstört die Mauer (des Hiskias)

und (es erhebt sich) ein Hülfegeschrei (der Bürger) am Berge (Gareb). Denn es trug (schon einmal) Elam den Köcher in Reitergeschwadern und Kir entblösste den Schild. Und deine schönsten Thäler waren voll Reiterei, und die Reiter nahmen (bereits) eine (drohende) Stellung gegen das (Fisch-) Thor ein" u. s. w.

Vom Könige Manasse berichtet Josephus überhaupt, dass „er die alten Mauern sorgfältig wiederherstellen und eine neue (die des Hiskias) dazu aufführen, dann gewaltige Thürme errichten liess und endlich die Kastelle vor der Stadt (d. h. Beth Millo und das Kastell über der Jeremiasgrotte, falls hier damals schon ein solches vorhanden war*)) unter Anderm auch mit hinreichendem Vorrath an Lebensmitteln versah" (Ant. X, 3, 2).

4. Zerstörung der Stadt Jerusalem durch die Chaldäer.

Von Manasses Nachfolgern ist hier nur anzuführen, dass Josias den baufällig gewordenen Tempel renovirte (2 Kön. 22, 5. 6) und dessen Vorhöfe sowie andere Theile der Stadt Jerusalem von den verschiedenen darin angebrachten heidnischen Gegenständen säuberte (23, 4—14), und wir können daher sogleich zu dem unheilvollen Kampf mit den Chaldäern, die dreimal in die jüdische Hauptstadt eindrangen, übergehen.

Auf seinem Zuge gegen den flüchtigen Aegypterkönig Pharao Necho erschien der siegreiche Nebukadnezar auch in Judäa und zwang den König Jojakim, einen Vasallen des Pharao Necho, zur Tributpflichtigkeit. Als jedoch Jojakim drei Jahre später wieder abtrünnig wurde (2 Kön. 24, 1), eilte Nebukadnezar von neuem herbei, drang in Jerusalem ein, plünderte den Tempel und führte den jüdischen König in Fesseln mit sich nach Babel (2 Chron. 36, 6. 7).

Bald darauf rückte ein neues chaldäisches Heer vor Jerusalem, und Nebukadnezar, dem sich der König Jojachin ergeben hatte, raubte nun „alle Schätze des Jehovahauses und die Schätze des Königshauses und entfernte alle goldenen Geräthe, die Salomo, der König Israels, im Tempel Jehovas gemacht hatte. — Und er führte ganz Jerusalem hinweg, nämlich alle Obersten und alle tapferen Helden, 10,000 Gefangene, ferner alle Bauarbeiter und alle Schlosser; nichts blieb übrig ausser geringem Volke des Landes. Und er führte Jojachin hinweg nach Babel, und die Mutter des Königs und die Weiber des Königs und seine Kämmerer und alle Vornehmen führte er gefangen hinweg von Jerusalem nach Babel. — Der König von Babel aber setzte Ma-

---

*) „Die Kuppe (der Jeremiashöhle) trug (noch) um das Jahr 1400 (n. Chr.) ein Festungswerk" (Tbl. II. S. 13).

thanja, seinen (des Jojachin) Oheim, zum Könige an seiner Statt und wandelte seinen Namen in Zedekia um" (2 Kön. 24, 10—17).

„Und Zedekia ward abtrünnig vom Könige von Babel. Und im neunten Jahre seiner Regierung, am zehnten Tage des zehnten Monats, kam Nebukadnezar, der König von Babel, mit seinem ganzen Heere vor Jerusalem, und sie belagerten es und bauten um dasselbe einen Wall ringsum. Also wurde die Stadt belagert bis ins elfte Jahr des Königs Zedekia" (24, 20—25, 2). „Am neunten Tage des vierten Monats nahm die Hungersnoth überhand in der Stadt, denn die Nahrungsmittel fehlten dem Volk des Landes. Da wurde die Stadt erobert"*) (Jer. 52, 6. 7). „Und es zogen hinein alle Fürsten des Königs von Babel und setzten sich fest am Mittelthore, nämlich Nergal Scharezer, Samgar Nebu, Sarsechim, der Oberkämmerer, Nergal Scharezer, der Obermagier, und alle übrigen Fürsten des Königs von Babel. Und es geschah, als Zedekia, der König von Juda, und alle seine Kriegsleute sie sahen, flohen sie und gingen des Nachts aus der (Davids-) Stadt des Weges am Garten des Königs hin (und zwar) durch das Thor zwischen den zwei Mauern und zogen des Weges nach der (Jordan-) Ebene" (39, 3. 4). „Das Heer der Chaldäer aber setzte dem Könige nach, und sie erreichten Zedekia auf der Ebene von Jericho, und sein ganzes Heer zerstreute sich von ihm. Und sie ergriffen den König und führten ihn hinauf zum Könige von Babel nach Riblath (vermuthlich das heutige Rukhleh im Antilibanon) im Lande Chamath, und er sprach Gericht über ihn. Und der König von Babel schlachtete die Söhne Zedekias vor seinen Augen, und auch alle Fürsten von Juda schlachtete er zu Riblath. Und die Augen Zedekias blendete er und band ihn mit Ketten, und der König von Babel führte ihn nach Babel und legte ihn ins Gefängniss bis zum Tage seines Todes" (52, 8—11).

„Und am siebenten Tage des fünften Monats, das ist das neunzehnte Jahr Nebukadnezars, des Königs von Babel, kam Nebusar Adan, der Oberste der Leibwache, der Knecht des Königs von Babel, nach Jerusalem und verbrannte das Haus Jehovas und das Haus des Königs und alle Häuser zu Jerusalem; ebenso verbrannte er alle grossen Häuser mit Feuer. Auch die Mauern Jerusalems ringsum riss das ganze Heer der Chaldäer nieder, welches bei dem Obersten der Leibwache war.

---

*) Offenbar vom Hügel Gareb aus, denn Zephanja weissagte schon lange zuvor (1, 10): „Und an demselben Tage, spricht Jehova, erhebt sich ein Hülfegeschrei (der Stadtbewohner) vom Fischthor her und ein Jammergeheul von der andern Abtheilung (d. h. von der Hiskiasstadt) und ein grosses Zerbrechen (der Stadtmauer) von den Hügeln" (des Gareb).

Das übrige Volk aber, das in der Stadt zurückblieb, und die Abtrünnigen, welche zum Könige von Babel übergegangen, und die übrige Volksmenge führte Nebusar Adan, der Oberste der Leibwache, hinweg. Von dem niederen Landvolke jedoch liess der Oberste der Leibwache zurück zu Winzern und Ackerleuten. Aber die kupfernen Säulen im Hause Jehovas und die Kesselgestelle und das kupferne Meer im Hause Jehovas zerbrachen die Chaldäer und führten das Kupfer davon nach Babel. Desgleichen die Töpfe, Schaufeln, Messer, Schalen und alle kupfernen Geräthe, mittelst deren man den (Opfer-) Dienst verrichtete, nahmen sie. Ebenso die Kohlenpfannen und Opferbecken, (überhaupt Alles,) was von Gold und Silber war. — Der Oberste der Leibwache nahm auch Seraja, den Oberpriester, und Zephanja, den zweiten Priester, und drei Hüter der Schwelle. Auch nahm er aus der Stadt einen Kämmerer, der über die Kriegsmänner gesetzt war, und fünf Männer von den Hofbedienten des Königs, die in der Stadt gefunden wurden, und Sopher, den Feldherrn, der das Volk des Landes zum Heere aushob, und 60 Mann vom Landvolk, die in der Stadt gefunden wurden. Diese nahm Nebusar Adan, der Oberste der Leibwache, und brachte sie zum König von Babel nach Riblath. Und der König von Babel erschlug sie zu Riblath im Lande Chamath. Also wurde Juda weggeführt aus seinem Lande. Aber über das übrige Volk im Lande Juda, welches Nebukadnezar, der König von Babel, zurückgelassen, setzte er Gedalja, den Sohn Achikams, des Sohnes Schaphans" (2 Kön. 25, 8—22).

Zweiter Zeitraum.
Jerusalem bis zur Zeit der idumäischen Herrschaft.

I. Der Serubabelsche Tempel.
1. Das Tempelgebäude.

Als die Juden, welche unter der Anführung des Fürsten Serubabel und des Hohenpriesters Jesua aus dem babylonischen Exil in ihre alte Heimat zurückgekehrt waren (528 v. Chr.), sich auf den Trümmern Jerusalems wiederum häuslich eingerichtet hatten, war ihr wichtigstes Geschäft der Wiederaufbau ihres alten Nationalheiligthums. Trotz des regen Eifers, mit dem man das Werk begann, verstrichen jedoch — besonders in Folge der Störungen durch die heidnischen Widersacher — bis zu seiner Vollendung wenigstens 20 Jahre. Nachdem zuerst der Brandopferaltar an seinem früheren Standorte errichtet worden (Esr. 3, 2. 3), wurde auch das eigentliche Tempelgebäude auf seiner ehemaligen Stätte wiederaufgeführt (2, 68. 5, 15) und hatte somit wie das Salomonische eine Länge von 100 und eine Breite von 60 Ellen (s. Fig. 24). „Und da die Bauleute den Tempel Jehovas gründeten (d. h. das Krepidoma legten), standen die (beiden) Priester in ihren Amtskleidern (auf der Priesterbühne) mit Trompeten und die Leviten, die Söhne Asaphs, (auf der Levitenbühne) mit Cymbeln, um Jehova zu preisen nach der Anordnung Davids, des Königs Israels. Und sie sangen um einander zum Lobe und Danke Jehovas, dass er gütig ist und seine Gnade ewiglich währet über Israel. Und alles Volk erhob ein grosses Jubelgeschrei zum Lobe Jehovas wegen der Grundlegung des Jehovahauses. Aber viele von den alten Priestern und Leviten und obersten Vätern, die das erste Haus gesehen, weinten mit lauter Stimme, als dieses Haus vor ihren Augen gegründet wurde" (Esr. 3, 10—12). Dass die bezeichneten alten Herren, von Rührung übermannt, in ein lautes Schluchzen ausbrachen, kann eben nicht Wunder nehmen, wenn man bedenkt, mit wie heisser Sehnsucht sie der Erneuerung des Tempels entgegensahen. Dieses laute Weinen aber für ein blosses

Zeichen der Trauer über die muthmasslich dürftige Gestalt, in welcher sich dieses neue Gebäude im Vergleich zu dem früheren, so überreich mit Gold, Silber und Edelsteinen ausgestatteten darstellen würde, halten zu wollen, dürfte schon deshalb irrig sein, weil man mit vollem Rechte voraussetzen kann, dass jene alten Priester, Leviten und obersten Väter ebenso gut wussten als diejenigen, welche den Bau leiteten, dass das neue Gebäude nicht nur ebendieselbe Länge und Breite mit dem zerstörten, sondern in seiner Höhe sogar noch einen bedeutenden Zuwachs erhalten würde. Seine Höhe betrug nämlich mit Ausschluss des Krepidoma (das bei derartigen Höhenangaben stets unberücksichtigt bleibt) nicht weniger als 60 Ellen (Esr. 6, 3), während das Salomonische nur 34 Ellen hoch gewesen war.

Das Serubabelsche Tempelgebäude war zweistöckig; das untere Stockwerk hatte 40, das obere 20 Ellen Höhe (s. Fig. 25). Dieses letztere war jedoch nicht aus Stein, sondern aus Holz erbaut worden. Wenn nämlich Esr. 6, 4 die Rede ist von „drei von grossen Steinen zu errichtenden Wänden und von einer neuen Wand von Holz" —, so ist es offenbar am natürlichsten, dass das leichtere Baumaterial als zu oberst angewendet gedacht wird. Jede der hier gemeinten Wände umschloss nämlich einen eigenen, seiner Bestimmung nach von den übrigen ganz verschiedenen Theil des Heiligthums, und zwar die eine Steinwand das Heilige und Allerheiligste, die zweite das Nebengebäude, die dritte die Vorhalle und die Holzwand endlich das obere Gemach. Der sehr zu beachtende Umstand, dass die letztere eine „neue" Wand genannt wird, setzt es ausser Zweifel, dass das obere Stockwerk ein dem Serubabelschen Tempel ganz neu hinzugefügter Bestandtheil war, der somit dem Salomonischen fehlte. Das Prädikat „neu" beseitigt zugleich auch die Annahme, als seien unter der Holzwand die schwachen Bretterwände zu verstehen, durch welche die Kammern des Nebengebäudes gebildet wurden.

Zu welchem Zwecke aber das zweite Stockwerk des Serubabelschen Hauptgebäudes errichtet wurde, ist nach dem, was weiter oben ausführlicher auseinandergesetzt worden, leicht zu errathen. Es sollte nämlich ohne Zweifel der höheren Priesterschaft theils als Studirzimmer, theils als Lehr- und Hörsaal (Auditorium) dienen, da die Korridore des Salomonischen Tempels sich zu diesem Behufe jedenfalls als unzweckmässig erwiesen hatten und eine Einrichtung von Ezechielschen Galerien im Nebengebäude unausführbar war, indem auf den Wunsch einiger der obersten Väter der Juden (Esr. 2, 68) das neue Gebäude auf den Grundlagen des alten aufgeführt werden musste und daher eine angemessene Erweiterung des Nebengebäudes nicht gestattet wurde. Die

Länge des neuen Obergemaches durfte aber aus leicht begreiflichen Gründen die des Heiligen nicht überschreiten (s. Fig. 26); denn über dem Allerheiligsten zu wandeln, musste nach jüdischen Begriffen als eine Versündigung gegen die göttliche Majestät Jehovas erscheinen. Der oberhalb des Allerheiligsten befindliche leere Raum diente daher jedenfalls wie im ersten Tempel nur als Abzugsrohr für die vom Rauchopferaltar emporsteigenden Dampfwolken. Was Leo über das Obergemach zu berichten weiss (II, 231—236), zerfällt um so mehr in sich selbst, als er dabei das Salomonische (einstöckige) Tempelgebäude im Sinne hatte. Dessenungeachtet verdient die Nachricht, in jenem Obergemache habe sich auch eine Lade befunden, in welcher das mosaische Gesetzbuch und alle übrigen heiligen Schriften aufbewahrt wurden (235), um deswillen Beachtung, als sie beweist, dass sich im oberen Stockwerk zwar nicht des Salomonischen, wohl aber des Serubabelschen Tempels wirklich diejenigen Schriftwerke vorfanden, welche die Grundlage und alleinige Quelle aller jüdischen Weisheit und Gelehrsamkeit bildeten. Da aber über dem Allerheiligsten niemals ein wirkliches Zimmer vorhanden war, so kann auch die erwähnte Lade nicht in diesem supponirten Gemache, wie Leo will, sondern nur allein in dem über dem Heiligen gelegenen geräumigen Saal aufgestellt gewesen sein, und dieser letztere muss daher schon aus diesem Grunde die Bedeutung eines Auditoriums gehabt haben.

Zu diesem Auditorium führten ohne Zweifel (wie zu dem des Herodianischen Tempels) zwei in der bis auf 60 Ellen erhöhten Vorhalle (Leo II, 176) angebrachte Treppen. Folgende, von Josephus irrthümlich auf Salomo und dessen Tempel bezogene Worte scheinen nämlich auf das Serubabelsche Tempelgebäude hinzudeuten: „In der Dicke der (östlichen) Mauer liess der König (jederseits) die Treppe zur oberen Hälfte des Tempels anlegen; denn diese hatte nicht wie die untere eine grosse Pforte gegen Osten, sondern man kam in dieselbe von der Seite durch ganz kleine Thüren" (Ant. VIII, 3, 2).

Da das Serubabelsche Hauptgebäude um 26 Ellen höher war als das Salomonische, so muss nothwendig angenommen werden, dass seine um das Heilige und Allerheiligste errichteten Wände auch von etwas grösserer Dicke waren, um das obere Stockwerk mit Sicherheit tragen zu können. Und in der That war nach Leos Bericht (II, 222) die auf dem Krepidoma ruhende Steinschicht sieben, die folgende sechs und die dritte fünf Ellen dick. Da aber die Kammern des Nebengebäudes in den einzelnen Stockwerken wiederum dieselbe Länge und Breite erhielten wie die des Salomonischen Nebengebäudes, so ist klar, dass die zwei Ellen, um welche die neuen Tempelwände verstärkt wurden, nur dadurch gewonnen werden konnten, dass man die ehemalige Breite der Korridore (5 Ellen) nunmehr auf drei Ellen verminderte, was auch mit Leos Angabe (II, 225) vollkommen übereinstimmt. — Bei seiner bedeutenden Höhe wurde das Serubabelsche Hauptgebäude ohne Zweifel wie das Herodianische durch mächtige Strebepfeiler, die auf dem Steindache des Nebengebäudes ruhten, gestützt. Da diese aber wahrscheinlich mit denen des Herodianischen grosse Aehnlichkeit hatten, so verweisen wir den Leser auf die Beschreibung jenes Tempels, in welcher dieser Gegenstand einer sorgfältigen Betrachtung unterzogen werden wird.

Was die inneren Räume des Serubabelschen Tempelgebäudes betrifft, so hatte das Allerheiligste seine ehemalige Grösse (20 Ellen lang, breit und hoch) unverändert wiedererhalten; das Heilige dagegen war um 10 Ellen erhöht worden, so dass es bei einer Breite von 20 Ellen eine Länge und Höhe von 40 Ellen besass (Leo II, 196). Die Zahl der in entsprechender Weise vergrösserten Fenster hatte sich jedoch sowohl im Norden wie im Süden um eins vermindert. Diese Aenderung war durch die aussen angebrachten Strebepfeiler geboten worden und wird daher gleichfalls in der Beschreibung des Herodianischen Tempels näher berührt werden. Die Eingangsöffnung des Heiligen war 10 Ellen breit und 20 Ellen hoch (II, 187). Jeder der beiden Thürflügel, deren viereckige Pfosten aus der Wand hervortraten, war wie im Salomonischen Tempel der Länge nach gebrochen und bestand daher wiederum aus zwei schmäleren Flügeln, die durch Angeln mit einander vereinigt waren. Man hatte es daher auch hier ganz in seiner Gewalt, den Eingang eng oder weit zu machen. Sollte das Letztere geschehen, so wurde zunächst die innere Hälfte eines jeden Thürflügels nach aussen hin geöffnet und dann gegen die am Pfosten befestigte andere zurückgewandt. War dies geschehen, so öffnete man auch die letztere so weit, bis sie die Wand des Eingangs berührte. Durch diese Einrichtung wurde das Hineinragen der geöffneten Flügel in die Vorhalle vermieden. Die beiden viereckigen Thürpfosten trugen eine Oberschwelle. Nach Leos Berichten (ibid.) sollen auch die Thürflügel (wie die Wände des Heiligen) mit Skulpturarbeiten, die Palmen, Cherubs und Kettenblumwerk darstellten, geziert und mit feinem Golde überzogen gewesen sein. Das ist aber wohl ein Irrthum. Allem Vermuthen nach fehlten dem Serubabelschen Tempel sowohl die allegorischen Bildwerke des Salomonischen ganz, wie er auch der ehemaligen überreichen Ausstattung an Gold und Edelsteinen wenigstens fast ganz entbehrte. Das Innere des Heiligen und Allerheiligsten mochte überhaupt nur aus einfach-nackten, aber schön polirten Marmorwänden mit ebenso einfachen Wandsäulen, welche den Architrav und das darauf ruhende Gebälk zu tragen bestimmt waren, bestehen. Jedenfalls zeigten nur allein die in den vier bekannten Farben gewirkten Vorhänge die altherkömmlichen Bildwerke. — Das Allerheiligste war durchaus leer. Vor demselben befanden sich im Heiligen der **Rauchopferaltar**, der **Schaubrottisch** und ein **siebenarmiger Leuchter**. Zu diesen drei Gegenständen, die sämmtlich vergoldet sein mochten, gehörten noch einige andere. Zum **Rauchopferaltar** nämlich 1) mehrere **goldene Becken**, in welchen man das Räucherwerk in den Tempel trug, 2) eine kleine **Räucherpfanne** deren goldener Deckel oben mit einem Ringe versehen war; sie enthielt zwei Handvoll feinen Gewürzstaub zum Räuchern, wurde oben mit einem Tuche bedeckt und stand in einem goldenen Becken, welches den Namen **Kaph***) führte (III, 17), 3) ein goldenes Becken, **Teni****) genannt, in welchem der kleine Besen lag, mit dem der Priester die Asche auf dem Altar zusammenfegte, um sie dann mit den Händen hinwegzunehmen, 4) ein **löffelförmiges Geräth von Silber**, in welchem man die glühenden Kohlen vom Brandopferaltar nahm und in das Heilige trug; es hatte seinen Standort an der Südwestecke des Altars, und 5) ein etwas kleinerer **Löffel von Gold**, in welchen man die Kohlen aus dem erwähnten silbernen schüttete, um mittelst derselben dann das Räucherwerk auf dem Altar anzuzünden (III, 16).

Zum **Schaubrottisch** gehörten **zwei goldene Rauchpfannen**, in welche man an jedem Sabbath, wenn die alten Schaubrote durch frischgebackene ersetzt wurden, eine Handvoll von demselben Weihrauch that, welcher auf dem Rauchopferaltar brannte (III, 8). Die **beiden goldenen Gestelle**, welche die Schaubrote trugen, — denn nur zwei von diesen Broten lagen unmittelbar auf dem Tische — waren von gleicher Gestalt. Nahe dem einen Ende des Tisches stand nämlich jederseits dicht neben demselben ein dreibeiniger Ständer von drei bis vier Ellen Höhe, an welchem fünf horizontale Querstäbe (etwa eine halbe Elle von einander entfernt) über einander in der Längsrichtung des Tisches angebracht waren. Die gegenüberstehenden, gleich hohen Querstäbe beider Ständer waren durch drei andere, wagerecht nahe bei einander liegende Stäbe, welche die Gestalt halber Rohrstäbe hatten, fest verbunden. So waren jedoch nur die vier unteren Stabsysteme beschaffen. Das oberste dagegen besass nur die beiden äusseren Stäbe, da der mittlere durch die hier rechtwinklig nach innen umgebogenen und in der Mitte mit einander vereinigten oberen Enden der Ständer selbst vertreten wurde (III, 7). Diese fünf oberhalb des Ti-

---

*) כַּף, hohle Hand, Schale. — **) טֶנֶא, Korb.

sches befindlichen Stabtriaden dienten zur Aufnahme ebenso vieler Schaubrote; das sechste nämlich lag unterhalb der übrigen unmittelbar auf dem Tische. Die ganze Vorrichtung hatte, wie man sieht, nur den Zweck, die einzelnen Schaubrote zu isoliren und somit die unteren vor dem lastenden Drucke der oberen zu bewahren. Das zweite Gestell, welches am andern Ende des Tisches zur Aufnahme der übrigen Schaubrote errichtet war, hatte, wie schon gesagt, eine gleiche Gestalt.

Vor dem siebenarmigen Leuchter stand ein mit drei Stufen versehener Stein von anderthalb Ellen Höhe. Auf diesen trat der Priester, welcher die Lampen anzünden oder reinigen wollte. Die zweite Stufe diente zugleich als Aufbewahrungsort für die Oelflaschen, Lichtschneuzen und Oellöffel (2 Mos. 25, 38). Auf derselben Stufe stand auch ein kleines goldenes Gefäss, Kods genannt, in welchem ausser einem zur Reinigung der Lampen dienenden goldenen Löffel auch sieben Dochtseilchen und Zangen aufbewahrt wurden. Wenn nämlich der Priester die Lampen anzünden wollte, so ergriff er mit einer Zange eins dieser Dochtseilchen, liess es an dem vom Brandopferaltar herbeigeholten Feuer anbrennen und stieg damit zu den Lampen empor, um diese anzuzünden (III, 11—13). — Wenn Leo sagt, der siebenarmige Leuchter sei drei Ellen hoch und zwei Ellen breit gewesen (III, 10), so giebt er höchst wahrscheinlich nur die Maasse des nach Moses' Entwurf verfertigten Leuchters an (2 Mos. 25, 31—40). Der Serubabelsche aber muss bedeutend höher gewesen sein, denn sonst wäre der erwähnte Stein mit seinen zum Hinaufsteigen bestimmten drei Stufen ganz entbehrlich gewesen, da ein nur drei Ellen hoher Leuchter auch von einem auf dem Fussboden des Heiligen stehenden Priester sehr bequem angezündet und gereinigt werden konnte.

Ausser den genannten Gegenständen befand sich im Heiligen noch eine oben mit einem Ringe versehene Marmorplatte von einer Elle im Quadrat. Sie lag auf der Nordseite und bedeckte das Pulver, welches die im Verdacht des Ehebruchs stehenden Weiber, mit Wasser gemischt, trinken mussten (II, 204). Dieser Platte gegenüber standen, wahrscheinlich an der Südseite, die beiden goldenen Untersätze, auf welche der Hohepriester am Versöhnungsfeste zwei goldene Becher stellte, nachdem er mit dem darin befindlichen Blute im Allerheiligsten, sowie vor dem Vorhange desselben, die vorgeschriebenen Sprengungen verrichtet hatte (II, 205).

2. Die Vorhalle.

Die Vorhalle des Serubabelschen Tempels war nicht allein, wie bereits beiläufig erwähnt wurde, 60 Ellen hoch, sondern auch 60 Ellen breit (II, 176). Sie enthielt zwei Hauptstockwerke, nämlich das 40 Ellen hohe untere und das 20 Ellen hohe obere (s. Fig. 27). Das untere wurde durch zwei Mauern von fünf Ellen Dicke in drei neben einander liegende Räume geschieden, von denen der mittlere, das Pronaon, bei einer Länge von 15 Ellen — denn die östliche Wand des Heiligen hatte ihre frühere Stärke (5 Ellen) wiedererhalten — 20 Ellen breit war. Dieser 20 Ellen breite und dabei 40 Ellen hohe Raum konnte an seiner thürlosen Ostseite, wo sich die zwölf Stufen des Krepidoma befanden, durch einen kunstreich gewebten Vorhang verschlossen werden (II, 178). Die beiden neben dem Pronaon gelegenen, mit diesem durch je eine Thür in Verbindung stehenden Seitenbaue der Vorhalle waren im Innern 10, aussen aber 15 Ellen lang und breit. Beide führten den Namen Haus der Opfermesser, weil darin die beim Schlachten gebrauchten Werkzeuge aufbewahrt wurden. Jedes Haus der Opfermesser enthielt sechs Stockwerke oder über einander errichtete Kammern. In jedem Stockwerk aber standen statt der silbernen Tische, welche sich in der Salomonischen Vorhalle befanden, vier kastenartige Behälter, in welchen die Opfermesser aufbewahrt wurden. Von diesen Behältern besass nämlich jede der 24 Priesterordnungen sowohl im nördlichen wie auch im südlichen Opfermesserhause einen; das letztere soll jedoch nur zur Aufnahme der zerbrochenen oder sonst schadhaft gewordenen Opfermesser gedient haben*) (II, 177). Aus den drei untersten Stockwerken jederseits gelangte man ohne Zweifel durch hier angebrachte Thüren in die in gleicher Höhe gelegenen Korridore des Nebengebäudes. Diese Thüren aber machten den Durchgang, welcher aus dem Heiligen zur Wendeltreppe des Nebengebäudes hätte führen müssen, ganz entbehrlich, und allem Ansehen nach war ein solcher Durchgang im Serubabelschen Tempel ebenso wenig vorhanden wie im Herodianischen. Die beiden sechsten Stockwerke der Opfermesserhäuser standen jedenfalls mit den oben erwähnten „ganz kleinen Thüren", welche sich an der Ostseite des Auditoriums befanden, in Verbindung. Man muss sich nämlich die starken Seitenwände des

---

*) Es ist eine bemerkenswerthe Erscheinung, dass den hier im nördlichen Deutschland aufgefundenen alten Opfermessern gewöhnlich die Spitze abgebrochen ist. Unsere alten Urväter wollten aus gewissen Gründen das Messer, dessen sie sich bei bestimmten, vorzugsweise wichtigen Gelegenheiten zum Schlachten eines besonders heiligen Opferthieres bedienten, offenbar absichtlich zum ferneren Gebrauche untauglich machen, um es gleichsam als das sichtbare Dokument einer geschehenen Kultushandlung für die kommenden Generationen aufzubewahren. — Sollte bei den alten Juden das Zerbrechen des Opfermessers, mittelst dessen sie an gewissen Festtagen ein besonders geheiligtes Thier (wie z. B. den am Versöhnungsfeste dem Jehova geweihten Ziegenbock) getödtet hatten, nicht aus einer ähnlichen Veranlassung ebenfalls absichtlich geschehen sein? —

Pronaons hier durchbrochen und jeden Mauerdurchbruch mit der zunächst gelegenen Thürschwelle durch einen Söller oder eine Estrade verbunden denken. Sah man von dem Fussboden des Pronaons in die Höhe, so erblickte man am Giebel des Hauptgebäudes oben in jeder Ecke die untere Seite dieser Estraden. — Die Fenster der Opfermesserhäuser befanden sich sämmtlich an der Ostseite; jedes Stockwerk besass vermuthlich nur ein einziges.

Sowie das untere, 40 Ellen hohe Stockwerk des Hauptgebäudes massiv war, so bestand auch das gleich hohe untere der Vorhalle aus Steinmauern (von fünf Ellen Dicke) mit abgeschrägten stufenförmigen Absätzen (II, 176). Das obere Stockwerk der Vorhalle dagegen bestand jedenfalls ebenso wie das des Hauptgebäudes aus zwei Ellen dicken Holzwänden. die oben durch ein flaches Dach verbunden und mit einer Brustwehr und darüber um eine Elle hinausragenden Pfeilern gekrönt waren (ibid.). Das Innere dieses oberen Stockwerks bildete ohne Zweifel nur einen einzigen, 50 Ellen langen, 10 Ellen breiten und etwa 12 Ellen hohen Raum mit vielen Fensteröffnungen. Dieser hochgelegene, luftige Aufenthaltsort, von dem man eine so grossartige als herrliche Aussicht auf die Stadt Jerusalem und deren weithin gelegene Umgebungen genoss, erinnert lebhaft an die Ezechielschen Galerien, und in der That ist sein Zweck unverkennbar.

Das Portal des Pronaons hatte, wie oben bereits erwähnt wurde, eine Höhe von 40 und eine Breite von 20 Ellen. Hieraus würde nothwendig folgen, dass auch die vor demselben befindlichen Treppenstufen, mittelst deren man auf das Krepidoma oder — was hier dasselbe bedeutet — in das Pronaon gelangte, eine Länge von 20 Ellen gehabt haben müssen. Wenn aber Leo diesen Stufen eine Länge von nur 19 Ellen beilegt (II, 174), so ist klar, dass hier noch ein besonderer Umstand zu berücksichtigen sein muss, damit dieser scheinbare Widerspruch gelöst werde. Leo spricht nämlich II, 176 im Allgemeinen von Säulen, die sich an der Vorhalle befanden, drückt sich aber an einer andern Stelle (184), wo er freilich augenscheinlich die Vorhalle des Herodianischen Tempels im Sinne hat, bestimmter aus, indem er von Querbalken berichtet, die sich auf „Säulen stützten, welche zu beiden Seiten des Thors (der Vorhalle) aufgestellt waren". Durch diese Angabe wird offenbar die erstere, welche auf die Serubabelsche Vorhalle Bezug hat, erklärt und ergänzt, und es unterliegt daher wohl kaum einem Zweifel, dass auch das Portal der letzteren zwar keine freistehenden Säulen, wohl aber jederseits eine kolossale Wandsäule besass. Da die Wände der Vorhalle fünf Ellen dick waren, so wird die Plinthe dieser Säulen fast dieselbe Ausdehnung und jede Säule selbst einen Durchmesser von fast vier Ellen gehabt haben. Da aber die Säulen eben Wandsäulen waren, so traten sie nur zur Hälfte ihrer Dicke aus der Wand hervor. Die Breite des Portals vermindert sich somit auf fast 16 Ellen, und die vor demselben befindliche, 19 Ellen breite Treppe hatte also eine vollkommen proportionale Grösse.

Um das obere Stockwerk der Vorhalle tragen zu helfen, war dem oberen Theile des Portals eine eigenthümliche, fast spitzbogenförmige Gestalt gegeben worden, welche Leo folgendermassen beschreibt (II. 180): „Fünf ungeheure Eichenbalken von der Art, welche Maltraos genannt werden, waren dem Thore des Pronaons (jederseits) quer (d. h. in horizontaler Lage) eingefügt worden, um die Wand (des oberen Stockwerks) zu stützen, damit sie nicht zur Erde niederstürzte. Der unterste (s. Fig. 27) ragte aus dem Thore (d. h. aus der Wand, oder besser: aus der Wandsäule) um eine Elle hervor, und ebenso ragte er an jeder Seite desselben hervor (d. h. wie der Balken a um eine Elle in das Portal vorsprang, so war dies auch mit dem ihm gegenübergelegenen Balken b der Fall). Die oberen Balken aber ragten auf gleiche Weise der eine vor dem andern um eine Elle hervor, bis sie endlich allesammt die Gestalt einer Schwelle über diesem Thore bildeten; sie waren aber so an einander gefügt, als ob sie aus bogenförmig gewölbtem Gestein beständen. Alle diese Balken waren mit Schnitzwerk von Lilienblüthen (welche Form auch die Knäufe der beiden Wandsäulen haben mochten) bedeckt; zwischen ihnen (den Balken) befand sich jedoch eine Steinlage, deren Höhe fünf Palmen ($^5/_6$ Elle) betrug."

In jedem der beiden im östlichen Giebel des Hauptgebäudes angebrachten Fenster, durch welche das Licht vom Pronaon aus in das Heilige fiel, war eine goldene Krone (vermuthlich Weihgeschenke des Fürsten Serubabel und des Hohenpriesters Jesua, Esr. 3, 2) befestigt worden (Leo II, 186). Bei der ansehnlichen Grösse des Portals der Vorhalle mussten diese Kronen auch von den inneren Vorhöfen aus sehr gut sichtbar sein. Vor jedem der erwähnten Fenster hing eine als Leiter dienende goldene Kette vom Gebälk des Pronaons herab. Jüngere Priester hatten die Verpflichtung, von Zeit zu Zeit an diesen Ketten emporzusteigen, um die Kronen zu reinigen (II, 185). — Ausser diesen Gegenständen befanden sich im Pronaon wahrscheinlich nur noch der steinerne Tisch, auf welchen die frischgebackenen, und der vergoldete, auf welchen die altgewordenen Schaubrote gelegt wurden.

3. Der Brandopferaltar und andere Bauwerke.

Schon im siebenten Monat nach ihrer Rückkehr aus Babel begannen die Juden den Bau des neuen Brandopferaltars. „Und sie errichteten den Altar auf seiner Stelle" (Esr. 3, 1—3), d. h. offenbar: sie erbauten ihn nicht allein an seiner früheren Stätte, sondern auch in seinem ehemaligen Umfange wieder auf. Dieser neue Altar unterschied sich aber von dem Salomonischen dadurch, dass er durchaus massiv, und zwar aus unbehauenen Steinen, aufgeführt war und daher auch eines aus Erz gearbeiteten Harels ganz entbehrte. Als der Bau des Serubabelschen Tempelgebäudes beendigt war, musste man bald die Bemerkung machen, dass er im Verhältniss zu diesem Gebäude viel zu klein und deshalb eine angemessene Vergrösserung desselben wünschenswerth sei. Ob eine solche Vergrösserung zur Ausführung kam oder vielleicht durch religiöse Bedenken ganz oder theilweise verhindert wurde, ist unbekannt. Gewiss ist nur, dass der Brandopferaltar des Serubabelschen Tempels nach seiner Entweihung und Verunreinigung durch Antiochus Epiphanes abgebrochen und an seiner Statt ein ganz neuer errichtet wurde (1 Makk. 4, 44—46). Grösse und Gestalt dieses durch die Makkabäer erbauten Altars ist uns, da Leos ausführliche Beschreibung sich auf denselben bezieht, ziemlich genau bekannt. Ehe wir denselben jedoch näher betrachten, sei noch bemerkt, dass Leo bei seinen Angaben bald nach Ellen rechnet, die fünf, bald nach solchen, die sechs Palmen enthalten. Diese Inkonsequenz macht seine Beschreibung etwas unklar, hat aber, da es sich meist nur um kleine Bruchtheile einer Elle handelt, im Ganzen wenig auf sich, auch führt sie nur in dem einen Punkte, wo es sich um die Ermittlung der ganzen Höhe des Altars, die Leo irriger Weise selbst auf neun Ellen und vier Palmen anschlägt, handelt, zu einer bemerkenswerthen Differenz. Addirt man nämlich die Zahlen, welche sich auf die Höhe der einzelnen Altarterrassen beziehen, so erhält man $10^{5}/_{6}$ oder nach einer andern Zählungsart $11^{2}/_{3}$ Ellen, während doch die wirkliche Höhe des Altars jedenfalls gerade 12 Ellen betrug. Zugleich sei hier noch erwähnt, dass nach Leos Bericht der Altar, welcher von dem Tempelgebäude etwa 22 Ellen entfernt war, sich nicht genau in der Mitte des Priestervorhofs befand, sondern des letzteren Südgrenze um neun Ellen näher stand (II, 59). Diese Angabe ist aber entweder ganz falsch, oder sie muss auf eine andere, weiter unten zu berührende Weise verstanden werden.

Die Grundlage des Makkabäischen Brandopferaltars (s. Fig. 28) bildete ein Quadrat von 32 Ellen bei 1—2 Ellen Höhe (II, 60. 63). Die auf derselben ruhende erste Steinterrasse war $30\frac{1}{3}$ Elle lang und breit und 5 Ellen hoch; die folgende dagegen, welche den Namen **Stätte der Feuerhaufen** führte, war $28\frac{2}{3}$ Ellen lang und breit und 3 Ellen hoch. Auf dem Vorsprung der unteren, welcher der **Umgang des Altars** hiess, gingen die Priester, wenn sie die Hörner des Altars mit dem Opferblute besprengten. Eine rings um den Altar gezogene rothe Linie deutete die Grenze der Sprengungen höherer und niederer Art an (II, 63—65). Die viereckigen, ausgehöhlten Hörner dieses Altars standen auf den Ecken der zweiten Terrasse, eine Palme vom Rande derselben entfernt. Sie waren eine Elle dick, $1\frac{5}{6}$ Ellen hoch (66). Auf der zweiten Terrasse, deren zwei Ellen breiter Rand den Priestern als **Fusspfad** diente, befand sich noch eine dritte von 24 Ellen Länge und Breite und $1\frac{5}{6}$ Ellen Höhe. Sie führte den Namen **Pomum***) oder **Rücken des Altars** und vertrat die Stelle des ehemaligen Harels. Ihre vier Ecken waren abgerundet, damit die auf dem erwähnten „Fusspfad" wandelnden Priester an diesen Punkten durch die hier aufgestellten Altarhörner nicht behindert würden (II. 67. 68).

Der auf der Südseite angebrachte Aufgang des Brandopferaltars bestand nicht wie der des ersten Tempels aus eigentlichen Treppenstufen, sondern nur aus drei neben einander gelegenen Schiefflächen, die in einer Entfernung von 18 bis 20 Ellen vom Altar ihren Anfang nahmen**). Die mittlere, die **grosse Stufe** genannt, zog sich in einer Breite von 16 Ellen bis zu dem um das Pomum herumlaufenden „Fusspfad der Priester" hinauf, während die beiden äusseren, sieben Ellen breiten, nur bis zum „Umgang" des Altars hinanreichten. Auf einer dieser beiden **Nebenstufen** stiegen die Priester, welche die Altarhörner mit Blut besprengen wollten, auf den Umgang und kamen nach vollendetem Geschäfte auf der andern wieder herab, um das im Opferbecken zurückgebliebene Blut in die beiden am südwestlichen Fusse des Altars befindlichen trichterförmigen Röhren zu schütten (II. 70). Am westlichen Rande der grossen Stufe war eine Vertiefung von einer Elle im Quadrat angebracht worden. In diese warf man diejenigen zum Opfer bestimmten Vögel, an denen man schon bei oberflächlicher Betrachtung einen Fehler entdeckte. Bestätigte sich die Fehlerhaftigkeit eines solchen Vogels auch bei nachheriger genauerer Besichtigung, so wurde er nicht geopfert, sondern ins **Haus der Verbrennung**, d. h. vermuthlich:

---

*) Τὸ πῶμα, der Deckel.
**) Nach Leos Angabe soll diese Entfernung nur $12\frac{1}{2}$ Elle betragen haben. Nimmt man diese Angabe aber als richtig an, so erhält man einen Aufgang, dessen Neigung zur Horizontalebene nicht weniger als 34 Grad beträgt; die Schieffläche wäre mithin so steil gewesen, dass sie nicht ohne Unbequemlichkeit und Mühe betreten werden konnte.

in die Kammer des Heerdes, gebracht (71). Auf die grosse Stufe wurde auch das vorschriftsmässig zubereitete Opferfleisch gelegt, um hier vor der Verbrennung mit dem daselbst vorräthig gehaltenen Salze bestreut zu werden. Ebenso vermischte man hier auch die Speisopfer und den Weihrauch des Schaubrottisches mit Salz. Ausserdem wurden auch die drei Stufen selbst, welche in Folge des von den hier niedergelegten Fleischmassen herabtriefenden Fettes eine schlüpfrige, glatte Oberfläche erhielten, mit Salz bestreut, um ein Ausgleiten der Priester zu verhüten (72—75).

Während auf dem Harel des Salomonischen Brandopferaltars stets nur eine einzige grosse Feuersäule emporloderte, befanden sich auf dem Pomum des Serubabelschen deren im Ganzen vier, nämlich 1) der Brandhaufen des Opfers, in welchen die Brandopferstücke geworfen wurden. Er war der grösste von allen, flammte auf der Ostseite des Pomums empor und wurde durch Fichten-, Feigen- oder Nussbaumholz in Brand erhalten. Dieses Holz musste von den Priestern in der Zeit vom Monat März bis Ende Juli gefällt werden. Der 15. Quinctilis (Anfang des August) beendete dieses Geschäft, und man feierte dann mit grosser Fröhlichkeit das Holzfest (vgl. B. j. II, 17, 6), auch das Fest der Aextezerbrechung genannt, weil das Fällen der Bäume für den übrigen Theil des Jahres eingestellt blieb. In den Brandhaufen des Opfers, dessen verschiedene Seiten übrigens noch zu verschiedenen Zwecken bestimmt waren, wurde täglich nur zweimal, nämlich beim Morgen- und Abendopfer, frisches Holz gelegt (Leo II, 76—78). — 2) Der Brandhaufen des Räucherwerks, auf der Südwestecke des Pomums errichtet, hatte einen Durchmesser von vier Ellen. In ihm brannte nur Oelbaumholz, weil ihm die Kohlen, mit denen man das Räucherwerk des Rauchopferaltars im Heiligen anzündete, entnommen wurden (79). — 3) Der Brandhaufen des ewigen Feuers, der wahrscheinlich die Mitte der westlichen Seite des Pomums einnahm, durfte niemals erlöschen (80). — 4) Der Brandhaufen des Versöhnungstages, nur am Versöhnungsfeste (vermuthlich auf der Nordwestecke des Pomums) errichtet, lieferte die Kohlen, welche zum Anzünden des von dem Hohenpriester im Allerheiligsten darzubringenden Räucherwerks dienten (81). In dem mittleren Theile des Pomums, welcher den Namen Pomum der Asche führte, wurde sämmtliche Asche von den vier Brandhaufen aufgesammelt und von Zeit zu Zeit durch die Priester entfernt (82).

Zum Serubabelschen Brandopferaltar gehörten noch folgende Gegenstände: 1) Eherne dreizähnige Gabeln, Tzinneros genannt, mit denen man das brennende Opferfleisch umwandte, damit es von den Flammen schneller verzehrt werden konnte (85). 2) **Eherne Opferbecken**, in welchen die Priester das Blut der Opferthiere auffingen, um es auf die Altarhörner zu sprengen (87). 3) Eine **silberne Rauchpfanne**, die ihren Standort auf dem „Fusspfade der Priester" neben dem südwestlichen Horn des Altars hatte. Sollte nämlich das Räucherwerk des Rauchopferaltars angezündet werden, so schüttete man die dem Brandhaufen des Räucherwerks entnommenen Kohlen zuerst in diese silberne und aus dieser dann wieder in eine etwas kleinere goldene Rauchpfanne, ehe man sie ins Heilige trug (89). 4) Grosse **eherne Aschentöpfe**, welche den Namen **Psachtar** führten. Sie wurden an Ketten getragen und dienten zur Aufnahme und Hinwegschaffung der auf dem Pomum gesammelten Asche (84). 5) **Eherne Schaufeln**, d. h. flache, an Stäben befestigte runde Schalen, mit denen die Asche in die eben erwähnten Aschentöpfe geschüttet wurde (83). 6) Das **Aschenbehältniss**, d. h. eine neben der östlichen Altarstufe angebrachte, vom Altar selbst 10½ Elle entfernte Höhle, in welche nicht nur die in den Aschentöpfen herbeigetragene Asche, sondern auch die nach beendigtem Abendopfer zurückgebliebenen Kohlen des Brandhaufens der Opfer geschüttet, sowie die Dochtüberreste von den Lampen des siebenarmigen Leuchters und alle Abfälle von den Vogelopfern geworfen wurden (90). Dieses Aschenbehältniss konnte wahrscheinlich durch eine Steinplatte verschlossen werden.

Obgleich die übrigen Gegenstände, welche sich noch im Vorhof der Priester befanden, mit den schon weiter oben aufgeführten und näher beschriebenen des Salomonischen Tempels übereinkamen, so sei doch hier der Vollständigkeit wegen noch einmal erinnert, dass auf der Südseite des Altars der **silberne Tisch** mit seinen 93 silbernen und goldenen Opfergefässen, der marmorne **Fetttisch**, die **Priesterbühne** (d. h. die beiden säulenartigen Postamente der Trompetenbläser), die **Decke des Sabbaths** und an Stelle des ehernen Meeres ein mit zwölf Spundöffnungen versehenes ehernes **Wasserbecken** aufgestellt waren (91—95). Ueber die auf der Nordseite befindlichen Gegenstände äussert sich Leo folgendermassen (98—102): „Auf der nördlichen Seite des Altars waren 24 eiserne Ringe an der Erde befestigt, an welchen die Hälse der zu schlachtenden Thiere festgebunden wurden. Sie hatten die Gestalt eines Bogens und waren von Norden nach Süden in vier Reihen vertheilt, deren jede sechs Ringe enthielt. Die erste Reihe war vom Altar beinahe acht Ellen entfernt, alle aber enthielten zusammen 24 Ellen Breite. Die einzelnen Ringe aber hatten die einzelnen 24 Ordnungen der im Tempel dienenden

Priester im Gebrauche*). — Acht Marmortische, von denen jeder anderthalb Ellen Länge und Breite und eine Elle Höhe hatte, waren in der Nähe der erwähnten Ringe an der Nordseite des Altars an einem Orte aufgestellt, welcher von da fast acht Ellen entfernt war. Auf diesen wuschen die Priester die Eingeweide und Schenkel aller darzubringenden Schlachtopfer und das Fleisch aller Opferthiere, welches sie kochten; auch legten sie auf dieselben die Werkzeuge, mit denen sie die Brand- und Dankopfer schlachteten. — Acht kleine Säulen, die aus diesem Grunde auch Zwergsäulen genannt wurden, waren bei den vorher erwähnten Tischen auf der Nordseite des Altars aufgerichtet worden. An den einzelnen (Säulen) waren oben einzelne kleine viereckige Cedernscheite befestigt und daran drei Reihen Haken, die eine über der andern, angeheftet worden, um die geschlachteten Opferthiere daran aufzuhängen. Je nach der Grösse des Schlachtopfers kam daher bald ein hoher, bald ein niedriger (Haken) zur Anwendung. — Ein Schlachthaus, 12½ Elle breit, lag ebenfalls an der Nordseite des Altars bei jenen erwähnten Säulen. Seine Wand (d. h. seine Länge) umfasste, den acht erwähnten Tischen entsprechend, acht Ellen. — Ein gewisser, zwischen dem Schlachthause und der nördlichen Wand (Umhegung) des (Priester-) Vorhofs gelegener leerer Raum von acht Ellen Breite befand sich daselbst an der Nordseite (des Vorhofs) nach Süden zu. Durch diesen wurden die 135 Ellen der Breite des Tempels (d. h. des Vorhofs der Priester) vollzählig gemacht."

Diese Berechnung ist ebenso unrichtig, wie die Beschreibung des Schlachthauses (domus mactationum) ungenau und unklar ist; denn letzteres war gewissermassen nur eine Art spanische Wand (daher auch receptaculum poparum genannt), welche die Schlachtsäulen und Schlachttische rings umgab. Sämmtliche Säulen standen darin längs der Hinterwand, also in einer von Osten nach Westen gerichteten Linie. Von den Tischen befand sich — und zwar vier Ellen von der Wand entfernt — die eine Hälfte im Osten, die andere im Westen. Da Leo, wie aus seiner Beschreibung hervorgeht, das Schlachthaus irriger Weise für ein besonderes, zwischen den Schlachtsäulen und der Nordgrenze des Priestervorhofs gelegenes Gebäude hielt, so blieb ihm, um eine Konformität seiner oben angegebenen Distanzen mit der Breite

---

*) Das ist wohl ein Irrthum. Man denke nur, welche Unbequemlichkeit es für die Mitglieder derjenigen Priesterordnung, welcher gerade der Dienst oblag, haben musste, wenn sämmtliche zu einem Opfer gehörenden Thiere nur an einem Ringe hätten befestigt werden dürfen. Es ist vielmehr anzunehmen, dass je ein Opferthier zugleich an zwei oder drei Ringen festgeschnürt wurde, und dass daher die dienstthuenden Priester, wenn es die Umstände erforderten, sich sämmtlicher Ringe gleichzeitig bedienten.

des genannten Vorhofs zu erzielen, kein anderes Mittel übrig, als den kolossalen Brandopferaltar volle neun Ellen weiter nach Süden hin zu versetzen. Dass dieses Auskunftsmittel aber hier nicht allein ganz unpassend, sondern auch ganz überflüssig ist, wird folgende Relation zur Evidenz beweisen. Der Priestervorhof war bekanntlich mit Einschluss seiner (eine halbe Elle dicken) Mauerkrönung 136 Ellen breit. Die Breite seiner nördlichen Hälfte betrug daher 68 Ellen. Subtrahirt man hiervon noch die 12 Ellen der nördlichen Hälfte des Altarpomums (von wo aus nämlich Leo seine Berechnung beginnt), so bleibt noch ein Rest von 56 Ellen. Nun betrug aber

die Entfernung der Ringe vom Altar (Pomum) . . . . 8 Ellen,
die Länge der Fläche, auf der die Ringe sich befanden . 24 „
die Entfernung von hier bis zum Schlachthause . . . . 8 „
die Länge des Schlachthauses . . . . 8 „
die Breite des freien Raums hinter dem Schlachthause . 8 „
Summa . . . 56 Ellen.

Mithin ist die Zuverlässigkeit unserer Auffassung schlagend genug erwiesen. Da nun Leo, wie gesagt, die Schlachtsäulen und Schlachttische zwischen die Ringe und das Schlachthaus einrangirt wissen will und darum hier für dieselben noch einen entsprechenden Raum nöthig hat, so blieb ihm in der That kein anderer Ausweg, als dem Brandopferaltar neun Ellen weiter nach Süden hin seinen Platz anzuweisen. Die neueren Tempelbeschreiber, welche sich der Leoschen Ansicht hinsichtlich dieser abnormen Placirung des Brandopferaltars anschliessen, befinden sich also gleichfalls in einem augenscheinlichen Irrthum. —

Die Anzahl der neuen — zum Theil aus Zinn bestehenden — Kesselgestelle (sedilia stannea*), Leo II, 103) belief sich, den übrigen Gegenständen des Priestervorhofs entsprechend, jedenfalls nur auf acht. Dass sie bei weitem einfacher und weniger schwerfällig eingerichtet waren wie die Salomonischen, ist mit Recht zu vermuthen, ebenso, dass sie auf beiden Seiten des Schlachthauses standen. —

Zu den Gegenständen des Serubabelschen Tempels, welche ihre ehemalige Gestalt, Grösse und Einrichtung unverändert wiedererhielten, gehörten ohne Zweifel auch folgende: 1) der **Vorhof der Priester**

---

*) Wie falsch Leo oft seine Quellen verstand, beweisen auch folgende Worte: „Sedilia stannea sita erant ibi in atrio, ut quiescerent in iis sacerdotes opportuno tempore, postquam nempe sacrificia sua obtulissent." Die Verkehrtheit dieser Behauptung leuchtete ihm selbst jedoch hier dermassen ein, dass er sogleich hinzufügt „Neque vero rationem hujus rei invenio, quandoquidem nemini licitum fuerit sedere in atrio, praeterquam regibus ex domo Davidh." Auch das Letztere (praeterquam etc.) ist höchst unwahrscheinlich, vgl. 2 Kön. 11, 14. 2 Chron. 23, 13. 34, 31.

mit dem Thor Parbar, 2) die Bühne der Leviten (Neh. 9, 4), 3) das unterirdische Kanalsystem, 4) die Ringmauer des Volksvorhofs und die damit in Verbindung stehenden Haupt- und Nebenthore (Neh. 12, 25), 5) die östliche Doppelhalle dieses Vorhofs mit ihren Sängerkammern und 6) die beiden Tempelküchen. Eine ganz andere Gestalt und Einrichtung bekamen dagegen die Kammergebäude und die Schatz- oder Vorrathshäuser. Der Volksvorhof erhielt nämlich an seiner Nord- und Südseite einfache Säulenhallen mit dahinter gelegenen Opferspeisekammern, welche letzteren, in drei Stockwerke vertheilt, wie die Sängerkammern der östlichen Säulenhalle gestaltet sein mochten. Auch die beiden Vorrathshäuser im Westen scheinen in eine einfache Säulenhalle mit dahinter befindlichen Kammern umgewandelt worden zu sein. Dreistöckige Bauwerke von so einfacher Konstruktion, wie wir sie an den Salomonischen (und Ezechielschen) Kammergebäuden kennen gelernt haben, fehlten zweifelsohne dem Serubabelschen und Herodianischen Tempel ganz, und das ist offenbar auch der Grund, weshalb sich die Erinnerung an die ehemalige Existenz solcher Gebäude bei den späteren Juden allmählig gänzlich verlor und statt dessen sich die irrige Ansicht allgemein verbreitete, es sei auch der Volksvorhof des Salomonischen Tempels ringsherum mit Säulenhallen geziert gewesen. Dass auch Josephus dieser falschen Ansicht huldigte, wird durch folgende Worte, die sich auf die Erbauer des Serubabelschen Tempels beziehen, schlagend genug bewiesen; er sagt nämlich (Ant. XI, 4, 7): „Die Juden hatten auch die rings um den eigentlichen Tempel laufenden Hallen des inneren Heiligthums wieder aufgebaut." In Wahrheit hatten jene Juden aber nur die östliche Doppelhalle „wieder aufgebaut". Alle übrigen, rings um den eigentlichen Tempel laufenden Hallen waren in der That nichts Anderes als eine Neuerung, die freilich dem Tempel mehr zur Zierde gereichte als jene anspruchslosen alten Kammergebäude.

4. Der Vorhof der Weiber.

Der Serubabelsche Tempel besass einen an der Ostseite des Volksvorhofs gelegenen besonderen Weibervorhof, der auch der äussere Vorhof und, da er vermuthlich erst längere Zeit nach der Beendigung des Tempelbaues angelegt wurde, der neue Vorhof hiess (s. Plan Nr. IV). Er bildete im Innern ein Quadrat von 135 Ellen, hatte drei Thore und lag um acht Ellen niedriger als der Vorhof des Volks, der nunmehr den Namen Vorhof der Männer erhielt (Leo II, 34). Seiner geringen Grösse wegen war die um ihn aufgeführte, 25 Ellen hohe Ringmauer um zwei Ellen schwächer als die viel umfangreichere des

Männervorhofs, so dass auch die im Norden und Süden angebrachten Thore, welche beide den Namen Thor der Weiber führten (37), um ebenso viel kürzer sein mussten. Da aber neben diesen Weiberthoren keine Gebäude aufgeführt wurden, so konnten die darin angebrachten Thornischen eine bei weitem geringere Höhe haben als diejenigen der Thore des Männervorhofs. Dieser Umstand macht es aber wahrscheinlich, dass das obere Stockwerk derselben nicht in mehrere Kammern abgetheilt war, sondern nur aus einem oder höchstens zwei grossen Sälen bestand, die als Synagogen oder sonst als Lehr- oder Versammlungszimmer des Volks dienten. Das an der Ostseite gelegene untere Thor (II, 10) hatte wiederum die normalmässige Länge von 32 Ellen, unterschied sich aber sonst wohl schwerlich von den beiden Weiberthoren. In dem oberen Saale dieses Thores hielt das aus 23 Mitgliedern bestehende kleine Synedrium seine Sitzungen. Hier sassen die Mitglieder dieses Richterkollegiums, nach Alter, Weisheit und Tüchtigkeit geordnet, in einem halbmondförmigen Kreise. Rechts und links stand ein Schreiber und vor ihnen sassen 69 Schüler. d. h. dereinstige Nachfolger der etwa ausscheidenden Rathsmitglieder, in drei Reihen, so dass in diesem grossen Raum während der Sitzungen stets wenigstens 94 Personen versammelt waren (35).

Die zu beiden Seiten des unteren Thores errichteten einfachen Säulenhallen waren bedeutend niedriger als die des Männervorhofes. In den darin befindlichen Kammern, deren Thüren (falls Leos unklare Angabe Glauben verdient) im Westen angebracht waren, wurden die Leviten in der Kunst des Schreibens, Singens und Musicirens unterrichtet und ausgebildet. Die Musikinstrumente wickelte man nach dem Gebrauche in Leinwand und hängte sie an die ringsumher an den Balken befestigten Haken (39). Auf dem Dache dieser Säulenhallen befanden sich viele kleine, aus Brettern oder Latten erbaute Verschläge oder Kammern (s. Fig. 29), in welchen sich die Weiber versammelten, wenn sie ihre Andacht im Tempel verrichten wollten*). Diese mit engen Aussichten versehenen Gemächer bildeten mehrere von Norden nach Süden gerichtete Reihen, von denen eine aber immer höher lag als die andere, so dass alle zusammen wie die Sitze in einem Theater terrassenförmig auf einander folgten (36). Die zu diesen Gemächern emporführenden Treppen mochten an den Enden der Hallen angebracht sein.

In jeder Ecke des Weibervorhofs befand sich ein kleiner Hof, der

---

*) „Tabulata illa primitus non extitere in atrio mulierum, verum fecere ea postea, propterea quod timerent, ne forte noctu festi illius dicti Schimchas bes haschschoafa (Laubhüttenfest) commiscerent se viri cum mulieribus et protervam invicem lasciviam committerent" (Leo II, 36).

jedenfalls den ganzen neben den Weiberthoren gelegenen Raum ausfüllte. Da aus diesen 40 Ellen langen und 30 Ellen breiten Höfen der Rauch ungehindert in die Höhe steigen konnte, so führten sie den Namen Rauchhöfe. Der in der Nordostecke gelegene hiess der Holzhof, weil in demselben alles Holz aufbewahrt wurde, welches zur Unterhaltung der auf dem Brandopferaltar lodernden Brandhaufen diente. Priester, die mit irgend einem körperlichen Fehler behaftet und daher zur Verrichtung des Opferdienstes untauglich waren, mussten dieses Holz hier spalten und das morsche und faule, das nicht auf den Altar gebracht werden durfte, aussondern. Der in der Nordwestecke befindliche Hof führte den Namen Hof der Aussätzigen, weil diejenigen Personen, welche vom Aussatz geheilt worden waren, am achten Tage darauf in diesen Hof gingen, um das von ihnen darzubringende Reinigungsopfer in den hier auf Dreifüssen stehenden Kesseln und Töpfen zu kochen und sich hierauf daselbst zu baden. Der nächstfolgende Hof wurde der Hof des Oelhauses genannt, weil darin neben dem Wein zu den Trankopfern auch das Oel zu den Lampen des siebenarmigen Leuchters und zum Speisopfer aufbewahrt wurde. Da sich in diesem Hofe die Kammer des sprudelnden Wassers befand, so liegt die Vermuthung nahe, dass die Erbauer des Weibervorhofs noch einen dritten unterirdischen Tempelkanal gruben, der diesen und den zuletzt erwähnten Rauchhof, in dem die vom Aussatz geheilten Personen sich baden mussten, mit Wasser zu versorgen bestimmt war. Der letzte Hof endlich hiess der Hof der Nasiräer, weil die Nasiräer in demselben ihre Dankopfer in den Kesseln, welche auch hier auf den ringsum aufgestellten Dreifüssen standen, kochten. „Daselbst schoren sie auch ihr Haupthaar ab und warfen es unter einen Kessel" (Leo II, 38).

Der Umstand, dass der Weibervorhof gerade ebenso lang und breit war wie der Priestervorhof im Innern breit, lässt mit Recht vermuthen, dass auch hier die Leosche Angabe, wie bereits angedeutet, nur auf die inneren Ausdehnungsverhältnisse bezogen werden darf. Diese Vermuthung wird in der That zur Gewissheit, wenn man die Maasse der Vorhofsbestandtheile in der Richtung von Westen nach Osten folgendermassen addirt:

Länge des Hofs der Aussätzigen	40 Ellen.
Breite des nördlichen Weiberthores	28 „
Länge des Holzhofes	40 „
Normalmässige Breite der Säulenhalle	27 „
Summa . . .	135 Ellen.

Nimmt man hierzu noch die Dicke der Aussenmauer (5 Ellen), so ergiebt sich, dass die äussere Länge des Weibervorhofs 140, die äussere Breite desselben, bei welcher zwei Aussenmauern zu berücksichtigen sind, dagegen 145 Ellen betrug. — Dass die inneren Vorhallen der Weiberthore mit den Einfassungsmauern der Rauchhöfe fronteten, während die Vorhallen der Thore sonst stets von drei Seiten her ganz frei standen, ist hier nicht von Bedeutung, da jene Einfassungsmauern zu niedrig waren, als dass sie diese Vorhallen der Weiberthore in ihrer freien Stellung merklich hätten beeinträchtigen können.

In der Mitte des Weibervorhofs erhob sich eine aus Holz verfertigte kanzelartige Tribüne, die hölzerne Bühne genannt, auf welcher der Hohepriester jährlich am Versöhnungsfeste dem versammelten Volke Vorlesungen aus dem Gesetzbuche hielt. Dasselbe geschah auch am Laubhüttenfeste des Erlassjahres (II, 41). Am gewöhnlichen Laubhüttenfeste hing man in der Mitte dieses Vorhofs zwei grosse beckenartige goldene Lampen auf, in welche die Priester statt des Dochtes ihre veralteten Gürtel warfen und dann anzündeten. Die Feuersäulen dieser beiden Lampen sollen so mächtig emporgelodert haben, dass ganz Jerusalem dadurch erleuchtet wurde (34).

An der Westseite des Weibervorhofs befanden sich gar keine Gebäude; die Ringmauer des Männervorhofs war daher hier in ihrer ganzen Höhe sichtbar (43). Das darin angebrachte östliche Thor des Männervorhofs, durch welches dieser mit dem Weibervorhof in Verbindung stand, führte verschiedene Namen. Gewöhnlich wurde es aber das hohe oder das höchste Thor genannt. Späterhin erhielt es — vermuthlich mit Rücksicht auf die 1 Makk. 7, 47 und 2 Makk. 15, 30—35 erzählte Begebenheit — den Namen Nikanorthor (Leo II, 10). Da es nur an den Sabbathen, Neumonden und andern Festtagen, an welchen jeder Israelit den Tempel zu besuchen verpflichtet war, oder wenn der Fürst in den Tempel kam, geöffnet wurde, so war in jedem Thorflügel desselben eine kleine Pforte angebracht, in welcher man die Aussätzigen und Wöchnerinnen für rein erklärte und den Ehebrecherinnen den bitteren Trank darreichte (44). Jenes oben erwähnte, aus 23 Mitgliedern bestehende kleine Synedrium soll auch im Nikanorthore Gerichtssitzungen gehalten haben (45). Da aber dieses Thor so vielfach mit dem „unteren Thore" verwechselt wird, so beruht diese Angabe jedenfalls auf einem leicht erklärbaren Irrthum.

Wollte man vom Vorhof der Weiber zu dem der Männer emporsteigen, so musste man zuerst 15 halbkreisförmige Stufen und dann noch die um eine halbe Elle erhöhte gerade Schwelle des Nikanorthores (I, 17) betreten. Die Zahl sämmtlicher hier gelegener Stufen betrug also im Ganzen 16, ein Umstand, den kein Tempelbeschreiber beachtet hat. Solche geringfügigen Dinge dürfen aber nicht übersehen werden, wenn eine Beschreibung in allen ihren Theilen klar und übersichtlich sein soll. Hätte z. B. Leo diese Schwelle stets berücksichtigt, so würde er, um die gewöhnlich aus den Augen verlorne halbe Elle wieder einzubringen, nicht nöthig gehabt haben, der untersten Stufe der Levitenbühne die ohne Gleichen dastehende Höhe von einer vollen Elle zu geben (II, 53). Dass er indess die wirkliche Anzahl aller zwischen dem Weiber- und Priestervorhof befindlichen Stufen kannte, ist aus II, 31 zu ersehen; denn an dieser Stelle berichtet er nicht von 19 Stufen — so viel würden es nämlich sein, wenn die Terrasse des Männervorhofs nur zu $7\frac{1}{2}$ Elle gerechnet wird (50) —, sondern in der That von 20. Um aber diese Summe voll zu machen, bleibt ihm nun kein anderes Mittel übrig, als dem nur zwei Ellen hohen Priestervorhofe eine Höhe von $2\frac{1}{2}$ Elle beizulegen (56). Aehnlichen ungenauen Untersuchungen sind ohne Zweifel auch noch manche andere Höhenangaben zuzuschreiben. So soll z. B. der Fussboden des Weibervorhofs um sechs Ellen höher als der des Vorhofs der Heiden gewesen sein (40), während die wahre Höhe (was in der Beschreibung des Herodianischen Tempels ausführlich begründet werden wird) doch nur vier Ellen, d. h. gerade soviel betrug, als die allmählige Bodenerhebung des Vorhofs der Heiden über dem Standort des Grundthors ausmachte.

5. Der Zwinger und der Vorhof der Heiden.

Verliess man die „inneren Tempelräume" (Ant. XIV, 16, 2), d. h. den Männer- und Weibervorhof, so betrat man den Zwinger, d. h. einen zehn Ellen breiten, rings um diese inneren Vorhöfe herumlaufenden Raum, den kein Nichtjude ungestraft betreten durfte. Dieser ringsherum durch eine aus dünnen, netzförmig mit einander verbundenen Holzstäben bestehende Umhegung (die Zwingerwand) umsäumte Raum lag acht Ellen tiefer als der Vorhof der Männer und zwei Ellen niedriger als der der Weiber. Soweit der Zwinger diesen letzteren begrenzte, hatte er dieselbe Höhe wie der um zwei Ellen erniedrigte Vorhof der Heiden; in seinem übrigen, westlichen Theile war er jedoch um zwei Ellen höher als dieser Vorhof, weshalb er daselbst auf vier Stufen erstiegen werden musste. In jenem östlichen Theile hatte daher die unter der netzförmigen, 10 Palmen (etwa zwei Ellen) hohen Zwingerwand errichtete Grundmauer nur eine Elle Höhe (Leo II, 30), während diese Mauer auf der Nord-, West- und Südseite des Männervorhofs drei Ellen hoch war (B. j. V, 5, 2). Auf dieser Grundmauer der Zwingerwand erhob sich aber nicht bloss die netzförmige hölzerne Umhegung, sondern in bestimmten Entfernungen — wahrscheinlich zu beiden Seiten der Eingänge — auch kleine Säulen, an denen geschrieben stand, dass der Fremdling, der diese Scheidewand zu überschreiten sich erkühnte, der Todesstrafe verfallen sei. Als die Juden unter syrischer Herrschaft standen, zerstörten sie die Zwingerwand (vermuthlich durch Hinwegnahme jener kleinen Säulen) an dreizehn Stellen, um den Zorn ihrer Oberherren nicht zu reizen; kaum aber hatten die Hasmonäer ihre Unabhängigkeit erkämpft, so wurde die ganze Wand mit ihren Säulen, gleichsam als Siegeszeichen, wieder vollständig hergestellt (Leo II. 30). An diese Säulen wurden jedenfalls auch die messingenen Tafeln geheftet, auf welchen die Bundesverträge der Juden mit den Römern und Spartanern geschrieben standen (1 Makk. 14, 16—26), sowie diejenigen, welche die Urkunde, kraft deren der Makkabäer Simon zum Fürsten und Hohenpriester der Juden ernannt wurde, enthielten (V. 48). Da der Zwinger in seinem westlichen Theile zugleich in eine zwei Ellen hohe Terrasse umgeformt worden war, so musste die Oberfläche des Serubabelschen Vorhofs der Heiden weit weniger geneigt sein als die des Salomonischen. Eine ganz horizontale Oberfläche bekam dieser Vorhof erst im Herodianischen Tempel.

Die Ringmauer des Serubabelschen Vorhofs der Heiden und die darin befindlichen Thore erhielten ohne Zweifel ihre frühere Grösse, Gestalt und Ausdehnung unverändert wieder. Die alten Namen dieser Thore verloren sich aber im Laufe der Zeit. So nannte man das ehemalige **Königsthor** späterhin das **Thor der Chulda** (Leo II, 19), ein Name, den auch das frühere **Grundthor** erhalten haben soll. Das Königsthor findet sich bei l'Empereur auch unter dem Namen **Thor der Läufer***). Ueber dem ehemaligen **Wasserthor** befand sich ein in halb erhabener Arbeit ausgeführtes Bildniss der Stadt Susa. „Dieses Bild war auf Befehl der Könige von Persien, mit deren Erlaubniss der Tempel gebaut wurde, über dem östlichen Thore angebracht worden, um den Israeliten Ehrfurcht gegen das Oberherrenthum einzuflössen, damit sie sich nicht durch Empörungen gegen den König vergingen" (23). Dieses Bildes wegen wurde das Wasserthor endlich mit

---

*) Das **Thor der Läufer** (porta cursorum) oder — was dasselbe ist — das Thor der **Trabanten** (שַׁעַר הָרָצִים, 2 Kon. 11, 19; רצים bei den Persern Läufer und reitende Staatsboten, Esth 3, 13. 15. 8, 14, bei den Juden Leibwächter oder Trabanten, 1 Sam. 22, 17. 1 Kon. 14, 27. 2 Kön 10, 25. 11, 6) war eigentlich ein anderer Name für das hohe Thor an der Salomosburg. Entweder ist der obige Name von diesem Thore auf das Königsthor des Serubabelschen Tempels übertragen worden, oder die ganze Angabe beruht überhaupt nur auf einer Verwechslung beider so nahe bei einander gelegener Thore.

dem Namen Thor Susan belegt, und sein alter Name ging dann allmählig ganz auf das Thor der Waschung über. Das Kerkerthor behielt jedenfalls seinen alten Namen; l'Empereurs porta injectus ist schwerlich davon verschieden.

Ausser diesen vier Thoren gedenkt Leo (II, 19) noch eines Thors Teri, welches sich an der Nordseite des Vorhofs der Heiden befand, aber stets verschlossen blieb. Er sagt: „Teri ist ein griechisches Wort, welches schwach bedeutet*). Dieses Thor wurde vielleicht darum so genannt, weil man ihm eine sehr schwache Oberschwelle gegeben hatte; es bestand nämlich nicht — der Bauart der übrigen Thore entsprechend — aus einem auf zwei Pfosten ruhenden Stein (Oberschwelle), sondern aus zwei Steinen, welche oben (schräg) an einander gelehnt waren." Man sieht hieraus, dass hier eigentlich von einem wirklichen Thore gar keine Rede ist. Die ganze Vorrichtung sollte ohne Zweifel nur den Ort andeuten, wo man gelegentlich die Mauer Behufs Anlegung eines neuen Thors und Ueberbrückung der Caphnataschlucht durchbrechen wollte, ein Werk, das indess vor dem Regierungsantritt des Johannes Hyrkanus nicht zur Ausführung kam. Da aber Jedermann wusste, zu welchem Zwecke die beiden schräg stehenden Steine in der Mauer angebracht waren, so bezeichnete man sie schon zum Voraus mit dem chaldäischen Namen Teri (Thor), der den Juden während ihres langjährigen Aufenthalts in den babylonischen Landstrichen geläufig geworden war. Mit dem Thore Kiponos, im Westen, das wahrscheinlich gleichfalls erst durch Johannes Hyrkanus erbaut wurde, mochte es ursprünglich eine ähnliche Bewandtniss gehabt haben. Genug, soviel ist gewiss, dass auch der Serubabelsche Tempel Jahrhunderte hindurch nur im Süden zugänglich war.

Zwischen den Thoren des Vorhofs der Heiden waren statt der ehemaligen Kammergebäude wahrscheinlich ebenfalls Säulenhallen mit Kammern aufgeführt worden. Ausserdem soll sich (nach Leo) in diesem Vorhofe noch das Haus Habbira, in welchem diejenigen, denen etwas Ungesetzmässiges begegnet war, ihre Sühnopfer verbrannten, befunden haben (II, 28). Das Haus Habbira, d. h. das Haus des Brandes**), war aber kein besonderes Gebäude, sondern nur die schon mehrmals erwähnte Kammer des Heerdes, eine Aussenkammer des ehemaligen Oberthors Benjamin und nachherigen Thors des Heerdes. —

---

*) Teri von einem griechischen Worte (τέρην, zart, weich) ableiten zu wollen, ist offenbar ein arger Missgriff. Man hat hier vielmehr an das chaldäische Wort תְּלַי zu denken, welches mit dem hebräischen שַׁעַר (Thor) gleiche Bedeutung hat.

**) Vgl. בָּעַר, verbrennen, בְּעֵרָה, Brand.

Dass die Halle Salomonis ihre frühere Gestalt und Grösse wiedererhielt, wird um so weniger zu bezweifeln sein, als die daran grenzende östliche Mauer des Vorhofs der Heiden bei der Zerstörung des Tempels durch die Chaldäer ganz oder doch grösstentheils verschont geblieben sein soll (Ant. XII, 10, 6). Von dem flachen Dache der Halle Salomonis wurde höchst wahrscheinlich jene bekannte Urkunde, kraft welcher Simon Makkabäus zum Fürsten und Hohenpriester ernannt worden war, dem auf dem geräumigen „Platz vor dem Wasserthore" so überaus zahlreich versammelten Volke publicirt. Da jedenfalls Simon selbst, von den angesehensten und vornehmsten Priestern und weltlichen Beamten umringt, während dessen auf demselben Dache anwesend war und hier, Allen sichtbar, die Huldigung des ganzen Volkes entgegennahm, so scheint dieses Dach zur Erinnerung an dieses für die Juden so wichtige Ereigniss den Namen Saramel (d. h. Fürstenhöhe*)) erhalten zu haben (1 Makk. 14, 27—49).

Obgleich die Juden den Tempelbezirk in seinem ganzen Umfange für heilig hielten, so unterschieden sie in demselben doch noch acht verschiedene Grade der Heiligkeit, welche Leo folgendermassen beschreibt (I, 18): „Der erste (der acht Grade der Heiligkeit), welcher den ganzen durch die erwähnten äusseren Säulenhallen umschlossenen Raum umfasste, wurde vorzugsweise der Tempelberg oder der Vorhof der Heiden genannt. Dieser Ort war viel heiliger als Jerusalem (die „heilige" Stadt, Jes. 48, 2. Neh. 11, 2. 18). Deshalb war es den Samen- und Blutflüssigen, den Menstruirten und Kindbetterinnen nicht erlaubt, hierher zu kommen. Der zweite Grad befand sich an dem Orte, welcher der Zwinger genannt wurde. Dieser war heiliger als der Tempelberg, so dass weder die Heiden, noch die durch einen Leichnam Verunreinigten, noch der Ehemann einer Menstruirten in denselben eingehen konnten. Der dritte Grad war an dem weiter nach innen gelegenen Orte, welcher der Vorhof der Weiber genannt wurde. Dieser galt wiederum für heiliger als jener vorher genannte. Deswegen durfte derjenige ihn nicht betreten, welcher sich an demselben Tage nicht gewaschen hatte. Der vierte Grad befand sich in dem noch weiter nach innen gelegenen, Vorhof Israels genannten Vorhofe. Derselbe war heiliger als der Vorhof der Weiber. In diesen einzugehen wurde dem nicht erlaubt, welcher unentsühnt oder unrein war. Wenn

---

*) Allem Vermuthen nach ist nur diese Uebersetzung die richtige. Man hat sich das Wort Saramel nämlich aus שָׂרִים (Fürsten) und מַעֲלָה (Anhöhe, Bühne) oder מַעֲלָכָה (Höhe) zusammengesetzt zu denken. Dass dieses Wort erst nach dem babylonischen Exil entstanden ist, scheint daraus hervorzugehen, dass der Genitiv (שָׂרִים), wie dies in assyrisch-persischen Dialekten gebräuchlich war, voransteht.

aber ein Solcher eintrat, so machte er sich der Ausstossung schuldig. Der fünfte Grad war an dem Orte, welcher mehr nach innen lag als dieser davorgelegene Vorhof. Er wurde der Vorhof der Priester genannt. Da dieser heiliger war als der Vorhof Israels, so betraten auch die reinen Israeliten denselben nur, wenn ein Fall der Nothwendigkeit sie dazu zwang, d. h. wenn sie selbst Hand anlegen mussten, sei es bei der Entsühnung, oder beim Schlachten, oder bei einem Opfergeschäfte, oder wenn sie an den drei Malen (d. h. an den drei grossen Festen) zum Tempel kamen. Der sechste Grad befand sich an dem mit dem Namen „zwischen (Vor-) Halle und Altar" belegten Orte, welcher noch weiter nach innen lag. Dieser war wiederum heiliger als der Vorhof der Priester. Ihn durften diejenigen Priester nicht betreten, welche mit einem Fehler behaftet, oder auch nur bedeckten (d. h. unbeschornen) Hauptes, oder endlich, deren Kleider zerrissen waren. Der siebente Grad erhob sich wiederum an einem weiter nach innen gelegenen Orte, welcher die in einer Ebene liegende Tempelfläche (d. h. die Oberfläche des Krepidoma) der Halle und des Heiligen bildete. Dieser war aber heiliger als derjenige Ort, welcher „zwischen Halle und Altar" genannt wurde, und zwar deswegen, weil es für einen Priester Sünde war, zu demselben emporzusteigen, ohne vorher Hände und Füsse gewaschen zu haben. Der achte und letzte Grad war höher (? — soll wohl heissen: heiliger) als alle die erwähnten, und dieser am weitesten nach innen gelegene Ort hiess das Allerheiligste. In diesen einzutreten war keinem Menschen gestattet ausser dem Hohenpriester einmal im Jahre, nämlich allein am Tage der Versöhnung. An diesem Tage ging er viermal hinein. Einmal, um das Räucherwerk zu verbrennen. Zum zweiten Male, um das Blut des jungen Stiers zu sprengen. Zum dritten, um das Blut des Bockes zu sprengen. Zum vierten, um die Rauchpfanne und das Weihrauchgefäss zurückzuholen, welche (Gegenstände) er zurückgelassen hatte, als er, um vor dem Herrn zu räuchern, hineingegangen war. Und das (that er), nachdem er sich vor dem jedesmaligen Hineingehen gewaschen hatte."

II. Wiederaufbau der Stadt Jerusalem.

1. Die Akra oder die erneuerte Salomosburg.

Als die Juden von den Samaritern zum ersten Male am Tempelbau gehindert und zugleich von ihnen bedroht wurden (Esr. 4), musste die Gründung eines Festungswerkes, in dem sie bei etwaigen feindlichen

Ueberfällen Schutz und Sicherheit finden konnten, eins ihrer dringendsten Geschäfte sein; denn eine Wiederherstellung sämmtlicher Stadtmauern war unter den damals obwaltenden Umständen unausführbar. Da kein Stadtbezirk günstiger gelegen und leichter zu befestigen war als die ihres verhältnissmässig so geringen Umfanges wegen schnell wieder in Vertheidigungszustand zu setzende Salomosburg, so musste die Wahl um so mehr auf diesen Ort fallen, als derselbe ausserdem noch den wichtigen Vortheil bot, dass man von hier aus sämmtliche Zugänge zum Tempel, dessen drei andere Seiten durch unzugängliche Schluchten und Felswände hinreichend geschützt waren, vollkommen in' seiner Gewalt behielt. Es ist freilich auffallend, dass dieser Wiederherstellung der alten Königsburg in der h. Schrift nirgends ausdrücklich Erwähnung geschieht; aber dennoch ist diese Thatsache nicht weniger wahr als andere, die darin ebenfalls mit Stillschweigen übergangen sind. Vielleicht beziehen sich jedoch folgende Worte, welche die Samariter dem persischen Könige brieflich mittheilten, wenigstens theilweise auf die Burg. Die Worte lauten (Esr. 4, 12): „Es sei dem Könige kund, dass die Juden, welche von dir heraufgezogen, zu uns gekommen sind nach Jerusalem (und) bauen die aufrührerische und böse Stadt; auch vollenden sie die Mauern und **stellen die Grundvesten** (der Salomosburg) **wieder her**."

Lässt sich auch der Zeitpunkt des Wiederaufbaues der Burg nicht mit Sicherheit angeben, so steht doch soviel fest, dass sie schon vor Nehemias Ankunft bis auf die Thore vollendet war; denn dieser neue Statthalter bittet den persischen König auch um einen Brief an Asaph, den königlichen Forstmeister, kraft dessen dieser ihm Holz überweisen solle „**zum Bälken der Thore der Burg**, welche sich an dem (Salomonischen Königs-) **Hause**, sowie an der Stadtmauer und an dem Hause befinden, in welches ich (Nehemia) selbst einziehen will" (Neh. 2, 8). Der König erfüllte diese Bitte, und man baute nun zunächst wirklich die noch fehlenden Burgthore, so dass, als endlich die Stadtmauern wieder aufgeführt wurden, Nehemia bereits auf das **Ross- und Zählungsthor** als Orientirungszeichen hinweisen konnte (3, 28.31). Da die Burg somit ihre äusseren Befestigungswerke vollständig wiedererhalten hatte, so musste nicht nur ein **Burghauptmann** vorhanden sein (7, 2), sondern Nehemia konnte Behufs besserer Orientirung auch sagen (3, 25): „**dem (Eck-) Thurm gegenüber, welcher hervortritt vom obern Königshause im Gefängnisshofe.**" Genug, die angezogenen Schriftstellen beweisen hinlänglich, dass die Salomosburg ihrem ganzen Umfange nach wieder aufgebaut und befestigt wurde, um jedenfalls, wie schon bemerkt, theils den jüdischen Kolonisten vorkommenden Falles als sichere Zufluchtsstätte, theils aber den Zugängen des Tempels als kräftige Schutzwehr zu dienen. Dass der letztere Zweck späterhin ins Gegentheil umschlug, werden wir weiter unten mehrmals zu berühren Gelegenheit haben. —

Schon vorweg sei hier noch erwähnt, dass die Salomosburg in der nachfolgenden Zeit mit dem Namen „Akra" belegt wurde[*]), ein Umstand, der um deswillen besondere Beachtung verdient, als fast alle Geschichtschreiber neuerer Zeit die Akra irriger Weise mit der nördlich vom Tempel errichteten Burg Antonia identificiren. Der Grund dieses Irrthums ist darin zu suchen, dass die Salomosburg (oder Akra) nachmals von Simon Makkabäus geschleift, der Gipfel des Berges, auf dem sie stand, abgetragen, das Thal Azel mit dem dadurch gewonnenen Schutt ausgefüllt und der ganze so geebnete Raum endlich von Herodes dem Grossen zur Tempelfläche gezogen wurde. Da nun die hierauf bezüglichen Traditionen und schriftlichen Nachrichten von den späteren Geschichtschreibern missverstanden oder doch nicht genug gewürdigt wurden, so suchte man den ehemaligen Standort dieser Burg überall, nur nicht an der rechten Stelle, und da ferner diese Nachrichten begreiflicher Weise auf keinen einzigen der irrthümlich supponirten Orte zutrafen, so stellte sich endlich die Ansicht von der Identität derselben mit der Antonia am meisten fest (vgl. z. B. Str. S. 175 und 176).

2. Wiederherstellung der Stadtmauern durch Nehemia.

Obgleich die Juden bald nach ihrer Ankunft in Jerusalem den Wiederaufbau der Stadtmauern begannen (Esr. 4, 12), so musste das kaum angefangene Werk bekannter Hindernisse wegen doch bald wieder aufgegeben werden, und die Stadt bot daher noch lange Zeit hindurch einen sehr traurigen Anblick dar. Nehemia erzählt: „Und als ich nach Jerusalem gekommen und daselbst drei Tage gewesen war, machte ich mich auf des Nachts, ich und wenige Männer mit mir. — Und ich zog zum Thalthor hinaus des Nachts (und in südlicher Richtung) gegen den Drachenbrunnen (Marienbrunnen) hin und an das Mistthor, und betrachtete die Mauer Jerusalems, die da niedergerissen, und ihre Thore, die vom Feuer verzehrt waren. Und ich zog weiter zum Brunnenthor und zum Königsteiche (Schiloachteiche) und es war (dort der Trümmer wegen) kein Raum für das Thier unter mir zum Durchkommen. Und ich zog des Nachts das Thal (Ben Hinnom)

---

[*]) Ἄκρα (Bergveste) ist augenscheinlich nur die griechische Uebersetzung des hebräischen Wortes בִּירָה (Burg).

hinan und betrachtete die Mauer, und ich kam wieder durch das Thalthor und kehrte zurück" (Neh. 2, 11—15).

Unter Nehemias umsichtiger Leitung wurden bekanntlich sämmtliche Stadtmauern wiederhergestellt. Dass dieselben überall auf ihren alten Grundlagen errichtet wurden, ist noch nicht bezweifelt worden, und es bedarf daher kaum noch der besonderen Hindeutung, dass die ehemalige Lage und Ausdehnung der alten Stadtmauern ausser Zweifel steht, wenn diejenige der von Nehemia neu aufgeführten in allen ihren Theilen mit Sicherheit bekannt ist. Ueber den Bau dieser neuen Mauern ist uns aber glücklicher Weise im dritten Kapitel des Buchs Nehemia eine so specielle Beschreibung aufbehalten, dass man längst über die wahre Sachlage hätte im Reinen sein können, wenn man die einzelnen Abschnitte dieses Kapitels richtig zu deuten verstanden hätte. Da dies jedoch bisjetzt noch keinem Ausleger der h. Schrift gelungen ist, so mussten alle Erklärungsversuche von der Wahrheit mehr oder weniger entfernt bleiben, und ein Blick auf die vorhandenen Pläne von Jerusalem ist hinreichend, diese Unsicherheit namentlich in Bezug auf die Vertheilung der Stadtthore auch dem weniger Kundigen leicht fühlbar werden zu lassen.

In den vorhergehenden Kapiteln der vorliegenden Schrift sind die Resultate, welche zu einem grossen Theile auf der Entdeckung des wahren inneren Zusammenhanges jenes biblischen Abschnittes beruhen, überall zu Grunde gelegt, und unsere Aufgabe besteht nunmehr darin, dem Leser das volle Verständniss desselben zu eröffnen und ihm dadurch zugleich das Material zur Beurtheilung und Prüfung derjenigen Behauptungen in die Hände zu geben, für die wir mit unseren Beweisen noch haben im Rückstande bleiben müssen. Es muss jedoch zuvor noch bemerkt werden, dass die Mauern Jerusalems von den Chaldäern nicht an allen Punkten dem Erdboden gleich gemacht wurden, sondern dass hie und da grössere oder kleinere Strecken derselben nur wenig und einige (wie z. B. die „breite Mauer" und die neben der Halle Salomonis gelegene östliche Tempelmauer) durch jene Zerstörer fast gar nicht bedeutend gelitten hatten; auch mochten andere Theile (wie wahrscheinlich auch das Töpferthor und die Thore Ephraim und Benjamin) bereits vor Nehemias Ankunft wiederaufgebaut worden sein. Demgemäss konnten auch die abgegrenzten Strecken, welche einzelnen Personen oder ganzen Baugesellschaften zur Wiederherstellung zugewiesen wurden, nicht von gleicher Länge sein, und das um so weniger, als auch die grössere oder geringere Anzahl der zu einer Baugenossenschaft zusammengetretenen Personen nicht unberücksichtigt bleiben durfte.

Betrachten wir nun (in stetem Hinblick auf den beigefügten Plan

Nr. I, der zu diesem Behufe mit lateinischen und griechischen Buchstaben versehen ist) zuerst Neh. 3, 1—24, worin vorzugsweise nur der Bau der Aussenmauern beschrieben wird. Dieser Abschnitt lautet, wie folgt: „Da machten sich auf Eljaschib, der Hohepriester, und seine Brüder, die Priester, und bauten das Schafthor (a); sie weihten es und setzten seine Thorflügel ein, auch (bauten und) weihten sie (die daranstossende Mauer) bis zum Thurm Mea (b, und weiter) bis zum Thurm Chananeel (c). 2. Und neben ihm (dem Eljaschib) bauten die Männer von Jericho (den südwestlichen Theil der Bezethamauer, bh), auch baute neben ihm Saccur, Imris Sohn, (den südlichsten Theil der Mauer des Hiskias, cd). 3. Das Fischthor (de) aber bauten Senaas Söhne; sie bälkten es und setzten seine Thorflügel, seine Riegel und seine Querbalken (zum Verschliessen des Thors) ein. 4. Und neben ihnen besserte Meremoth, Urijjas Sohn, des Sohnes Hakkoz (ef), und neben ihm besserte Meschullam, Berechjas Sohn, des Sohnes Meschesabeel (fg), und neben ihm besserte Zadok, Baanas Sohn (gh). 5. Und neben ihnen besserten die Thekoiter (hi); aber die Angesehenen unter ihnen unterzogen nicht ihren Nacken dem Dienste ihres Herrn (nämlich des Nehemia). 6. Das alte (oder Eck-) Thor (ik) aber besserten Jojada, Passeachs Sohn, und Meschullam, Besodjas Sohn; sie bälkten es und setzten seine Thorflügel, seine Riegel und seine Querbalken ein. 7. Und neben ihnen besserten Melatja, der Gibeoniter, und Jadon, der Meronothiter, (und die) Leute von Gibeon und Mizpa am Gerichtssitze des Statthalters diesseit des Stromes (d. h. sie bauten neben dem Orte, wo des über die ciseuphratischen Länder gesetzten persischen Statthalters Sitz und Gerichtsstätte war, A, wenn er in das jüdische Land kam, also kl). 8. Neben ihnen besserte Ussiel, Charhajas Sohn, (einer) der Goldschmiede (lm), und neben ihm besserte Chananja, ein Sohn (Nachkomme) der Salbenwürzer (no); sie (die Chaldäer) hatten aber (ehemals) Jerusalem stehen lassen bis an die breite Mauer (d. h. die breite Mauer — zwischen den Thoren Ephraim und Benjamin — war von den Chaldäern nicht zerstört worden, doch mochte sie während der langen Zeit des Exils sehr schadhaft geworden sein). 9. Und neben ihnen besserte Rephaja, Churs Sohn, der Vorsteher des (einen) halben Bezirks von Jerusalem (op). 10. Und neben ihnen besserte Jedaja, Charumaphs Sohn, und (zwar) bei seinem Hause (B, — er besserte den übrigen Theil der breiten Mauer und das Thor Benjamin, pq); und neben ihm besserte Chattusch, Chaschabenjas Sohn (qr). 11. Das zweite (d. h. das nächstfolgende) Stück (rs) besserte Malchijja, Charims Sohn, und Chaschub, Pachath Moabs Sohn, und (ausserdem baute Letzterer) den Ofenthurm (C, Neh. 12, 38). 12. Und neben ihm besserte Schallum, Challocheschs Sohn, der Vorsteher des (andern) halben Bezirks von Jerusalem, er und seine Töchter (st). 13. Das Thalthor besserten Chanun und die Einwohner von Sanoach; sie bauten es und setzten seine Thorflügel, seine Riegel und seine Querbalken ein, und (bauten ausserdem noch) 1000 Ellen an der Mauer bis an das Mistthor (tx, doch mit Ausschluss der Tempelmauer uvw, welche von den Priestern renovirt wurde, V. 28. 29, und der östlichen Mauer an der Salomosburg $\chi\psi$, deren Wiederaufbau bereits früher vollendet war). 14. Das Mistthor aber besserte Malchijja, Rechabs Sohn, der Vorsteher des Bezirks von Beth hac-Carem*); er baute es und setzte seine Thorflügel, seine Riegel und seine Querbalken ein (ausserdem vervollständigte er jedenfalls auch die Mauer Ophel vom Mistthor bis zum Thurm von Schiloach, xy). 15. Das Brunnenthor (Quellthor) aber besserte Schallum, Col Choses Sohn, der Vorsteher des Bezirks von Mizpa; er baute und deckte es und setzte seine Thorflügel, seine Riegel und Querbalken ein, auch (baute er) die Mauer am Teiche Schelach (Schiloach) bei dem Königsgarten bis an die Stufen, welche von der Davidsstadt herabführen (yz). 16. Nach ihm baute Nechemja, Asbuks Sohn, der Vorsteher des (einen) halben Bezirks von Beth Zur, bis gegenüber den Gräbern Davids und bis an den Teich Asuja (D) und bis an das Haus der Helden (Kaserne, E, also $z\alpha\beta$). 17. Nach ihm besserten die Leviten (unter) Rechum, Banis Sohn ($\beta\gamma$); neben ihm besserte Chaschabja ($\gamma\delta$), der Vorsteher des (einen) halben Bezirks von Kegila, für seinen Bezirk. 18. Nach ihm besserten ihre Brüder, (namentlich) Bavvai, Chenadads Sohn, der Vorsteher des (andern) halben Bezirks von Kegila ($\delta\varepsilon$). 19. Und neben ihm besserte weiter fort Eser, Jeschuas Sohn, der Vorsteher von Mizpa, ein zweites Stück, den Hervorragungen (Thürmen? Seitenflügeln?) des Rüsthauses (F) gegenüber (und) die Ecke ($\varepsilon\zeta$). 20. Nach ihm besserte eifrig Baruch, Sabbais Sohn, ein zweites Stück, von der Ecke bis zur Thür des Hauses Eljaschibs (G), des Hohenpriesters ($\zeta\eta$, so dass er vielleicht auch das Töpferthor renovirte). 21. Nach ihm besserte Meremoth, Urijjas Sohn, des Sohnes Hakkoz, ein zweites Stück, von der Thür des Hauses

---

*) Beth hac-Carem, d. h. Fruchtgartenhaus (= Beth hac-Cherem, Jer. 6, 1, = Beth Car, 1 Sam. 7, 11), ist das heutige, $3/4$ Meilen westlich von Jerusalem gelegene Dorf 'Ain Kârim, „das lieblich an den wohlbebauten Hügeln sich hinaufzieht und in dem Thale die edelsten Oliven und Trauben bietet; mit seinem kühlen Felsenquell und den Grotten ist es eins der lieblichsten Felsenthäler in den Umgebungen Jerusalems, reich an seltenen Gewächsen" (Str. S. 270).

Eljaschibs bis ans Ende des Hauses Eljaschibs (ηϑ). 22. Und nach ihm besserten die Priester, die Männer der (Jordan-) Ebene (ϑι). 23. Nach ihnen besserten Binjamin und Chaschub ihrem Hause (H I) gegenüber (ιϰ); nach ihnen besserte Asarja, Maasejas Sohn, des Sohnes Ananja, neben seinem Hause (K, also ϰλ). 24. Nach ihm besserte Binnui, Chenadads Sohn, ein zweites Stück, vom Hause Asarjas (λ) bis zur Aussenecke (μ, wo früher der Davidsthurm stand) und bis zur (Innen-) Ecke" (c, am Thurm Chananeel, womit der Bau der Aussenmauern vollendet war).

Diese Nachweisung ist noch um deswillen gewinnbringend für die Topographie von Jerusalem, weil sie auch eine ziemlich sichere Ortsbestimmung verschiedener Gebäude und Lokalitäten möglich macht. Dahin gehören namentlich folgende:

1) Die Gerichtsstätte des über die diesseit des Euphrat gelegenen Länder*) gesetzten persischen Satrapen, an der Stadtmauer neben dem Eckthore (A).

2) Der Ofenthurm, an der Nordostecke der Stadt (C).

3) Der Teich Asuja (D) auf dem Zion, nahe der Stadtmauer an der tiefen Schlucht, welcher irriger Weise so häufig mit dem unteren Gichonteiche identificirt wurde.

4) Die tiefe Schlucht, deren ehemalige Existenz wenigstens durch die Ausdrücke (V. 16): „bis gegenüber den Gräbern Davids — und bis an den Teich Asuja — und bis an das Haus der Helden" —, durch welche Absätze offenbar ebenso viele Ecken oder Biegungen der Stadtmauer bezeichnet werden sollen, angedeutet ist.

5) Das Kastell Millo. Obgleich dieser Name in Nehemias Bericht nicht vorkommt, so wird der schon weiter oben gelieferte Beweis hinsichtlich der Lage dieses Aussenwerkes dadurch bedeutend unterstützt, dass theils in dieser Gegend nicht weniger als vier Baugesellschaften angestellt werden mussten (V. 17—19), theils aber dadurch, dass

6) das Haus der Helden (E) und

7) das Rüst- oder Zeughaus (F) in derselben Gegend nahe bei einander lagen, in welcher jene vier Baugesellschaften arbeiteten, wie denn überhaupt der Umstand, dass diese beiden den Kriegszweck verrathenden Gebäude gerade als an diesem Punkte der Davidsstadt liegend

---

*) Darius Hystaspis theilte die persische Monarchie in 20 Satrapien. Die diesseit des Euphrat gelegene, die fünfte, wurde von Cilicien, dem Euphrat, Arabien, Aegypten und dem Mittelmeere begrenzt und umfasste die Länder Palästina, Syrien, Phönicien und Cypern. Die dieser Satrapie auferlegte jährliche Abgabe betrug 350 Talente, d. i. beinahe eine halbe Million Thaler (Herodot III, 91).

bezeichnet werden, allen etwaigen Zweifeln an der Richtigkeit der schon weiter oben näher beschriebenen Lage jenes alten Kastells wirksam zu begegnen im Stande ist.

8) Die **Wohnung des Hohenpriesters Eljaschib** (G), in der Südwestecke der Davidsstadt, wobei zu berücksichtigen ist, dass jede Behausung einer jüdischen Standesperson stets einen Vorhof mit Wohnungen für die Dienerschaft nebst Stallungen, Gärten u. s. w. besass und daher von bedeutender Ausdehnung war. Höchst wahrscheinlich haben nicht nur Eljaschibs Amtsvorfahren diesen hohenpriesterlichen Palast bewohnt, sondern auch die meisten von seinen Nachfolgern, und namentlich wohl auch der Hohepriester Kaiphas (Matth. 26, 57), obgleich des Letztern Wohnsitz, wie der des Hannas, von der Tradition eine Strecke weiter nach Norden hin verlegt wird.

9) Die **Wohnungen einiger andern Standespersonen** (H, I, K und B). Hierbei ist zu beachten, dass Jerusalem nach der Zeit des Exils nur sehr spärlich bevölkert war (Neh. 7, 4) und es daher auch für weniger angesehene Personen keine Schwierigkeit hatte, sich in den Besitz eines verhältnissmässig sehr umfangreichen Grundeigenthums zu setzen. —

Nachdem Nehemia seinen Bericht über die Wiederaufführung der Aussenmauern beendet (3, 1—24), wendet er sich V. 25—27 zu der **östlichen Mauer der Davidsstadt.** Dass mit V. 25 ein neuer Abschnitt beginnt, ergiebt sich augenscheinlich daraus, dass dieser Vers ohne die Formel „nach ihm" beginnt. Dass aber dieser zweite Abschnitt mit dem Bau des nordöstlichen Theils der Zionsmauer anfängt, resultirt aufs klarste aus den Worten der h. Schrift selbst; sie lauten nämlich: „Palal, Usais Sohn, (baute einerseits) der Aussenecke (V. 24, d. h. der nordwestlichen Ecke der Davidsstadt) und (andererseits) dem Thurm gegenüber, welcher hervortritt vom obern Königshause (der Salomosburg) im Gefängnisshofe (also ν ξ); nach ihm (baute) Pedaja, Pareoschs Sohn (ξπ). 26. Die Nethinim (Tempeldiener) aber (die vor der Zerstörung Jerusalems auf dem scharfen Felsrücken Ophel gewohnt hatten) wohnten (jetzt) am Ophel (nämlich im Käsemacherthal, auf dem Mörserplatze und im Thal Azel, V. 31) bis vor dem Wasserthor gegen Osten[*] und dem hervortretenden Thurm (V. 25, also in der That auf dem Mörserplatze). 27. Nach ihnen besserten die Thekoiter ein zweites

---

[*] Es ist hier nicht zu übersehen, dass der Theil der Mauer Ophel, welcher das Thal Azel im Osten begrenzte, vor Nehemias Ankunft noch in Trümmern lag, so dass die Nethinim sich hier ungehindert bis ans Wasserthor hatten ausdehnen können.

Stück, dem grossen hervortretenden Thurm (V. 25. 26) gegenüber*), und (zwar) bis an die Mauer Ophel" (πz).

Die Notiz über den Wohnort der Nethinim (V. 26), welche den Text fremdartig genug unterbricht, wird leicht erklärlich, wenn man erwägt, ein wie grosses Missfallen der für die gewissenhafte Wiederherstellung des Alten so eifrig besorgte Nehemia bei seiner Ankunft in Jerusalem daran finden musste, dass die von den Juden so verachteten Nethinim ihr ehemaliges Quartier auf dem Ophel nicht wieder angebaut, sondern sich statt dessen die bequemeren Abhänge und Thäler an der West- und Nordseite dieses Berges zu ihrem neuen Aufenthaltsorte auserwählt hatten. Der üble Eindruck, den diese unangenehme Entdeckung im ersten Augenblick auf ihn machte, musste ihn auch bei jeder späteren Erinnerung an diese seiner Ansicht nach ganz unstatthafte Neuerung stets wieder von neuem mit Unmuth und Verdruss erfüllen, und das besonders recht lebhaft, als die Freude, mit welcher er seinen Bericht über die glückliche Vollendung der Stadtmauern niederschrieb, durch jene Ungehörigkeit so bitter in ihm getrübt wurde. Wenn man nun weiss, mit welcher unbeugsamen Strenge er andere Neuerungen unterdrückte und ausrottete (Neh. 13), so darf man wohl annehmen, dass er auch die Nethinim bald wieder in ihr altes Quartier zurückdrängte. Aus weiter unten zu berührenden Andeutungen des Josephus wird es wahrscheinlich, dass in späterer Zeit die Grenzen dieses Quartiers sogar noch mehr beschränkt wurden. —

Der dritte und letzte Abschnitt des Nehemiaschen Berichtes (3, 28—32) endlich handelt von dem Wiederaufbau der äusseren Tempelmauern, der nördlichen Mauer der Unterstadt und dem noch fehlenden nördlichen Theil der Zionsmauer. Er lautet: „Oberhalb des Rossthores (d. h. dem Rossthore gegenüber anfangend) besserten die Priester, ein jeder im Angesichte seines Hauses (d. h. dem seiner Obhut anvertrauten Gebäude im Männervorhof gegenüber, wϱ). 29. Nach ihnen besserte Zadok, Immers Sohn, seinem Hause (im Männervorhofe) gegenüber (wv), nach ihm aber besserte Schemaeja, Schechanjas Sohn, der Hüter des Thores gegen Osten (vu; die Renovirung dieser langen Strecke durch einen einzigen Bauherrn hat um deswillen nichts Auffallendes, als ja die hier befindliche Mauer sammt der daranstossenden Halle Salomonis nach allgemeiner Annahme fast ganz unversehrt geblieben war und daher nur wenig Nachhülfe bedurfte).

---

*) Aus dieser Bemerkung geht hervor, dass der nordwestliche Eckthurm der Salomosburg zu dieser Zeit bedeutend höher war als die drei übrigen, da sich andernfalls Nehemia hier naturgemässer auf den südwestlichen hätte beziehen müssen.

30. Nach ihm besserte Chananja, Schelemjas Sohn, und Chanun, Zalaphs sechster Sohn, ein zweites (nämlich das nördliche) Stück (uτ): neben ihm besserte Meschullam, Berechjas Sohn, seinem (Vorraths-) Kammergebäude (im Tempel) gegenüber (τσ). 31. Nach ihm besserte Malchijja, des Goldschmieds Sohn, (von σ) bis an das Haus (Quartier) der Nethinim*) und der Krämer (welche letzteren also ihre alten Wohnungen auf dem Mörserplatze wiederum bezogen hatten, σρ), dem Zählungsthore gegenüber, und bis an die Eckterrasse (der Davidsstadt, wo sich das Xystusthor befand, ρν). 32. Und zwischen der Eckterrasse und dem Schafthor (να) besserten die Goldschmiede und die Krämer" (und machten somit den Beschluss an dem Werke).

Aus Nehemias Bericht über die Einweihung der neuen Mauern (12. 27—43) mögen hier schliesslich noch diejenigen Worte Platz finden, welche sich auf den Umzug der beiden Dankchöre beziehen: sie lauten V. 31—40, wie folgt: „Und ich (Nehemia) liess die Vornehmsten Judas oben auf die (östliche) Mauer (des Tempels) steigen und vertheilte sie (daselbst) in zwei grosse Dankchöre; die (Mitglieder des Dankchors) zur Rechten wandten sich oben auf der Mauer (in südlicher Richtung) dem Mistthor zu (vwx). 32. Und hinter ihnen gingen Choschanja und die Hälfte der Vornehmsten Judas. — 36. Esra aber, der Schriftgelehrte, vor ihnen her. 37. (Und gingen weiter) Nach dem Brunnenthor (von wo aus mehrere Personen des Dankchors — unter Choschanja? — ihren Weg über $zπξ$ bis v fortsetzten, während die übrigen in das Käsemacherthal hinabstiegen) und ihnen (den Begleitern Choschanjas) gegenüber auf den (in der tiefen Schlucht gelegenen) Stufen zur Davidsstadt (neben $zα$) hinaufstiegen (und) mittelst des Aufgangs (im Thor zwischen den beiden Mauern) auf die Mauer (traten, dann über $βγδεζηϑιχ$ und) oberhalb des Hauses Davids ($λμ$cb) und (über a nach v gingen, wo sie sich mit den über $zπξ$ gekommenen Personen vereinigten, und endlich über $ρ$w) nach dem Wasserthor gegen Osten (zurückkehrten). — 38. Der zweite Dankchor aber (ging ihnen) gegenüber (in nördlicher Richtung, ut), und ich ihm nach nebst der andern Hälfte des Volks über die Mauer hin, (dann) über den Ofenthurm (s) hin und (über r) bis an die breite Mauer (q, und weiter über p). 39. Und über das Thor Ephraim (on) hin und über das alte

---

*) Es ist hier natürlich ebenso wie V. 26 nicht das eigentliche, sondern das usurpirte Quartier der Nethinim, und namentlich der auf dem Mörserplatze gelegene Theil desselben, zu verstehen.

Thor (mlki) und über das Fischthor (hgfe) und den Thurm Chananeel (dc) und den Thurm Mea (b) und bis an das Schafthor (a), und sie blieben (nach fernerer Zurücklegung der Strecken $\nu\varrho$) stehen bei dem Kerkerthor. 40. Und so standen (nach vollendetem Umzuge) beide Dankchöre (wieder) im Hause Gottes."

III. Jerusalem unter der Herrschaft verschiedener Völker.

1. Jerusalem unter persischer, macedonischer und ägyptischer Herrschaft.

Die Juden genossen unter der Oberhoheit der persischen Könige bekanntlich eines hohen Grades bürgerlicher Freiheit, und die Bewohner Jerusalems würden sich namentlich eines beständigen Friedens zu erfreuen gehabt haben, wenn der Hohepriester Jochanan (Neh. 12, 22. 11) nicht seinen nach dem Hohenpriesterthum strebenden Bruder Jesus im Tempel erschlagen und so dem persischen Feldherrn Bagoses Veranlassung gegeben hätte, die Juden dafür sieben Jahre lang seine Hand fühlen zu lassen.

Inzwischen drang der macedonische König Alexander der Grosse, der durch seine entscheidenden Siege am Granikus (333 v. Chr.) und bei Issus (332) die persische Macht gebrochen hatte, nach der Eroberung von Damaskus, Sidon, Tyrus und Gaza mit seinem Heere in Eilmärschen nach Jerusalem vor. Die Einwohner dieser Stadt geriethen hierüber in die grösste Angst, da sie von dem erzürnten Könige, dessen schon von Tyrus aus an sie ergangene Aufforderung zur Unterwerfung von dem Hohenpriester Jaddua, einem Sohne des Jochanan (Neh. 12, 11), entschieden abgelehnt worden war, das Schlimmste befürchten mussten. Ihre Besorgniss erwies sich jedoch als unbegründet, indem, wie bekannt, Alexanders Zorn bei dem Anblick der ihm in feierlicher Procession entgegenziehenden Einwohnerschaft, und besonders des dem Zuge in vollem Amtsornate voranschreitenden Hohenpriesters, nicht nur besänftigt, sondern in Folge eines früher gehabten Traumes sogar zu besonderer Milde umgestimmt wurde. So erfreute sich die Stadt auch unter der macedonischen Oberhoheit eines verhältnissmässig sehr glücklichen Zustandes, und eine traurigere Zeit begann für sie erst nach Alexanders Tode. Als nämlich Ptolemäus Lagi, einer von dessen Feldherren, nach der Schlacht bei Ipsus (300 v. Chr.) Aegypten wiederum zu einem selbstständigen Königreich erhoben und seine Herrschaft ausserdem noch in Phönicien, Cölesyrien, Judäa und in andern Ländern begründet hatte, kam auch Jerusalem „durch List und Betrug in seine Gewalt. Er zog nämlich, gleich als wolle er ein Opfer darbringen, am Sabbath in die Stadt ein, ohne dass ihn einer der Juden, die an gar keinen Krieg dachten und ihrer Sicherheit sowie der Feier des Tages wegen in eine gewisse Sorglosigkeit und Gleichgültigkeit versunken waren, aufgehalten hätte. So ward er ohne alle Mühe Herr der Stadt und liess sie seine Herrschaft bitter fühlen" (Ant. XII, 1). Auch nahm er im Gebirgslande von Judäa, in der Umgegend von Jerusalem und in Samaria eine Menge Menschen gefangen und führte sie nach Aegypten. Viele vertheilte er in die festen Plätze als Besatzung und gab ihnen mit den Macedoniern in Alexandria gleiche Rechte.

Sein Sohn, Ptolemäus Philadelphus, beschenkte den Tempel zu Jerusalem mit 100 Talenten, 20 goldenen und 30 silbernen Schalen, fünf Mischkrügen und einem goldenen, kunstvoll gearbeiteten und mit Edelsteinen reich besetzten Opfertisch, um den Juden seine Dankbarkeit für die bereitwillige Uebersendung ihres heiligen Gesetzbuches, von welchem er die unter dem Namen Septuaginta bekannte griechische Uebersetzung anfertigen liess, zu bezeugen. Die nach Jerusalem gesandten und vom Hohenpriester Eleazar im Tempel aufgestellten Weihgeschenke beschreibt Josephus folgendermassen (Ant. XII, 2, 9. 10): „Die Künstler fertigten den Tisch ganz aus Gold, dritthalb Ellen lang, eine Elle breit und anderthalb Ellen hoch, an; die Platte umgab ein handhoch überstehender Rand, der an den Ecken umgebogen und hier mit strickförmigen, getriebenen Verzierungen versehen war, so dass er dreimal dieselbe wunderschöne Arbeit zeigte. Der Tisch war nämlich dreieckig und jede Ecke nach demselben Muster ausgearbeitet, so dass man immer, wohin man auch trat, dieselbe Verzierung vor sich hatte. Die strickförmig getriebene Arbeit war dicht mit Edelsteinen besetzt, welche von goldenen, durch kleine Oeffnungen der Steine laufenden Drähten gehalten wurden. Die Verzierung auf der schiefen, dem Auge zugewandten Seite der Einfassung bestand in eiförmigen, sehr schönen Steinen, die zu einer rings um den Tisch laufenden Stabordnung verbunden waren. Unter dieser Verzierung brachten die Künstler einen Kranz von mannigfachem Fruchtwerk aus getriebener Arbeit an; hier hing die Traube nieder, da erhob sich die Aehre, dort barg sich der Granatapfel. Die Steine gaben bei jeder der verschiedenen Früchte die entsprechende Farbe wieder und wurden rings um den Tisch von goldenem Laubwerk zusammengehalten. Unter diesem Kranze befand sich wieder dieselbe Verzierung und Stabordnung aus eiförmigen Steinen, wie über demselben, so dass die Platte von beiden Seiten die nämliche kunstreich getriebene Verzierung zeigte. Unter der ganzen Tafel des Tisches war ein aus Gold getriebener, vier Finger breiter Rahmen, worein die Füsse eingelassen und dann mit Nägeln und Stiften neben dem verzierten Rande befestigt wurden. Auf der Fläche des Tisches war ein Mäander (d. h. eine wellenförmige Linie) angebracht, indem die kostbarsten Steine Sternen gleich in mannigfachen Formen in der Mitte eingesetzt waren. Neben dem Mäander her zog sich ein strickförmiges Flechtwerk, das die innere Figur kreisförmig umgab, und in dem Krystall und Bernstein in ihrer Abwechslung das Auge auf wunderbare Weise fesselten. Die Füsse waren oben zu Lilien ausgearbeitet, deren Blätter sich unter die Platte bogen, während die Blüthe von innen sich zu dem Auge des Beschauers hervordrängte. Jeder Sockel an den Füssen bestand aus einem vier Finger dicken und acht Zoll langen, pantoffelförmig geschliffenen Karfunkel, auf dem die künstlich getriebenen Stollen ruhten. Die Dicke des Tisches betrug nicht weniger als eine halbe Elle. — Ebenso liess Ptolemäus **zwei goldene Mischgefässe** anfertigen. Diese zeigten vom Fusse bis zur Mitte schuppenförmig getriebene Arbeit, die auf den Rippen mit bunten Steinen besetzt war. Darüber war ein ellenhoher Mäander aus bunten Steinen zusammengesetzt, an den sich eine Stabordnung schloss, und hierüber erhob sich ein rautenförmiges, netzähnliches Flechtwerk bis zum Rande. Rings um die Mitte zogen sich wunderschöne schildförmige Edelsteine in der Grösse von vier Fingern. Den Rand der Gefässe umgab ein Kranzgewinde von Lilienähren, Laubwerk und Traubenkränzen. Dies war also die Gestalt der beiden goldenen Mischgefässe, deren jedes zwei Amphoren (à 16 Kannen) hielt. Die **silbernen** waren viel glänzender als (Metall-) Spiegel, so dass sie die Bilder aller Gegenstände noch klarer, als solche, wiedergaben. Neben diesen Geschenken liess der König noch **30 Schalen** anfertigen, die zum Theil auch von Gold, aber nicht mit Edelsteinen verziert, und rings von künstlich getriebenen Epheuranken und Weinreben umgeben waren."

Nach der obigen Beschreibung bildete die Platte des Ptolemäischen Opfertisches ein gleichseitiges Dreieck. Wäre dieses Dreieck ein geradliniges gewesen (a b c, Fig. 30, A), so würde die Angabe der Länge einer Seite (z. B. a b) oder auch die der sogenannten Höhe des Dreiecks (a d oder b e oder c f) zur Bezeichnung seiner Grösse und Gestalt vollkommen ausreichend gewesen sein. Da Josephus aber ausdrücklich sagt, die Platte habe bei einer Länge von dritthalb Ellen **eine Elle Breite** gehabt, so kann sie nicht von geraden Linien begrenzt worden sein, denn wo sollte bei einem dritthalb Ellen langen gleichseitigen Dreieck wohl eine solche in gar keinem angemessenen Verhältnisse zur Länge stehende Breite zu suchen sein? Die Seiten müssen also eine kreisbogenförmige Gestalt gehabt haben, und zwar genau diejenige, welche in der vorstehenden Figur durch die Linien agb, bhc und cia ausgedrückt ist. Ist nun ab (oder bc oder ca) die Länge (= 2½ Elle), so ist ig (oder gh oder hi) die entsprechende Breite (= 1 Elle), und man sieht, dass es ohne diese Breitenangabe schlechterdings unmöglich sein würde, sich von der wahren Gestalt der Seitenlinien eine richtige Vorstellung zu bilden. — Die Ecken der Tischplatte mochten übrigens abgestumpft sein, so dass dieselbe mit B Aehnlichkeit hatte.

2. Jerusalem unter syrischer Herrschaft.

Der allmählig wieder eingetretene ruhige Zustand, in welchem die Juden unter dem ägyptischen Regimente lebten, wurde erst wieder gestört, als Antiochus der Grosse seinen Krieg mit den ägyptischen Regenten begann. Dieser syrische König brachte nämlich zuerst nebst Phönicien und Cölesyrien auch Judäa unter seine Herrschaft, wurde jedoch von Skopas, dem Feldherrn des Ptolemäus Epiphanes, bei Raphia (216 v. Chr.) so geschlagen, dass er Frieden schliessen und die eroberten Länder wieder herausgeben musste. „Bald nachher jedoch siegte Antiochus wieder über Skopas, dem er an den Quellen des Jordan eine Schlacht lieferte, und vernichtete einen grossen Theil seines Heeres. Als nun in Folge dessen Antiochus die Städte, die Skopas erobert hatte, sowie Samaria einnahm, unterwarfen sich ihm die Juden freiwillig, nahmen ihn in ihre Hauptstadt auf, versahen sein ganzes Heer und seine Elephanten mit Lebensmitteln und halfen ihm bereitwillig, die von Skopas in der (Salomos-) Burg zu Jerusalem zurückgelassene Besatzung zu belagern. Um nun das jüdische Land für die ihm bewiesene Anhänglichkeit und Treue verdientermassen zu belohnen, schrieb er an seine Feldherren und Freunde, gab den Juden das Zeugniss, dass sie sich grosse Verdienste um ihn erworben, und theilte ihnen mit, welche Geschenke er ihnen dafür zu ertheilen gesonnen sei" (Ant. XII, 3, 3).

Der an den Feldherrn Ptolemäus gerichtete Brief lautete: „Sobald ich nur den Fuss in das Land der Juden gesetzt, haben sie mir auch ihre Ergebenheit bewiesen. Als ich ihrer Hauptstadt mich näherte, bereiteten sie mir einen glänzenden Empfang und kamen mir mit ihrem ganzen Rathe entgegen, lieferten meinen Kriegern und Elephanten Lebensmittel in Ueberfluss und halfen mir dann die ägyptische Besatzung aus der Burg vertreiben. Daher möchte auch ich ihnen meine Erkenntlichkeit beweisen und zwar vor Allem ihre in mancherlei Unfällen zerstörte Hauptstadt wieder aufbauen. Vorab nun habe ich beschlossen, ihnen um ihrer Gottesfurcht willen ihren Bedarf für die

Opfer, Rinder nämlich, Wein, Oel und Weihrauch, im Ganzen für 20,000 Silberlinge, ferner sechs Artaben (persische Scheffel) Weizenmehl nach ihrem eigenen Gesetze, 1460 Scheffel Weizen und 375 Scheffel Salz zukommen zu lassen. Dies alles soll ihnen genau so geliefert werden, wie ich bestimme, und ebenso soll für die Vollendung des Tempels, für die Säulenhallen, und was sonst zu bauen (d. h. zu renoviren) nöthig sein sollte, Sorge getragen werden; das nöthige Material an Holz ist aus Judäa selbst, den angrenzenden Bezirken und vom Libanon zu beschaffen, ohne dass eine Abgabe erhoben werden darf. Dasselbe gilt für alle übrigen Arbeiten, durch die etwa die Schönheit des Tempels noch gehoben werden muss. Dem ganzen Volke ist gestattet, nach seinen eigenen, altherkömmlichen Gesetzen zu leben, und die Mitglieder des hohen Rathes, die Priester, die Tempelschreiber und die Sänger sind von der Kopfsteuer, von der Abgabe für die Krone und jeder andern Leistung frei. Damit nun die Stadt desto eher wieder aufgebaut werde, befreie ich die Bewohner derselben sammt Allen, die sich bis zum Monat Hyperberetäus (Oktober) in derselben niederlassen, für drei Jahre von allen Abgaben. Ebenso soll ihnen in Zukunft der dritte Theil aller Steuern erlassen sein, bis sie sich von ihrem Unglück wieder erholt haben. Alle ferner, die aus der Stadt weggeführt worden sind und jetzt in Knechtschaft leben, erkläre ich sammt ihren Angehörigen für frei und bestimme, dass ihnen ihr Vermögen eingehändigt werde" (3. 4).

Ausserdem liess Antiochus in seinem Reiche folgende Tempelordnung feierlich bekannt machen: „Kein Fremder ist befugt, in das Innere des Heiligthums (zu Jerusalem) einzutreten, das selbst aus den Juden nur gewisse, durch altherkömmliches Gesetz dazu berechtigte und geheiligte Personen betreten dürfen. Keiner darf ferner in die Stadt Fleisch von Pferden oder Maulthieren, oder wilden und zahmen Eseln, oder Pardeln oder Füchsen, oder Hasen oder sonstigen den Juden zum Genusse verbotenen Thieren bringen, noch die Häute derselben einführen, noch irgend ein solches Thier in der Stadt halten; nur die von Alters her gebräuchlichen Opferthiere, die zum Gottesdienste nothwendig sind, dürfen in der Stadt vorhanden sein. Jeder Zuwiderhandelnde hat den Priestern 3000 Silberdrachmen zu entrichten" (3, 5).

Späterhin schloss Antiochus mit Ptolemäus Epiphanes Frieden, gab ihm sogar seine Tochter Kleopatra zum Weibe und trat ihm Cölesyrien, Samaria, Judäa und Phönicien unter dem Namen einer Mitgift ab. In die von diesen Ländern eingezogenen Steuern theilten sich jedoch die beiden Herren. Nach Ptolemäus' Tode fielen die genannten Länder an Syrien zurück.

3. Die Rennbahn.

Die lange Ruhe, welche die Bewohner von Jerusalem unter Antiochus dem Grossen und dessen Sohn, Seleukus Philopator, genossen (2 Makk. 3, 1—3), wurde unter der Regierung des folgenden Königs, Antiochus Epiphanes, auf das grausamste gestört. Streitigkeiten um die Hohepriesterwürde und eine damit verbundene Spaltung der Einwohnerschaft in zwei Parteien waren neben andern Unordnungen die Vorläufer jener Schreckenszeit, die jedem Leser aus den Büchern der Makkabäer hinreichend bekannt ist. Hier kann nur von Interesse sein, dass der Hohepriester Jesus, der sich dem Könige zu Liebe den ausländischen Namen Jason beilegte (2 Makk. 4, 7), die Juden zu hellenisiren versuchte und in Folge dessen in Jerusalem eine Rennbahn oder Ringschule (Gymnasium) anlegte.

Diese Anstalt wurde „unter der Burg" (2 Makk. 4, 12) erbaut. Da unter „Burg" an dieser Stelle wie überall im zweiten Buche der Makkabäer nur allein die Akra, d. h. die ehemalige Salomosburg, zu verstehen ist, so lässt sich der Standort jenes zu gymnastischen Zwecken errichteten umfangreichen Gebäudes sehr sicher bestimmen. „Unter" der Burg befand sich nämlich nur das Thal Azel und das Käsemacherthal. Da ersteres nur von sehr geringer Breite war und überdies etwa 30 Jahre später mit Schutt ausgefüllt wurde, so kann die Rennbahn nur im Käsemacherthal, und zwar in dem Theile desselben gestanden haben, welcher den Namen Mörser oder Mörserplatz führte. Nach Josephus (B. j. II, 3, 1) befand sie sich an der Südseite (oder genauer: Südwestseite) des Herodianischen Tempels, was um so besser mit der im Makkabäerbuche bezeichneten Ortslage übereinstimmt, als zu seiner Zeit die Grundfläche der Akra sammt dem Thal Azel bereits längst mit der Tempelarea verbunden worden war. Endlich ist noch anzuführen, dass der Platz an der östlichen Gasse des Judenviertels zu Jerusalem noch heut zu Tage von den Juden Meidân, d. i. Rennbahn, genannt wird*). Alle Umstände beweisen somit auf das unzweideutigste, dass die alte jüdische Rennbahn ihren Standort wirklich auf dem Mörserplatz erhielt. — Weiter unten werden wir auf dieses Bauwerk, das von Herodes dem Grossen sehr verschönert wurde, noch mehrmals zurückkommen.

---

*) Tobler sagt von diesem Platze (Denkbl. S. 130) „Den Juden ist er unter dem Namen Meidân oder, nach meinem Ohre, Atmeidân (Kampfplatz) bekannt. Der freundliche Platz fällt, ohne gross zu sein, auf."

4. Zerstörung Jerusalems und neue Befestigung der Akra durch die Syrer.

Als Antiochus Epiphanes das erste Mal nach Jerusalem kam, wurde er „von Jason und der Stadt prächtig empfangen und zog ein mit Fackeln und Freudengeschrei" (2 Makk. 4, 22). Die Vereitelung seiner Pläne auf Aegypten, sowie die in Jerusalem ausgebrochenen Unruhen führten ihn jedoch zum zweiten Male in zorniger Stimmung dorthin zurück. „Er nahm die Stadt ohne Schwertstreich ein, weil seine Anhänger (d. h. die Partei des jetzigen Hohenpriesters Menelaus) ihm die Thore öffneten. Sobald er sich im Besitze derselben sah, liess er Viele aus der feindlichen Partei (der des Jason) tödten, brachte eine Menge Geld zusammen und kehrte nach Antiochien zurück" (Ant. XII, 5, 3), nachdem er jedoch zuvor auch den Tempel rein ausgeplündert und sogar den goldenen Rauchopferaltar, den siebenarmigen Leuchter, den Schaubrottisch und alle sonstigen goldenen Geräthe und Schmucksachen (also jedenfalls auch die kostbaren ägyptischen Weihgeschenke) mit sich hinweggenommen hatte (1 Makk. 1, 21—30. 2 Makk. 5, 11—23).

„Und nach zwei Jahren sandte der König einen Obersteuereinnehmer (Namens Apollonius, 2 Makk. 5, 24) in die Städte Judas. Und er kam nach Jerusalem mit vielem Volke. Und er redete zu ihnen Friedensworte trüglich, und sie glaubten ihm. Und er überfiel die Stadt unversehens und schlug sie mit grosser Niederlage, und brachte viel Volks um von Israel. Und er nahm die Beute der Stadt und **verbrannte sie mit Feuer und zerstörte ihre Häuser und ihre Mauern ringsum**. Und sie führten die Weiber und Kinder gefangen und raubten das Vieh. **Und sie befestigten die Stadt (d. i. die Burg) Davids*) (d. h. die Akra) mit einer grossen und starken Mauer (und) mit festen Thürmen, dass sie ihnen zur Veste wäre**. Und sie legten darein gottloses Volk, ungerechte Männer, die befestigten sich darin, und legten Waffen und Lebensmittel darein und führten die Beute Jerusalems weg und legten sie darein; und sie wurden ein grosser Fallstrick. **Und solches ward ein Hinterhalt für das Heiligthum und zum schlimmen Widersacher für Israel allezeit**. Und sie vergossen unschuldig Blut rings um das Heiligthum und entweihten das Heiligthum. Und es entflohen die Bewohner von Jerusalem um ihretwillen, und sie ward eine Wohnung für Fremde und ward fremd ihrem Geschlechte, und ihre Kinder verliessen

---

*) Der Zusatz „Davids" (1 Makk. 1, 33. 7, 32) ist offenbar nur eine irriger Weise hinzugefügte Interpolation eines Abschreibers; denn die Tempeleingänge wurden nicht von der Davidsstadt, wohl aber von der Akra beherrscht (1, 36).

sie. Ihr Heiligthum ward öde wie eine Wüste, ihre Feste wandelten sich in Klage, ihre Sabbathe in Schmach, ihre Ehre in Verachtung. So gross ihre Herrlichkeit gewesen, wurde ihre Schmach, und ihre Hoheit wandelte sich in Trauer" (1 Makk. 1, 29—40).

Um dem Leser die volle Ueberzeugung zu verschaffen, dass unter der im Vorstehenden erwähnten „Stadt Davids" keine andere als die von den Feinden neu befestigte Akra zu verstehen ist, mag des Josephus Parallelstelle, soweit es nöthig ist, hier noch Platz finden. Sie lautet: „Die schönsten Gebäude liess er (der König durch Apollonius) niederbrennen, befahl, die Mauern zu schleifen, und **befestigte den Akra genannten Hügel in der Unterstadt**. Dieser war sehr hoch und **beherrschte den Tempel** (vgl. 1 Makk. 1, 36); daher umgab er ihn mit hohen Mauern und Thürmen und legte eine macedonische Besatzung hinein; ausserdem blieben auch in dieser Burg die Gottlosen und Verruchten aus unserem Volke und fügten ihren Mitbürgern viele Gewaltthätigkeiten zu. Weiter liess der König an der Opferstätte einen (dem Jupiter Olympius, 2 Makk. 6, 2) geweihten Götzenaltar*) errichten, schlachtete Schweine auf demselben und brachte so ein Opfer dar, das weder nach göttlichen noch nach menschlichen Gesetzen den Juden erlaubt war" (Ant. XII, 5, 4).

Eine specielle Schilderung der von den blutgierigen Feinden verübten Grausamkeiten gehört nicht zu unserer Aufgabe. Hier kann nur davon Akt genommen werden, dass viele Tausende von Jerusalems Bewohnern getödtet und viele Tausende gefangen genommen und als Sklaven verkauft wurden, und dass andere Tausende die Stadt ihrer Väter als Flüchtlinge verliessen. Ein grosser Theil von Jerusalem lag in Schutt und Asche, und die Stadtmauern waren, wenn nicht überall, so doch gewiss **im Norden und Westen der Bezetha, an der Ostseite des Thals Azel und zwischen dem Tempel und der Davidsstadt** niedergerissen, so dass die entvölkerte Stadt ein beklagenswerthes Bild der Zerstörung und Verwüstung darbieten musste. In neuem Glanze strahlte nur die zu einer festen Zwingburg umgeschaffene Akra. Da von dieser Burg aus jetzt die Eingänge des Tempels beherrscht wurden, so mussten die Aussenmauern desselben unbeschädigt geblieben sein, weil sonst die Juden sich nöthigen Falls auf dessen Nord- oder Westseite durch Ueberbrückung der Caphnataschlucht einen neuen Zugang zu ihm hätten bahnen können. Der Umstand, dass sämmtliche Tempelbesucher nur Angesichts der Burg in das Heiligthum

---

*) Dieser wurde vor dem (mit der Bildsäule des Zeus Olympius gekrönten) Brandopferaltar (1 Makk. 1, 54), also jedenfalls im Vorhofe der Priester, aufgestellt.

gelangen konnten (1 Makk. 1, 36), zeigt gewiss augenscheinlich genug, dass dasselbe **nur allein auf der Südseite** Eingänge besass, und unterstützt somit in hohem Grade die schon weiter oben bezüglich dieses Gegenstandes näher berührten Beweise.

IV. Jerusalem zur Makkabäerzeit.

1. Befestigung des Tempelberges und Belagerung der Akra durch die Juden.

Kaum hatte **Judas Makkabäus** durch seine glorreichen Siege über verschiedene syrische Kriegsheere einige Ruhe erlangt, so zog er mit seiner Mannschaft nach Jerusalem, warf sich auf die Besatzung dieser Stadt, verdrängte sie aus der Oberstadt in die Unterstadt und bemächtigte sich des Tempels, um ihn von den Emblemen des hellenischen Kultus zu reinigen und seinem ursprünglichen Zwecke wieder zurückzugeben (B. j. I, 1, 4). „Und es versammelte sich das ganze (jüdische) Heer und zog hin auf den **Berg Zion***) (d. h. auf den Tempelberg). Und sie sahen das Heiligthum verwüstet und den Altar entweiht und die Thore (der inneren Vorhöfe) verbrannt und in den Vorhöfen Gesträuch gewachsen wie in einem Walde oder auf einem Berge und die Zellen (in den Säulenhallen) zerstört. Da zerrissen sie ihre Kleider und stellten eine grosse Klage an und streuten Asche auf ihr Haupt. Und sie fielen auf ihr Angesicht zur Erde und trompeteten mit den zeichengebenden Trompeten und schrieen gen Himmel. **Alsdann ordnete Judas Männer ab, um wider die in der Burg zu streiten, bis er das Heiligthum gereinigt.** Und er las Priester aus, die ohne Tadel und des Gesetzes beflissen waren. Und sie reinigten das Heiligthum und trugen die Steine des Gräuels (des Zeus Olympius) an einen unreinen Ort. Und sie rathschlagten wegen des **Brandopferaltars**, der (durch die auf ihm errichtete heidnische Bildsäule) entweiht war, was sie mit ihm thäten. Und es fiel ihnen der gute Rath ein, ihn niederzureissen, dass er ihnen nicht zur Schmach gereichte, weil ihn die Heiden entweiht hatten. Und sie rissen den Altar nieder und legten die Steine an einen schicklichen Ort auf dem Tempelberge (nämlich an das **Thor des Heerdes** im Vorhof der Heiden, s. w. oben), bis dass ein Prophet käme, der darüber Antwort gäbe. Und sie nahmen völlig behauene Steine nach dem Gesetze und bauten einen **neuen Altar** nach dem vorigen. Und sie bauten (renovirten) das Heilige

---

*) Dass hier wie überall im ersten Buch der Makkabäer unter „Berg Zion" der Tempelberg zu verstehen ist, bedarf wohl kaum dieser Andeutung.

und das Innere des Tempels und weihten die Vorhöfe. Und sie machten neue heilige Geräthe und thaten den Leuchter und den Rauchaltar und den (Schaubrot-) Tisch in den Tempel. Und sie räucherten auf dem Altar und zündeten die Lampen auf dem Leuchter an, dass sie schienen im Tempel. Und sie legten auf den Tisch Brote und breiteten die Vorhänge aus und vollendeten das ganze Werk, das sie begonnen" (1 Makk. 4, 37—51).

Als die Juden hierauf das Fest der Tempelweihe acht Tage lang feierlich begangen und „die Vorderseite des Tempels mit goldenen Kronen und Schildchen" geschmückt hatten, stellten sie „die Thore und Zellen (s. ob.) her und versahen sie mit Thüren" (V. 57). „Und sie befestigten den Berg Zion (Morija) ringsum mit hohen Mauern und festen Thürmen, dass nicht die Heiden wiederkämen und ihn mit Füssen träten, wie sie zuvor gethan. Und Judas legte dahin eine Besatzung, um ihn zu bewahren" (V. 60. 61).

Wenn Josephus in seiner diesen Worten entsprechenden Parallelstelle (Ant. XII, 7, 7) sagt: „Weiter nun umgab Judas die Stadt (?) wieder rings mit Mauern (und) errichtete an den dem Feinde zugänglichen Stellen hohe Thürme, in die er Besatzungen legte" —, so darf man ihn hier um so gewisser eines Irrthums zeihen, als er von einer Befestigung des Tempelberges durch neue Mauern und Thürme gar nichts meldet. Es ist daher augenscheinlich, dass er hier die Mauern der Stadt mit denen des Tempels verwechselt, und das um so mehr, als die Stadtmauern, wie wir sehen werden, erst später wieder aufgeführt wurden. — Was die erwähnten, auf den Tempelmauern erbauten Thürme betrifft, so wurden deren um die inneren Vorhöfe nur drei aufgeführt. Leo sagt nämlich (II, 33): „Die drei Thürme, welche auf diesen Mauern (der inneren Vorhöfe) errichtet wurden, waren folgende. Der erste wurde an der Ostseite (nämlich über dem unteren Thore) erbaut, die beiden übrigen gegen Norden (und zwar über dem Thor des Heerdes und dem Thor Nizoz; ersteres hiess deswegen auch das Thor des grossen Hauses, II, 48. 112, letzteres dagegen das Thor der Erhöhung, II, 27). Diese Thürme aber waren ebenso gebaut wie die erwähnten der äusseren Säulenhallen (s. unten Nr. 6), damit sie über dem Heiligthum als Schutzwehr ständen."

Während der Tempel zu Jerusalem von den Juden gereinigt und neu befestigt wurde, starb Antiochus Epiphanes auf einer Reise in den östlichen Provinzen seines Reiches, und der von ihm in Antiochia zurückgelassene Reichsverweser Lysias rief den jungen Sohn des Verstorbenen, Antiochus Eupator, zum Könige aus. „Um diese Zeit fügten die Besatzung und die jüdischen Ueberläufer in der Akra (vgl. 1 Makk. 6,

18 ff.) zu Jerusalem den Juden viel Unheil zu. Kam nämlich Jemand in den Tempel, um zu opfern, so brachen die Söldlinge aus der Burg, die (fast) unmittelbar an den Tempel stiess, hervor*) und stiessen ihn nieder. Diesem Unwesen beschloss Judas durch Vertreibung der Besatzung ein Ende zu machen, versammelte daher das ganze Volk und fing an, die Burg allen Ernstes zu belagern. Das Jahr, worein diese Unternehmung fiel, war das hundertundfunfzigste von Seleukus' Regierung an. Judas liess also Belagerungsmaschinen anfertigen, liess Wälle aufwerfen und betrieb die Belagerung mit allem Nachdruck. Dennoch gelang es vielen von den in ihr befindlichen Ueberläufern, bei Nacht ins Freie zu entkommen; diese sammelten also eine Anzahl gottloser Menschen von ihres Gleichen, zogen insgesammt zum König Antiochus und baten ihn, doch zu bedenken, was sie von ihren eigenen Landsleuten, und zwar um seines Vaters willen, erleiden müssten. Sie hätten ihre eigene Religion verlassen und dafür die von seinem Vater vorgeschriebene angenommen, müssten aber jetzt erwarten, dass, im Falle er keine Hülfe leiste, die Burg in die Hände des Judas und seiner Schaar komme und die königliche Besatzung niedergemacht werde. Bei dieser Kunde gerieth Antiochus in Zorn, liess augenblicklich seine Feldherren und seine Vertrauten kommen und befahl ihnen, Söldner zu werben und alle waffenfähige Mannschaft im Reiche aufzubieten. So kam ein Heer von ungefähr 100,000 Mann zu Fuss und 20,000 zu Pferde nebst 32 Elephanten zu Stande. Mit dieser Macht brach der junge Antiochus in Begleitung von Lysias, der über das ganze Heer den Oberbefehl führte, aus Antiochien auf" (Ant. XII, 9, 3. 4).

Als Judas von dem Anmarsch dieses gewaltigen Heeres Nachricht erhielt, hob er die Belagerung der Burg auf und zog dem neuen Feinde entgegen.

2. Zerstörung der Tempelmauern durch Antiochus Eupator.

Da die diesmaligen Waffenthaten der Juden nicht von dem gewohnten glücklichen Erfolge begleitet waren, so musste sich Judas mit seinem Heere in den Kreis von Gophna**) zurückziehen, während Antiochus nach der Besitznahme von Bethzura (jetzt Beit Sûr), der südlichen

---

*) Auch diese Nachricht beweist wieder, dass der Tempel nur allein auf der Südseite zugänglich war.

**) Die Stadt Gophna (jetzt Djifna) ist offenbar das alte benjaminitische Ophni (Jos. 18, 24); der Name Ophni (עָפְנִי) sollte daher — und zwar nach der Analogie von עֲזָה (Gassa oder Gaza), עֲמֹרָה (Gomorra), קְעִילָה (Kegila) u. a. — eigentlich Gophni geschrieben werden.

Grenzfestung des damaligen jüdischen Landes, nach Jerusalem eilte und den von der jüdischen Besatzung so muthig als tapfer vertheidigten Tempelberg belagerte. Diese Belagerung zog sich jedoch so in die Länge, dass bei der Besatzung bald grosser Mangel an Lebensmitteln fühlbar wurde. Antiochus, inzwischen durch die unangenehme Nachricht, dass ein gewisser Philippus sich in Antiochia zum König aufgeworfen habe, in Schrecken gesetzt, bot den Belagerten Frieden an und versprach, sie nach den Satzungen ihrer Väter leben zu lassen. „Die Juden nahmen dies Anerbieten mit Freuden auf, liessen sich dasselbe eidlich versichern und kamen alsbald aus dem Heiligthum hervor. Nun zog Antiochus ein, und da er den Platz so übermässig fest sah, brach er seinen Eid und befahl den Soldaten seiner Begleitung, die Mauern dem Erdboden gleich zu machen. Hierauf kehrte er nach Antiochien zurück und führte den Hohenpriester Onias, der auch Menelaus hiess, mit sich fort" (Ant. XII, 9, 7. 1 Makk. 6, 47—63).

Des Königs Befehl hinsichtlich der Tempelmauern wurde jedoch nicht vollständig ausgeführt; denn einige Zeit darauf „gebot Alkimus (der neue Hohepriester), die Mauer des innern (?) Vorhofs des Tempels niederzureissen, und wollte das Werk der Propheten (d. h. des Salomo und später des Haggai und Sacharja) niederreissen, und er begann niederzureissen. Zu selbiger Zeit ward Alkimus geschlagen, und sein Vorhaben gehindert, und sein Mund verstopft, und er ward gelähmt und konnte kein Wort mehr reden und sein Haus beschicken. Und Alkimus starb zu selbiger Zeit unter grosser Qual" (1 Makk. 9, 54—56).

Dass unter der vorstehend gedachten Mauer des „innern" Vorhofs hier nicht eine Mauer der beiden inneren Vorhöfe, sondern nur allein die östliche des Vorhofs der Heiden zu verstehen ist, folgt unzweifelhaft aus den Worten des Josephus, mit denen er die fragliche Mauer bezeichnet; denn er nennt sie (Ant. XII, 10, 6) „die Mauer des Tempels, die uralt war und noch von den heiligen Propheten herrührte". Das Prädikat uralt passt nur allein auf die schon von Salomo errichtete östliche Mauer des Heidenvorhofs, und das um so mehr, als man sogar in noch viel späterer Zeit den Bau der an derselben befindlichen Halle, der „Halle Salomonis", diesem Könige zuschrieb. Alle Umstände deuten somit darauf hin, dass die östliche, aus dem Thal Josaphat emporsteigende Tempelmauer, die seither alle Stürme mehr oder weniger vollständig überdauert hatte, auch jetzt wieder der Zerstörungslust sowohl des syrischen Königs, als auch des jüdischen Hohenpriesters glücklich entging.

3. Die Mauer der Makkabäer.

Als Judas Makkabäus in der Schlacht bei Adasa (161 v. Chr.) einen rühmlichen Tod gefunden, nahmen die politischen Angelegenheiten unter der Leitung seines ebenso umsichtigen und tapferen Bruders Jonathan bald wieder eine günstige Wendung für die Juden. Jonathan fing in Folge dessen an, „in Jerusalem zu wohnen und die Stadt zu bauen und wiederherzustellen. Und er befahl den Arbeitern, die (noch in Trümmern liegenden) Mauern und den Berg Zion (d. h. den Tempelberg) ringsum zu bauen mit Quadersteinen zur Befestigung. Und sie thaten also" (1 Makk. 10, 10. 11. Ant. XIII, 2, 1). Da jedoch die Akra, welche durch den Syrer Bakchides noch mehr befestigt worden war (1 Makk. 9, 52), sich immer noch in der Gewalt einer durch zahlreiche jüdische Ueberläufer verstärkten feindlichen Besatzung befand, so belagerte nun auch Jonathan dieselbe und liess Bollwerke und Wurfmaschinen davor aufrichten (11, 20). Eine Eroberung derselben gelang ihm jedoch aller darauf verwandten Mühe ungeachtet nicht; ja, die Feinde scheinen ihn bald ganz zurückgedrängt und dann von dieser Veste aus ihre verheerenden Raub- und Plünderungszüge in die andern Stadttheile noch häufiger und kecker als früher unternommen zu haben; denn Jonathan sah sich endlich genöthigt, mit den Aeltesten des Volkes zu berathschlagen, „die Mauern von Jerusalem zu erhöhen und zwischen der Burg und der (von seinen Anhängern bewohnten) Stadt eine (neue) hohe Mauer zu errichten, um sie von der Stadt zu scheiden, dass sie (die Burg) für sich allein wäre und keinen Handel noch Wandel triebe" (1 Makk. 12, 35. 36). Josephus drückt sich hierüber etwas genauer aus, so dass auch sein Bericht Beachtung verdient. Er sagt nämlich (Ant. XIII, 5, 12): „Jonathan versammelte das ganze Volk im Tempel und rieth ihm, die (noch darniederliegenden) Mauern wiederherzustellen, den niedergerissenen Theil von der Einfriedigung des Tempels wieder aufzubauen (s. unten) und die Umgebung desselben durch hohe Thürme zu sichern, ferner mitten in der Stadt eine andere Mauer aufzuführen, dadurch der Besatzung in der Akra den Zugang zum Markte zu versperren und ihr alle Möglichkeit, Lebensmittel zu erhalten, abzuschneiden."

Eine zuverlässige Ermittlung der Lage dieser mitten in der Stadt erbauten neuen Mauer, der wir hiermit den Namen „Mauer der Makkabäer" beilegen, hat um deswillen eine besondere Wichtigkeit, als sie geeignet ist, den alten Streit über die Aechtheit des h. Grabes endlich zu einer definitiven Entscheidung zu bringen. Betrachten wir daher die näheren Umstände etwas genauer. Da die Mauer den besonderen Zweck haben sollte, die Besatzung der Akra von dem Besuche des Marktes abzuhalten, dieser aber unzweifelhaft am Thore Ephraim (Neh. 8, 16. 2 Chron. 32, 6), dem heutigen Damaskusthore, gelegen war, so musste sie die Westseite des Tempels mit der Nordseite der Davidsstadt verbinden. Da nun ferner bei der Anlage derselben zum Voraus auf die zur Störung des Werkes von der Akra aus bevorstehenden Ausfälle der feindlichen Besatzung Rücksicht genommen und gleichzeitig vorsichtshalber zwischen der Baulinie und der Akra ein nicht unbedeutender Raum frei gelassen werden musste, auf welchem eine der Besatzung an Stärke entsprechende jüdische Schutzmannschaft aufgestellt werden konnte, so durfte diese Mauer in nicht allzu grosser Nähe von der — um diese Zeit ohne Zweifel noch in Trümmern liegenden — nördlichen Mauer der Unterstadt aufgeführt werden. Beachtet man nun noch, dass es für die Juden von der grössten Wichtigkeit sein musste, auch von Norden her einen stets freien Zutritt zum Schafthor und somit zur Davidsstadt, die sich jedenfalls noch in ihrer Gewalt befand (B. j. I, 1, 4), zu behalten, so darf man unbedenklich annehmen, dass die neue Mauer an der Oberstadt nicht westlich, sondern unmittelbar östlich von dem genannten Thore beginnen und sich von hier in nordöstlicher Richtung nach dem Tempel ziehen musste. War dies aber der Fall — und es möchten schwerlich gewichtige Gegengründe geltend gemacht werden können —, so steht die Identität dieser Mauer mit der sogenannten „zweiten Mauer" des Josephus ausser Zweifel. Dieser Geschichtschreiber sagt nämlich (B. j. V, 4, 2): „Die zweite Mauer lief beim Thor Gennath (dem ehemaligen Schafthor) von der ersten Mauer (d. h. der nördlichen Mauer der Oberstadt) aus, sie umkreiste bloss den nördlichen (oder genauer: den nordöstlichen) Abhang (des eigentlichen Berges Zion) und reichte bis zur Burg Antonia."

Die Burg Antonia — oder, wie sie ursprünglich hiess, die Burg Baris — war zwar damals noch nicht vorhanden, wurde aber kurze Zeit darauf angelegt, so dass die Vermuthung nahe liegt, Jonathan habe in Uebereinstimmung mit seinem Bruder Simon bei der Aufführung der projektirten Mauer noch den Nebenzweck gehabt, sich gleichzeitig einen seiner Würde angemessenen Wohnsitz zu errichten, von wo aus er zugleich dem verderblichen Treiben der Feinde Einhalt thun und die Mauer selbst beschirmen konnte. Der im Nordwesten des Tempels emporragende Hügel hatte übrigens auch eine zu günstige Lage, als dass die beiden kriegskundigen Brüder bei der Anlage der Mauer diesen sichern Stützpunkt isolirt und unbefestigt hätten bei

Seite liegen lassen dürfen. Diese Vermuthungen gewinnen noch dadurch einen besonderen Halt, dass, wie aus den weiter oben angeführten Worten des Josephus hervorgeht, Jonathan von vorn herein die Absicht hatte, auch die Umgebungen des Tempels durch hohe Thürme zu sichern. Wo aber konnten solche Thürme zweckmässiger aufgeführt werden als auf dem für Stadt und Tempel so günstig gelegenen Antoniahügel? —

Wenn somit der Anfangs- und Endpunkt der neuen Mauer festgestellt ist, so kann die Auffindung der zwischen beiden Punkten liegenden Mauerstrecke bei ihrer geringen Ausdehnung keine erheblichen Schwierigkeiten mehr darbieten. Sie lief nämlich vom Schafthor oder Thor Gennath aus ohne Zweifel etwa in der Richtung der jetzigen, das Damaskusthor mit dem Zion verbindenden Hauptstrasse bis etwas über die Via dolorosa hinaus, schwang sich dann in leichtem Bogen nach Osten und endigte an der Nordwestecke der Burg Antonia. Im nordwestlichen Theile kann ihre Richtung durch die jetzigen Strassen nicht mehr rektificirt werden, indem hier ehemals enge, nach Norden streichende Gassen waren (B. j. V, 8, 1), die jetzt nicht mehr vorhanden sind.

Da nach dem später erfolgten Abbruch der Bezethamauer die Mauer der Makkabäer bis auf den König Agrippa II. die einzige Mauer war, durch welche Jerusalem auf der Nordwestseite begrenzt wurde, so lag der Hügel Golgatha zu Christi Zeit ganz unzweifelhaft ausserhalb der damaligen Stadtmauern, und die h. Grabeskirche kann daher, was diesen Umstand betrifft, ihren Namen auch noch fernerhin mit vollstem Rechte behaupten (vgl. Diet. II, 199. 200).

Wenden wir uns nun wieder zu Jonathan und seinem Mauerbau. Ehe oder während der Bau der Mauer der Makkabäer zu Stande kam, wurde noch ein Theil der östlichen Bezethamauer wiederhergestellt, denn es heisst 1 Makk. 12, 37: „Und das Volk versammelte sich, um die Stadt zu befestigen; und es war ein Theil der Mauer am Bache gegen Morgen eingefallen, und sie stellten das sogenannte Caphnata wieder her." Das mit diesem Namen belegte Stück der östlichen Mauer gehörte nicht, wie Josephus anzunehmen scheint (s. oben), dem Tempel, sondern vielmehr der alten Bezethamauer an und war dasjenige, welches, an den Tempel grenzend, sich über dem Ausgange der auf der Nordseite des Tempels befindlichen Caphnataschlucht erhob.

Der Bau der Mauer der Makkabäer wurde unter Jonathans Leitung beendet, nicht aber die vollständige Wiederherstellung der übrigen zerstörten Stadtmauern; diese kam erst etwas später unter Simons Aufsicht zu Stande (1 Makk. 13, 10).

4. Die neue Unterstadt.

Die Mauer der Makkabäer umschloss denjenigen Theil der Bezetha, welcher von allen Stadttheilen Jerusalems die niedrigste Lage hatte. Dieser Umstand macht es um so leichter erklärlich, dass die Namen Unterstadt und Akra auch auf ihn ausgedehnt wurden, als ja die alte Mauer, welche die beiden gleichnamigen Stadttheile von einander trennte, seit ihrer Zerstörung durch Apollonius noch in Trümmern lag und erst von Herodes dem Grossen — doch nicht auf ihren alten Grundlagen — wiederhergestellt wurde. Um Missverständnissen zu begegnen, werden wir fortan den neu abgegrenzten Bezirk, dem am passendsten der Name „innere Stadt" (B. j. II, 19, 4) gebührte, die „neue Unterstadt" und den bisher mit „Unterstadt" bezeichneten die „alte Unterstadt" nennen. Der einfache Name „Unterstadt" wird nur dann gebraucht werden, wenn von beiden als von einem zusammenhangenden Ganzen die Rede ist.

Die neue Unterstadt stand mit dem übrigen Theil der Bezetha wahrscheinlich nur durch folgende drei Thore in Verbindung:

1. Das Marktthor, jedenfalls an der Stelle gelegen, wo die jetzige vom St. Stephansthore (Thalthore) nach Westen führende Strasse in die vom Damaskusthore nach Südosten streichende einmündet. — Unter dem Markt selbst hat man sich nicht einen freien Platz, sondern einen morgenländischen Bazar, d. h. eine breite, auf beiden Seiten mit einer oder mehreren Reihen von Buden, Werkstätten und Kaufmannsläden besetzte Strasse zu denken, die sich vom Marktthore bis zum Thor Ephraim erstreckte. Wie in den Bazaren der heutigen Städte des Orients, so folgten auch auf dem Marktplatze zu Jerusalem die Buden derselben Art Handwerker und Kaufleute immer in einer Reihe auf einander. Dem Thor Ephraim zunächst mochte sich der Holzmarkt befinden (B. j. II, 19, 4). Weiterhin standen dann auf der Westseite die Buden der Wollhändler und Eisenarbeiter, und der Mauer der Makkabäer zunächst die der Kleiderhändler (V, 8, 1). Andere Handwerker — darunter vielleicht die Bäcker (Jer. 37, 21) — boten wieder auf der Ostseite ihre Waaren feil. — Der alte Bazar auf dem Mörserplatze musste seine ursprüngliche Bedeutung allmählig fast ganz verloren haben. Nach dem Exil diente er jedenfalls nur noch als Tempelbazar, d. h. als ein Ort, auf welchem sich vorzugsweise Geldwechsler und solche Kaufleute aufhielten, welche mit Opfermaterialien, wie z. B. Oel, Salz, Mehl, Tauben u. s. w., Handel trieben (Matth. 21, 12). Man darf daher jenen andern gewiss mit Recht den grossen Markt nennen, und das um so mehr, als während des syrischen

Supremats Handel und Wandel auf dem Mörserplatze so gut wie ganz darniederliegen mochten.

2. Das **Thor Struenea***), im Nordwesten, war dasjenige Thor, durch welches die Via dolorosa hindurchführte. Es wird auch Porta judiciaria, d. i. Gerichtsthor, genannt.

3. Das **Thor am Grabmal des Johannes** (B. j. V, 7, 3), südlich vom vorigen. Das Grabmal des Hohenpriesters Johannes (V, 6, 2. VI, 2, 10) befand sich etwas südöstlich vom h. Grabe, also ohne Zweifel an der Stelle, auf welcher späterhin die jetzt als Lohgerberei dienenden Gebäude der Johanniterritter errichtet wurden. Da die Mauer der Makkabäer trotz ihrer geringen Länge nicht weniger als 14 Thürme hatte, so ist es wahrscheinlich, dass auch die vorstehend genannten Thore nach damaliger Sitte mit Thürmen gekrönt waren.

5. Einnahme und Schleifung der Akra durch Simon Makkabäus.

Als Simon nach dem Tode seines tapferen Bruders Jonathan vom Volke zum Hohenpriester ernannt worden war, befreite er dasselbe vom syrischen Joche (142 v. Chr.), befestigte viele jüdische Städte und

---

*) Der Name dieses Thors kommt in dem von Pontius Pilatus über Jesus Christus gesprochenen Todesurtheil vor. Die Zeitungen enthielten im Jahr 1849 einen von Dr. Thesmar in Köln verfassten Bericht über dieses merkwürdige Aktenstück, aus dem wir hier Folgendes mittheilen: „Das Urtheil lautet wörtlich: ‚„Urtheil gesprochen von Pontius Pilatus, Landpfleger von Nieder-Galiläa, dahin lautend, dass Jesus von Nazareth den Kreuzestod erleiden soll. Im siebzehnten Jahre der Regierung des Kaisers Tiberius und am fünfundzwanzigsten Tage des Monats März in der heiligen Stadt Jerusalem, als Annas und Caiphas Priester und Opferpriester Gottes waren; Pontius Pilatus, Landpfleger von Nieder-Galiläa, auf dem Präsidialstuhle des Prätors sitzend, verurtheilt Jesum von Nazareth, an einem Kreuze zwischen zwei Schächern zu sterben, da die grossen und notorischen Zeugnisse des Volks aussagen: 1) Jesus ist ein Verführer. 2) Er ist ein Aufwiegler. 3) Er ist ein Feind des Gesetzes. 4) Er nennt sich fälschlich Gottes Sohn. 5) Er nennt sich fälschlich König von Israel. 6) Er ist in den Tempel getreten, von einer Palmen in den Händen tragenden Menge gefolgt. Befiehlt dem ersten Centurionen (Hauptmann) Quirilus Cornelius, ihn zum Richtplatze zu führen. Verbietet allen armen oder reichen Personen, den Tod Jesu zu verhindern. Die Zeugen, welche den Urtheilsspruch gegen Jesus gezeichnet haben, sind: 1) Daniel Robani, Pharisäer. 2) Johannes Zorobatel. 3) Raphael Robani. 4) Capet, Schriftgelehrter. Jesus wird aus der Stadt Jerusalem durch das Thor Struenea geführt werden."' — Dieses Urtheil ist in hebräischer Sprache auf eine Erzplatte gravirt, an deren Seite die Worte sich finden: ‚„Eine gleiche Platte ist an jeden Stamm gesendet worden."' Dieselbe wurde im Jahre 1280 in der Stadt Aquila im Königreich Neapel bei einer zur Auffindung römischer Alterthumer veranstalteten Nachgrabung vorgefunden und später von den Kommissarien der Künste, die sich im Gefolge der französischen Heere in Italien befanden, entdeckt. Zur Zeit des Feldzuges nach dem südlichen Italien wurde sie in einer Sakristei der Karthäuser in der Nähe von Neapel aufbewahrt, in einer Büchse von Ebenholz verschlossen. Diese Vase befindet sich seitdem in der Kapelle von Caserta. — Ein historischer Zweifel über die Aechtheit scheint hiernach nicht obzuwalten; die Motive des Urtheils stimmen überdies im Wesentlichen mit den Evangelien überein."

wandte sich dann nach Jerusalem. „Die (Syrer) aber in der Burg zu Jerusalem waren gehindert aus- und einzuziehen ins Land und zu kaufen und zu verkaufen und litten grossen Hunger, und es kamen viele von ihnen um vor Hunger. Und sie baten Simon um Frieden, und er bewilligte ihnen denselben und liess sie von dannen ausziehen und reinigte die Burg von den Befleckungen. Und er zog in sie ein mit Lobgesang und Palmzweigen und mit Cithern und Cymbeln und Lauten und Psalmen und Liedern, weil der grösste Feind vertilgt war aus Israel. Und er setzte fest, dass jährlich dieser Tag gefeiert würde mit Freuden. Und er befestigte noch mehr den Tempelberg neben der Burg und wohnte daselbst mit den Seinigen" (1 Makk. 13, 49—52).

Ueber die bald darauf erfolgte Zerstörung der Burg berichtet Josephus (Ant. XIII, 6, 6): „Nachdem Simon die Städte Gazara (jetzt Yazûr), Joppe und Jamnia erobert hatte, erstürmte er die Akra in Jerusalem und machte sie dem Erdboden gleich, damit sie nicht für die Feinde abermals eine Gelegenheit werde, wie sonst, alles Böse zu verüben. Nachdem dies geschehen, erschien es als das Beste und Nützlichste, auch den Hügel, auf dem die Akra gestanden hatte, abzutragen und dadurch den Tempelberg desto mehr zu heben. Zu dieser Unternehmung beredete er das Volk, indem er es zu einer Versammlung berief und ihm vorhielt, wieviel sie von der Besatzung und den jüdischen Verräthern zu leiden gehabt hätten und was sie noch würden erleiden müssen, wenn wieder ein neuer fremder König auf den Thron komme und eine Besatzung hineinlege. Durch diese Vorstellung, die ja nur des Volkes Bestes bezweckte, beredete er dasselbe ohne Mühe zu jenem Unternehmen. Sonach legten Alle Hand ans Werk, trugen den Hügel ab und ruhten drei Jahre lang weder Tag noch Nacht, bis sie denselben dem Erdboden gleich geebnet hatten; von dieser Zeit an überragte der Tempel die ganze (Unter-) Stadt, weil die Akra sammt dem Berge, worauf sie gestanden, verschwunden war." Diesem Berichte mögen sich noch folgende Worte desselben Schriftstellers als Ergänzung hier anschliessen: „Der andere Hügel, Akra (Ophel) genannt, mit der unteren Stadt, ist rings abschüssig. Diesem gegenüber erhebt sich ein dritter Hügel (nämlich der Tempelberg), etwas niedriger als Akra und ehemals von dem ersteren durch eine breite Thalschlucht (Azel) getrennt. In neuerer Zeit, unter den Asamonäern (Makkabäern), wurde diese ausgefüllt, um die (alte Unter-) Stadt mit dem Tempel zu verbinden; durch Abtragung der Höhe von Akra machte man die Gegend ebener, damit der Tempel auch diesen überragen sollte" (B. j. V, 4, 1).

So war also an dem Orte, wo sich ehemals die stolze Salomosburg und nachher die wohlbefestigte syrische Zwingburg erhoben hatte, nun ein grosser freier Platz entstanden, der von Herodes dem Grossen nachmals bequem zur Tempelarea hinzugezogen werden konnte.

6. Die Burg Baris und die neuen Tempelthore.

Wie schon mehrfach angedeutet, befand sich an der Nordwestseite des Tempelberges ein isolirter Hügel, der von jenem durch die Caphnataschlucht getrennt war. Er war 50 Ellen hoch und trug die von den Makkabäern gegründete Burg Baris*). Josephus erzählt zwar von dieser Burg (Ant. XVIII, 4, 3), Simons Sohn, Johannes Hyrkanus, habe „in der Nähe des Tempels einen Thurm erbauen lassen, wo er sich gewöhnlich aufhielt und die seiner Obhut (als Hohempriester) anvertrauten, nur ihm zu tragen verstatteten Gewänder verwahrte, so oft er im gewöhnlichen Anzuge zur Stadt ging" —, doch deuten, wie schon weiter oben nachgewiesen ist, alle Umstände entschieden darauf hin, dass der Bau dieser Veste von Jonathan und Simon nicht nur projektirt, sondern auch — und zwar gleichzeitig mit der Mauer der Makkabäer — wirklich begonnen und nach des Ersteren Tode von Simon vollständig ausgeführt worden sei. Denn einerseits war diese Burg ein mit jener Mauer so eng verbundenes Ganzes, dass die Errichtung beider Werke nur gleichzeitig beschlossen und zur Ausführung gebracht sein konnte, andererseits aber wäre es eine nicht geringe Unvorsichtigkeit von Simon gewesen, wenn er die in seiner Gewalt befindliche Akra hätte schleifen wollen, ohne an deren Statt zuvor eine andere Veste aufgeführt zu haben, die bei einem feindlichen Ueberfall sowohl ihm selbst als auch dem Tempel hätte Schutz gewähren können. Es ist daher kaum zu bezweifeln, dass schon Simon die neue Burg erbaut und mit seinen Kriegsleuten bewohnt habe. Dem Johannes Hyrkanus dagegen kann mit vieler Wahrscheinlichkeit das Verdienst zugeschrieben werden, die Caphnataschlucht an dieser Stelle überbrückt oder ausgefüllt und so die Burg mit dem Tempel durch die Anlage eines sicheren Kommunikationsweges in unmittelbare Verbindung gebracht zu haben, so dass er in den oben erwähnten Gewändern zuerst leicht und bequem in den Tempel gelangen konnte.

Da Josephus die Baris einen „Thurm" nennt, so bildete sie bis zu ihrer Erweiterung durch Herodes den Grossen jedenfalls nur einen einfachen, mit Eckthürmen versehenen viereckigen Hof von nicht bedeu-

---

*) Das Wort Baris (βάρις), das hebräische בִּירָה (Burg), ist nicht nur mit dem persischen baru und sanskritschen bura und bari verwandt, sondern auch mit dem gräcisirten βύρσα, wie bekanntlich die Burg zu Karthago hiess.

tender Ausdehnung, der zu Simons Zeit nur ein einziges, in die neue Unterstadt hinabführendes Thor besass. In der Mitte dieses Hofes erhob sich das Hauptgebäude, worin die jüdischen Hohenpriester und Könige aus dem Hause der Hasmonäer ihren Wohnsitz hatten. Es heisst daher auch der königliche Palast (B. j. I, 13, 3. 9) oder nach dem Könige Alexander Jannäus, der 27 Jahre lang in demselben residirte, der Palast des Königs Alexander (V, 7, 3), während die ganze Veste aus demselben Grunde auch den Namen Königsburg führte (I, 6, 1. 13, 2. Ant. XIV, 13, 5). Unmittelbar vor dem Palaste ragte ein massiver thurmartiger Vorbau, Stratonsthurm genannt, in die Höhe, der gleichsam das Eingangsportal desselben bildete, denn in ihm befand sich der dunkle Durchgang zur Palastthür (B. j. I, 3, 4—6. Ant. XIII, 11, 2. 3). — An den inneren Wänden der Ringmauer waren jedenfalls den ehemaligen Kammergebäuden des Salomonischen Tempels ähnliche Bauwerke für die Dienerschaft und die Besatzung der Burg angebracht. Um vom Burgthore aus in die neue Unterstadt zu gelangen, musste man zuerst eine aus vielen Stufen bestehende Treppe hinabsteigen und dann die über der Antoniaschlucht befindliche Brücke überschreiten. Den hier gelegenen freien Raum, von dem noch später die Rede sein wird, wollen wir den Burgplatz nennen.

Da Johannes Hyrkanus in der Baris die hohenpriesterlichen Gewänder aufbewahrte und von hier aus den Tempel besuchte, so war zweifelsohne er es, der nicht nur an der Südseite der Burg, sondern auch an der Nordwestecke der äusseren Tempelmauer ein neues Thor (das Baristhor) errichtete und zwischen diesen beiden Thoren einen jederseits durch eine Mauer gesicherten Kommunikationsweg über die Caphnataschlucht bahnte. Der Durchbruch der nördlichen Tempelmauer war ein Ereigniss, das auf die am Altherkömmlichen so sehr haftenden Juden einen so nachhaltigen Eindruck machen musste, dass der Name desjenigen, der ein solches Unternehmen zuerst vollführte, noch in späteren Zeiten in Jedermanns Munde lebte. Da nun mit diesem Namen nothwendiger Weise stets der Name der neuen Burg eng verknüpft war, so ist nichts natürlicher, als dass man zuletzt allgemein glaubte, Johannes Hyrkanus sei auch der Gründer dieser Burg gewesen. Auf solche Weise mochte selbst Josephus zu dieser irrigen Ansicht gelangt sein.

Das Vorhandensein jenes neuen Thores in der nördlichen Tempelmauer musste aber bei vielen — namentlich auswärtigen — Juden den Wunsch rege machen, dass in derselben Mauer noch ein zweites Thor zur Bequemlichkeit des Volkes angebracht werden möchte, da die grosse Anzahl der an den hohen Festtagen herbeiströmenden Tempelbesucher und besonders die ausserordentliche Menge von Opferthieren, die durch die engen Strassen sämmtlich nach dem Grundthor geführt werden mussten, oftmals störende Gedränge und andere Uebelstände verursachen mochte. Es war ohne Zweifel Johannes Hyrkanus, der auch diesen Unbequemlichkeiten abhalf, und zwar dadurch, dass er an der Nordseite des Tempels jenes schon oben erwähnte **Thor Teri** erbaute und gleichzeitig über die hier befindliche breite und tiefe Caphnataschlucht eine **Brücke** schlug, so dass von nun an der Tempel auch von der Bezetha aus zugänglich war. Somit konnte man nunmehr die Opferthiere auch von Norden her in den Tempel führen, nachdem man sie zuvor in dem nahen **Teiche Struthia** gereinigt hatte. Darauf weist auch Leo hin, wenn er sagt: „Der an der Nordseite des Tempelberges gelegene **Fusspfad** zog sich (vom südlichen Fusse des Bezethahügels) allmählig gegen Osten (nach dem Thor Teri) hin. Auf diesem trieb man das Vieh zum Tempelberg, nachdem man es zu dem daranstossenden **Wasserbehälter** (d. h. zum Teich Struthia) geführt hatte, damit es nämlich (daselbst) vom Unrath gesäubert würde" (II, 12). Wenn Leo aber fortfährt: „**Der andere Fusspfad im Norden des Tempelberges begann am (grossen) Marktplatze**" (13) —, so scheint er anzunehmen, dass zwischen dem Thor Teri und dem mit der Burg Baris in Verbindung stehenden Tempelthore (14) noch ein drittes nördliches Thor vorhanden gewesen sei. Das ist aber ein Irrthum, der sich leicht erklären lässt. Auf der nördlichen Tempelmauer befanden sich nämlich **zwei viereckige, ringsum mit Schiessscharten versehene Thürme** (21). Einer von diesen erhob sich ohne Zweifel über dem Thor Teri, der andere dagegen stand jedenfalls zwischen diesem und der Baris. Die jüdischen Tempelbeschreiber waren nun offenbar der Ansicht, dass auch dieser zweite Thurm zugleich als Thor gedient habe, was sich aber durch nichts erweisen lässt. Man ersieht jedoch hieraus, dass unter jenem zweiten, am Marktplatze beginnenden **Fusspfade** nichts Anderes zu verstehen ist als der westliche Theil des zuerst gedachten, welcher zum Thor Teri führte.

Um die Zeit der Erbauung des Thors Teri wurde vermuthlich auch das **Thor Kiponos**, auf der Westseite des Tempels, aufgeführt. Um von der neuen Unterstadt aus zu demselben gelangen zu können, musste auch hier die Caphnataschlucht überbrückt werden, falls die Schlucht in dieser Gegend nicht etwa in einen unterirdischen Kanal verwandelt und in ihrem oberen Theile mit Schutt ausgefüllt wurde. Ueber dem Thor Kiponos war gleichfalls ein Thurm errichtet worden (II, 21). — Die mehrfache Ueberbrückung der Caphnataschlucht und die Aufführung der genannten Thore und der um den Vorhof der Heiden neu errichteten Säulenhallen (14. 21) gehören jedenfalls zu denjenigen Bauunternehmungen des Johannes Hyrkanus, auf welche 1 Makk. 16, 23 hingedeutet wird.

7. Abbruch der Bezethamauer.

Noch in den letzten Jahren seines Lebens war Simon Makkabäus mit dem damaligen König von Syrien, Antiochus Sidetes, in Feindschaft und offenen Kampf gerathen und Johannes Hyrkanus hatte in Folge dessen den syrischen Feldherrn Kendebäus in der Gegend von Modin (jetzt Latrûn) in die Flucht geschlagen (1 Makk. 16, 1—10). Erzürnt hierüber fiel Antiochus im ersten Jahre von Hyrkans Regierung (132 v. Chr.) in Judäa ein. „Er verheerte das ganze Land und schloss Hyrkan in der Hauptstadt ein; diese belagerte er mit sieben Abtheilungen, konnte aber zuerst nicht das Mindeste ausrichten, weil der Festigkeit der Mauern und der Tapferkeit der Belagerten ein gänzlicher, erst beim Sinken des Siebengestirns durch einen Platzregen geendigter Wassermangel zu Hülfe kam. Da aber an der Nordseite der Stadt die (Bezetha-) Mauer ersteigbar war, liess er hier hundert dreistöckige Thürme errichten und legte in jeden derselben eine Abtheilung Soldaten. Nun liess er täglich Sturm laufen, sowie einen doppelten Graben von grosser Tiefe und Breite auswerfen, und setzte dadurch den Belagerten gewaltig zu. Diese hinwieder unternahmen häufige Ausfälle und fügten den Feinden, falls sie dieselben unversehens überfallen konnten, grossen Schaden zu; wurden sie aber bemerkt, so zogen sie sich eilig zurück. Da jedoch Hyrkan sich überzeugen musste, dass die Menschenmenge in der Stadt sehr hinderlich sei, dass die Lebensmittel deswegen zu früh aufgehen würden, und dass eine zu grosse Menge von Helfern überhaupt nichts helfe, suchte er alle Untauglichen aus, entliess diese (aus der Stadt) und behielt nur den rüstigen und kampffähigen Theil zurück. Antiochus seinerseits liess diese Ausgewiesenen nicht hervorkommen, so dass sie zwischen den Mauern (d. h. zwischen der Bezetha-, Tempel-, Makkabäer- und Zionsmauer) herumschweiften und viele von Hunger verzehrt umkamen; erst als das Laubhüttenfest herannahte, nahmen die in der (neuen Unterstadt) Befindlichen sie aus Mitleid wieder auf. Als nun Hyrkan zu Antiochus sandte und des Festes wegen einen siebentägigen Waffenstillstand begehren liess, gab dieser aus Ehrfurcht gegen die Gottheit nicht nur seinem Begehren nach, sondern schickte auch ein prachtvolles Opfer hinein, das in Stieren mit vergoldeten Hörnern und in Gefässen aus Gold und Silber, mit Räucherwerk gefüllt, bestand. — Voll Freude über dieses Entgegenkommen ordnete nun Hyrkan, der aus solchem Verfahren seine Ehrfurcht gegen die Gottheit kennen lernte, eine Gesandtschaft an ihn ab und liess ihn bitten, sie in der überkommenen Verfassung zu belassen. Obwohl man nun Antiochus zusprach, das jüdische Volk wegen seiner Abschliessung gegen Andere auszurotten, so verwarf er doch diesen Rath und wollte gar nichts davon wissen, sondern folgte nur der Stimme seiner Gottesfurcht, indem er Alles zugestand und den Abgesandten erwiederte, er wolle, **falls die Belagerten die Waffen auslieferten, ihm die Steuern in Joppe und den übrigen um Judäa herumliegenden Städten zusicherten und eine Besatzung aufnähmen, die Belagerung aufheben.** Jene sagten Alles zu, nur die Besatzung wollten sie sich nicht gefallen lassen, weil sie ihrer gottesdienstlichen Absonderung wegen sich mit Fremden nicht einlassen dürften. Statt dessen versprachen sie, Geisseln nebst 500 Talenten Silber zu entrichten, und lieferten auf der Stelle 300 Talente nebst den Geisseln, unter denen sich auch Hyrkans Bruder befand, nach des Königs eigener Wahl aus. **Noch mussten sie die Mauerkrönung abbrechen**, und nach Erfüllung all dieser Bedingungen hob Antiochus die Belagerung auf und kehrte zurück" (Ant. XIII, 8, 2. 3).

Auf den ersten Blick scheint es zwar, als sei unter dem Ausdruck „Mauerkrönung" nichts weiter als etwa der obere Theil der Stadtmauern, d. h. die Zinnen und Brustwehren, zu verstehen; wenn man aber bedenkt, dass dem syrischen Könige seines eigenen Vortheils wegen sehr viel daran liegen musste, die so schnell wieder aufkeimende Macht der Juden möglichst wirksam niederzuhalten, so ist nicht anzunehmen, dass er sich mit einer so leicht wiederherzustellenden Verstümmlung der Stadtmauern hätte begnügen und seine mit so grosser Anstrengung unterhaltene Belagerung ohne irgend eine namhafte Schwächung der so äusserst fest gegründeten feindlichen Hauptstadt sollte aufgehoben haben. Dazu kommt nun, dass, wie wir sehen werden, so viele Nachrichten, welche die spätere Geschichte der Stadt Jerusalem betreffen, nur dann richtig erklärt werden können, wenn die Bezethamauer als nicht mehr existirend gedacht wird, und es kann daher keinem Zweifel unterliegen, dass unter „Mauerkrönung" in der obigen Stelle nicht eine blosse Mauerzierde, sondern in der That eine wirkliche, vollständige Stadtmauer, und zwar die Bezethamauer, gemeint sei; denn alle später zerstörten Mauern wurden stets wiederaufgebaut, und eine andere Andeutung, die direkt oder indirekt auf die Zerstörung der gedachten hinweise, findet sich sonst nirgends. Die Bezethamauer selbst war zwar als Festungswerk für die Stadt von grosser Wichtigkeit, sonst aber zu jener Zeit ziemlich entbehrlich, da der zwischen ihr und der

Mauer der Makkabäer befindliche Raum so wüst und unbewohnt war, dass — wie der mitgetheilte Bericht sich ausdrückt — die ausgewiesenen Personen zwischen den Mauern herumschweiften und viele von ihnen daselbst vor Hunger umkamen. Diese Mauer hatte daher auch nicht mehr die Bedeutung einer Schutzmauer für einen besonderen Stadttheil, sondern vielmehr nur die eines gleichsam vorgeschobenen festungsartigen Bollwerks, dergleichen in der Fortifikationskunde jener Zeit mit dem Namen Kronwerk oder Mauerkrönung bezeichnet werden mochten. — Josephus gedenkt des Abbruchs in einer so kleinlauten Weise — ja gewissermassen nur so nebenbei —, dass die Vermuthung nahe liegt, er habe entweder seine Leser hinsichtlich dieses Punktes absichtlich im Dunkeln lassen wollen, damit sie die volle Grösse der Demüthigung, welche in jenem Mauerabbruch verborgen lag, wo möglich ganz übersehen möchten, oder, was vielleicht der Wahrheit am nächsten kommt, ihm selbst fehlte eine genaue Kenntniss von der wahren Sachlage, die schon von den früheren Historiographen verwischt sein mochte; denn das in Folge feindlichen Verlangens vollzogene Zerstörungswerk musste den jüdischen Nationalstolz um so schmerzlicher berühren, als die Bezethamauer von den Juden niemals wiederhergestellt werden konnte. Es kann daher in der That keinem Zweifel mehr unterliegen, dass zu den Friedensbedingungen, die Antiochus Sidetes dem Hyrkan vorschrieb, auch der Abbruch der Bezethamauer (und der Mauer des Hiskias) gehörte; wenigstens muss man, wie schon gesagt, diese Mauer von dieser Zeit an als nicht mehr vorhanden betrachten. Einzelne Strecken derselben mögen sich dagegen noch bis in die Zeit der Zerstörung Jerusalems durch Titus mehr oder weniger vollständig erhalten haben. So dürfte unter dem „äusseren Wall" (B. j. I, 13, 3) oder der „vor der Stadt befindlichen Verschanzung", wie dieses Werk an einer andern Stelle (Ant. XIV, 13, 5) genannt wird, der Theil der Bezethamauer zu verstehen sein, welcher ehemals die breite Mauer hiess. Weshalb der südwestlich davon gelegene Theil der abgebrochenen Mauer und der Mauer des Hiskias den Namen „Einbruch der Assyrer" führte (B. j. V. 7, 3. 12, 2), ist weiter oben bereits näher erläutert worden.

Der zwischen der Mauer der Makkabäer und der Bezethamauer gelegene Stadttheil sank nach der Beseitigung der letzteren zu dem Range einer blossen Vorstadt herab (s. Plan Nr. V) und führt daher auch bei Josephus wirklich diesen Namen (Ant. XIV, 13, 5. B. j. I, 17, 8). Ebenso befand sich der grosse Marktplatz seit dieser Zeit ausserhalb der Stadtmauern, so dass er in der Folge den heranziehenden fremden Kriegsheeren als Kampf- und Lagerplatz dienen konnte.

Da der Tempel an der Nordseite, wo er allein erfolgreich angegriffen werden konnte, durch den Abbruch der Bezethamauer einem feindlichen Anfalle blossgestellt wurde, so musste er hier nun vorsichtshalber noch mehr befestigt werden. Wenn diese Befestigung auch vornehmlich in einer Verstärkung der nördlichen Mauer und deren Thürme bestehen mochte, so wurde doch auch die Caphnataschlucht nicht nur erweitert, sondern auch durch einen auf ihrem Grunde neu aufgeworfenen Graben noch bedeutend vertieft. Ausserdem mochte des grösseren Schutzes wegen auch das Wasser des zwischen dem Thalthor und der Burg Baris gelegenen Fischteichs Struthia (B. j. V, 11, 4) mittelst eines Grabens nach der Nordostecke dieser Burg und längs derselben weiter in die gedachte Schlucht geleitet werden, im Fall dieser Teich hier nicht schon vorher einen Abfluss hatte; in späterer Zeit wenigstens befand sich an der Ost- und Nordseite der Burg ein tiefer Graben, aus dessen Bette die Grundmauern derselben unmittelbar in die Höhe stiegen (B. j. V, 4, 2). — Die Anlage aller zum Schutze des Tempels dienenden Befestigungswerke darf gewiss ebenfalls dem Johannes Hyrkanus zugeschrieben werden (vgl. 1 Makk. 16, 23).

V. Jerusalem unter den hasmonäischen Königen.
I. Der Palast der Hasmonäer.

Schon im vorigen Kapitel ist erwähnt worden, dass die jüdischen Könige aus dem Hause der Hasmonäer, d. h. die Nachkommen der Makkabäer, sämmtlich ihren Wohnsitz in der Burg Baris hatten. Hier residirte nämlich nach Johannes Hyrkanus zuerst dessen Sohn Aristobulus, der sich die Königskrone aufsetzte, während seiner einjährigen Regierung (B. j. I, 3, 5), dann 27 Jahre lang des Letztern Bruder Alexander Jannäus, durch seine wechselvollen Kriegsabenteuer ebenso bekannt, wie durch seine Grausamkeit übel berüchtigt, ferner Alexanders Wittwe, Alexandra, während eines Zeitraums von neun Jahren (Ant. XIII, 16, 2) und endlich deren Söhne Hyrkanus und Aristobulus (B. j. I, 6, 1).

Verschieden von diesem eigentlichen Königssitze war der Palast der Hasmonäer, der allem Vermuthen nach dem Alexander Jannäus seine Entstehung verdankte. In der Nordostecke der Davidsstadt gelegen, lehnte er sich an die nördliche Mauer dieses Stadttheils (B. j. II, 16, 3), während er mit seiner Ostseite jedenfalls an die Xystusterrasse grenzte. Da der Zion den Tempelberg um 100 Ellen überragt, so hatte dieser Palast eine so hohe Lage, dass man von ihm aus nicht nur die ganze Unterstadt, sondern auch selbst das Innere der Tempelvorhöfe mit einem Blicke überschauen konnte. In diesem Gebäude befand sich ohne Zweifel der „verborgene Ort", wo Alexander, mit seinen Buhlerinnen zu Tische liegend und trinkend, sich aufhielt, als vor seinen Augen mitten in der Stadt*) gegen 800 gefangene Empörer gekreuzigt und deren Weiber und Kinder hingeschlachtet wurden (Ant. XIII, 14, 2. B. j. I, 4, 6). Beiläufig sei hier bemerkt, dass dieser grausame Fürst sich auch fast beständig mit seinen eigenen Unterthanen im Kampfe befand. So wurde er einst am Laubhüttenfeste im Tempel, wo er in seiner Eigenschaft als Hoherpriester eben im Begriff stand, zu opfern, vom Volke unter Verhöhnungen mit Citronen geworfen. „Darüber erzürnt, liess Alexander beinahe 6000 aus dem Volke niederhauen; dann zog er hölzerne Schranken rings um den Altar und das Heiligthum bis an den Raum, den nur die Priester betreten durften, und hielt sich dadurch das Volk vom Leibe**). Er verschaffte sich auch pisidische und cilicische Miethstruppen; Syrer wollte er nicht, weil er mit diesen verfeindet war." Nach einem unglücklichen Feldzuge gegen die Araber „floh er wieder nach Jerusalem, und da zu all seinem Unglück auch noch das Volk sich ihm widersetzte, führte er einen sechs Jahre langen Kampf gegen dasselbe, der nicht weniger als 50,000 Juden das Leben kostete. Unter solchen Umständen hassten ihn die Juden trotz seiner Ermahnung, von ihrer Böswilligkeit abzulassen, nur desto mehr, und als er sie auffordern liess, zu sagen, was sie eigentlich verlangten, schrieen alle, sie verlangten nur seinen Tod" (Ant. XIII, 13, 5). —

Von Alexanders Söhnen bewohnte Hyrkan, der Thronerbe, die Baris, Aristobul aber den Palast der Hasmonäer. Mit dem Wechsel der Königswürde vertauschten beide Brüder auch ihre Wohnungen (B. j. I, 6, 1). — Der Palast der Hasmonäer wurde nachmals von Agrippa II. zu einer weitläuftigen Königsburg umgeschaffen (Ant. XX, 8, 12), in welcher sich neben dem Hauptgebäude auch ein besonderer Palast für seine Schwester Berenike befand (B. j. II, 17, 3).

2. Erstürmung des Tempels durch Pompejus.

Kaum war Hyrkan durch seinen Bruder vom Thron verdrängt worden, so überredete ihn sein Freund, der Idumäer Antipater, zur

---

*) Also wohl in der neuen Unterstadt beim Teich Amygdala oder auf dem Mörserplatz und auf dem freien Raum, wo ehemals die Akra stand

**) Er errichtete also, wie man sieht, um den ganzen Vorhof der Priester ein so hohes Gitterwerk, dass ähnliche Demonstrationen, wie die oben erzählte, fortan unwirksam bleiben mussten, obgleich das Volk durch dieses Gitterwerk bequem hindurchsehen und Alles, was im Priestervorhof geschah, genau beobachten konnte.

Flucht nach Petra, wo Aretas, der König der Nabatäer, regierte. Hier angekommen, wusste Antipater den Letztern zu einem Feldzuge nach Jerusalem zu bewegen, um seinen Schützling Hyrkan wieder auf den Thron zu setzen. 50,000 Araber machten sich in Folge dessen auf und schlugen Aristobuls Heer in die Flucht. „Da nach diesem Siege Viele zu Hyrkan übergingen, sah Aristobul sich verlassen und floh nach Jerusalem. Nun kam der Araberfürst mit seinem ganzen Heere und belagerte denselben im Tempel*); das Volk schloss sich an Hyrkan an und unterstützte mit diesem die Belagerung, so dass bloss die Priester bei Aristobul aushielten" (Ant. XIV, 2, 1). Während die Nabatäer mit den verbündeten Juden beim Teich Struthia lagen, erschien jedoch der römische Legat Scaurus, entschied sich für Aristobul und zwang Aretas zum Rückzuge. Hyrkan und Antipater, von ihren Bundesgenossen verlassen, wandten sich nun an den römischen Feldherrn Pompejus, der eben in Damaskus eingetroffen war. Da dessen bereits mit Aristobul gepflogene Unterhandlungen zu keinem Ziele führten, so setzte sich das römische Heer nach Jerusalem in Marsch. „Nun änderte Aristobul seinen Plan, begab sich zu Pompejus, gab ihm Geld, liess ihn in Jerusalem einziehen (? — s. unten) und bat ihn, dem Kriege ein Ende zu machen und im Frieden Alles beizulegen. Auf sein Bitten verzieh ihm Pompejus und schickte Gabinius mit einer Anzahl Soldaten, um das Geld und die Schlüssel der Stadt in Empfang zu nehmen. Indessen ward weder das eine noch das andere Versprechen gehalten, sondern Gabinius kam ohne Geld, und ohne in die Stadt eingelassen worden zu sein, zurück, weil Aristobuls Heer sich mit seinem Anerbieten nicht einverstanden erklärte. Darüber erzürnt, liess Pompejus den Aristobul gefangen setzen und zog selbst an die Stadt heran, die überall sehr fest und nur an der Nordseite (wo die schützende Bezethamauer fehlte) weniger gesichert war; sie war nämlich von einer breiten, tiefen Schlucht (der Caphnataschlucht) umgeben, welche sich rings um den durch eine steinerne Mauer sehr befestigten Tempel herumzog**). — In der Stadt aber war man über das, was zu thun sei, getheilter Meinung, indem die Einen wollten, man solle Pompejus die Stadt übergeben, die Anhänger Aristobuls aber verlangten, man solle die Thore schliessen und sich zum Kriege rüsten, weil Aristobul gefangen sei. Letztere besetzten auch alsbald den Tempel

---

*) Da Aretas ohne irgend ein Hinderniss sogleich bis an den Tempel gelangte und dieser nur allein an seiner Nordseite angreifbar war, so kann die Bezethamauer nicht mehr vorhanden gewesen sein (s. Plan Nr. V).

**) Man ersieht hieraus auf das klarste, dass Josephus nicht so hätte schreiben können, wenn die Bezethamauer noch vorhanden gewesen wäre.

und zerstörten die Brücke, die denselben mit der Stadt (d. h. mit der Vorstadt Bezetha) verband, um eine Belagerung aushalten zu können; ihre Gegner jedoch liessen das Heer ein und händigten Pompejus die Schlüssel der Stadt und des königlichen Palastes ein. Dieser sandte nun seinen Legaten Piso mit einem Heere, liess (die neue Unter-) Stadt und die Burg (Baris) besetzen und die in der Nähe des Tempels gelegenen Häuser, sowie die ganze Umgebung desselben befestigen. Anfangs unterhandelte er noch mit den Abenteurern im Tempel; da diese aber seiner Aufforderung nicht nachkamen, liess er die ganze Umgebung des Tempels mit einer Mauer (d. h. mit einem Damm oder Wall) einschliessen, wobei Hyrkan überall hülfreiche Hand leistete. Aussen lagerte sich Pompejus an der Nordseite des Tempels, wo derselbe ersteigbar war. Hier erhoben sich (zwei) hohe Thürme, und ein Graben befand sich hier noch innerhalb (d. h. auf dem Grunde) der tiefen (Caphnata-) Schlucht; die der Stadt (d. h. der Vorstadt Bezetha) zugekehrte Seite (der Schlucht), wo sich Pompejus befand, stürzte nach Zerstörung der Brücke jäh ab, und der Wall wuchs täglich nur mit unsäglicher Mühe, indem die Römer die nahen Bäume fällten. Sobald dieser jedoch weit genug vorgeschritten und der Graben (sammt der ganzen Schlucht) in seiner bedeutenden Tiefe nothdürftig ausgefüllt war, liess er Maschinen und Ballisten aus Tyrus herbeischaffen und überschüttete den Tempel unablässig mit Steinen" (Ant. XIV, 4, 1. 2). „Die Römer würden das Werk auch nicht vollendet haben, hätte Pompejus nicht den siebenten Tag, an welchem die Juden aus religiösen Gründen sich aller Handarbeit enthalten, benützt, um den Damm zu vollenden, indem er seine Truppen von allem Gefechte zurückhielt; denn ihres Leibes dürfen sich die Juden auch am Sabbath wehren. So wurde der Wall fertig, hohe Thürme auf ihn gestellt, die aus Tyrus gebrachten Belagerungsmaschinen aufgeführt und die Mauer angegriffen, indess Steinschleuderer diejenigen entfernten, die von oben herab sich wehren wollten. Lange widerstanden die auf dieser Seite besonders grossen und schönen Thürme."

„Soviel die Römer auch Ungemach auszustehen hatten, musste doch Pompejus die Tapferkeit der Juden bewundern, besonders aber, dass sie mitten unter den Geschossen nicht das Geringste am Gottesdienste versäumten. Denn, als wäre die Stadt im tiefsten Frieden gewesen, wurden die täglichen Opfer, die Reinigungen und der ganze heilige Dienst aufs genaueste dargebracht. Ja selbst nach der Erstürmung, da täglich Menschen am Altare gemordet wurden, versäumten die Priester die Ordnung des Tempeldienstes nicht. Im dritten Monate der Belagerung drangen nämlich die Römer, nachdem sie mit Mühe die Thürme niedergeworfen, in den Tempel ein. Sie hieben nun die rings eingeschlossenen Juden nieder, die theils in den Tempel flohen, theils noch schwachen Widerstand leisteten. Viele Priester sahen ruhig die Feinde mit blossen Schwertern eindringen, fuhren fort in der Besorgung des Gottesdienstes und wurden über ihren Trank- und Rauchopfern hingemordet, weil sie den Dienst der Gottheit höher als ihr Leben achteten. Die meisten fielen durch die Hand ihrer Landsleute von der Gegenpartei, sehr viele stürzten sich selbst von den Zinnen hinab. Die Gebäude an der Mauer (d. h. die neuen Säulenhallen mit ihren Kammern) wurden von einigen in wahnsinniger Verzweiflung in Brand gesteckt; sie selbst verbrannten mit. 12,000 Juden fanden den Tod. Die Römer hatten nur wenig Todte, aber desto mehr Verwundete."

„Nichts aber schmerzte in jenen Unglückstagen das jüdische Volk so tief, als dass sein bis dahin nie gesehenes Heiligthum von Fremden betreten ward; denn Pompejus ging mit seinem Gefolge in das Allerheiligste, wohin nur der Hohepriester gehen durfte, und besah, was darinnen war, den Leuchter mit den Lampen, den (Schaubrot-) Tisch, die Trankopfergefässe, die Rauchfässer, die Menge des aufgespeicherten Räucherwerks und etwa 2000 Talente (ungefähr drei Millionen Thaler) Tempelschatz. Aber er berührte weder diesen noch irgend eines von den heiligen Geräthen, sondern gab den Tag nach der Einnahme den Tempelaufsehern den Befehl, das Heiligthum zu reinigen und die gebräuchlichen Opfer zu vollziehen. **Hierauf erklärte er den Hyrkanus wieder zum Hohenpriester**, weil er sich bei der Belagerung sehr thätig gezeigt und auch die Landbewohner, die herbeigeeilt waren, um für Aristobul zu kämpfen, beredet hatte, davon abzustehen. Auf diese Weise gewann er das Volk mehr durch Wohlwollen als durch Furcht. — Die Anstifter des Krieges wurden mit dem Beil hingerichtet. Dem Lande und der Stadt Jerusalem legte Pompejus einen Tribut auf" (B. j. I, 7, 3—6). Nachdem er ausserdem **die Mauer der Makkabäer geschleift (vgl. Tacit. Hist. V, 9) und verboten hatte, sie wieder aufzurichten***), führte er den Aristobul mit seinen zwei Söhnen, **Alexander und Antigonus**, und zwei Töchtern mit sich nach Rom. Alexander entkam jedoch aus der Gefangenschaft und rüstete nun ein Heer aus, um sich die Herrschaft über die Juden mit Gewalt zu erkämpfen. Da Hyrkan ihm nicht die Spitze bieten konnte,

---

*) Josephus berichtet bald nur von einer Mauer (Ant XIV, 5, 2), bald von „Mauern" (8, 5). Gemeint sind jedenfalls nur die bei der Eroberung zerstörte nördliche Tempelmauer und die Mauer der Makkabäer. Letztere allein war jedoch nur geschleift und auf diese bezog sich daher auch das Verbot des Wiederaufbaues nur, wie sich aus dem Kontext ergeben wird.

so „fing er an, die durch Pompejus zerstörte Mauer von Jerusalem (nämlich die der Makkabäer) wieder aufzuführen, was indessen die Römer in der Stadt verhinderten" (Ant. XIV, 5, 2).

Nachdem Alexander endlich durch den römischen Statthalter von Syrien, Gabinius, wiederum zur Ruhe gebracht worden war, erschien bald darauf dessen Amtsnachfolger, M. Licinius Crassus, in Jerusalem, um den von den Römern bisher verschonten Tempel auszuplündern. Josephus erzählt davon (7, 1): „Auf einem Feldzuge, den er gegen die Parther unternahm, kam Crassus nach Judäa, raubte alles Geld im Tempel, das Pompejus übrig (d. h. unberührt) gelassen hatte, im Ganzen 2000 Talente, und schämte sich nicht, sogar alles Gold, im Ganzen für 8000 Talente, aus dem Tempel zu schleppen. Dann nahm er eine Stange aus purem Golde, 300 Minen an Gewicht; die Mine ist bei uns zwei und ein halbes Pfund (vgl. Leo II, 223). Diese Stange gab ihm der Hüter des Schatzes, ein Priester Namens Eleazar, nicht aus Bosheit, denn er war ein frommer und gerechter Mann, sondern in der lautersten Absicht. Er hatte nämlich auch für die Vorhänge im Tempel zu sorgen, die von jener Stange herabhingen. Da er nun sah, wie gierig Crassus nach dem Golde war, lieferte er ihm dieselbe aus, um alles Andere einzulösen, und liess sich schwören, dass er nichts weiter aus dem Tempel wegbringen, sondern mit dieser Gabe, die viele tausend Talente werth war, sich begnügen wolle. Jene Stange nun befand sich in einem hohlen hölzernen Balken, und Keiner wusste etwas von ihrem Dasein als Eleazar allein. Crassus also nahm dieselbe, als wolle er nichts Anderes im Tempel anrühren, schleppte aber trotz seines Eides alles Gold, das sich vorfand, hinweg." Er erfreute sich jedoch des geraubten Gutes nicht lange, denn bekanntlich wurde er bald darauf (52 v. Chr.) bei Karrhä (Charan) in Mesopotamien von den Parthern überfallen, sein Heer vernichtet und er selbst getödtet.

Als Hyrkan von C. Julius Cäsar zum Hohenpriester ernannt worden war, „erhielt er auf seine Bitte die Erlaubniss, die Mauern seiner Vaterstadt (s. die letzte Anmerkung), die noch seit Pompejus' Zerstörung darniederlagen, wiederherzustellen" (Ant. XIV, 8, 5). Dies wurde durch Antipater, den Cäsar zum Statthalter von Judäa erhoben hatte, sogleich bewerkstelligt (9, 1. B. j. I, 10, 4), so dass nun die Stadt Jerusalem mit Ausnahme der noch ausgefüllt gebliebenen Caphnataschlucht wiederum mit denselben Befestigungen versehen war, welche ihr vor der Ankunft des Pompejus zum Schutze gedient hatten.

3. Plünderung der Stadt Jerusalem durch die Parther.

Als die Parther einige Jahre nachher den Römern Syrien entrissen hatten, liessen sie sich durch das Versprechen von 1000 Talenten und 500 Frauen zu einem Feldzuge nach Jerusalem bewegen, um Hyrkan zu stürzen und Aristobuls zweiten Sohn, Antigonus, (Alexander war von den Römern bereits hingerichtet worden) dort als König einzusetzen. Unter der Anführung des Pakorus trat in Folge dessen ein Theil des parthischen Heeres, bei dem sich auch Antigonus befand, von Ptolemais aus seinen Marsch nach Jerusalem an. „Indess diese den Karmel verheerten, liefen viele Juden bei Antigonus zusammen und boten sich an, den Einfall mitzumachen. Er schickte sie auf den sogenannten Eichwald (im Osten der Ebene Saron) voraus, um die Gegend zu besetzen. Dort trafen sie auf die Feinde, schlugen sie zurück und drangen, da sich unterwegs ihre Anzahl vermehrte, verfolgend bis nach Jerusalem und bis zur Königsburg (d. h. zur Burg Baris) vor. Als ihnen Hyrkanus und Phasael, Antipaters Sohn, mit starker Macht entgegentraten, entbrannte die Schlacht auf dem (grossen) Marktplatze*); Herodes mit seiner Schaar zwang die Feinde zum Rückzug, schloss sie ins Heiligthum ein (in das sie von Antigonus' Anhängern eingelassen worden waren) und legte, um sie zu bewachen, 60 Mann in die nächsten Häuser (der Vorstadt Bezetha). Indess empörte sich das Volk gegen die beiden Brüder (Herodes und Phasael), drang zu den Häusern und verbrannte sie (sammt den darin postirten Soldaten, die sich darin nicht vertheidigen konnten). Aus Zorn über diesen Verlust griff Herodes den Volkshaufen an und machte Viele nieder; täglich fielen sie rottenweise über einander her, und unaufhörlich erneuerte sich das Blutbad. Gerade stand das sogenannte Pfingstfest bevor; jeder Platz um den Tempel und die ganze Stadt wimmelte von Landleuten, die meistens bewaffnet waren. Phasael suchte die Mauer zu decken, Herodes mit geringer Mannschaft den Königspalast. Er drang auf der Nordseite in die verworrenen Haufen der Feinde ein, hieb viele nieder und jagte alle in die Flucht. Die Einen schloss er in die Stadt, Andere in den Tempelraum, noch Andere in den äusseren Wall (in die breite Mauer?) ein. Inzwischen bat Antigonus, den Pakorus wenigstens als Vermittler in die Stadt aufzunehmen. Phasael liess sich bereden und öffnete dem Parther nebst 500 Reitern gastfreundlich die Stadt. Dem Scheine nach kam Pakorus als Friedensstifter, in der That aber, um den Antigonus zu unterstützen" (B. j. I, 13, 2. 3).

---

*) Diese Erzählung bestätigt wiederum, dass die Bezethamauer nicht mehr existirte.

Nachdem sowohl Phasael als auch Hyrkan bald darauf hinterlistiger Weise festgenommen und Herodes einem gleichen Schicksal nur durch die Flucht entgangen war, „wandten sich die Parther in Jerusalem zum Plündern, drangen in die Häuser der Geflüchteten, sogar in den königlichen Palast, und liessen bloss die Schätze des Hyrkanus unberührt. Diese betrugen jedoch nicht über 300 Talente. Auch sonst fanden sie Manches anders, als sie gehofft hatten; denn Herodes, der längst die Falschheit der Barbarern argwöhnte, hatte sein kostbarstes Geräthe vorher nach Idumäa gerettet. Ebenso auch seine Anhänger. Nach der Plünderung Jerusalems trieben die Parther den Uebermuth so weit, dass sie ohne Kriegserklärung das ganze Land berannten, die Stadt Marissa gänzlich zerstörten, den Antigonus nicht bloss zum Herrn erhoben, sondern ihm auch den gefangenen Hyrkan und Phasael zur Peinigung übergaben. Antigonus hieb dem zu seinen Füssen niedergefallenen Hyrkan die Ohren ab, damit er bei einer künftigen Umwälzung nicht wieder Hoherpriester werden könnte; denn der Hohepriester muss (nach 3 Mos. 21, 17—24) ohne Fehler sein" (13, 9).
Phasael, an den Händen gefesselt, zerstiess sich den Kopf an der Steinwand seines Gefängnisses, um seinem Feinde Antigonus nicht in die Hände zu fallen, und beendete so seine kurze Heldenlaufbahn.

Den Parthern missglückte es zu ihrem grossen Verdruss, die ihnen versprochenen, von Herodes aber in Sicherheit gebrachten Frauen zu bekommen; sie übergaben daher endlich dem Antigonus Jerusalem und führten Hyrkan gefangen mit sich nach Parthien.

4. Eroberung der Stadt Jerusalem durch Herodes und Sosius.

Herodes hatte sich inzwischen Hülfe suchend nach Rom begeben und war dort durch Verwendung seiner Freunde Marcus Antonius und Cäsar Augustus vom Senate zum König von Judäa erhoben worden (39 v. Chr.). In das jüdische Land zurückgekehrt, rüstete er ein ansehnliches Heer aus, um sich in den Besitz des ihm verliehenen Königreichs zu setzen. Nach fast dreijährigem siegreichen Kampfe führte er sein Heer vor Jerusalem und lagerte sich an der Nordseite der Stadt gerade vor dem Tempel. „Hier war die Stadt angreifbar und auch von Pompejus erstürmt worden*). Er vertheilte das Heer zu den verschiedenen Arbeiten, liess die Vorstädte niederreissen, drei Dämme aufwerfen, auf diesen Thürme errichten, und ging, während er die muthigsten seiner Leute bei der Arbeit liess, selbst nach Samaria, um mit der Tochter Alexanders, des Sohnes Aristobuls, seiner verlobten

---

*) Ein neuer Beweis, dass die Bezethamauer nicht mehr vorhanden war.

Braut, Hochzeit zu halten" (B. j. I, 17, 8). Nach Beendigung dieser Hochzeitfeier führte er noch mehr Kriegsvolk vor Jerusalem. Dahin begab sich auch ein römisches Hülfsheer unter Sosius, welches durch Phönicien heranzog, so dass Herodes' Streitkräfte sich auf beinahe 30,000 Mann beliefen. Diese bedeutende Truppenmasse schaarte sich nun um die Mauern der Stadt Jerusalem und lagerte sich an der Nordseite derselben.

Die in der Stadt belagerten Juden leisteten dem Heere des Herodes und Sosius tapferen Widerstand, ja sie machten heimlich Ausfälle und raubten Alles, was sich ausserhalb der Stadt an Nahrungsmitteln für Menschen und Vieh vorfand, so dass die Belagerer in ernstliche Noth geriethen. Durch zweckmässig getroffene Massregeln wusste jedoch Herodes diese Raubzüge bald ganz zu verhindern und dem eingetretenen Mangel durch neue Zufuhren von Lebensmitteln gründlich abzuhelfen. Inzwischen wurde bei dem günstigen Sommerwetter an den Belagerungswerken rüstig fortgearbeitet, und bald waren die drei Wälle fertig. „Nun brachte man die Maschinen heran, berannte die Mauer und liess kein Belagerungsmittel unversucht. Indessen liessen sich die Belagerten gar nicht erschrecken, sondern verfielen auch ihrerseits auf die verschiedenartigsten Mittel, um die Unternehmungen der Belagerer zu vereiteln, steckten bei ihren Ausfällen die angefangenen oder bereits fertigen Maschinen in Brand und zeigten sich im Handgemenge den Römern wenigstens an Kühnheit ebenbürtig, während sie denselben an Kriegserfahrung nachstanden. Den Maschinen, die nach Verbrennung der ersten errichtet worden waren, setzten sie andere entgegen; denen, welche in den Laufgräben arbeiteten, kamen sie unter der Erde entgegen und griffen sie daselbst an. Uebrigens führten sie den ganzen Kampf mehr mit Verzweiflung, als nach einem verständigen Plan, und hielten sich bis zum letzten Augenblick, obwohl sie von einem solchen Heere belagert und von Hunger und Mangel gequält wurden; das Jahr, worein die Belagerung fiel, war nämlich ein Sabbathjahr. Endlich ward die Mauer erstiegen, zuerst von 20 Freiwilligen, dann von Sosius' Centurionen. Die erste Mauer (die der Makkabäer) war nach 40 Tagen genommen worden, die zweite (die des Tempels) nach funfzehn; einige Säulengänge um den Tempel herum waren dabei in Flammen aufgegangen, und Herodes schob die Schuld davon auf Antigonus, um diesem den Hass der Juden zuzuziehen. Als endlich die äusseren Theile des Tempels (d. h. der Vorhof der Heiden) und die Unterstadt genommen waren, flohen die Juden in die inneren Tempelräume und die Oberstadt, und da sie fürchteten, von den Römern an der Darbringung der täglichen Opfer gehindert zu werden, schickten sie Abgeordnete mit der Bitte, ihnen bloss die Herbeibringung von Opferthieren zu gestatten. Dies erlaubte ihnen Herodes in der Meinung, sie würden sich jetzt freiwillig übergeben. Als er sich aber in seiner Erwartung getäuscht fand und sah, wie tapfer sie den König Antigonus vertheidigten, liess er die Stadt im Sturm einnehmen. Bald war dieselbe nur Ein Blutbad, indem die Römer über die Länge der Belagerung erbittert waren, Herodes' Anhänger aus den Juden aber Niemand übrig lassen wollten, der ihnen wieder feindlich hätte entgegentreten können. In dichten Massen wurden die Bezwungenen in den Gassen, in den Häusern und im Tempel, in den sie sich geflüchtet hatten, niedergehauen; weder die Kinder, noch die Greise, noch das schwache Frauengeschlecht ward geschont, und obwohl der König überall hinsandte und Einhalt gebot, hielt doch Niemand den Arm ein, sondern Jeder wüthete wie rasend gegen alle Geschlechter. Während dessen kam Antigonus, der weder seines frühern, noch seines jetzigen Geschickes eingedenk war, aus der Burg (Baris) hervor und warf sich Sosius zu Füssen. Dieser jedoch fuhr ihn ohne Mitleid mit seiner jetzigen Lage hartherzig an und schalt ihn Antigona, liess ihn aber nicht, als wenn er ein Weib gewesen wäre, frei ausgehen, sondern gab Befehl, ihn gefangen aufzubewahren" (Ant. XIV, 16, 2).

Um die geschlagenen Juden nicht noch mehr gegen sich aufzubringen, suchte nun Herodes durch alle ihm zu Gebote stehenden Mittel die siegestrunkenen Römer sowohl vom Besuche des inneren Tempels, in den sie sich neugierig drängten, als auch vom ferneren Morden und Plündern abzuhalten, doch gelang ihm dies erst, als er ihnen eine reiche Belohnung aus seinen eigenen Mitteln versprochen hatte. Dieses Versprechen hielt er denn auch in dem Maasse, dass Alle mit ihm zufrieden waren.

Nach dem Fall Jerusalems war die Macht der Hasmonäer auf immer dahin, und Herodes befand sich nunmehr im unbestrittenen Besitze eines Throns, zu dem er sich den Weg so mühsam hatte bahnen müssen. Jetzt erst war er wirklich König von Judäa. Der Muth seiner Gegner war gebrochen und das blutbefleckte Jerusalem lag bezwungen zu seinen Füssen. „Dies Unglück traf Jerusalem unter dem Konsulat des M. Agrippa und Caninius Gallus, in der 185sten Olympiade (36 v. Chr.), im dritten Monate und zwar wieder an dem Fasttage, als ob das Unglück sich wiederholen sollte, das die Juden durch Pompejus erlitten hatten; 27 Jahre früher war ja Jerusalem an demselben Tage gefallen. Sosius weihte dem Herrn eine goldene Krone und brach dann von Jerusalem auf, um Antigonus gefangen zu Antonius zu bringen. Herodes musste nun fürchten, Antigonus werde von Antonius geschont und nach Rom zur Rechenschaft vor den Senat gezogen werden, wo sich dann herausstellen würde, dass derselbe von königlicher Abkunft, Herodes dagegen aus niederm Stande sei, und dass, wenn Antigonus auch gegen die Römer sich verfehlt, die Regierung doch nach dem Rechte der Geburt seinen Kindern zukomme. Demzufolge bewog er Antonius durch eine grosse Geldsumme, Antigonus zu tödten, und so war er von jener Furcht befreit. Dies war das Ende der Asmonäerherrschaft, die 126 Jahre gedauert hatte. Gewiss war es ein erlauchtes und ruhmvolles Herrscherhaus, das sich ebenso durch den Adel seiner Abkunft und die Würde des Hohenpriesterthums auszeichnete, als durch die Thaten, die seine Ahnen (d. h. die Makkabäer) für das Volk vollbracht. Diese jedoch verloren den Thron durch gegenseitige Uneinigkeit, und so kam derselbe an Antipaters Sohn Herodes, einen Menschen von niederm Herkommen und aus gewöhnlichem Unterthanenstande" (16, 4).

Dritter Zeitraum.
Jerusalem unter der Herrschaft der Idumäer.

I. Der Herodianische Tempel.
1. Vorbereitungen zum Tempelbau.

Zu den hervorragendsten Eigenschaften des Königs Herodes gehörte namentlich seine Baulust, und in der That dürften wohl nur wenige Fürsten gefunden werden, die ihm in dieser Hinsicht an die Seite gestellt werden könnten. Er errichtete nicht nur in vielen Städten seines eigenen Reiches kunstvolle Tempel, Paläste, Amphitheater, Gymnasien oder andere Prachtgebäude und gründete ganz neue oder erweiterte und verschönerte schon vorhandene, wie Samaria (Sebaste), Stratonsburg (Caesarea Stratonis), Kaphorsabe (Antipatris), Anthedon (Agrippias oder Agrippium), Phasaelis (jetzt el-'Audjeh), Herodium (südlich von Jerusalem) und die gleichnamige Burg bei Machärus, sondern führte sogar in vielen Städten des Auslandes Gebäude auf. die zugleich von seinem Wohlthätigkeitssinn und seiner Prachtliebe die sprechendsten Zeugnisse ablegten. So baute er in den Städten Tripolis, Damaskus und Ptolemais Gymnasien, zu Byblos eine Stadtmauer, in Berytus und Tyrus Säulengänge, Hallen, Tempel und Märkte, in Sidon und Damaskus Theater, zu Laodicea am Meere eine Wasserleitung, in Rhodus einen Tempel, zu Askalon prächtige Brunnen und Bäder mit einer Galerie von bewundernswerther Grösse und Ausführung. Zu Antiochia liess er eine 20 Stadien (½ Meile) lange Strasse mit geglättetem Marmor pflastern und zum Schutze gegen Unwetter mit einer ebenso langen Säulenhalle schmücken. Anderswo stiftete er heilige Haine, Wiesen und dergleichen, und machte seinen Namen sogar in Kleinasien und Griechenland berühmt. Es kann somit nicht in Erstaunen setzen, dass Herodes in seiner eigenen Hauptstadt Bauten ausführte, die in jeder Beziehung wahre Prachtwerke genannt zu werden verdienen. Den ersten Rang von allen behauptete unstreitig der fast in allen seinen Theilen auf das vortrefflichste und grossartigste erneuerte und erweiterte Tempel. Ehe wir jedoch zur speciellen Beschreibung dieses imposanten Bauwerks, dem, was Lage, Umfang und Ausdehnung betrifft, schwerlich ein zweites würdig an die Seite gesetzt werden kann, übergehen, wollen wir zuvor der Einleitungen und Vorbereitungen, die Herodes den misstrauischen und ihm so abgeneigten Juden gegenüber zu treffen für nöthig hielt, hier in Kürze näher gedenken.

Im achtzehnten Jahre seiner Regierung liess nämlich Herodes die Juden zusammenkommen und redete sie mit folgenden Worten an: „Ich halte es, liebe Volksgenossen, für unnöthig, von den Werken zu euch zu reden, die ich seit dem Antritt meiner Regierung ausgeführt habe, obgleich sie alle der Art sind, dass sie mehr euch zur Sicherheit als mir selbst zum Ruhme gereichen. Und da ich euch in euren Nöthen Beistand zu leisten nicht unterlassen habe, auch bei Ausführung meiner Bauwerke nicht so sehr für meine als vielmehr für eure Sicherheit gesorgt habe, so kann ich mir mit der Hoffnung schmeicheln, dass ich nach dem Willen Gottes das jüdische Volk zu einer Stufe von Glück und Wohlstand erhoben habe, die es früher noch nie eingenommen hat. Doch ich halte es, wie gesagt, für überflüssig, euch einzeln aufzuzählen, was ich im ganzen Lande herum vollbracht und durch wie vieler Städte Erbauung theils im jüdischen Lande, theils in den demselben untergebenen Ländern ich eurem Volk Glanz und Ansehen verliehen habe, da ja dies alles euch sehr wohl bekannt ist. Ich will euch jetzt nur kurz darthun, wie sehr dasjenige Werk, das ich gegenwärtig in Angriff nehmen will, der Religion zur Ehre und euch selbst zur Zierde gereichen werde. Diesem Tempel, den unsere Vorfahren nach ihrer Rückkehr aus Babylon dem höchsten Gotte errichtet haben, fehlen bisjetzt noch an seiner Höhe 60 Ellen (?), um welche der frühere Salomonische Tempel höher war (s. weiter unten). Doch möge dies nicht etwa Jemand der Lauigkeit unserer Vorfahren zur Last legen; denn es stand nicht bei ihnen, demselben die frühere Grösse zu verleihen, sondern Cyrus und Darius, der Sohn des Hystaspis, schrieben ihnen die Art, wie sie ihn bauen sollten, genau vor, so dass sie, da sie erst diesen, dann deren Söhnen und zuletzt den Macedoniern (d. h. den ägyptischen und syrischen Königen) unterthan waren, nicht die Macht hatten, dieses Denkmal ihrer Frömmigkeit in derselben Grösse zu errichten, die der erste Tempel besessen hatte*).

---

*) Dass Herodes hier die historischen Umstände in einer mit der Wahrheit nicht ganz im Einklang stehenden Weise darstellt, hatte nur den Zweck, den Juden desto sicherer ihre Zustimmung und Einwilligung zum Tempelbau abzugewinnen. Wenn übrigens Cyrus einige

Da ich aber nun durch Gottes Güte zur Regierung gelangt bin, da ich eines langen Friedens geniesse, mir grosse Schätze gesammelt habe und bedeutende Einkünfte beziehe und, was noch das Wichtigste von Allem, mit den Römern, die, so zu sagen, Herren der Welt sind, in Freundschaft stehe, so will ich mich bemühen, dasjenige, was unsere Vorfahren aus Noth, und weil sie Andern unterworfen waren, verabsäumt haben, zu vollenden und dadurch zugleich Gott für so viele Wohlthaten, mit denen er mich überhäuft, den Tribut frommer Dankbarkeit zu entrichten."

„Solches waren die Worte, die Herodes bei dieser Gelegenheit ans Volk richtete; es wurden jedoch Viele durch diese unerwartete Rede in Bestürzung gesetzt, und ihr Gemüth wurde durch diesen Plan, zu dessen Verwirklichung keine Hoffnung vorhanden zu sein schien, nicht etwa erhoben, sondern vielmehr beängstigt, denn man besorgte, der König möchte den Tempel niederreissen und dann nicht die hinlänglichen Mittel besitzen, um das Werk, das er sich vorgesetzt, vollenden zu können; es erschien ihnen diese Gefahr um so grösser, als ihnen das Werk selbst schwieriger erschien. Da sie sich nun in solcher Stimmung befanden, flösste ihnen der König dadurch wieder Muth ein, dass er ihnen die Versicherung gab, er werde den Tempel nicht eher niederreissen, bis er Alles, was zu seiner Vollendung erforderlich, in Bereitschaft habe. Und hierin hielt er auch Wort; denn erst nachdem er sich 1000 Wagen angeschafft, um darauf die Steine herbeizufahren, nachdem er 10,000 der erfahrensten Werkmeister ausgewählt, 1000 Priestern priesterliche Kleidungen gekauft und sie theils in der Steinhauerkunst, theils in dem Zimmerhandwerk hatte unterrichten lassen und somit Alles gehörig vorbereitet hatte, nahm er das Werk in Angriff" (Ant. XV, 11, 1. 2).

2. Der Vorhof der Heiden.

Um für den neuen Tempel eine grössere Grundfläche zu gewinnen, musste Herodes auf ähnliche Weise zu Werke gehen wie einst Salomo. d. h. er musste überall, wo das Terrain nicht die erforderliche Höhe hatte, starke Grundmauern aufführen und die dadurch entstandenen Hohl-

---

die Wiederherstellung des jüdischen Heiligthums betreffende specielle Bestimmungen gab (Esr. 6, 3—5), so that er dies schwerlich aus eigenem Antriebe, sondern jedenfalls nur auf Serubabels ausdrücklichen Wunsch; denn dieser kluge Mann wusste sehr wohl, dass er sich ohne eine unantastbare königliche Autorisation keine Abweichung von dem Salomonischen Bauplan werde erlauben dürfen. Um daher den von den oberen Priestern gehegten Wunsch hinsichtlich eines dem Tempelgebäude hinzuzufügenden oberen Stockwerks realisiren zu können, blieb ihm nichts Anderes übrig, als das ihm von den persischen Königen geschenkte Wohlwollen auch für diesen Zweck zu nützen.

räume entweder mit Erde ausfüllen oder dieselben in unterirdische Gänge und kellerartige Gewölbe umwandeln. Auf diese Weise erhielt er ein von Norden nach Süden gerichtetes Rechteck, dessen Breite der des jetzigen Tempelplans ziemlich gleich war, dessen Länge jedoch, da im Norden noch die Burg Antonia stand, etwas kürzer als dieser sein musste. Josephus berichtet hiervon, wie folgt: „Man durchbrach die nördliche Mauer und erweiterte den Raum (hier und an der West- und Südseite) um soviel, als nachher der (äussere) Hof des Tempels einnahm. Nachdem sie aber den Hügel von Grund aus mit einer dreifachen Terrasse umzogen und ein allen Glauben übersteigendes Werk angelegt hatten, worauf die Arbeit ganzer Generationen (?) und die gesammten Tempelschätze aus den allgemeinen Beisteuern der Nation verwendet wurden: da errichteten sie denn auch die oberen Vorhöfe und die unteren Tempelgebäude. Den niedrigsten Theil (d. h. die Ostseite) erhoben sie durch eine Mauer bis zu 300 Ellen und darüber*). Uebrigens war nicht (überall) die ganze Höhe des Fundaments sichtbar, weil man an mehreren Stellen (und namentlich auf der Westseite) die Schluchten ausgefüllt hatte, um sie den Strassen der Stadt gleich zu machen (— hierdurch war neben der westlichen Grundmauer des Tempels eine ebene, breite Strasse entstanden, die wir die Tempelstrasse nennen wollen —). Die Felsmassen des Grundstocks waren 40 Ellen hoch (d. h. die Oberfläche des Felsens Sakhrah lag 40 Ellen höher als die Tempelstrasse). Der Reichthum und der Eifer des Volkes förderte die Arbeit über allen Begriff, und was kaum ein Ende erreichen zu können schien, stand durch Ausdauer mit der Zeit vollendet da" (B. j. V, 5, 1).

Die alte Tempelfläche, an der nur die östliche Grundmauer unverändert beibehalten wurde, erhielt im Norden nur eine unbedeutende Erweiterung. Die Westseite wurde dagegen jedenfalls so weit ausgedehnt, dass sie mit der Westseite der Antonia eine einzige gerade Linie bildete, während im Süden nicht nur der ganze Raum, auf dem sich die Akra einst erhob, sondern auch östlich und westlich von demselben noch soviel von dem daneben liegenden Terrain hinzugenommen wurde, dass ein regelmässiges Rechteck zu Stande kam (s. Plan Nr. VI). Begreiflicher Weise mussten die neuen Grundmauern an der Südwestecke, also in der Gegend, wo jetzt die Moschee El-Aksa steht, am grossartigsten sein, da sie hier aus der Tiefe des Mörserplatzes in die Höhe geführt wurden. Daher sagt ein neuerer Reisender: „Die Mo-

---

*) Die beiden letzten Sätze beziehen sich, wie man sieht, mehr auf den Salomonischen als auf den Herodianischen Tempel.

schee El-Aksa, hinter der sich die Mauer 89 Fuss hoch senkrecht erhebt, liegt über bewundernswürdig ausgeführten Gewölben. Es sind 15 Reihen quadratischer Pfeiler, bis zu 25 Fuss hoch, welche mit ihren prächtigen Bogengewölben Herodes dem Grossen das Fundament für die Ausdehnung des Tempelplatzes gaben" (Str. S. 201).

Auf diesen Grundmauern nun erhob sich die sieben bis acht Ellen starke Ringmauer des äusseren Tempelhofes (B. j. VI, 5, 1) oder des Vorhofs der Heiden. Sie war mit Zinnen und Brustwehren gekrönt (IV, 9, 12) und hatte, wie sich aus dem Nachfolgenden ergeben wird, eine Höhe von 35 Ellen. Im Osten betrug ihre Länge von der Nordostecke bis zu der Gegend, wo sich früher das Wasserthor befand, ungefähr ein Stadium (600 Fuss), und fast ebenso lang war auch die daneben gelegene Halle Salomonis (Joh. 10, 23. Ap.-Gesch. 3, 11. 5, 12), die auch die königliche Halle (Ant. XV, 11, 3) oder die dreifache königliche Halle (11, 3) genannt wurde. „Dies war (sagt Josephus) ein Säulengang aussen am Tempel (d. h. im Vorhof der Heiden), der sich längs eines tiefen Abgrundes (des Thals Josaphat) hinzog und deswegen auf Mauern von (beinahe) 400 Ellen Höhe ruhte (vgl. B. j. V, 5, 1); diese bestanden aus ganz weissen Quaderstücken von 20 Ellen Länge und 6 Ellen Höhe und waren noch ein Werk des Königs Salomon" (Ant. XX, 9, 7).

Von der südlichen Mauer des alten Tempels, die jetzt die Halle Salomonis im Süden begrenzte, hatte Herodes im Osten eine Strecke von etwa 70 Ellen beibehalten und von hier aus noch eine zweite, mit der äusseren parallel laufende Mauer nach Süden gezogen. In dem durch diese Mauern umschlossenen Raum, Ophla genannt (B. j. II, 17. 9. V, 6, 1), befanden sich theils Wohnungen (VI, 6, 3), wahrscheinlich die der Nethinim, theils aber die Tempelkloaken (V, 3, 1). Der Bezirk Ophla (ein Name, der augenscheinlich aus „Ophel" entstanden ist) hatte drei Thore, nämlich im Osten, neben der Halle Salomonis, das Ostthor, diesem gegenüber im Westen das innere Ostthor und im Süden das Ophlathor, wie wir dasselbe hier nennen wollen. Josephus gedenkt dieses Tempelbezirks in folgender Weise (Ant. XV, 11, 5): „Die vierte (oder Ost-) Seite jenes Gemäuers (d. h. der Ringmauer des Vorhofs der Heiden) hatte nach der Südseite hin ebenfalls in der Mitte Thore (nämlich die beiden Ostthore) und zugleich (nördlich davon) eine dreifache königliche Halle (d. h. die Halle Salomonis), die sich der Länge nach von der (nord-) östlichen bis (beinahe) zur südlichen Seite des Thals erstreckte; denn weiter (als bis zu den Bezirk Ophla) konnte sie nicht fortgeführt werden" (weil hier die

Kloaken und die Wohnungen für die Nethinim angebracht werden mussten).

Da der Vorhof der Heiden ringsherum mit Säulenhallen umgeben war, so würde deren harmonische Anordnung durch den Ophlabezirk bedeutend gestört gewesen sein, wenn man nicht der Halle Salomonis eine solche Breite gegeben hätte, dass ihre äussere, dem Vorhofe zugekehrte Säulenreihe mit der analogen der südlich davon gelegenen Halle in eine Linie zu stehen gekommen wäre. — Der ganze südliche Theil des Vorhofs bildete einen grossen freien Platz (Leo II, 29), der theilweise als Tempelbazar diente (Matth. 21, 12. Joh. 2, 14) und den Namen „der offene Hofraum" führte (B. j. V, 5, 2).

Ausser den schon genannten Thoren hatte der Vorhof der Heiden auf der Südseite noch ein Thor (VI, 5, 2. Leo II, 11), das Thor der Chulda*), und auf der Nordseite deren zwei, nämlich das etwas weiter nach Norden vorgeschobene Thor Teri und das Antoniathor (II, 12—14. 17). „Gegen die Westseite hin hatte das Gemäuer (des Vorhofs) vier Thore; eins davon (das südlichste) führte (mittelst einer gigantischen Brücke, B. j. VI, 6, 2, von der noch jetzt Spuren vorhanden sind) in den (in der Oberstadt gelegenen, neuen) königlichen Palast durch das dazwischen gelegene Thal (d. h. den Mörserplatz), zwei andere (die beiden nördlichsten) führten in die Vorstadt (neue Unterstadt), und das vierte (an der alten Unterstadt) führte in die (Ober-) Stadt; an demselben waren (wie dies auch bei den beiden zuletzt erwähnten der Fall war) Stufen angebracht, um ins Thal (zu dem Mörserplatz) hinabsteigen und aus demselben wieder (zu dem Xystus und in die Oberstadt) hinaufsteigen zu können; denn die (Ober-) Stadt lag gerade dem Tempel gegenüber, und gegen die Südseite (des Tempels) hin von einem tiefen Thale umgeben, hatte sie das Ansehen eines Theaters"**) (Ant. XV, 11, 5.

---

*) Leo legt zwar diesen Namen zweien Thoren — und zwar zweien Thoren an der Südseite des Serubabelschen Tempels — bei (II, 19); da es aber sehr unwahrscheinlich ist, dass zwei neben einander gelegene Thorgebäude einen und denselben Namen geführt haben, so besteht das wahre Sachverhältniss jedenfalls darin, dass der gedachte Tempel nur ein Thor der Chulda besass und dieser Name nachmals auf eins der südlichen Thore des Herodianischen Tempels überging. Es hatten in diesem Falle wirklich zwei gleichnamige Tempelthore existirt, nur irrte man späterhin darin, dass man glaubte, beide hätten gleichzeitig neben einander bestanden.

**) Strauss sagt. „Nachdem wir von unserer Terrasse (an dem Orte, wo ehemals die Antonia stand) den Tempelplatz überblickt hatten, liessen wir das Auge in die Weite schweifen und vor uns entfaltete sich ein grossartiges und liebliches Panorama Jerusalems, „der Schönen!" Zu unsern Füssen der reizende Moriah, im Südwesten erhob sich majestätisch der ungeheure Zion mit der grossen Häusermasse, welche sich den Berg hinanzieht

Leo II, 5. 8). Die Namen dieser vier westlichen Thore sind nicht bekannt. Vermuthlich hiess das nördlichste das Thor Kiponos, das südlichste das Brückenthor und das dritte das Thor der Gewänderhalle (B. j. IV, 9, 12). Das zwischen den beiden letzteren gelegene kann durch den Namen Thor des offenen Hofraums bezeichnet werden.

3. Die inneren Vorhöfe.

Im nördlichen Theile des Vorhofs der Heiden befand sich der eigentliche heilige Tempelbezirk. Er umfasste so ziemlich die ganze einst von Salomo geschaffene Tempelfläche mit Ausnahme jedoch der Grundfläche der Halle Salomonis und des westlich davon gelegenen schmalen Areals. Dieser heilige Raum war ringsum von der drei Ellen hohen steinernen Mauer des Zwingers umgeben. Auf dieser Mauer, die jedenfalls ähnlich wie die analoge des Serubabelschen Zwingers mit einem Gitterwerk gekrönt war, erhoben sich in gleichen Entfernungen Säulen, woran geschrieben stand, dass jedem Fremden bei Todesstrafe der Eintritt verboten sei. Die Herodianische Zwingerwand heisst bald die Scheidewand der Umzäunung (Ephes. 2, 14), bald der Umkreis des Allerheiligsten (B. j. IV, 3, 10), bald die Schranken um das Heiligthum (VI, 2, 4). „Diese innere Umgrenzung hatte auf der Süd- und Nordseite drei Thore, die gleichweit von einander entfernt waren, und auf der Ostseite ein grosses (d. h. breites) Thor, wodurch diejenigen, die rein waren, mit ihren Weibern eintraten" (Ant. XV, 11, 5).

Der von der Zwingerwand einerseits und von den Ringmauern der inneren Vorhöfe andererseits begrenzte Raum hiess der zweite Zwinger im Gegensatz zu dem Vorhof der Heiden, der auch der erste Zwinger genannt wurde (B. j. IV, 3, 12); wir werden ihn jedoch der Kürze wegen stets nur schlechtweg den Zwinger nennen. Seine Oberfläche lag überall um zwei Ellen höher als die des Vorhofs der Heiden, während die des Serubabelschen Zwingers, soweit sie den Weibervorhof begrenzte, gar nicht erhöht war. Da Herodes die östliche Aussenmauer, an welcher die Halle Salomonis stand, unverändert liess und also auch die hier bestehende absolute Höhe des Vorhofs der Heiden beibehielt. — daher auch von einer Abtragung und Erniedrigung der ganzen Terrasse dieses Vorhofs gar keine Rede sein kann, — so konnte eine

---

und ihn recht als die eigentliche Stadt erscheinen lässt" (Str. S. 202). Durch diese Worte wird genugsam erklärt, warum Josephus die Oberstadt kurzweg die „Stadt" und die neue Unterstadt nur die „Vorstadt" nennt.

gleichmässig hohe Zwingerterrasse nur dadurch gewonnen werden, dass die seitherige, nach den inneren Vorhöfen hin etwas schräg ansteigende Oberfläche des Vorhofs der Heiden in eine durchaus horizontale Ebene umgewandelt wurde. Dass diese Ansteigung aber in senkrechter Höhe gerade zwei Ellen betrug, ist schon weiter oben nachgewiesen worden. Die Breite des Zwingers betrug im Süden und Norden etwa 40 Ellen, da die hier gelegenen, zu dem Männervorhof führenden grossen Steintreppen viel Platz einnahmen, im Osten höchstens 25 und im Westen, wo gar keine Treppen vorhanden waren, 10 Ellen (B. j. V, 1, 5, Ende).

In den eben angegebenen Entfernungen von der Zwingerwand erhob sich im Zwinger die mit Brustwehren (Leo II, 32) versehene 40 Ellen hohe Ringmauer des Männervorhofs und östlich davon die um acht Ellen niedrigere des Weibervorhofs. Der Männervorhof hatte im Westen gar kein Thor, im Süden und Norden je drei und im Osten eins. Das letztere, das Thor des Agrippa genannt, war das grösste von allen. Ueber der östlichen Eingangsöffnung desselben hatte Herodes einen „riesengrossen und überaus kostbaren Adler aus Gold aufstellen" (Ant. XVII, 6, 2. B. j. I, 33, 2) und den Namen des Agrippa, des Augustus Schwiegersohnes, unter oder über demselben anbringen lassen (I, 21, 8). — Der mit dem Männervorhof durch das Thor des Agrippa in Verbindung stehende Vorhof der Weiber (VI, 9, 2) besass wie der des Serubabelschen Tempels nur drei Thore, nämlich je eins im Norden, Osten und Süden. Das östliche hiess das eherne (II, 17, 3) oder das korinthische Thor[*]), da seine Thorflügel aus korinthischem Erze bestanden, während die der übrigen mit Gold und Silber überzogen waren (V. 5, 3). Es übertraf alle andern an kunstreicher Ausführung und ist ohne Zweifel ebendasselbe, welches Ap.-Gesch. 3, 2. 10 das schöne Thor genannt wird. — Mit Ausnahme des Agrippathores waren sämmtliche Thore der beiden inneren Vorhöfe an ihrer Aussenseite mit einer Vorhalle versehen (B. j. IV, 4, 5, Ende. VI, 4, 1). Alle Thore ausser den beiden ostwärts gelegenen behielten, wie es scheint, ihre alten Namen.

Was die im Zwinger befindlichen Treppen, mittelst deren man zu den Thoren der inneren Vorhöfe gelangte, betrifft, so ist davon Folgendes zu merken. Trat man von Norden oder Süden durch das mittlere oder westliche Thor der Zwingerwand in den Zwinger, so erreichte man

---

[*]) Der Uebersetzer der Geschichte des jüdischen Krieges sagt in einer Anmerkung „Dies ist das sogenannte Nikanorthor, dessen eherne Thorflügel Nikanor aus Aegypten gebracht haben soll." Weiter oben ist jedoch bereits nachgewiesen worden, dass das Nikanorthor dem Serubabelschen Tempel angehörte.

nach einigen Schritten die grosse Steintreppe, welche mit dem Männervorhof eine gleiche Länge haben mochte. Hatte man die 14 Stufen derselben erstiegen, so stand man auf einer Platform von 10 Ellen Breite, auf welcher sich die Vorhallen der drei hier gelegenen Thore erhoben. Um jedoch von der Platform in diese Vorhallen zu kommen, musste man noch deren fünfstufige kleine Treppen hinansteigen, so dass von der Zwingerterrasse bis zu einer jeden Vorhalle nicht weniger als 19 — und mit Einschluss der Thorschwelle 20 — Stufen zu betreten waren. Da nun die Höhe einer jeden Stufe eine halbe Elle betrug, so lag der Fussboden der Vorhalle — und somit auch die Oberfläche des Männervorhofs selbst — zehn Ellen höher als die des Zwingers. — Ging man vom Männervorhof durch das Thor des Agrippa in den Weibervorhof hinab, so hatte man wie im Serubabelschen Tempel 15 Stufen*) nebst der Thorschwelle zurückzulegen; dieser lag also um 8 Ellen tiefer als jener und zwei Ellen höher als der Zwinger. Da die erwähnte Platform sich auch um den Weibervorhof — doch hier in geringerer Höhe herumzog — so sind die den beiden noch fehlenden Ellen entsprechenden vier Stufen, welche sich zwischen der Vorhofs- und Zwingerterrasse befanden, am besten so zu vertheilen, dass zwei zu der Platform und zwei zu der Vorhalle kommen.

An den Seitenwänden des Männervorhofs erhoben sich die Säulenhallen mit ihren Kammern, und zwar im Osten zweifache, im Süden und Norden aber, wie vermuthlich auch im Westen (B. j. VI, 4, 1), nur einfache. Im Weibervorhof, dessen Länge etwas vermindert, dessen Breite aber mit der des Männervorhofs in Uebereinstimmung gebracht worden war, befanden sich (im Osten) bloss einfache Säulenhallen mit Kammern und bretternen Dachverschlägen für die Weiber. Eins von diesen Weibergemächern hiess die Kammer der Jungfrauen (Gesch. v. d. Geb. d. Maria u. s. w. 4, 3). Wegen der geringeren Länge des Weibervorhofs konnten die darin angebrachten vier Rauchhöfe nur sehr klein sein.

Der Umfang des Herodianischen Männervorhofs betrug wie der des Serubabelschen und Salomonischen jederseits 400 Ellen. Statt der ehemaligen, so einfach konstruirten königlichen Bühne stand in diesem Vorhof ein prachtvoller, von zwei mächtigen Säulen getragener Königsthron, den Leo folgendermassen beschreibt: „Im Gebäude des zweiten (d. h. Herodianischen) Tempels war jener Thron thurmartig erhöht

---

*) Vgl. in der Geschichte von der Geburt der Maria und der Kindheit des Heilandes Kap. 4, 4. — Auf den 15 Stufen wurden die sogenannten 15 Stufenpsalmen gesungen (Ev. von der Geb. der Maria 6, 2. Leo II, 42).

worden, indem er auf zwei Säulen errichtet wurde, von denen jede 20 Ellen (hoch) war, während der Umfang einer jeden, wenn man sie mit einer Messschnur umgab, 12 Ellen betrug. Auch waren beide oberwärts nach phrygischer Kunst mit lauterm Golde und mit Purpur verziert worden" (II, 51).

Im Männervorhofe befand sich ferner die **Bühne der Leviten** und unmittelbar hinter derselben der **Vorhof der Priester**. Beide Tempelbestandtheile hatten jedenfalls dieselbe Grösse und sonstige Beschaffenheit wie die früheren, doch mochte das Thor Parbar nicht wieder erneuert worden sein. Im westlichen Theile des Priestervorhofs erhob sich das kolossale, zweistöckige Tempelgebäude, zu welchem zwölf Stufen hinaufführten, und vor diesem der 15 Ellen hohe Brandopferaltar. Ehe wir jedoch das Herodianische Tempelgebäude einer näheren Betrachtung unterziehen, müssen wir die Josephische Beschreibung der Vorhöfe als Ergänzung der im Vorstehenden gegebenen hier folgen lassen. Dieselbe lautet (B. j. V, 5, 2. 3): „Alle **Säulengänge** (des Vorhofs der Heiden) waren doppelt*), getragen von 25 Ellen hohen Säulen vom weissesten Marmor aus **einem** Stein, oben von einer Decke aus Cedernholz überwölbt. Ihre natürliche Pracht, die feine Arbeit und die Harmonie des Baues gewährte einen herrlichen Anblick; keine äussere Zierrath, vom Pinsel noch Meissel gemacht, erhöhte den Glanz; ihre Breite betrug 30 Ellen. Der ganze Umfang mass fast sechs Stadien, die Antonia mit eingeschlossen. Der **offene Hofraum** (im Süden) war mit mannigfaltigen Steinen gepflastert. Den **Durchgang** von hier (d. h. den Zwinger) zu dem zweiten Tempel (d. h. zu den inneren Vorhöfen) sonderte eine drei Ellen hohe **steinerne Wandung**, die äusserst kunstreich gearbeitet war. Auf ihr standen in gleicher Entfernung **Säulen**, die das Gesetz der Reinigung verkündigten, hier in griechischer, dort in römischer Schrift, dass nämlich kein Fremder das Heiligthum betreten dürfe. **Heiligthum** heisst nämlich der zweite Tempel (d. h. Alles, was von der Zwingerwand umschlossen wurde). Auf 14 Stufen gelangte man vom erstern (dem Durchgang oder Zwinger) zum letzteren (d. h. zum zweiten Tempel oder den inneren Vor-

---

*) Ant. XV, 11, 3 heisst es: „Den ganzen Tempel (d. h. den Vorhof der Heiden) umgab er (Herodes) mit ungeheuren **Hallen**, die zur Grosse des Tempels im Verhältniss standen und deren Pracht die der früheren weit übertraf, so dass es schien, kein Anderer habe den Tempel so prachtvoll ausschmücken können. Beide **Hallen** ruhten auf einer grossen (Grund-) Mauer." Wenn alle Hallen „doppelt", also von gleicher Art, gewesen wären, so konnte Josephus hier nicht von **zweien** sprechen; da aber die **Halle Salomonis** nicht doppelt wie alle übrigen des Vorhofs der Heiden, sondern vielmehr **dreifach** war, so ist die oben im Text enthaltene Angabe ungenau.

höfen). Seine (d. h. die den Männer- und Weibervorhof umfassende) Grundfläche war ein Viereck und mit einer besonderen Mauer umgeben. Ihre äussere (vom Zwinger aus am Männervorhofe sichtbare) Höhe, obgleich sie 40 Ellen betrug, wurde (im Norden und Süden) durch die (14) Stufen bedeckt; die innere (vom Vorhof der Männer aus sichtbare) hatte 25 Ellen; denn wie sie auf der höheren Seite gegen aussen (im Zwinger) mit Stufen überbaut war, so war sie nach innen nicht ganz sichtbar, sondern von dem Hügel (d. h. von der den Männervorhof bildenden Terrasse) ausgefüllt. Von den 14 Stufen (im Zwinger) bis zur Mauer war ein Raum (eine Platform) von 10 Ellen ganz eben. Von da an führten wieder andere fünf Stufen an die (Vorhalle der) Thore, deren (mit Einschluss der Thore des Weibervorhofs) nach Mitternacht und Mittag je vier, gegen Morgen zwei waren. Soviel mussten es auch wenigstens sein. Denn da auf dieser (Ost-) Seite für die Frauen ein eigener Raum zur Anbetung durch eine Wand (nämlich die östliche Mauer des Männervorhofs) unterschieden war, so musste ein zweites Thor (das des Agrippa) angebracht werden. Dieses stand dem vordern Portale des Tempels (Tempelgebäudes) gegenüber. Auch nach den andern Himmelsgegenden, nach Süden und nach Norden, war je ein Thor, das nur in den Hof der Weiber führte; denn durch die übrigen (am Männervorhof befindlichen) durften die Frauen nicht eintreten und ebenso wenig durch das ihrige über die (ihnen) angewiesenen Schranken hinausgehen. Uebrigens stand dieser Ort der Anbetung ebensowohl fremden als einheimischen Frauen offen. Die Westseite (des Männervorhofs) hatte kein Thor; die Mauer lief hier ununterbrochen fort. Die Säulengänge zwischen den Thoren, die von der Mauer nach innen zu an die Schatzkammer führten, ruhten auf schönen, grossen Säulen in einfacher Reihe*), die denen der untern Ringmauer (am Vorhof der Heiden) ausser der Grösse in nichts nachstanden. — Neun Thore waren sammt Pfosten und Oberschwellen ganz mit Gold und Silber überkleidet, eins, ausserhalb des innersten Tempels

---

*) Ant. XV, 11, 3 sagt Josephus „Inwendig (nämlich im Vorhof der Heiden, oder genauer im Zwinger) ging dann um den Gipfel des Hügels (welcher den Männervorhof bildete) noch eine andere (d. h. die oben erwähnte 40 Ellen hohe) steinerne Mauer, welche gegen die Ostseite hin noch eine zweifache Halle trug, die ebenso lang war wie die Mauer nach der Thür des (eigentlichen) Tempels hin, der gerade in der Mitte der Mauer (d. h dem Thore des Agrippa gegenüber) lag. Diese Halle (d. h. die ihr entsprechende des Serubabelschen Tempels) hatten viele der früheren Könige mannigfach ausgeschmückt; um den Tempel herum (d. h. an den Wänden der östlichen Säulenhalle des Männervorhofs) waren die Rüstungen aufgehängt, die den fremden Völkern im Kampfe waren entrissen worden, und der König (Herodes) hängte dieselben jetzt ebendaselbst wieder auf und fügte ihnen noch diejenigen bei, die er den Arabern abgenommen hatte."

(d. h. des Männervorhofs), aus korinthischem Erze, das die vergoldeten und versilberten an Werth weit überbot (daher das schöne genannt, Ap.-Gesch. 3, 2. 10). Jedes Thor hatte zwei Thürflügel, je 30 Ellen hoch, 15 breit. Vom Eingang einwärts erweiterte sich der Raum nach beiden Seiten in thurmähnlichen Nischen von 30 Ellen Weite und Länge und 40 Ellen Höhe. Jede war von zwei Säulen getragen, je von 12 Ellen im Umfang. — Alle andern Thore hatten dieselbe Grösse; das aber hinter dem korinthischen, an dem Vorhof der Weiber, auf der Ostseite (des Männervorhofs) gegenüber dem Eingange in das (eigentliche) Heiligthum (also das Thor des Agrippa), war viel grösser; es hatte 50 Ellen Höhe, 40 Ellen in der Weite, viel reicheren Schmuck und massivere Arbeit aus Gold und Silber*). Diesen Reichthum verschwendete an die neun Tempelthore Alexander, der Vater des Tiberius. 15 Stufen führten von der Scheidewand des Weibervorhofs zum grösseren (Agrippa-) Thore hinauf, während zu den anderen (am Männervorhof angebrachten) Thoren um ein Drittheil längere Stufen führten."

4. Das Tempelgebäude.

Das Herodianische Tempelgebäude war dem Serubabelschen insofern ähnlich, als es sowohl dieselbe Länge und Breite als auch die analogen Lokalitäten hatte wie dieses, d. h. es besass ein Heiliges und Allerheiligstes — von gleicher Länge und Breite mit den früheren —, ein Obergemach, ein dreistöckiges Nebengebäude und eine Vorhalle. Im Einzelnen unterschied es sich jedoch von jenem sehr wesentlich, besonders durch seine bedeutende Höhe (100 Ellen), durch seine 100 Ellen breite und ebenso hohe Vorhalle und durch die engen Kammern des Nebengebäudes (s. Fig. 31).

Man streitet darüber, ob der Herodianische Tempel wirklich als ein neuer, nämlich als der dritte, oder nur als ein bloss renovirter Serubabelscher, also noch als der zweite Tempel zu betrachten sei. Josephus berichtet von Herodes: „Er liess zuerst die alte Grundlage wegnehmen, legte dann einen Grund und baute hier auf den Tempel selbst auf" (Ant. XV, 11, 3). Hierzu bemerkt der Uebersetzer der jüdischen Alterthümer: „Aus dieser Stelle haben einige Gelehrten folgern wollen, dieser von Herodes erbaute Tempel sei ein neuer, vom zweiten, den die Juden nach ihrer Rückkehr aus dem babylonischen Exil aufgebaut hatten, ganz verschiedener, und somit der

---

*) Es ist daher auch jedenfalls ebendasselbe, welches im Evangelium von der Geburt der Maria (3, 22. 4, 9) das goldene Thor genannt wird.

dritte Tempel gewesen. Dieser Herodianische Tempel kann aber schon deshalb nicht als ein neuer, von dem vorigen verschiedener angesehen werden, weil der Opferkultus nicht unterbrochen worden ist: denn dies hätte doch nothwendig geschehen müssen, wenn Herodes das Heilige und Allerheiligste ganz niedergerissen und neu aufgebaut hätte. Daher nennen die Juden selbst den Herodianischen, von Titus zerstörten Tempel im Talmud stets nur den zweiten und nicht den dritten, was um so bemerkenswerther ist, da gerade sie ein besonderes Interesse dabei hatten, diesen Tempel für den dritten Tempel auszugeben, weil, wenn dieses der dritte Tempel war, die Weissagung des Propheten Haggäus (Kap. 2), dass der Messias in den zweiten Tempel eintreten werde, sich an Jesus Christus nicht erfüllt haben würde."

Diese Gründe sind in der That so erheblicher Art, dass sie nicht von der Hand gewiesen werden können. Wie aber die Schwierigkeiten, welche diesen Gegenstand bisher in ein so tiefes Dunkel gehüllt haben, am einfachsten und natürlichsten zu besiegen sind, wird am besten eine ausführliche Beschreibung des Herodianischen Baues klar machen. Herodes liess nämlich, da die beiden heiligen Innenräume des Hauptgebäudes unantastbar waren, ohne Zweifel zuerst nur die Vorhalle und das Nebengebäude des Serubabelschen Tempelgebäudes abbrechen und das Krepidoma dieser beiden Tempeltheile wegnehmen. Es blieb somit die Umfassungsmauer des Heiligen und Allerheiligsten unberührt stehen. Diese Mauer oder Wand hatte, wie weiter oben nachgewiesen worden ist, unten eine Dicke von sieben Ellen und ruhte auf einem Fundamente, das aus Quadersteinen von 10 Ellen Länge und 8 Ellen Höhe und Breite bestand. Diese Quadern, die zwei Ellen tief in den Grund des Priestervorhofs eingesenkt, auf dem abgeplatteten Felsgipfel des Morija, dem heutigen Fels Sakhrah, ruhten, muss man sich so gelegt denken, dass sie mit der darüber stehenden innern Tempelwand jerderseits eine einzige — freilich unten durch den Fussboden des Heiligen und Allerheiligsten verdeckte — senkrecht abfallende Fläche bildeten, nach aussen dagegen um eine Elle vorsprangen. Als man das alte Krepidoma des Nebengebäudes und der Vorhalle ringsum entfernt hatte, musste statt seiner eine Vertiefung von zwei Ellen, die überall 12 Ellen breit war, um die alte Tempelwand zurückbleiben. Der aus Kalksteinfels bestehende Gipfel des Morija war somit hier blossgelegt und das Fundament der alten stehengebliebenen Wand in seiner vollen Höhe von acht Ellen sichtbar. Da die Vertiefung, aus deren Mitte die alten Umfassungsmauer des Hauptgebäudes emporragte, 100 Ellen lang und 60 Ellen breit war, so stellte sich dieselbe sowohl auf der Südseite wie auch auf der Nordseite dem Auge in einer ununterbrochenen Länge von 100 Ellen dar, und man sieht daher leicht ein, dass sich eine jede dieser beiden Strecken durch vier der Länge nach aneinandergefügte Quadersteine von 25 Ellen Länge und 12 Ellen Breite ganz genau hätte ausfüllen lassen, und wenn diese Steine ausserdem noch acht Ellen hoch gewesen wären, so würden sie sich mit dem Krepidoma des alten stehengebliebenen Baues in gleicher Höhe befunden und eine sechs Ellen hohe, gleichmässige Platform gebildet haben, auf welcher man den Bau eines neuen Nebengebäudes bequem hätte beginnen können. Wenn nun Josephus in der That berichtet (Ant. XV, 11, 3): „Der Tempel wurde aus festen Marmorsteinen erbaut, die **ungefähr 25 Ellen lang, 8 Ellen hoch und ungefähr 12 Ellen breit waren**", so ist evident, dass diese gewaltigen Steine nicht nur überhaupt als Krepidomsteine dienten, sondern auch, dass sie nur deswegen in der angegebenen Grösse angefertigt waren, um auf die beschriebene Art verwandt zu werden. Ausserdem ist bedeutsam, dass der jüdische Geschichtschreiber sowohl ihre Länge zu „ungefähr" 25 Ellen, als auch ihre Breite zu „ungefähr" 12 Ellen angiebt, während er bei der Bezeichnung ihrer Höhe diesen Zusatz weglässt. Bekanntlich springt nämlich das Fundament eines jeden Gebäudes der grösseren Sicherheit und Festigkeit wegen stets etwas nach aussen vor, und so soll dieses „ungefähr" offenbar auch nichts Anderes ausdrücken, als dass die Länge und Breite jener Steinquadern um soviel grösser gedacht werden muss, als dieser äussere Vorsprung ausmachte. Hiernach steht die Verwendung jener gewaltigen Marmorquadern zum Krepidoma des Nebengebäudes in der That ausser allem Zweifel.

Denkt man sich nun in Norden wie im Süden vier solcher Marmorsteine in die Vertiefung gesenkt, so blieb im Osten und Westen noch der mittlere, 36 Ellen lange Raum auszufüllen übrig. Nach Beendigung auch dieses Geschäfts erhob sich nun wirklich ein neues Krepidoma von 100 Ellen Länge und 60 Ellen Breite um das alte Gemäuer des Hauptgebäudes in gleicher Höhe mit dessen unberührt gebliebenem Fundamente. Nun aber sollte die neu zu errichtende Vorhalle nicht 60, sondern 100 Ellen Breite erhalten, und es musste daher die Platform im Süden und Norden noch durch Anfügung eines quadratischen Grundsteins von 20 Ellen vergrössert werden. Ehe wir jedoch in der Beschreibung des Baues weiter fortfahren, müssen wir zuvor die Gründe, welche zu der sonderbaren Vergrösserung der Vorhalle die Veranlassung gaben, etwas näher betrachten.

Herodes hatte, wie oben gemeldet, die Absicht, „**den Tempel in einem weit grösseren Umfange und in einer ungeheuren Höhe aufzurichten**", um sich dadurch ein bleibendes Andenken zu gründen. Diese Absicht wurde ihm jedoch von Seiten der in solchen Dingen so äusserst konservativen Priester vereitelt, und er musste nicht nur das Heilige und Allerheiligste unberührt lassen, sondern durfte sogar nicht einmal die alten Grenzen des Nebengebäudes weiter hinausrücken. Es wurde ihm nur gestattet, das obere hölzerne Stockwerk des Heiligthums, das ohnehin äusserst schadhaft sein mochte, durch ein vollkommneres zu ersetzen und die Vorhalle in vorgeschriebener Weise zu vergrössern; Beides offenbar nur deshalb, weil Serubabel sich hierin schon bedeutende Abweichungen von dem ursprünglichen Salomonischen Plane erlaubt hatte. Ausserdem ist nicht zu übersehen, dass die jüdischen Priester in ihren heiligen Schriften zwei Stellen vorfanden, die es ihnen doch wünschenswerth erscheinen lassen mussten, dass in jenen beiden Stücken eine Aenderung getroffen würde. Die eine (Ez. 40, 47) fordert nämlich für das Tempelgebäude eine Breite von 100 Ellen, die andere (2 Chron. 3, 4) aber sagt, der Salomonische Tempel sei 120 Ellen hoch gewesen. Durch eine entsprechende Vergrösserung der Vorhalle und Erhöhung des Hauptgebäudes liess sich nun das Tempelgebäude mit diesen beiden Schriftstellen wenigstens einigermassen in Uebereinstimmung bringen; denn im Grunde genommen wurde der im Buche des Ezechiel enthaltenen Vorschrift nur sehr unvollkommen genügt, da Ezechiels Angaben sich nicht auf die Vorhalle allein, sondern auf das ganze Tempelgebäude beziehen, und die andere blieb, so fein die Priester auch kalkulirten, nicht weniger verfehlt. Wie in letzterer Beziehung der Buchstabe gewahrt blieb, wird am besten die nachfolgende Erläuterung zeigen.

Trat man in den Vorhof der Heiden, so betrat man damit zugleich auch den heiligen Tempelbezirk, und wenn die Höhe des Tempels odes eines seiner Bestandtheile bestimmt werden sollte, so konnte man ganz folgerecht auch von diesem Punkte zu messen anfangen. Es betrug aber nach dieser Rechnungsweise

die Höhe des Zwingers . . . . 2 Ellen,
die Höhe des Männervorhofs . . . . . . 2 + 10 = 12 „
die Höhe des Priestervorhofs . . . . 2 + 10 + 2 = 14 „
die Höhe des Tempelkrepidoma . 2 + 10 + 2 + 6 = 20 „
die Höhe des Hauptgebäudes 2 + 10 + 2 + 6 + 100 = 120 „

Nun hatten zwar, wie schon weiter oben ausführlich dargethan ist, Salomos Zeitgenossen bei der Höhenberechnung des Tempels die ganze Höhe des Morijaberges mit in Anschlag gebracht; da aber Serubabel sein Tempelgebäude bis auf 60 Ellen erhöhen wollte, so musste die untere Grenze der Heiligkeit des Berges 20 Ellen weiter nach oben hin verlegt werden. Die ursprüngliche Berechnungsweise war also zu

Herodes' Zeit längst antiquirt, und man sah sich daher gezwungen, eine ganz neue zu supponiren, um mit der Angabe der heiligen Schrift wenigstens dem Wortklange nach in Uebereinstimmung zu bleiben. Man liess demnach den unteren Theil des Morija ganz aus der Rechnung und machte die Oberfläche des Vorhofs der Heiden zur unteren Grenze der Heiligkeit. Das konnte jetzt auch um so leichter geschehen, als ausser einigen Priestern vielleicht kein einziger Jude mehr wusste, welche Bewandtniss es eigentlich mit den 2 Chron. 3, 4 verzeichneten 120 Ellen hatte. Ja, wenn Josephus (Ant. XV, 11, 3) sagt: Herodes baute den Tempel auf „100 Ellen lang und 120 Ellen hoch, welche letztere 20 Ellen wieder abgingen, nachdem sich mal der Grund gehörig gesetzt hatte (??), die wir aber zu den Zeiten Neros wieder hinzuzuthun beschlossen haben" —, so sieht man, dass schon zu Neros Zeit sogar den Pharisäern und Schriftgelehrten das richtige Verständniss jener mysteriösen 120 Ellen dermassen abhanden gekommen war, dass sie nicht einmal die oben bezeichnete (Herodianische) Berechnungsweise mehr gelten liessen. — Nach dieser Einschaltung kehren wir zu der oben abgebrochenen Beschreibung des Tempelbaues zurück.

Man vergegenwärtige sich, dass die alte sieben Ellen starke Wandung des Hauptgebäudes an ihrer Aussenseite mit drei stufenartigen Absätzen versehen war, auf welchen die Deckbalken der drei Stockwerke des Nebengebäudes geruht hatten. Jedes dieser Stockwerke besass im Innern dieselbe Höhe wie die unterste Steinschicht der alten Wand, nämlich fünf Ellen. Da nun die neu errichtete Tempelwand des Hauptgebäudes in ihrem oberen Theile nicht weniger als acht Ellen dick war (B. j. VI, 5, 1), so muss die alte unten wenigstens um vier Ellen verstärkt worden sein (s. Fig. 32). Es war also auf dem Krepidoma des Nebengebäudes neben der alten Wand ringsum eine Steinschicht von fünf Ellen Höhe und vier Ellen Dicke aufgestellt worden, so dass nunmehr diese Wand eine Stärke von elf Ellen erhielt. Auf die neue Aussenschicht wurde nun eine zweite gelegt, die aber um eine Elle höher sein musste, weil sonst das zweite Stockwerk, dessen Fussboden nämlich aus ellendicken Balken bestehen mochte, nur vier Ellen hoch gewesen sein würde. Aus gleichem Grunde musste auch die dritte Steinschicht sechs Ellen Höhe haben. Die zweite Lage der verstärkten alten Wand hatte der Einrückung wegen nur zehn, die nächste neun und alle folgenden nur acht Ellen Dicke, indem oberhalb des Nebengebäudes keine neuen Einrückungen der Tempelwand weder an der verstärkten alten, noch an der darüber aufgeführten neuen mehr stattfanden. — Aus der vorstehenden Entwicklung geht gewiss deutlich genug hervor, dass das Herodianische Tempelgebäude in der That nur als das renovirte Serubabelsche, also, nach einer andern Anschauungsweise, noch als der zweite Tempel zu betrachten ist.

Was die Aussenwände des Nebengebäudes betrifft, so bestand deren unterste Schicht jedenfalls aus Steinen von fünf Ellen Höhe und sechs Ellen Breite, denn Josephus sagt (B. j. V, 5, 6): „Die Quadern des Baues hatten zum Theil 45 Ellen Länge, fünf Höhe, sechs Breite." Diese Steine können nämlich um deswillen nur hier und nicht etwa an der Vorhalle verwandt worden sein, weil die Wände der letztern nur fünf Elle Dicke hatten. Die beiden oberen Schichten der Wand des Nebengebäudes mussten aber wiederum — und zwar aus dem oben dargelegten Grunde — um eine Elle höher sein. Die oberste Schicht war nebst dem dritten Absatz der Tempelwand zum Tragen des Daches bestimmt. Dieses Dach bestand eines weiter unten zu berührenden Zweckes wegen aus Steinplatten von 12 Ellen Länge, 10 Ellen Breite und 3 Ellen Höhe. Die volle Höhe des Nebengebäudes betrug also, vom Krepidoma aus gerechnet, 20 Ellen, d. h. ebenso viel als die des Salomonischen und Serubabelschen.

Da nach der Aufrichtung der beiden neuen Seitenwände das Innere des neuen Nebengebäudes bis auf drei Ellen Breite reducirt war, so fehlte es an Raum, um hier ausser den Kammern noch einen Korridor anbringen zu können, und man musste daher immer aus einer Kammer in die andere gehen, wenn man zu den hinteren gelangen wollte. Josephus nennt sie aus diesem Grunde auch „in einander gehende Gemächer". Diese kleinen Kammern, die jedoch in jedem höheren Stockwerke um eine Elle breiter wurden, erhielten wahrscheinlich nur eine sehr spärliche Beleuchtung durch kleine in der Aussenwand angebrachte Oeffnungen. Was den Kammern übrigens an Breite abging, wurde ihnen an Länge reichlich ersetzt. Dadurch verminderte sich aber ihre Zahl gegen früher sehr bedeutend. In jedem Stockwerk befanden sich nämlich sowohl im Norden wie im Süden nur fünf, in allen dreien also nur 30 Kammern. Im Westen besass das untere und mittlere je drei, das obere aber nur zwei Kammern, so dass sich die Anzahl aller Kammern auf 38 belief (Leo II, 222). Da hiernach jede eine Länge von 16 bis 17 Ellen hatte, so irrt Leo, wenn er ihnen gleich denen des Salomonischen und Serubabelschen Tempels nur fünf Ellen giebt (ibid.). Ebenso falsch ist auch die Behauptung, der Fussboden der unteren Kammern sei um fünf Ellen niedriger (d. h. in das Krepidoma eingesenkt) gewesen als der des Heiligen und Allerheiligsten, während es doch an einer andern Stelle (II, 175) wörtlich heisst: „Ein gewisses Bauwerk (nämlich das Krepidoma), auf welchem die Tempelwände errichtet waren, überragte den Fussboden des Vorhofs (der Priester) um sechs Ellen. Dasselbe war im Innern überall unzugänglich und massiv, bildete aus diesem Grunde den Fussboden des Tempels und wurde deswegen das Fundament oder der Fussboden des Tempels genannt"[*]. Dass ferner die dem Heiligen und Allerheiligsten zugekehrten Wände dieser Kammern mit Gold überzogen gewesen seien (II, 222), ist wohl eine Uebertreibung; dagegen befanden sich in diesen Wänden verborgene Hohlräume, in denen die Priester gewisse kostbare Gegenstände verbergen konnten (227, vgl. B. j. VI, 8, 3). Dergleichen geheime Fachwerke waren höchst wahrscheinlich auch schon im Salomonischen Tempel vorhanden (2 Chron. 34, 14. 15). Noch berichtet Leo (II, 226): „Einige gegen Süden gelegene Kammern waren dazu bestimmt, dass das Regenwasser durch dieselben in gewisse Wasserbehälter fiele, während es vom Dache des Tempels durch die daselbst befindlichen Röhren zur Erde herabfloss. Diese Kammern nannte man deshalb das Impluvium." — Die Eingänge zu den Kammern des unteren Stockwerks befanden sich im Osten und standen daher nicht wie früher mit dem Heiligen, sondern nur mit der Vorhalle in Verbindung. Leo sagt (II, 220): „Eine jede von jenen Kammern aber hatte drei Eingänge, durch welche man in dieselbe eintrat. Eine Thür der Kammer blickte nach der Kammer zur rechten, die andere nach der zur linken Seite; durch die dritte stieg man zur oberwärts errichteten Kammer empor." Das Letztere gilt jedoch wohl nur von einigen Kammern.

Die fünf Ellen dicken Aussenwände der Vorhalle erhoben sich vermuthlich in ungeschwächter Stärke bis zu einer Höhe von 70 bis 72 Ellen und von hier aus um eine oder zwei Ellen schwächer bis zum Gipfel, der ebenso wie der des Hauptgebäudes oben mit einer Brustwehr von drei Ellen und darüber hinausragenden Pfeilern von vier Ellen umkränzt war (Leo II, 176). Die ganze Ostseite dieses eigenthümlichen Bauwerks stellte sich den Blicken des Beschauers als eine ebene, 100 Ellen breite und beinahe ebenso hohe Wand dar, deren Einförmigkeit jedoch durch das 70 Ellen hohe, 25 Ellen breite Portal, zu dem 12 Stufen hinaufführten, und durch die symmetrisch angebrachten Fensteröffnungen bedeutend gemildert wurde. Das auf jeder Seite durch eine kolossale Wandsäule eingefasste Portal besass keine Thürflügel. Es war in seinem oberen Theile ohne Zweifel ebenso aus

---

[*] Da die Leosche Schrift im Ganzen nur eine Kompilation aus den verschiedensten Quellen geschöpfter, aber ohne kritische Sichtung und selbstständige Verarbeitung mit einander verbundener Nachrichten ist, so können dergleichen Irrthümer eben nicht allzu sehr befremden.

Eichenbalken konstruirt wie das der Serubabelschen Vorhalle. Der Unterschied bestand nur darin, dass zwischen je zweien dieser Balken noch eine vergoldete Balkenlatte von Cedernholz befestigt war, die bis zum östlichen Giebel des Hauptgebäudes hinüberreichte und so demselben als Stütze diente. Solcher Balkenlatten mussten nach der Zahl der Eichenbalken jederseits fünf vorhanden sein (s. Fig. 33). An den östlichen, von den Vorhöfen aus sichtbaren Stirnenden derselben waren vergoldete, von einer Seite des Portals zur andern hinüberreichende Weinrebengewinde, an denen Weintrauben von Manneslänge herabhingen, befestigt worden. Solcher Rebengewinde waren vermuthlich gleichfalls fünf vorhanden. Dass die Beeren an den Trauben aber aus Rubinen, Sapphiren, Diamanten und anderen kostbaren Edelsteinen bestanden hätten, wie Leo meldet, dürfte denn doch zu bezweifeln sein. Dieser grossartige goldene Weinstock war ein Weihgeschenk des Königs Herodes (Leo II, 184). — Durch das Portal der Vorhalle gelangte man in das 30 Ellen breite und 70 Ellen hohe Pronaon, das sich bis an das Portal des Hauptgebäudes erstreckte. Die Vorhalle zerfiel sonach ebenso wie die Serubabelsche in zwei Hauptstockwerke, nämlich in das 70 Ellen hohe untere und das 30 Ellen hohe obere. Die zu beiden Seiten des Pronaons gelegenen Nebenbaue der Vorhalle, d. h. die Häuser der Opfermesser, waren mit demselben durch je eine Thür verbunden. Da die Zahl sämmtlicher Etagen des unteren Hauptstockwerks jederseits ohne Zweifel wie im Serubabelschen Tempel sechs betrug, so muss jede etwa 10 Ellen hoch gewesen sein. Jede Kammer hatte vermuthlich drei Fensteröffnungen, von denen zwei nach Osten gerichtet waren. Man erblickte daher von dieser Himmelsgegend aus deren auf jeder Seite des Portals 12, im Ganzen also 24.

Das obere Hauptstockwerk, dessen Seitenwände, wie gesagt, um eine oder zwei Ellen schwächer als die des unteren waren, enthielt eine etwa 90 Ellen lange, 10 bis 12 Ellen breite und 20 Ellen hohe Galerie, die im Osten wahrscheinlich durch zwölf, im Süden und Norden durch eine und im Westen jederseits durch zwei grosse Fensteröffnungen hell erleuchtet wurde. Da die Aussenwand der Vorhalle reich besetzt war mit Säulen und Fenstern (Leo II, 176), so ist unzweifelhaft, dass sich ausser den beiden am Portale angebrachten grossen Säulen auch noch zwischen den Fenstern der Galerie kleinere Säulen befanden, die zur Hälfte aus der Wand hervortraten und so dem ganzen Gebäude zu ganz besonderer Zierde gereichten. Aehnliche Wandsäulen mochten auch das Innere der Galerie schmücken.

Das renovirte Hauptgebäude erhielt nach dem Abbruch des oberen hölzernen Stockwerks ebenfalls eine Höhe von 100 Ellen, so dass das Heilige — denn das Allerheiligste wurde durch den Bau in keinerlei Weise berührt — bis auf 60 Ellen erhöht werden konnte. Es ist einleuchtend, dass die in einer Höhe von etwa 25 Ellen befindlichen alten Fensteröffnungen sowohl ihres verhältnissmässig niedrigen Standorts, als auch ihres geringen Umfangs wegen der jetzigen Grösse des Heiligen nicht mehr entsprachen. Sie wurden daher jedenfalls durch die aussen angefügten neuen Quaderschichten gänzlich verdeckt und weiter nach oben hin verlegt. Sollten sie aber den an sie gestellten Anforderungen genügen und durch die acht Ellen starken Wände eine hinreichende Lichtmenge hindurchzulassen im Stande sein, so mussten sie in weit grösseren Dimensionen ausgeführt sein als die früheren. Daraus folgt, dass ihre Anzahl jederseits auf vier beschränkt werden musste, denn das Heilige hatte bekanntlich nur 40 Ellen Länge. — Das Eingangsportal, dessen gebrochene Flügelthüren vergoldet waren, wurde gleichfalls bedeutend — und zwar bis auf 55 Ellen Höhe und 16 Ellen Breite — erweitert. Ueber diesem Portal liess der König Herodes aussen — also im Pronaon — ein grosses goldenes Schwert, das ein Gewicht von einem Talent Goldes hatte, befestigen und folgende, aus erhabenen Buchstaben bestehende Schrift darüber setzen: „Der Fremdling, welcher sich hierher nahet, wird sterben" (Leo II, 187). — Die östliche Giebelwand des Hauptgebäudes wurde nicht wie die drei andern Wände desselben durch neue Quaderschichten verstärkt, sondern, soweit sie vom Pronaon aus sichtbar war, vergoldet; die Stelle der stützenden Steinschichten vertrat hier die äusserst solide Vorhalle.

Im oberen Stockwerk befand sich nur das Auditorium (s. Fig. 34). Es war 40 Ellen lang, 20 Ellen breit und etwa 30 Ellen hoch, hatte im Norden und Süden je vier grosse Fensteröffnungen und stand mittelst zweier im östlichen Giebel angebrachter Thüren mit dem sechsten Stockwerk der Vorhalle in Verbindung. Da aber der Fussboden dieses Stockwerks um einige Ellen niedriger lag als der des Auditoriums, so musste man, wenn man von jenem in dieses gelangen wollte, eine Treppe von einigen Stufen emporsteigen. Da aber ferner das Pronaon breiter war als das Auditorium, so konnten die beiden Treppen nicht einfach von Osten nach Westen in die Höhe führen, sondern mussten die Seitenwände des Pronaons unmittelbar neben dem östlichen Giebel des Hauptgebäudes durchbrechen und hier bis zu den mit den Thürschwellen des Auditoriums in gleicher Höhe liegenden Estraden hinansteigen. Sah man vom Portale der Vorhalle aus in die Höhe, so erblickte man in den beiden oberen Ecken des Pronaons die unteren Seiten dieser an dem Giebel des Hauptgebäudes befestigten Estraden.

Das Dach des Hauptgebäudes bestand aus starken Balken mit darüber gelagerter Mörtelschicht. Ueber der letzteren befand sich noch ein Bleiüberzug, in welchem goldene Spiesse befestigt waren, um das Betreten des Daches zu verhindern. Das Herumgehen auf der acht Ellen breiten Aussenmauer, die wie die Vorhalle mit einem Geländer von drei Ellen Höhe und darüber hinausragenden Pfeilern von vier Ellen versehen war (Leo II, 176), scheint dagegen gestattet gewesen zu sein (B. j. VI, 5, 1).

Die Harmonie des ganzen Baues würde durch das Missverhältniss, in welchem das Nebengebäude zum Hauptgebäude stand, bedeutend gestört gewesen sein, wenn zwischen beiden keine weiteren äusseren Verbindungsglieder existirt hätten; denn da das Hauptgebäude nicht weniger als 80 Ellen höher war als das Nebengebäude, so musste letzteres bei seiner soliden Bauart gleichsam nur als ein Postament des ersteren erscheinen. Wenn nun Josephus, wie weiter oben angedeutet ist, von den Kammern des Salomonischen Nebengebäudes, denen er irriger Weise eine so enorme Grösse beilegt, wie von **Strebepfeilern** spricht, „**die durch ihre feste Bauart und ihr vereintes Gewicht das Ganze (nämlich das Hauptgebäude) zusammenhalten sollten**", und nicht anzunehmen ist, dass diese Behauptung überhaupt so ganz alles Grundes entbehrt, so liegt gewiss die Vermuthung nahe, dass zwar nicht das Salomonische, wohl aber das Herodianische (wie auch das Serubabelsche) Hauptgebäude mit Strebepfeilern versehen war, und dass Josephus nur aus diesem Grunde auch bei dem ersteren dergleichen voraussetzte. Man braucht in der That nicht Architekt zu sein, um die Nützlichkeit, ja Nothwendigkeit solcher Pfeiler auch bei einem aus so cyklopischen Mauern bestehenden Bau, wie es das Herodianische Hauptgebäude war, einzusehen. Fehlen auch positive Zeugnisse für das ehemalige Vorhandensein dieser Mauerstützen, so wird unsere Vermuthung doch durch folgende Notiz ausser Zweifel gesetzt. Der Uebersetzer der Geschichte des jüdischen Krieges sagt nämlich in einer Anmerkung zu B. j. VI, 6, 1: „**Auf den Seitenmauern des Tempels gab es theils vorragende, theils zwischen dem Dach befindliche leere Räume, z. B. sechs solcher Mauern in gewisser Entfernung von einander sind genannt Talmud, Abschnitt Middoth.**"

Die Beschaffenheit und der Zweck dieser theils vorragenden, theils zwischen dem Dach befindlichen leeren Räume wird vergeblich zu ergründen gesucht, so lange man dieselben mit dem oberen Theile der Umfassungsmauern des Hauptgebäudes in Beziehung bringt. Das Räthsel findet aber sogleich seine volle Lösung, wenn man unter den Seitenmauern des „Tempels" die Seitenmauern des „Nebengebäudes" oder, was eigentlich ausgedrückt werden soll, das Nebengebäude selbst versteht; denn nun erweisen sich die hervorragenden Räume in der That als Strebepfeiler, die auf dem Steindache des so wohlgefügten Nebengebäudes ruhten und sich zugleich an die Seitenmauern des Hauptgebäudes anlehnten. Die zwischen ihnen befindlichen leeren Räume erklären sich von selbst. Von besonderer Wichtigkeit ist hierbei noch, dass gerade „sechs solcher Mauern" im Talmud genannt sind, denn soviel mussten es sowohl im Norden wie im Süden sein, damit die Harmonie des ganzen Baues nicht gestört wurde. Im Westen konnten es nur drei sein, da hier das Hauptgebäude schmaler war. Giebt man nun jedem Pfeiler eine Breite von vier Ellen, so betrug die Entfernung von einem zum andern noch sechs Ellen, so dass für die Fensteröffnungen ein hinreichend grosser Zwischenraum übrig blieb. Ausserdem mochte in der Ecke, welche die Vorhalle jederseits mit dem Hauptgebäude bildete, der Symmetrie wegen noch ein halber Pfeiler angebracht sein; denn die Entfernung des ersten Pfeilers von der Vorhalle betrug nicht sechs, sondern acht Ellen. Da diese Pfeiler „Mauern" genannt werden, so bestanden sie nicht aus einem einzigen Stein, sondern aus mehreren, die ohne Zweifel so auf einander gethürmt waren, dass der obere immer um zwei Ellen kürzer war als der zunächst unter ihm liegende. Daraus folgt, dass jeder Pfeiler aus fünf Steinen von 15 Ellen Höhe zusammengesetzt war, denn soviel mussten es gerade sein, weil die Aussenwand des Hauptgebäudes eine ununterbrochen senkrechte Fläche von 75 Ellen bildete. Das Nebengebäude selbst vertrat gleichsam die Stelle eines sechsten Steins. Da das Dach dieses Gebäudes zwölf Ellen breit war, so musste der auf demselben ruhende Pfeilerstein zehn, der nächste acht und jeder folgende zwei Ellen weniger lang sein als der vorhergehende. Der oberste, nur zwei Ellen lange, bestand wahrscheinlich mit einem Theile der entsprechenden Tempelwand aus einem Stücke. Jeder Strebepfeiler würde sich dem Auge als eine gigantische steile Treppe dargestellt haben, wenn die Absätze desselben nicht abgeschrägt und mit goldenen Platten belegt gewesen wären. Die Pfeiler der Brustwehr mit ihren vermuthlich vergoldeten Köpfen waren ohne Zweifel so angebracht, dass sie dem Beschauer wie eine obere Fortsetzung der Strebepfeiler erschienen.

Nach dieser detaillirten Beschreibung des scheinbar für die Ewigkeit gegründeten kolossalen Bauwerks, das doch so bald wieder in Schutt und Trümmer sank, wird das Verständniss der Josephischen keine erheblichen Schwierigkeiten mehr darbieten. Diese lautet nämlich (B.j. V, 5, 4—6): „Zum Heiligthum mitten im Tempelraum stieg man auf zwölf Stufen. Von vorn war seine Höhe und Breite gleich, zu 100 Ellen;

nach hinten war es um 40 Ellen schmäler. Denn es liefen vorn auf beiden Seiten zwei Vorsprünge von 20 Ellen wie Schultern aus (so stellte sich nämlich die Vorhalle dar, wenn man das ganze Gebäude von hinten betrachtete). Das erste Thor (das der Vorhalle), 70 Ellen hoch, 25 Ellen breit, hatte keine Thüren. Der Giebel desselben (d. h. der aus Weinreben und Trauben bestehende obere Theil des Portals) war vergoldet und hindurch (durch das Portal) sah man das ganze vordere Schiff (d. h. das Pronaon), welches das grösste (besser: das höchste) war; die Umgebung des inneren Tempelthores (d. h. der östliche Giebel des Hauptgebäudes) strahlte ganz von Golde. Weil der innere (aus dem Pronaon und dem Heiligen nebst dem Allerheiligsten bestehende) Tempelraum in zwei (hinter einander gelegene) Stockwerke abgetheilt war, so stand nur das vordere Schiff (das Pronaon) offen, das in aufrechter Höhe 70, in die Länge 30, in die Breite 20 Ellen*) erreichte. Der Eingang in dieses Schiff war, wie gesagt, ganz vergoldet, sowie auch die Wandung umher. Darüber waren goldene Reben angebracht, von denen Trauben in Manneslänge herabhingen. Da aber der Tempel zwei (hinter einander gelegene) Stockwerke (nämlich das Pronaon und das Heilige) hatte, so war, wie gesagt, das innere Schiff (d. h. das Heilige) viel niedriger als das äussere (das Pronaon); dasselbe (das Heilige) hatte goldene Thüren von 55 Ellen Höhe und 16 Ellen Breite. Vor ihnen hing ein gleich langer Vorhang, aus babylonischem Gewebe bunt gestickt aus Hyacinthen, Byssus, Scharlach und Purpur. — Nach dem Eintritt befand man sich im untern Theil des Tempels. Dessen Höhe betrug 60 Ellen**), die Länge gleich viel, die Breite 20 Ellen. Die 60 Ellen Länge waren wieder abgetheilt. Der erste Theil (das Heilige), bis auf 40 Ellen, schloss drei bewundernswürdige, weltberühmte Kunstwerke ein: den (siebenarmigen) Kronleuchter, den (Schaubrot-) Tisch und das Rauchfass (auf dem Rauchopferaltar). — Der innerste Theil des Tempels hatte 20 Ellen Länge und war ebenfalls durch einen Vorhang vom äussern (dem Heiligen) geschieden. In ihm befand sich lediglich nichts; er war unzugänglich, unverletzbar, für Jedermann unsichtbar, das Allerheiligste genannt. — An den Seitenwänden des untern Tempels standen (aussen) wieder in einander gehende Gemächer (d. h. die Kammern des Nebengebäudes) von drei Stockwerken, auf beiden Seiten mit einem Eingang gegen das Thor (der Vorhalle) hin. Das obere Stockwerk hatte solche Gemächer

---

*) Nur 15 Ellen (vgl. Leo II, 181), denn Josephus giebt hier die inneren Dimensionen des Pronaons an; die ganze Vorhalle war an ihrer Aussenseite nur 20 Ellen breit.
**) Das Allerheiligste war jedoch nur 20 Ellen hoch.

nicht, weil es auch enger war. Seine (äussere) Höhe betrug 40 Ellen; allein es war schmäler als das untere (weil nämlich das Nebengebäude nicht so hoch hinaufreichte). Rechnet man diese (äusseren 40 Ellen) zu den 60 Ellen des Schiffs (des Heiligen), so erhält man die ganze Höhe von 100 Ellen" (natürlich ohne das 6 Ellen hohe Krepidoma).

„Der äussere Anblick des Tempels bot Alles dar, was Seele und Augen in Erstaunen setzt. Ringsum (auf den abgeschrägten Vorsprüngen der Strebepfeiler und auf den Gesimsen über den Säulen der Vorhalle) war er mit dichten goldenen Platten gedeckt; er schimmerte bei den ersten Lichtstrahlen im feurigsten Glanze und blendete die Augen wie die Sonne selbst. Ankommenden Gästen schien er in der Entfernung einem schneebedeckten Hügel ähnlich; denn wo er nicht übergoldet war, glänzte sein weisser Marmor. Auf dem Gipfel starrten goldene Spiesse, damit er nicht von aufsitzenden Vögeln beschmutzt würde. — Vor dem Tempel stand ein 15 Ellen hoher Altar, von gleicher Breite und Länge, nämlich 50 Ellen*). Die Form war ein Würfel (?) mit hornartig auslaufenden Ecken, der Zugang von Mittag her sanft ansteigend. Er war ohne ein eisernes Werkzeug gebaut, und nie berührte ihn Eisen. — Tempel und Altar (und zugleich den ganzen Priestervorhof) umfing ein niedlicher, fast Ellen hoher Kranz aus schönem Gestein, der das Volk von den Priestern schied."

Da der Herodianische Brandopferaltar 15 Ellen hoch war, so wird jede seiner drei Terrassen um eine Elle höher gewesen sein als die des Makkabäischen Altars, der nur 12 Ellen Höhe hatte. Auf der zweiten Terrasse oder — wenn man den Fuss des Altars mitzählt — auf der dritten (Protevangel. d. Jakob. 7, 6) stand der Hohepriester nicht allein beim Opfern, sondern auch, wenn er eine Ansprache an das versammelte Volk hielt (Gesch. v. d. Geb. der Maria und d. K. d. H. 8, 3). — Bezüglich der übrigen im Priestervorhof befindlichen Gegenstände mochten keine wesentlichen Veränderungen eingetreten sein.

---

*) Das ist wohl nicht richtig. Der Salomonische Brandopferaltar war 10 Ellen hoch; seine Grundfläche betrug 20 Ellen im Quadrat. War nun der Herodianische Altar um die Hälfte höher, so wird seine Grundfläche auch nur in gleichem Verhältnisse erweitert worden sein, d. h. sie mochte ein Quadrat von 30 — oder vielmehr wie im Serubabelschen Tempel von 32 — Ellen bilden. Der an der Südseite angebrachte, sanft ansteigende Zugang zum Altar mochte aber etwa 20 Ellen lang sein, so dass der Altar mit diesem Zugange — also in der Richtung von Süden nach Norden — in der That eine Fläche von wenigstens 50 Ellen Länge bedeckte, die aber nicht quadratisch war. Josephus' Irrthum ist hiernach leicht erklärlich.

5. Die Tempelthore.

Sämmtliche Thore am Männervorhof des Herodianischen Tempels waren im Ganzen nach einem und demselben Plane erbaut, so dass hier ein Unterschied von Haupt- und Nebenthoren ganz wegfällt. Alle dienten gleicherweise sowohl Priestern als Laien zum Ein- und Ausgang. Sie unterschieden sich von den Hauptthoren der früheren Tempel im Wesentlichen nur dadurch, dass sie höher waren und jedes nur ein Paar Thornischen besass. Alle mit Ausnahme des Agrippathores erhielten eine Breite von 36 Ellen. Ihre Länge musste auch jetzt wieder unverändert bleiben, da man den von Alters her geheiligten Boden des Männervorhofs durch Weiterhineinbauen nicht beschränken durfte. Josephus berichtet (B. j. V, 5, 3): „Jedes Thor hatte zwei Thürflügel, je 30 Ellen hoch, 15 Ellen breit. Vom Eingang einwärts erweiterte sich der Raum nach beiden Seiten in thurmähnlichen Nischen von 30 Ellen Weite und Länge und 40 Ellen Höhe. Jede war von zwei Säulen getragen, je von 12 Ellen im Umfang." Diese Beschreibung passt indess nicht auf alle Thore, sondern fast nur allein auf das des Agrippa, welches bei einer Breite von 100 Ellen gerade 50 Ellen lang und hoch war. Da nämlich Josephus ausdrücklich sagt, das Agrippathor sei „viel grösser" gewesen als die übrigen, so hat er in dieser Beschreibung offenbar die Ausdehnungsverhältnisse dieses Thores mit denen der andern verwechselt. Wäre nämlich jedes dieser letztern 100 Ellen breit gewesen, so würden die drei in einer Linie gelegenen nördlichen oder südlichen Thore des Männervorhofs zusammen einen Flächenraum von 300 Ellen Länge eingenommen haben. Wo hätte man dann aber den Raum für die zwischen den Thoren aufzuführenden Säulenhallen hernehmen sollen, da dieser Vorhof doch nur 400 Ellen lang war? Josephus' Irrthum ist somit augenscheinlich.

Eine Vergrösserung des Agrippathors hatte sich der altherkömmlichen Satzungen wegen nur dadurch ermöglichen lassen, dass man die östliche Vorhalle desselben zu einem wesentlichen Bestandtheil des Thors erhob, d. h. man vereinigte den Raum, auf welchem sie stand, durch eine starke, massive Mauer mit dem Thorgebäude und gab diesem so eine Länge von 50 Ellen. Ueber seinem östlichen Eingang, also in einer Höhe von etwa 40 Ellen über dem Boden des Weibervorhofs, wurde der schon erwähnte riesengrosse, vergoldete Adler angebracht. Hieraus folgt aber, dass das Agrippathor auf dieser Seite gar keine Vorhalle hatte; denn wäre dies der Fall gewesen, so hätten die Eiferer, welche den Adler später herunterhieben, nicht nöthig gehabt, sich an dicken Seilen vom Dache des Thors aus zu ihm herniederzulassen (B. j. I, 33,

2. 3), sondern konnten ihm vielmehr von dem Dache der Vorhalle aus, das gewiss ebenso bequem zugänglich gewesen wäre wie die Dächer der übrigen Vorhallen (VI, 4, 2), mit leichter Mühe beikommen. Der Thorweg des Agrippathors war 30 Ellen hoch und breit und wurde im Osten durch zwei grosse Thorflügel von 30 Ellen Höhe und 15 Ellen Breite verschlossen. In jedem dieser Flügel war höchst wahrscheinlich ebenso wie in denen des alten Nikanorthors eine Pforte zu dem bereits weiter oben bezeichneten Gebrauche angebracht. Abweichend von den übrigen Thoren befand sich unmittelbar neben der Aussenwand auf jeder Seite des Thorwegs eine Thorhüterkammer, und zwar von der Breite der ehemaligen Vorhalle, dann jederseits eine Thornische von 30 Ellen Länge und Breite und 40 Ellen Höhe, welche ohne Zweifel wie die der früheren Thore durch eine kleine Thür mit dem unteren Korridor der daneben gelegenen Säulenhalle in Verbindung stand. Jede Nische wurde, wie Josephus sagt, von zwei Säulen getragen, je von zwölf Ellen im Umfange. Den noch übrigen fünf Ellen breiten Raum im Westen des Thors nahmen Priesterkammern ein. Ueber diesen und den Thorhüterkammern mochten noch andere zu verschiedenen Zwecken bestimmte Kammern in mehrfach über einander gelegenen Stockwerken angebracht sein. Eine der auf der Nordseite befindlichen Kammern hiess die Kammer der Pfannenbäcker, weil die Priester in dieser das aus Semmelmehl bereitete Speisopfer, welches der Hohepriester an jedem Morgen und Abend darzubringen hatte, in Pfannen buken (Leo II, 107). Auf der südlichen Seite befand sich die Kammer des Kleiderhüters Pinchas (106). Pinchas war nämlich der letzte Kleiderhüter im Herodianischen Tempel. Unter seiner Obhut standen die 24 Kleiderkammern, in welchen sich die Priester an- und auskleideten und ihre Amtskleider in den darin aufgestellten hölzernen Laden aufbewahrten. Diese 24 Kleiderkammern befanden sich, wie es scheint, theils in den vier über einander gelegenen südlichen Stockwerken, theils über dem Thorwege. Der über den Kalymmatien der Thornischen befindliche niedrige Raum war vermuthlich durch Dachgebälk ausgefüllt.

Die zehn Ellen breiten Thorwege der übrigen Thore mochten 15 Ellen hoch, die daneben gelegenen zehn Ellen langen und ebenso breiten Thornischen, welche sich unmittelbar neben der Vorhofsmauer befanden, aber 25 Ellen hoch sein. Auch in diesen Thoren waren jedenfalls über den Thorhüterkammern noch andere Kammern in mehrfachen Stockwerken vorhanden, und da ausserdem noch die über den Thorwegen gelegenen Räume als Zimmer benutzt werden mochten, so konnten in diesen neuen Thoren leicht ebenso viele Kammern eingerichtet werden, als ehedem die Nebenthore enthielten. Sämmtliche Vorhallen der Thore bekamen eine grössere, den neuen Thoren entsprechende Breite und Höhe, behielten jedoch ihre frühere Länge von fünf Ellen. Sie waren mit Silber ausgeschlagen, mochten aber sonst grösstentheils aus Holz bestehen, denn das Feuer „ergriff — wie es B. j. VI, 4, 2 heisst — prasselnd nach allen Seiten die Vorhallen".

In den Thoren des Weibervorhofs waren die Thornischen ohne Zweifel wie die analogen des Serubabelschen Tempels niedriger als in den übrigen Thoren, so dass deren obere Stockwerke gleichfalls als Synagogenräume und Sitzungssäle der beiden Synedrien dienen konnten. In dem oberen Stockwerk des korinthischen Thores war nicht nur Raum für das kleine Synedrium, sondern auch für das aus 71 Mitgliedern, 2 Schreibern und 69 Jüngern bestehende grosse (Leo II, 128); denn auch letzteres soll sich zuweilen — nämlich nur an den Sabbathen, an Festtagen und bei Feierlichkeiten — in einer „Aussenkammer" der inneren Vorhöfe versammelt haben, um daselbst das Gesetz und die Satzungen zu erklären. Das Sitzungszimmer selbst wurde das Haus der (Gesetzes-) Erklärung genannt (II, 135). Da indess die beiden Weiberthore dem korinthischen an Grösse nicht nachstanden, so kann ebensowohl eins von ihnen dieses Zimmer enthalten haben.

6. Die Säulenhallen.

Die Breite der Säulenhallen des Herodianischen Tempels musste sich, wie dies bei den früheren der Fall war, nach der Länge der Thore richten. Sämmtliche Hallen des Vorhofs der Heiden mit Ausnahme der Halle Salomonis waren 30 Ellen breit und bestanden aus zwei Reihen weisser Marmorsäulen von 25 Ellen Höhe. Die neben den Thoren gelegenen Kammern waren jedenfalls in ähnlicher Weise erbaut worden wie die früheren, so dass man von den Hallen aus durch eine Thür in den an der Vorhofsmauer befindlichen Korridor und von hier aus in die neben einander liegenden Kammern gelangte. Die engen Fensteröffnungen derselben waren also wiederum sämmtlich dem Vorhofe — oder, wie Leo sagt (II, 18), dem Tempel — zugekehrt. Die Länge und Breite der Kammern richtete sich nach der Entfernung der Säulen von einander. Das aus Cedernbalken bestehende, mit einer Brustwehr gekrönte Dach der Hallen befand sich mit dem oberen Theile der Ringmauer beinahe in gleicher Höhe, so dass man von hier bequem auf die Mauer treten konnte (B. j. VI, 3, 1). Hatte nun diese Mauer mit Einschluss ihrer Zinnen von der Oberfläche des Vorhofs aus eine Höhe von 35 Ellen, so musste die der Halle etwa 30 — und mit Hinzufügung ihrer Brustwehr: 33 — Ellen betragen.

Ueber die Namen und die Bestimmung der im Vorhof der Heiden

gelegenen Kammern ist wenig zu berichten. Von denjenigen, welcher Leo gedenkt, lassen sich nur folgende hierher verlegen: 1) 20 Kammern, in denen sich beständig solche Leviten aufhielten, die zu den Thorhütern gehörten; sie lagen auf der Westseite des Vorhofs (Leo II, 168). Eine davon hiess die Kammer des Kore ben Jimna, so genannt nach einem Manne, der einst als Vorsteher darin wohnte (169). 2) 15 Kammern, in denen die 15 Vorsteher des Tempels verweilten und, wenn es ihnen beliebte, auch übernachteten (166). 3) Die Kammer der Standmänner, in welcher die Standmänner übernachteten, um sich beim ersten Ruf des Priesters, welcher das Vorsteheramt über die Zeitbestimmung bekleidete, auf den Standplatz im Männervorhof begeben zu können (165). 4) Die Kammern Chanijos*), in denen nach Leo (II, 170) das grosse Synedrium 40 Jahre vor der Zerstörung Jerusalems seine Gerichtssitzungen hielt (vgl. Ap.-Gesch. 22, 30—23, 10). Diese Kammern sind aber höchst wahrscheinlich identisch mit der Kammer Gasith, einem grossen Saal, neben dem noch ein zweiter lag, welcher als Synagoge gedient zu haben scheint. In dem Gemache Gasith hielt nämlich den Talmudisten zufolge das grosse Synedrium, d. h. das höchste geistliche und weltliche Gericht der Juden, täglich seine Sitzungen, obgleich es sich in dringenden Fällen auch im Hause des Hohenpriesters versammelte (Matth. 26, 3. 57). Dass die erwähnten grossen Gemächer an der Nordseite des Vorhofs der Heiden, in der Nähe des Thors Teri, und nicht, wie Leo anzunehmen scheint (II, 128), in einem Gebäude der inneren Vorhöfe lagen, resultirt aus folgenden Worten der apokryphischen „Geschichte Jeschu, des Nazareners" (nach Huldrichs Ausgabe): „Eines Tages begab es sich aber, dass Jeschua mit den Söhnen der Priester Ball spielte nahe bei dem Gemache Gasith am Tempelberge (sie spielten also ausserhalb des Vorhofs der Heiden). Da fiel durch Zufall der Ball in das Fischthal (d. h. in das Thal, auf dessen Grunde sich der „Fischteich Struthia" befand) herab." — — „Um dieselbe Zeit aber sassen die Meister Elieser und Josua, der Sohn Levis, und der Meister Akiba**) in der Schule, die (dem Fischthal) gegenüber lag, und hörten die Worte, die Jeschu gesprochen hatte." — — „Deshalb ging Rabbi Akiba aus der Schule heraus (und durch das Thor Teri) und fragte Jeschu, in welcher Stadt er geboren wäre."

Die Säulenhallen des Männervorhofs waren (mit Ausnahme der östlichen) wie die des Weibervorhofs nur einfach. Die darin befindlichen

---

*) Eigentlich חֲכִילוֹת, Plural von חֲכוּת (Wohnung).
**) „Mitglieder des hohen Raths" sagt die Parallelstelle in Wagenseils Ausgabe.

Kammern hatten jedenfalls dieselbe Bestimmung wie die früheren, und es ist daher ein Irrthum, wenn man glaubt, dass sich gewisse, in den Evangelien berichtete Vorfälle hier zugetragen haben. Da nämlich die Weiber nicht in den Männervorhof kommen durften (B. j. V, 5, 6), so ist klar, dass die Luk. 2, 46—50, Joh. 8, 2—11 und Mark. 12, 41—44 erzählten Begebenheiten sich nur im Vorhof der Weiber ereignet haben können. Da ferner im Männervorhof nur die mit einer amtlichen Würde bekleideten Priester öffentliche Ansprachen, Reden und Vorträge halten durften, so können auch z. B. die Luk. 20 und 21, Joh. 7, 14—30 und 8, 12—59 berichteten Vorfälle ebenfalls nur im Vorhof der Weiber stattgefunden haben. In diesem letztern mochte seines abgeschlossenen und verhältnissmässig so geringen Umfangs wegen sich das jüdische Volk in seinen müssigen Stunden oder nach beendigtem Gottesdienste vorzugsweise gern versammeln, um die hier wahrscheinlich sehr häufig auftretenden Schrifterklärer und Volkslehrer zu hören. Die vor dem Agrippathore befindliche hohe Steintreppe vertrat die Stelle einer Tribüne um so besser, als der Redner daselbst vor dem zu heftigen Andrange des Volkes gesichert war. Der Umstand, dass in diesem Vorhofe stets eine zahlreiche Menschenmenge ab- und zuging, macht es unzweifelhaft, dass besonders aus diesem Grunde hier — und zwar neben dem korinthischen Thore — der Gotteskasten mit seinen 13 trompetenförmigen Oeffnungen aufgestellt worden war (Mark. 12, 41. Joh. 8, 20).

7. Die Halle Salomonis.

Das kolossalste und imposanteste Bauwerk des Herodianischen Tempels war die mit Recht so hoch gepriesene Halle Salomonis. Sie bestand aus vier Säulenreihen und war bei einer Breite und Höhe von 100 Ellen ein volles Stadium (600 Fuss) lang. In jeder Reihe standen 54 gigantische Säulen von etwa 50 Ellen Höhe und vier bis fünf Ellen Durchmesser. Die Säulen der vierten Reihe stützten sich auf die Ringmauer des Vorhofs der Heiden und traten in ihrem unteren Theile zur Hälfte aus dieser Mauer (als Wandsäulen) hervor. Diese vier Säulenreihen bildeten drei lange Hallen, von denen die beiden Seitenhallen eine gleiche Breite (28 Ellen) hatten, die mittlere oder Haupthalle aber um die Hälfte breiter war.

Die beiden 50 Ellen hohen Seitenhallen hatten ihr eigenes, jedenfalls mit Pfeilern und einer Brustwehr versehenes flaches Dach, so dass ihre äussere Höhe 60 Ellen betragen mochte. Das Dach der Haupthalle befand sich mit dem der beiden Seitenhallen nicht in gleicher Höhe, sondern ruhte auf weit darüber hinausgehenden Steinwänden, welche über den beiden mittleren Säulenreihen aufgeführt waren (siehe

Plan Nr. VII, n z). Ohne Zweifel besass auch dieses Dach oben eine Brustwehr nebst den dazu gehörigen Pfeilern. Die innere Höhe der Haupthalle betrug etwa 90 Ellen. Josephus sagt zwar, diese Halle sei „zweimal so hoch" gewesen wie die Seitenhallen, doch ist diese Angabe füglicher auf ihre äussere Höhe zu beziehen, da die Halle sonst höher gewesen wäre wie das Tempelgebäude selbst. Der ungeheuren Breite wegen mochte das Dach der Haupthalle im Innern durch steinerne Schwibbogen gestützt sein, die auf den nach innen vorspringenden Knäufen der mittleren Säulenreihen ruhten. Zwischen je zwei Schwibbogen befand sich in der oberen Steinwand — und zwar in einer Höhe von etwa 70 Ellen — ohne Zweifel jederseits eine grosse Fensteröffnung, da sonst die Mittelhalle oben ganz ohne Erleuchtung gewesen wäre. Die Aussenseite der Steinwand war ringsum schön geglättet und mit vortretenden Wandsäulen geziert, die dem fernstehenden Beschauer gleichsam als eine obere Fortsetzung der unteren Säulen erscheinen mussten. Dieser obere, ringsum freistehende Theil der Haupthalle hatte wahrscheinlich nicht die volle Länge des untern, so dass diejenigen, welche auf dem Dache der Seitenhallen lustwandelten, um ihn ringsherum gehen konnten. Die Treppen, welche von hier auf das luftige Dach der Haupthalle, die ächte „Zinne des Tempels" (Matth. 4, 5), hinaufführten, befanden sich jedenfalls an den beiden Giebeln.

Hören wir nun den Josephischen Bericht über die Halle Salomonis (Ant. XV, 11, 5): „Das ganze Werk war eins der merkwürdigsten, welche die Sonne jemals gesehen hat. Denn da das Thal (Josaphat) schon so tief war, dass man, wenn man in die Tiefe desselben hinabsah, vom Schwindel ergriffen wurde, so war darüber noch eine unermesslich hohe Halle (die Mittelhalle) gebaut, so dass derjenige, der von der Spitze des Daches (d. h. von der „Zinne des Tempels") beide Höhen zugleich mit seinen Blicken ermessen wollte, schon schwindelig wurde, ehe sein Blick noch den Grund der unermesslichen Tiefe erreicht hatte. Es waren zugleich von einem Ende der Halle bis zum andern vier Reihen Säulen einander gerade gegenüber aufgestellt, wovon die vierte an eine steinerne Mauer (die des Vorhofs der Heiden) geführt war; die Dicke einer jeden Säule war so gross, dass drei zusammenstehende Menschen mit ihren Ellbogen sie umfassten, die Länge einer jeden betrug 27 Fuss[*]) (= 25 Ellen), und jede derselben hatte am

---

[*]) Hier verwechselt Josephus offenbar die Säulen der Halle Salomonis mit denen der Doppelhallen, welche nach B. j. V, 5, 2 eine Länge von 25 Ellen (= 27 Fuss) hatten; denn Säulen von nur 25 Ellen Höhe würden zu der ganzen Höhe des kolossalen Gebäudes in einem zu augenscheinlichen Missverhältniss gestanden haben. Da oben im Text sogleich gesagt wird, die Seitenhallen seien „mehr als 50 Fuss" (d. h. wahrscheinlich: genau

untern Ende einen zweifachen Wulst. An Zahl waren derselben 162 und ihre Kapitäle waren mit korinthischer Arbeit verziert und gewährten einen schönen Anblick. Da der Säulenreihen vier waren, theilten drei davon den mittleren Raum in den Hallen; zwei von den Hallen (die Seitenhallen), die einander gegenüberstanden, waren einander ganz gleich gemacht, beide hatten 30 Fuss (= 28 Ellen) in der Breite, ein Stadium (600 Fuss) in der Länge und mehr als 50 Fuss (50 Ellen) in der Höhe; die mittlere Halle aber war noch ein halb Mal so breit (also 42 Ellen) und zweimal so hoch, und ging über die beiden andern weit hinaus. Die Dächer derselben waren mit mancherlei tief in Holz eingeschnittenen Bildwerken verziert; das Dach der mittleren war höher als die andern; auf den Balken, auf den Kapitälchen der (mittleren) Säulen stand (nämlich) eine steinerne Wand, die mit eingesetzten (Wand-) Säulen verziert und ganz genau geglättet war, so schön, dass man's nicht glauben konnte, wenn man sie nicht mit Augen gesehen, und dass man sie nicht ohne Bewunderung sehen konnte."

Von einem gewissen Punkte des Oelbergs aus musste die in so gewaltiger Höhe über dem Thal Josaphat thronende Halle Salomonis einen unvergleichlich schönen und grossartigen Anblick gewähren. Man überschaute von hier aus nicht nur die ganze obere Hälfte der lang hingedehnten Mittelhalle mit ihren zahlreichen Fensteröffnungen und schimmernden Wandsäulen, ihrer zierlichen Brustwehr und den darüber hinaustretenden, von hellduftiger Himmelsbläue umflossenen Pfeilerköpfen, sondern auch die ganze, scheinbar auf den Zinnen der Vorhofsmauer ruhende lange Säulenreihe der östlichen Seitenhalle sammt deren ebenfalls mit Brustwehr und Pfeilern umkränztem Dache. Das ganze, in pittoresker Anmuth strahlende Prachtgebäude musste durch den gleichfalls mit vielen Fenstern und weissglänzenden Marmorsäulen prangenden östlichen Giebel des um 20 Ellen höher gelegenen Tempelgebäudes gleichsam gekrönt erscheinen und so ein symmetrisch-pyramidales Gemälde voll harmonischer Kraft, Schönheit und Erhabenheit darstellen, auf dem das Auge des Beschauers mit Entzücken und Bewunderung weilte.

8. Die unterirdischen Gänge.

So leicht sich der Weg nachweisen liess, auf welchem die Opferthiere zu dem Brandopferaltar des Salomonischen und Serubabelschen Tempels geführt wurden, so schwierig ist bei dem Mangel aller dess-

---

50 Ellen) hoch gewesen, so können auch die Säulen dieser Seitenhallen nur sehr wenig kürzer gewesen sein.

fallsigen Nachrichten die Auffindung eines ähnlichen Weges im Herodianischen Tempel. In der Westseite des Männervorhofs kann kein zu diesem Zwecke bestimmtes Thor vorhanden gewesen sein, da Josephus ausdrücklich sagt: „Die Westseite hatte kein Thor; die Mauer lief hier ununterbrochen fort" —, und die oben näher beschriebenen Thore waren sämmtlich mit vielen Stufen versehen und daher namentlich für die Rinder unpassirbar. Da nun aber im Priestervorhof wirklich diese Thiere geopfert wurden, so bleibt keine andere Annahme übrig als die, dass unterirdische Gänge vorhanden waren, die von verschiedenen Punkten der Stadt aus unmittelbar in den oberen Vorhof hinaufführten. Dass solche verborgene Räume, die meist als Wasserleitungen und Kloaken dienten, nicht bloss in den bewohnten Theilen der Stadt Jerusalem, sondern auch im Tempelberge vorhanden waren, kann um so weniger bezweifelt werden, als zahlreiche positive Zeugnisse älterer und neuerer Geschichtschreiber und Reisenden dies zur unbestreitbaren Gewissheit erheben. So erzählt auch — um ausser den schon weiter oben berührten noch ein Beispiel anzuführen — Josephus (Ant. XV, 11, 7): „Ausserdem liess sich der König (Herodes) noch einen geheimen unterirdischen Gang machen, der von der Burg Antonia zu dem östlichen (korinthischen) Tempelthore führte; er liess darauf einen Thurm bauen, um bei etwa ausbrechenden Unruhen durch den unterirdischen Gang auf denselben hinaufsteigen und sich allda vor der Wuth des Volks schützen zu können." Aber nicht bloss Gänge waren vorhanden, sondern auch grössere, höhlenartige Gewölbe. An der Südostecke des Felsens Sakhrah in der Moschee Omars „führen Stufen in eine ausgehöhlte Kammer von 600 Fuss Weite hinab. Sie gehört zu den grossen Wasserbehältern, welche sich unter dem jüdischen Tempel befanden und (wie die Höhle Schis und das unterirdische Kanalsystem) wohl schon von Salomo angelegt wurden" (Str. S. 200). Etwas ausführlicher berichtet hierüber eine andere Schrift: „An der Südostecke des Felsens (Sakhrah) führt eine Flucht von Steintreppen in eine ausgehöhlte Kammer, die „edle Höhle" der Moslemen. Diese Kammer ist an 7 Fuss hoch, aber von einem 600 Fuss weiten, jedoch unregelmässigen Umfange. Man zeigt einige Altarstellen als Betorte Abrahams, Davids, Salomos und Jesu Christi. Eine in der Mitte des Felsbodens befindliche runde Marmorplatte giebt, wenn man darauf schlägt, einen hohlen Ton von sich, welcher von einem darunter liegenden Abgrund herrührt, Bir aruah, Brunnen der (bösen) Seelen, genannt, und den Muhammedanern der Eingang zur Hölle" (Hzlm. S. 57).

Der bedeutende Umfang der „edlen Höhle", die nicht mit der Höhle

Schis zu verwechseln ist, lässt vermuthen, dass sie ursprünglich entweder viel kleiner war, oder dass ihre Decke durch natürliche Pfeiler gestützt wurde, die das kolossale Tempelgebäude mit Sicherheit zu tragen vermochten. Sie wurde ohne Zweifel erst zu Herodes' Zeit so sehr erweitert, dass sie den durch die unterirdischen Viehtriften herbeigeführten Opferthieren als zeitweiliger Standplatz dienen konnte. Wenn Josephus von dem jüdischen Anführer Simon, Gioras Sohn, der sich nach Jerusalems Zerstörung in den verborgenen Gängen des Tempelberges vor der Rache der Römer retten wollte, erzählt, er habe sich, von Hunger getrieben, endlich „auf der Stelle, wo der Tempel gestanden," aus der Erde erhoben (B. j. VII, 2, 1), so bezeichnet er jedenfalls entweder eine Oeffnung der Höhle, durch welche man von der Vorhalle oder dem Nebengebäude des Tempels aus in dieselbe hinabsteigen konnte, oder diejenige, durch welche die Opferthiere auf den Priestervorhof geschafft wurden, um zur Schlachtbank geführt zu werden.

Hiernach bleibt nur noch zu untersuchen übrig, von welchen Punkten der Stadt aus die unterirdischen Viehtriften zugänglich waren. Wie in früheren Zeiten, so kann dies unseres Erachtens nur im Norden und Südwesten der Tempelarea geschehen sein, weil man in Kultusangelegenheiten nicht gern von altherkömmlichen Gewohnheiten abging. Betrachten wir darum zuerst die Nordseite des Tempelplatzes. Hier befindet sich noch heut ein künstlicher Wasserbehälter, den man, wie schon erwähnt, irriger Weise für den alten Bethesda-Teich hält. „Er ist ganz trocken und auf seinem Boden wachsen grosse Bäume, deren Gipfel nicht einmal bis zur Strasse heraufreichen" (Rob. I. S. 386). In dieses tiefe, ehemals vielleicht überwölbte Bassin, das entweder immerwährend Wasser enthielt oder doch jedenfalls nach Belieben und Bedürfniss leicht damit versehen werden konnte, brachte man vermuthlich die Opferthiere, um sie darin vom Schmutz zu säubern und dann ihrem eigentlichen Bestimmungsorte zuzuführen. Um dies wahrscheinlich zu finden, vergleiche man folgende, dem Robinsonschen Werke entnommene Beschreibung des Bassins und der damit in Verbindung stehenden Gewölbe. „Dieses Wasserbehältniss liegt längs der Aussenseite der heutigen nördlichen Mauer der (Tempel-) Area, man kann sagen, seine südliche Seite macht einen Theil dieser Mauer aus. Sein östliches Ende liegt nahe bei der Stadtmauer, so nahe in der That, dass nur eine enge Strasse zwischen ihnen durchgeht, die vom St. Stephansthor nach der Moschee führt. Der Teich misst 360 englische Fuss in der Länge, 130 Fuss in der Breite und 75 Fuss in der Tiefe bis auf den Grund, ohne den Schutt mit zu rechnen, welcher sich Jahrhunderte hindurch darin angehäuft hat. Er wurde einst offenbar als Wasserbehältniss benutzt; denn die

Seiten sind inwendig mit kleinen Steinen belegt und diese wieder mit Mörtel bedeckt worden; aber die Arbeit daran ist plump und verräth keine besondern Merkmale von Alterthum. Das westliche Ende ist wie das Uebrige gebaut, ausgenommen an der Südwest-Ecke, wo zwei hohe Gewölbe neben einander unter den Häusern, welche jetzt diesen Theil bedecken, westwärts hineingehen. Das südliche dieser Gewölbe hat 12 Fuss in der Breite und das andere 19 Fuss; sie sind beide mit Erde und Schutt ausgefüllt, und hiervon liegt auch eine grosse Masse vor denselben,*). Doch war ich im Stande, innerhalb des nördlichen 100 Fuss zu messen, und es schien sich noch viel weiter hin zu erstrecken. Dies giebt für die ganze Ausgrabung eine Länge von 460 Fuss, was beinahe soviel ist als die Hälfte der ganzen Breite der Moscheefläche; und wie viel mehr sie beträgt, wissen wir nicht. Es könnte scheinen, als ob sich das tiefe Wasserbehältniss an diesem Theile früher weiter westwärts erstreckt hätte, und dass diese bogenförmigen Gewölbe, um die Gebäude oben zu stützen, darin und darüber gebaut wurden (?). Ich halte es für wahrscheinlich, dass diese Aushöhlung in alter Zeit ganz durch den Rücken von Bezetha längs der nördlichen Seite von Antonia bis nach ihrer Nordwest-Ecke fortgeführt wurde und so den tiefen Graben bildete, welcher die Festung von dem anliegenden Berge trennte (s. unten). Dieser Theil wurde natürlich von den Römern unter Titus ausgefüllt, als sie Antonia zerstörten und ihre Wälle in diesem Viertel gegen den Tempel errichteten" (Rob. II. S. 74).

So wenig es auch zu bezweifeln ist, dass das Wasser des Burggrabens mit dem des beschriebenen Bassins in engem Zusammenhange stand, so unwahrscheinlich ist es jedoch, dass jenes 19 Fuss breite nördliche Gewölbe nur als ein blosser Verbindungskanal gedient haben sollte. Dieser Zweck konnte durch eine unterirdische Wasserrinne von wenigen Fuss Durchmesser ganz ebenso gut erreicht werden. Augenscheinlich sprechen alle Umstände dafür, dass dieses umfangreiche Gewölbe nichts Anderes war als der äussere Theil einer in den Tempel führenden unterirdischen Viehtrift, die irgendwo in der Stadt ihre wohl geschützte und gesicherte Mündung hatte. In dieser breiten Trift liessen sich bequem ganz bedeutende Massen von Opferthieren gleichzeitig zu dem verborgenen grossen Wasserbehälter treiben, um dort in vorgeschriebener Weise ohne Störung gereinigt und hierauf durch das südliche Gewölbe, das ohne Zweifel unter den Priestervorhof führte, zur Opferstätte hinaufgeschafft zu werden.

---

*) Man darf also wohl vermuthen, dass der Boden des eigentlichen Bassins um einige Fuss tiefer liegt als der der beiden Gewölbe.

Eine gleiche Bewandtniss mochte es mit den von vielen Säulen getragenen Gewölben haben, welche sich unter der Südwestecke des Tempelplatzes befinden. Sie wurden von Tobler genauer untersucht und, wie folgt, beschrieben (I. S. 491): „An der Ostmauer dieses (d. h. eines tief unter der Moschee el-Aksa befindlichen) Gewölbes war das auf unser Verlangen aufgemachte, vom Boden nicht ganz brusthohe Loch von etwa 1 Fuss Höhe und 1$\frac{1}{3}$ Fuss Breite. Dass wir mühsam durchschlüpfen mussten, war weniger zu beklagen, als der Umstand, dass der Wind, welcher hier durchstrich, uns die Flamme mehr als einmal ausblies. Ausserhalb der Stadt sieht man in der Areamauer, die (jetzt) hier zugleich Stadtmauer ist, nahe dem Winkel, wo von ihr gegen Süd die eigentliche Stadtmauer abgeht, etwa 10 Fuss hoch über dem Boden eine vergitterte viereckige Lichtöffnung, durch welche man in das von uns gleich nachher besuchte Gewölbe sieht, und von welcher oder von der Stiege gegen den Felsendom der Wind herzog. Durch besagten Einbruch in der Mauer gelangten wir, der Araber voran und ich ihm zuerst folgend, West-Ost etwa 4 Fuss tief hinab in einen Gang mit der Richtung von N. nach S. **Hier war offenbar ein alter südnördlicher Eingang ins Heiligthum,** der aussen an der Stadtmauer durch eine Flanke bemerklich ist. Nun wandten wir uns gegen Mitternacht und sahen vor uns einen herrlichen Bogen (Portal) auf hohen korinthischen Marmorsäulen, deren Arbeit ausgezeichneten Fleiss und Geschmack verrieth. Die freie oder östliche Portalsäule misst, etwa 4 Fuss über ihrem Fusse, 6$\frac{1}{4}$ Fuss im Umfange, die andere oder westliche ist eingemauert und nur an einigen Stellen sichtbar, und der gegenseitige Abstand mag etwa 9 bis 10 Fuss betragen. Neben der östlichen Säule erstrecken sich grosse Steine gegen Nord, von denen jeder 15 Fuss lang, 4 Fuss hoch und 5 Fuss dick ist. So erreichen, eine Mauer bildend, vier Bogen über einander eine Höhe von 16 Fuss. Die Steine sahen sehr alt aus und an dem Nordende sind sie rund abgearbeitet. Als wir durch das Portal traten, dessen östlichen Zwillingsbruder ich nicht beschreiben kann, kamen wir unmittelbar in einen Vorhof oder in ein etwa 25 Fuss hohes, Ost-West 18 Schritte und Süd-Nord 15 Schritte messendes, östlich neben dem Thorbogen durch die erwähnte Gitteröffnung beleuchtetes, von zwei Säulen gestütztes Gewölbe. Eine derselben misst 14$\frac{1}{2}$ Fuss im Umfange; die andere mass ich nicht, da sie gleich gross uns vorkam. An der Ostmauer nimmt man ein zugemauertes Thor wahr. In diesem Vorhofe finden sich moslemische Betplätze, welche mit Strohteppichen bedeckt sind."

„Von diesem ebenen Vorhofe, dessen Boden mit dem Boden zunächst ausser der Stadt an der Mauer ziemlich eben ist, weil wir die Gitteröffnung ziemlich hoch über uns sahen, stiegen wir nordwärts auf einer bloss die Westhälfte des Hofes breiten, steinernen Treppe von 9 Stufen in den Gang hinauf, der sich geradeaus nach Norden richtet, und zwar etwas ansteigend, so dass das überaus einfache Gewölbe, welches von Anfang an horizontal bleibt, immer niedriger wird. Die Länge des eigentlichen Ganges beträgt bei 15 Schritten Breite, gleich dem Vorhofe, nahezu 60 Schritte. Sechs Säulen an einer Reihe von S. nach N. und ein breiter Mauerpfeiler am nördlichsten oder gegen den Felsendom theilen diesen Gang in zwei Abtheilungen, eine östliche und eine westliche. Eine von den Säulen misst im Umfange $14\frac{1}{2}$ Fuss und ist wie jene im Vorhofe gemessene ein Steinblock. An der Westmauer sind die Steine nicht von ausgezeichneter Grösse. Auch hier oben gab es Betplätze. Gelangt man ans Nordende des Ganges, so sieht man auf der Ostseite durch eine Oeffnung auf eine Stiege, die von demselben gegen Mitternacht hinaufführt, und weiterhin nördlich den südlichen Theil des Hochplatzes, worauf die Felsenkuppel sich erhebt. Als ich diese ziemlich geradeaus gegen Nord erblickte, ergriff mich, ich kann es nicht verhehlen, die Furcht, dass unser Licht bemerkt werden könnte, und nach einem flüchtigen Aufblicke kehrten wir um. — Bei der Rückkehr wurden wir im Vorhofe auf eine Cisterne aufmerksam gemacht" (vergl. Rob. II. S. 89 ff.).

Enthält auch dieser Bericht keine so ins Auge fallenden Hindeutungen auf eine unterirdische Viehtrift wie der oben mitgetheilte Robinsonsche, so sprechen doch auch die hier beschriebenen umfangreichen Gewölbe, die langen Gänge und die vorhandene Cisterne ganz entschieden für unsere Ansicht. Spätere an Ort und Stelle ausgeführte Untersuchungen werden hoffentlich mehr Licht über einen Gegenstand verbreiten, auf den wir hier die Archäologen nur erst im Allgemeinen aufmerksam machen konnten. —

Der Bau des Herodianischen Tempels sammt allen dazu gehörigen Räumen und Gebäuden wurde während eines Zeitraums von acht Jahren vollendet. Das neue Tempelgebäude selbst war von den Priestern in anderthalb Jahren aufgeführt worden. —

Schliesslich mag Leos Bericht von den zehn Wunderzeichen, welche nach der Meinung der Juden in ihrem Nationalheiligthum während der ganzen Zeit seines Bestehens ununterbrochen in Wirksamkeit waren, hier noch eine Stelle finden. Er lautet (I, 20): „Das erste (Wunderzeichen) ist, dass niemals ein Weib nach dem Geruch des heiligen Fleisches zur Unzeit gebar. Das zweite, dass das heilige Fleisch niemals stinkend wurde. Das dritte, dass im Hause der Opferköche (d. h. in den Tempelküchen) niemals eine Fliege bemerkt wurde, obgleich daselbst beständig das Fleisch so vieler Opferthiere lag. Das vierte, dass dem Hohenpriester am Abend des Versöhnungstages niemals etwas Uebles (gonorrhoea) begegnete. Das fünfte, dass, obgleich der Brandopferaltar unter freiem Himmel stand, doch die strömendsten Platzregen das beständig auf demselben lodernde Feuer der Brandhaufen niemals auslöschten. Das sechste, dass auch der heftigste Wind über den Rauch des Brandhaufenfeuers, welcher immerwährend emporstieg und sich handartig bis zur Mitte des Himmels in Gestalt einer emporgerichteten Säule ausbreitete, niemals soviel Macht erlangen konnte, denselben nach rechts oder links abzubeugen. Das siebente, dass in dem Bündel frischer Gerste, welches am Tage nach dem Paschahfeste auf dem Altar dargebracht wurde, niemals etwas Unpassendes (etwa ein unreines Thierchen) gefunden, auch dass in jenen zwei Broten, welche man am Pfingstfeste darbrachte, nichts Ungesetzmässiges wahrgenommen, und dass endlich auch in den Schaubroten niemals etwas Ungesetzliches bemerkt wurde. Das achte, dass, wenn die Israeliten zum Tempel kamen, um an den drei grösseren Festen oder am Tage des Sabbaths oder Neumondes das Angesicht des Herrn, ihres Gottes, zu sehen, und wenn sie dann in den Vorhof gekommen waren und wegen der bewundernswerthen Menge des daselbst versammelten Volks aufs engste zusammengedrängt und zusammengehäuft standen, doch diejenigen, welche sich ehrfurchtsvoll vor dem Herrn und dem Tempel niederwerfen wollten, nichtsdestoweniger ein Jeder für sich den nöthigen Raum fand, da sie doch wegen ihrer gekrümmten Stellung, welche einen weiten Raum erforderte, dann noch viel enger und gedrängter neben einander hätten stehen müssen. Das neunte, dass weder eine Schlange noch ein Skorpion jemals Jemanden in Jerusalem verwundete. Das zehnte, dass niemals Jemand von denen, welche an den Festen hinaufgingen, zu seinem Gefährten sagte: Der Ort ist mir zu beschränkt, als dass ich in Jerusalem übernachten könnte."

II. Die Königssitze und andere Bauwerke des Herodes.

1. Die Burg Antonia.

Weiter oben ist bereits beiläufig erwähnt worden, dass der König Herodes die im Nordwesten des Tempelberges auf einem isolirten Hügel gelegene viereckige Burg Baris mit grossen Kosten ausbauen und erweitern liess und ihr dann, seinem Freunde Marcus Antonius zu Ehren, den Namen Antonia beilegte. Was die Erweiterung dieser Burg betrifft, so lässt sich darüber nichts weiter ermitteln, als dass sie im Süden bis zur Tempelmauer vergrössert wurde. Der alte Palast des Königs Alexander, das ehemalige Hauptgebäude derselben, scheint von Herodes nicht abgebrochen zu sein, da seiner in der Geschichte der Zerstörung Jerusalems noch gedacht wird; wahrscheinlich bildete er nun einen nördlichen Seitenflügel von dem südlich davon aufgeführten neuen Palaste.

„Die Burg Antonia" — berichtet Josephus (B. j. V, 5, 8, vgl. Leo IV, 29—38) — „lag am nordwestlichen Winkel der Tempelhallen auf einem schroffen Felsen von 50 Ellen Höhe; ein Werk des Königs Herodes, an welchem er seine Prachtliebe vorzüglich offenbarte. Einmal war der Felsen von Grund aus mit glatten Steinplatten belegt*), theils zur Zierde, theils zum Abgleiten, wenn je Einer versuchte, hinanzuklimmen. Dann war vor der Burg (d. h. auf der Westseite) eine drei Ellen hohe Mauer (s. unten), innerhalb welcher der ganze Bau der Antonia bis zu 40 Ellen sich erhob. Das Innere hatte die Weite und Einrichtung eines Palastes. Denn es war nach Aussehen und Bestimmung so vertheilt in Gemächer, Hallen, Bäder und Exercirplätze, dass es vermöge der allgemeinen Bequemlichkeit einer Stadt, vermöge der Pracht einem Königsschlosse glich. Das Ganze war thurmähnlich und hatte auf den vier Ecken wieder Thürme; drei davon 50 Ellen hoch; der südöstliche aber (der Antoniusthurm, Tacit. Hist. V, 11, auch die Warte der Burg genannt, B. j. VI, 2, 5) hatte 70 Ellen, so dass man von hier aus den ganzen Tempelberg übersah. Da, wo er an die Tempelhallen sich anschloss, hatte er Treppen auf zwei Seiten, durch welche die Wachen — es lag (zu Josephus' Zeit) immer eine römische Legion daselbst — sich in (auf) die Säulengänge begaben und an den Festen das Volk beobachteten, dass es keine Neuerungen anfinge. Denn wie für die (Unter-) Stadt der Tempel, so war für den Tempel die Antonia eine Wehr. Hier lag auch die Besatzung für jene drei Plätze (weshalb die Burg Ap.-Gesch. 21, 34 ff. auch das Standlager genannt wird); nur die obere Stadt hatte ihre eigene Wache in dem Palast des Herodes. Der Hügel Bezetha, der höchste von allen, war von der Antonia (durch einen tiefen Graben**)) getrennt, er hing aber mit der

---

*) Doch war dies nur allein auf der Westseite der Fall, denn im Osten und Norden erhoben sich die Mauern und Thürme der Burg aus der Tiefe des dortigen Grabens und verdeckten somit hier den Hügel vollständig, im Süden aber erhielt er mit der Oberfläche des Vorhofs der Heiden gleiche Höhe.

**) „Jener (die Nord- und Ostseite der Burg begrenzende) Graben wurde absichtlich gezogen, damit die Vorwerke (d. h. die Ringmauer) der Antonia nicht durch den Zusammenhang mit dem Hügel (Bezetha) leichter einnehmbar oder niedriger wurden. Die Tiefe des Grabens machte es daher nöthig, die

neuen Stadt (s. weiter unten) theilweise zusammen und überragte den Tempel gegen Norden."

In diesem Bericht befinden sich einige Dunkelheiten, die eine ausführliche Erläuterung nöthig machen. Zuerst wird nämlich gesagt, der schroffe Antoniafelsen sei 50 Ellen hoch gewesen, und dann wieder: innerhalb der den westlichen Fuss desselben umkränzenden, drei Ellen hohen Mauer habe sich der ganze Bau der Antonia, d. h. der Antoniafelsen, bis zu 40 Ellen erhoben. Da, wie sich aus dem folgenden Abschnitte ergeben wird, angenommen werden muss, dass die Oberfläche des Vorhofs der Heiden mit der des Burghofes in derselben horizontalen Ebene lag, erstere aber die der Tempelstrasse um 28 Ellen überragte (also letztere nur dieselbe absolute Höhe gehabt haben kann), so lassen sich die differirenden Höhenbestimmungen nur dadurch in Einklang bringen, dass man annimmt: 1) Josephus habe durch die erstere ausdrücken wollen, wie hoch der Antoniahügel über dem Grunde der an seinem westlichen Fusse gelegenen Antoniaschlucht —, durch die andere aber, wie hoch derselbe Felsen über den Burgplatz emporrage, woraus sich denn ergeben würde, dass die gedachte Schlucht eine Tiefe von wenigstens zehn Ellen gehabt habe. Diese Annahme wird auch dadurch unterstützt, dass jener Geschichtschreiber sagt: „Der Felsen war vom Grunde aus (d. h. vom Grunde der Antoniaschlucht aus) mit glatten Steinplatten belegt." Beide Höhenbestimmungen laufen somit auf Eins hinaus, und der Burghof wäre hiernach nur um 40 Ellen höher gewesen als der Burgplatz und die Tempelstrasse, die, wie gesagt, 28 Ellen tiefer lag als der Vorhof der Heiden; die ursprüngliche Differenz vermindert sich somit auf 12 Ellen. — Wenn nun 2) die westlich von dem ehemaligen Antoniahügel befindliche Bodensenkung „des trotz aller Verschüttungen recht tiefen Thals Tyropöon" (Str. S. 188) noch jetzt die Aufmerksamkeit der Reisenden auf sich zieht, so liegt gewiss die Vermuthung nahe, dass auch der Burgplatz — wenigstens theilweise — eine bedeutend tiefere Lage hatte als die angrenzende Tempelstrasse, und jene 12 Ellen dürften demnach wenigstens auf die Hälfte zu reduciren sein. — Nimmt man nun 3) noch an, dass sich — wofür übrigens alle Umstände sprechen — in der Mitte des Burghofs noch eine Terrasse von 5 bis 6 Ellen Höhe befand, auf welcher sich die beiden aneinandergrenzenden Hauptgebäude der Burg erhoben[*]),

---

Thürme (deren Fundamente auf dem Grunde des Grabens ruhten) sehr hoch zu führen" (B. j. V, 4, 2).

[*]) Wenn man erwägt, dass die ganze Burg einen „thurmähnlichen" Anblick gewährte, so ist man fast gezwungen, eine wenigstens 5 Ellen hohe Burgterrasse vorauszusetzen.

so können die bezeichneten Differenzen als vollständig beseitigt betrachtet werden.

Die im Vorhergehenden erwähnte drei Ellen hohe Mauer, welche den westlichen Rand der Antoniaschlucht umsäumte, hatte weniger den Zweck, der Burg als Befestigungswerk zu dienen, als vielmehr den, die Besucher des Burgplatzes vor einem Hinabstürzen in die Schlucht zu bewahren, was Leo auch ausdrücklich hervorhebt (IV, 31). In dieser kleinen Mauer, die wir die Burgschranken nennen wollen, befand sich dem westlichen Burgthore gegenüber eine Thür, welche den Zugang zu der über die Antoniaschlucht geschlagenen Brücke absperrte. Dass dies keine andere als die Ap.-Gesch. 12, 10 genannte eiserne Thür ist, ergiebt sich aus folgender Erzählung. Als nämlich der durch den König Agrippa I. in das Burggefängniss gelegte Apostel Petrus aus seiner Haft erlöst wurde, hatte er mit seinem Erretter ausser der von Soldaten bewachten Gefängnissthür noch das ebenfalls bewachte Burgthor und endlich die unbewachte eiserne Thür zu passiren. Daher heisst es in der h. Schrift: „Sie gingen nun durch die erste (vor der Gefängnissthür aufgestellte, V. 6) und zweite (im Burgthor postirte) Wache hindurch und kamen an die eiserne Thür, welche zur Stadt führte."

Um vom Burgplatze (a, Fig. 35) aus zum Burgthore (i) zu gelangen, hatte man jedenfalls zuerst einige Stufen (b) zu ersteigen. Hierauf passirte man die (vermuthlich aus zwei Gitterflügeln bestehende) eiserne Thür (c), überschritt die erwähnte Brücke (d) und stieg dann die grosse, 50 bis 60 Stufen zählende Burgtreppe (f) hinan. Diese Treppe endigte jedoch nicht unmittelbar am Burgthore, sondern an einer vor demselben befindlichen geräumigen Platform (h), ähnlich derjenigen, welche vor den Thoren der inneren Vorhöfe des Tempels im Zwinger angebracht war. Von dieser hochgelegenen Platform, die den Namen Hochpflaster (Steinpflaster) oder Gabbatha führte (Joh. 19, 13), genoss man eine freie Aussicht auf die Stadt Jerusalem und besonders auf den unten gelegenen Burgplatz.

Zur Zeit der Römerherrschaft hatten die in Cäsarea Stratonis (jetzt Kaisarîyeh) residirenden Prokuratoren oder Landpfleger von Judäa, sowie die Prätoren von Syrien, in dem Burgpalast ihren Wohnsitz, wenn sie in Jerusalem anwesend waren, um hier ihre Gerichtssitzungen abzuhalten. Aus diesem Grunde hiess dieser Palast auch das Prätorium oder das Richthaus (Joh. 18, 28). Innerhalb dieses Palastes wurden jedoch nur die Rechtshändel einzelner Personen geschlichtet, nicht aber diejenigen, bei welchen eine grössere Volksmenge betheiligt war. Da es nämlich den Römern (wie früher dem Herodes) gefährlich erscheinen mochte, einem bedeutenden Volkshaufen den Zutritt in die Burg zu gestatten, so begab sich in solchem Falle der römische Statthalter auf das Hochpflaster hinaus und setzte sich auf den hier aufgestellten „Präsidialstuhl des Prätors", d. h. den Joh. 19, 13 erwähnten Richterstuhl, während das Volk sich auf dem Burgplatze versammelte. Römer und Juden waren somit durch einen so grossen Raum von einander getrennt, dass beide Parteien im Gefühl ihrer augenblicklichen Sicherheit sich mehr Freiheit in ihren gegenseitigen Wortkämpfen erlauben mochten, als dies vielleicht unter andern Umständen der Fall gewesen wäre. Das gewöhnlich sehr zahlreich versammelte, heftig aufgeregte jüdische Volk liess sich namentlich leicht zu lautem Geschrei und andern tumultuarischen Demonstrationen hinreissen, wie die in der h. Schrift erzählten Vorfälle beweisen. Dies würden die siegreichen Römer schwerlich geduldet haben, wenn die Lokalität vor der Burg nicht die beschriebene, einem leicht erregbaren Volkshaufen so günstige Beschaffenheit gehabt hätte. Hier war es auch, wo das irregeleitete, verblendete Volk sein „Kreuzige, kreuzige!" rief.

Als nämlich die jüdischen Hohenpriester, Schriftgelehrten und Mitglieder des hohen Rathes ihr nächtliches Verhör in dem Palast des Hohenpriesters Kaiphas (der wahrscheinlich neben dem Töpferthor in der Davidsstadt lag) beendigt hatten, „da führten sie Jesum von Kaiphas (in den Burghof der Antonia) vor das Prätorium. Und sie gingen nicht in das Prätorium, auf dass sie nicht unrein würden, sondern das Passah essen möchten. Da ging Pilatus zu ihnen heraus" und unterredete sich jedenfalls von der vorerwähnten Burgterrasse aus mit den auf dem Burghofe stehenden Juden. Da diese Unterredung aber zu keinem Ziele führte, so kehrte er in das Richthaus zurück, verhörte dort den Gefangenen und erschien endlich wieder auf der Terrasse vor den erbitterten Juden, indem er sagte: „Ich finde keine Schuld an ihm! Es ist aber eure Gewohnheit, dass ich euch Einen losgebe am Passah: wollet ihr nun, dass ich euch den König der Juden losgebe? Sie schrieen nun wiederum alle und sprachen: Nicht diesen, sondern den Barrabas!" (Joh. 18, 28—40) — „Er wiegelt das Volk auf, indem er durch ganz Judäa hin lehret von Galiläa an bis hieher. Da aber Pilatus von Galiläa hörte, fragte er, ob der Mensch ein Galiläer sei. Und da er erfuhr, dass er aus dem Gebiete des Herodes (Antipas) sei, sandte er ihn zu Herodes, der ebenfalls in Jerusalem war in selbigen Tagen (und hier ohne Zweifel die Herodianische Königsburg bewohnte). — Nachdem ihn nun Herodes mit seinen Kriegsschaaren verächtlich behandelt, ihn verspottet und ihm ein prächtiges Gewand angelegt, sandte er ihn zu Pilatus zurück" (Luk.

23, 5—12). So kam der ganze Zug abermals auf dem mit einer grossen Menschenmenge angefüllten Burgplatze an und schritt die Burgtreppen hinauf. „**Die Hohenpriester aber und die Aeltesten überredeten** (während dessen) **das** (auf dem Burgplatze versammelte) **Volk, dass es den Barrabas verlangte, Jesum aber umbrächte**" (Matth. 27, 20). „**Und das Volk schrie auf und fing an zu verlangen,** (dass Pilatus ihnen thäte), **wie er ihnen immer gethan**" (Mark. 15, 8).

Inzwischen wurde Jesus von neuem in das Prätorium geführt und von Pilatus verhört, während die Hohenpriester und deren Begleiter sich abermals in dem Burghofe aufstellten. „Pilatus ging nun wiederum heraus und sprach zu ihnen: Sehet, ich führe ihn euch heraus, damit ihr wisset, dass ich keine Schuld an ihm finde. Es kam nun Jesus heraus und trug den Dornenkranz und das Purpurkleid. Und er (Pilatus) spricht zu ihnen: Sehet, welch ein Mensch! Da ihn nun die Hohenpriester und Gerichtsdiener sahen, schrieen sie und sprachen: Kreuzige, kreuzige ihn! Pilatus spricht zu ihnen: Nehmet ihr ihn und kreuziget ihn; denn ich finde keine Schuld an ihm. Die Juden antworteten ihm: **Wir haben ein Gesetz, und nach unserm Gesetz muss er sterben; denn er hat sich zu Gottes Sohn gemacht.** Da nun Pilatus dieses Wort hörte, fürchtete er sich noch mehr. Und er ging wiederum hinein in das Prätorium und spricht zu Jesus: **Woher bist du?** Jesus aber gab ihm keine Antwort. Da sprach Pilatus zu ihm: Du redest nicht mit mir? Weisst du nicht, dass ich Macht habe, dich zu kreuzigen, und Macht habe, dich loszugeben? Jesus antwortete: Du hättest keine Macht über mich, wenn sie dir nicht von oben gegeben wäre; darum haben die, so mich dir überliefert haben, grössere Sünde. Seitdem suchte Pilatus ihn loszugeben. Die Juden aber schrieen und sprachen: **Lässest du diesen los, so bist du nicht des Kaisers Freund; denn wer sich zum Könige macht, der widersetzt sich dem Kaiser.**"

„**Da Pilatus dieses Wort hörte, führte er Jesum heraus** (aus der Burg) **und setzte sich auf den Richterstuhl an der Stätte, die da heisst Hochpflaster, auf Hebräisch aber Gabbatha**" (Joh. 19, 4—14). „Und als er auf dem Richterstuhle sass, sandte sein Weib zu ihm und sagte: Habe nichts zu schaffen mit diesem Gerechten! denn viel habe ich gelitten heute im Traum um seinetwillen" (Matth. 27, 19). — Pilatus wendet sich hierauf an die Hohenpriester und deren Genossen, die ihm sämmtlich auf das Hochpflaster gefolgt waren, und redet sie mit lauter Stimme, so dass seine Worte auch von dem auf dem Burgplatze versammelten, jetzt mit gespannter Aufmerksamkeit lauschenden Volke deutlich verstanden werden konnten, folgendermassen an:

„Ihr habt diesen Menschen zu mir gebracht, als mache er das Volk abwendig; und siehe, nachdem ich ihn in eurer Gegenwart verhört, habe ich an diesem Menschen keine Schuld gefunden, dessen ihr ihn anklaget. Aber auch nicht Herodes; denn ich habe euch an ihn gewiesen, und siehe, es ist von ihm nichts verübt worden, was des Todes würdig wäre. Ich will ihn nun züchtigen und losgeben."

„Aber sie (die auf dem Burgplatze versammelten Juden) schrieen im vollen Haufen und sagten: Hinweg mit diesem! gieb uns aber den Barrabas los!"

„Pilatus rief ihnen nun wiederum zu, indem er Jesum gern losgeben wollte: Was soll ich denn mit Jesus thun, der da Christus heisst?" (Matth. 27, 22.)

„Sie aber schrieen entgegen und sprachen: Kreuzige, kreuzige ihn!"

„Zum dritten Mal sprach er zu ihnen: Was hat denn dieser Böses gethan? Ich habe keine Todesschuld an ihm gefunden; ich will ihn also züchtigen und losgeben."

„Sie aber hielten an mit grossem Geschrei und verlangten, dass er gekreuzigt würde. Und es nahm ihr (der auf dem Burgplatze Versammelten) und der (auf dem Hochpflaster stehenden) Hohenpriester Geschrei überhand" (Luk. 23, 13—23).

„Da nun Pilatus sah, dass er nichts ausrichtete, sondern mehr Lärm entstand, nahm er Wasser und wusch sich — im Angesicht der Sonne (Ev. des Nikod. 9, 24. 12, 13) — die Hände vor dem Volke, indem er sagte: Ich bin unschuldig an dem Blute dieses Gerechten; ihr möget zusehen!"

„Da antwortete alles Volk und sprach: Sein Blut komme auf uns und auf unsere Kinder!" (Matth. 27, 24. 25.)

„Da liess Pilatus Jesum vor den Stuhl führen, auf welchem er sass, und sprach ihm folgendermassen das Urtheil: Dein Volk verklagt dich als Einen, der da strebt, König zu sein; darum verurtheile ich dich, zuerst gegeisselt zu werden nach dem Brauch der frommen Könige. Darauf aber befahl er, ihn ans Kreuz zu schlagen und zwei Uebelthäter mit ihm" (Nikod. 9, 26—28).

„Alsdann gab er ihnen den Barrabas los, Jesum aber liess er geisseln und überlieferte ihn zur Kreuzigung. Da nahmen ihn die Kriegsknechte des Landpflegers in das Prätorium und versammelten um ihn die ganze Kohorte" (Matth. 27, 26. 27). —

Es ist leicht erklärlich, dass Pilatus, der sich schon einmal dem ungestümen Verlangen des jüdischen Volkes gefügt hatte, als es die Fortschaffung der nach Jerusalem gebrachten römischen Fahnenbilder von ihm forderte, aus dieser Gerichtssitzung einen grollenden, tief verhaltenen Ingrimm gegen dasselbe mit sich hinwegnahm. Eine Gelegenheit zur Rache fand sich bald; denn es „entstanden neue Unruhen, als er den heiligen Schatz, den man Korban nennt (Mark. 7, 11), zu einer Wasserleitung verwendete, welche 300 Stadien weit (von Etham) hergeleitet wurde*). Aufgebracht hierüber erhob das (zu Tausenden versammelte) Volk, als Pilatus nach Jerusalem kam, rings um seinen Richterstuhl (also auf dem Burgplatze) wildes Geschrei (bei dem es auch an Schimpfreden und Lästerungen nicht fehlte). Er hatte dies vorausgesehen und deshalb Soldaten in (jüdisch-) bürgerlicher Kleidung, jedoch mit Waffen (unter dem Oberkleide), unter den Volkshaufen zerstreut, wo sie zwar nicht das Schwert brauchen, aber den Schreienden mit Prügeln den Mund stopfen sollten" (B. j. II, 9, 4). Nun gebot Pilatus vom Hochpflaster aus dem Volke, sich zurückzuziehen. „Da die Juden aber mit Schimpfreden antworteten, gab er den Soldaten das verabredete Zeichen, und diese fielen mit weit grösserem Ungestüm, als Pilatus gewollt hatte, über Friedliche und Unfriedliche her. Die Juden nun blieben hartnäckig, und da sie als Unbewaffnete sich gegen Bewaffnete nicht vertheidigen konnten, kamen viele aus ihnen auf diese Weise um und viele mussten verwundet weggetragen werden. Damit endigte sich der Aufruhr" (Ant. XVIII, 3, 2).

Während eines andern Ereignisses, bei dem der Apostel Paulus als Hauptperson betheiligt war, bildete ebenfalls die Oertlichkeit vor der Burg Antonia den Schauplatz. Paulus war nämlich unter der Anschuldigung, einen Heidenchristen in den Tempel geführt zu haben, von den erzürnten Juden ergriffen worden. „Da sie ihn aber tödten wollten, kam Anzeige hinauf (in die Burg) vor den Obersten der Kohorte, dass ganz Jerusalem in Aufruhr sei. Dieser nahm zur Stunde Kriegsknechte

---

*) Diese noch jetzt vorhandene Wasserleitung geht im Norden des unteren Gichonteiches auf neun niedrigen Bogen über das Thal Gichon. „Man schätzt ihre Länge zu sechs Stunden; die Hauptrichtung ist von Süd nach Nord. Ihr Anfang besteht aus irdenen Röhren, das Uebrige aus einem steinernen, einen Fuss breiten und einen Fuss tiefen Kanal. Im Allgemeinen bildet sie nicht hohe Bogen oder Mauern, sondern sucht, so viel wie möglich, in ihren Windungen das Niveau an den Abhängen der Hügel. An vielen Stellen liegt sie einige Fuss tief unter der Erde. Man hat die Leitung für ein Werk Salomos ausgegeben (? — s. w. oben), gewiss ist aber nur, dass sie schon zu Christi Zeit ein sehr altes Werk war und von P. Pilatus auf Kosten des Tempelschatzes ausgebessert wurde. Im Jahr 1832 ist sie von den Arabern theilweise zerstört und bisher nicht wieder hergestellt worden. Doch liefert sie noch immer genug Quellwasser zu den Brunnen der grossen, auf dem Tempelplatz stehenden Moschee." (S. „Jerusalem und seine nächste Umgebung" von J König — in: „Der praktische Schulmann" von A. Lüben. VIII. Band.)

und Hauptleute und lief hinab auf sie zu. Da sie aber den Obersten und die Kriegsknechte sahen, hörten sie auf, Paulus zu schlagen. Alsdann kam der Oberste hinzu, griff ihn, liess ihn binden mit zwei Ketten und fragte, wer er wäre und was er gethan. Es riefen aber die Einen dies, die Andern jenes unter dem Volke. Da er aber nichts Gewisses erfahren konnte wegen des Lärmes, befahl er, ihn in das Standlager (die Antonia) zu führen. Als er aber auf die (vor der eisernen Thür befindlichen) Stufen kam, mussten ihn die Kriegsknechte (bis zu dieser Thür, die von dem nachdringenden Volke nicht überschritten werden durfte) tragen wegen der Gewalt des Volkes; denn es folgte die Menge des Volkes und schrie: Fort mit ihm! Da nun Paulus (nach Ersteigung der Haupttreppe) in das Standlager geführt werden sollte, sprach er (auf dem Hochpflaster dem Burgthore zuschreitend) zu dem Obersten: Ist es mir erlaubt, etwas zu dir zu sprechen? Er sprach: Verstehst du griechisch? Du bist also nicht der Aegypter, der vor diesen Tagen einen Aufstand machte und die 4000 Meuchelmörder in die Wüste führte? Paulus sprach: Ich bin ein Jude aus Tarsus, Bürger einer nicht unberühmten Stadt Ciliciens. Ich bitte dich aber, erlaube mir, zum Volke zu reden! Und als er es erlaubt hatte, trat Paulus (zurück) auf die Stufen (d. h. an den Rand des Hochpflasters) und winkte dem (unten auf dem Burgplatze versammelten) Volke mit der Hand. Da entstand eine grosse Stille, und er redete (das Volk) an in hebräischer Sprache." Als er in einem langen Vortrage seine bisherige Handlungsweise beleuchtete, unterbrach ihn das ungeduldige Volk mit den Worten: „Fort von der Erde mit diesem Menschen! denn er darf nicht leben bleiben. Da sie nun schrieen und ihre Kleider (aus Erbitterung) in die Höhe warfen und Staub in die Luft streuten, liess ihn der Oberste in das Standlager führen" (Ap.-Gesch. 21, 31—22, 24).

Alle diese ausführlich mitgetheilten charakteristischen Scenen beweisen gewiss auf das augenscheinlichste, dass das Hochpflaster ausserhalb der Burg Antonia lag und dass der Ort, auf welchem sich während der erzählten Vorfälle das jüdische Volk den wilden Ausbrüchen seines Unwillens hingab, von jener hoch gelegenen Platform durch einen ziemlich weiten, gleichsam neutralen Raum getrennt war.

2. Die Herodianische Königsburg.

Das prachtvollste Bauwerk des alten Jerusalems war die Herodianische Königsburg, mit deren beiden Hauptpalästen nach Josephus' Urtheil (B. j. I, 21, 1) nicht einmal der Tempel eine Vergleichung aushielt. Sie lag, wie schon erwähnt, an derselben Stelle, wo einst die alte Davidsburg gethront hatte, d. h. in der Nordwestecke der Oberstadt. Herodes hatte darin namentlich zwei Paläste errichtet, „die er aufs prachtvollste mit Gold, Marmorsteinen und den kostbarsten Polstern ausschmückte, und von denen er einen jeden mit Betten ausstattete, um eine grosse Anzahl von Menschen aufzunehmen. Auch legte er einem jeden derselben mit Rücksicht auf ihre verschiedene Grösse einen besondern Namen bei, indem er z. B. einen nach Cäsar (dem Kaiser Augustus) und einen andern nach Agrippa benannte" (Ant. XV, 9, 3).

Diese Königsburg hing im Norden und Westen mit der Ringmauer der Davidsstadt zusammen. Auf der Nordwestecke dieser Mauer stand an Stelle des alten Davidsthurms der Rossthurm oder der Thurm Hippikus und „neben diesem zwei andere in der alten Mauer, von Herodes erbaut, an Grösse, Pracht und Festigkeit vor allen in der Welt ausgezeichnet. Denn ausser seiner sonstigen Prachtliebe und seinem Eifer für die Verschönerung der Stadt trieb den König noch eine besondere Leidenschaft bei diesen Bauten; er setzte nämlich in den drei Thürmen dreien Personen, die er am meisten liebte und nach denen er dieselben benannte, seinem Bruder (Phasael), seinem Freund (Hippios) und seiner Gemahlin (Mariamne) ein Denkmal. Der Letztern, weil er sie aus Eifersucht getödtet, den Andern, weil er sie nach tapferer Gegenwehr im Kampfe verlor. Der Rossthurm (oder Hippikus, s. Fig. 36), nach seinem Freunde benannt (Hippios), war viereckig, hatte 25 Ellen Länge und Breite und 30 Ellen Höhe, durchaus massiv. Ueber dem massiven Steinbau erhob sich zum Auffassen des Regens ein 20 Ellen tiefes Bassin (s. unten); oberhalb desselben eine zweistöckige Bedachung*), 25 Ellen hoch, vielfach abgetheilt; darüber ein zwei Ellen hoher Gang mit drei Ellen hohen Brustwehren, so dass man die gesammte Höhe auf 80 Ellen rechnen kann. Der zweite Thurm, nach Herodes' Bruder Phasael genannt, war je 40 Ellen breit und lang, seine massive Höhe betrug fast 40. Auf ihm war ein zehn Ellen breiter Gang, von Brustwehren und Vorsprüngen (Zinnen) gedeckt. Ueber dem Gang erhob sich ein zweiter Thurm, in viele Gemächer, sogar mit einem Bade, abgetheilt, so dass der Thurm dem Ansehen eines Palastes nicht nachstand. Auf dem Gipfel war er noch mehr als der vorerwähnte mit Zinnen und Brustwehren geschützt. Seine ganze Höhe betrug 90 Ellen, und sein Aussehen glich dem Leuchtthurm auf Pharos vor Alexandria; an Umfang übertraf er diesen. — Der dritte Thurm, Mariamne, stieg zu

---

*) Die Dächer der drei Thürme wurden späterhin vom Feuer verzehrt (B. j. V, 4, 4), bestanden also, wie auch die obersten Stockwerke derselben, jedenfalls nur aus Holz.

einer mässigen Höhe von 20 Ellen*). Länge und Breite betrug ebenfalls 20 Ellen. Oben trug er eine noch prächtigere Wohnung als die andern, weil der König es für anständig hielt, dass der nach seiner Gemahlin genannte Thurm geschmückter sei als die Männerthürme, sowie diese fester als der Frauenthurm. Seine ganze Höhe betrug 55 Ellen."

„So mächtig nun auch diese drei Thürme waren, so erschienen sie doch durch ihre Lage noch grösser. **Die alte Mauer** (der Davidsstadt), **auf der sie standen, war auf einen hohen Bergrand gebaut und ragte** (an den tieferen Stellen) **selbst schon 30 Ellen darüber hinaus**; durch ihre Stellung über diesem Bergrücken mussten die Thürme an Ansehen der Höhe gewinnen. Ausserordentlich waren auch die Steinmassen; nicht aus gewöhnlichen Quadern oder aus Steinen, die Menschenhände tragen können, sondern aus behauenem weissen Marmor waren sie aufgeführt. Jedes Stück (des massiven Grundbaus) mass 20 Ellen in die Länge, 10 in die Breite, 5 in die Tiefe. Zugleich waren sie so fest an einander gefügt, dass jeder Thurm von Natur ein Stein zu sein und von Künstlerhand nach Form und Ecken zugerichtet schien: so wenig war irgendwo ein Kitt der Fugen zu bemerken. Sie standen auf der Nordseite der Mauer und hingen nach innen zu mit der über alle Beschreibung erhabenen **Königsburg** zusammen. Pracht und Kunst überbot hier sich selbst. Auch dieser Palast (d. h. die ganze Burg) hatte eine Ringmauer von 30 Ellen Höhe, ringsum (doch mit Ausnahme der Nordseite, wo nur die drei grossen Thürme standen) in gleichen Abständen mit **Thürmen****) geziert, mit grossen **Speisesälen**, wohl für 100 Gäste. Unzählig war die Mannigfaltigkeit der Bausteine. Was immer nur die Gegend Seltenes aufweist, war in Menge vorhanden, die Decken (der Gebäude) sehenswerth in Hinsicht der Länge der Balken und der prachtvollen Verzierung. Gemächer eine Unzahl, mit tausendfacher Abwechslung der Formen: reich an verschiedenem Prunkgeschirr, meist aus Gold und Silber. Die Hallen durchkreuzten sich vielfach, jede mit verschiedener Säulenordnung. Der **freie Platz um den Palast** war überall mit abwechselnden Gehölzen, lange Gänge hindurch, angepflanzt; daneben **breite Kanäle und Bassins**, reich an den verschiedensten Kunstwerken, durch die das Wasser aus-

---

*) Da die Mauer, in welcher die drei Thürme standen, 30 — oder mit Abrechnung der Zinnen und Brustwehren: 25 — Ellen hoch war, so hätte auch der massive Grundbau des Mariamnethurms wenigstens ebenfalls 25 Ellen hoch sein müssen; da seine Höhe aber nur 20 Ellen betrug, so muss entweder angenommen werden, dass die an ihn grenzende Mauer nur 25 Ellen hoch war, oder, dass sich unter ihm noch eine (natürliche oder künstliche) Bodenerhöhung von 5 Ellen befand.

**) Die Zerstörung eines dieser Thürme durch jüdische Empörer wird B. j. II, 17, 8 ausführlich erzählt (s. unten).

strömte; um die Teiche eine Menge Taubenhäuser. Kurz, es ist nicht möglich, die Königsburg würdig zu schildern" (B. j. V, 4, 3. 4).

Wie Herodes, in steter Besorgniss vor etwa ausbrechenden Empörungen, von der Burg Antonia einen unterirdischen Gang hatte machen lassen, um sich nöthigen Falls durch denselben vor der Wuth des Volkes retten zu können, so scheint er sich auch von seiner neuen Burg aus einen ähnlichen verborgenen Ausgang gebahnt zu haben; denn an der Aussenseite des Rossthurms befand sich ein **verstecktes Thor** (B. j. V, 6, 5), das ohne Zweifel mit einem solchen geheimen Gange in Verbindung stand. In das oben erwähnte, 20 Ellen tiefe Bassin des Rossthurms mündete auch der von Norden hergeleitete, hochgelegene **Aquädukt**, welcher die Kanäle, Teiche und sonstigen Reservoire der Königsburg mit Wasser versorgte (II, 17, 9. V, 7, 3).

Da sich in dem Hauptpalast der Burg auch ein **Richterstuhl** (II, 14, 8) — also auch eine **Gerichtshalle** — befand, und der König Herodes Antipas während seiner Anwesenheit in Jerusalem seinen Wohnsitz ohne Zweifel nur in diesem Palast hatte, so ist dies offenbar der Ort, wo Jesus Christus vor diesem Könige als Gefangener stand (Luk. 23, 7—11). Vielleicht deutet die jetzige evangelische Christuskirche genau die Stelle an, wo ehedem der Herodianische und noch früher der Davidsche Palast prangte; ja es ist, wie bereits weiter oben angedeutet, gar nicht unwahrscheinlich, dass dieselbe Erdfläche in noch früherer Zeit den Königssitz des Jebusiters Aravna (2 Sam. 24, 23) und seiner Vorfahren, also auch des **Melchizedek** (1 Mos. 14, 18), trug.

3. Die Theater und der Xystus.

Vom Glücke in allen seinen Unternehmungen begünstigt, führte Herodes der Grosse endlich auch zu Ehren des Kaisers Augustus, aber zum grossen Aergerniss seiner jüdischen Unterthanen, fünfjährige Kampfspiele und andere Neuerungen in Jerusalem ein und errichtete zu diesem Zwecke ein **Theater** und ein sehr grosses **Amphitheater**. Ersteres ist jedenfalls nichts Anderes als die in grösseren und schöneren Verhältnissen wiederhergestellte **Rennbahn** auf dem Mörserplatze, letzteres dagegen wurde „auf der Ebene bei Jerusalem", also im Nordwesten der Stadt, aufgeführt. In beiden umfangreichen Gebäuden fanden die damals allgemein beliebten Schau- und Kampfspiele statt, und beide strahlten daher wie die griechischen und römischen Bauwerke dieser Art in glänzender Pracht und Schönheit, standen aber mit den Sitten und Gebräuchen der Juden in desto grösserem Widerspruche. „Die fünfjährigen Spiele liess er (Herodes) mit der möglichsten Pracht feiern, liess die benachbarten Völker zur Theilnahme an denselben einladen und aus allen Gegenden Zuschauer zusammenrufen. Von allen Seiten strömten, angelockt von der Hoffnung, die ausgesetzten Kampfpreise und Ehren zu gewinnen, Wettkämpfer und Schauspieler zusammen, besonders solche, die in dieser Art von Spielen sehr geübt waren; denn nicht nur denjenigen, die in Kampfspielen geübt waren, sondern auch denjenigen, die sich auf Musik gelegt hatten und Thymeliker (d. h. Musiker) genannt werden, setzte er grosse Siegespreise aus, um dadurch die Ausgezeichnetsten zur Theilnahme an den Wettkämpfen zu veranlassen; desgleichen setzte er auch denjenigen, die auf zweispännigen und vierspännigen Wagen und Rossen Wettkämpfe bestanden, Siegespreise aus und bot alle Mittel auf, den Spielen Pracht und Glanz zu verleihen. Auch das Theater selbst war auf das glänzendste ausgeschmückt, ringsum waren an ihm auf Gold- und Silbergrund abgebildet die Thaten des Cäsar (Augustus) und die Siegeszeichen angebracht, die dieser im Kampfe mit den verschiedenen überwundenen Völkerschaften davongetragen hatte. Und was die äussere Ausstattung betrifft, so gab es kein noch so kostbares Kleid und keine noch so glänzenden Edelsteine, die sich nicht hier mit den Wettkämpfern zugleich den Blicken der Zuschauer dargestellt hätten. Auch wilde Thiere waren herbeigeschafft worden, sehr viele Löwen sowohl als andere Thiere, die ihrer grossen Stärke oder ihrer Schönheit wegen Aufsehen erregten; und diese Thiere liess man theils mit einander, theils auch mit Menschen kämpfen, die zum Tode waren verurtheilt worden. Dieser grosse Prachtaufwand nun war wohl für Fremde ein Gegenstand der Bewunderung, sowie ihnen auch der Anblick solcher gefahrvollen Kämpfe Vergnügen gewährte; aber die Einheimischen erblickten in demjenigen, was jene so hoch in Ehren hielten, nur eine offenbare Auflösung aller Sitte" (Ant. XV, 8, 1).

Dass von der Rennbahn keine Spur mehr zu entdecken ist, kann nicht befremden, da der ehemalige Mörserplatz gegenwärtig dicht mit Häusern besetzt ist; merkwürdiger aber ist es, dass sich von dem grossen Amphitheater ausserhalb der Stadt auch gar nichts mehr erhalten zu haben scheint. Wahrscheinlich wurde es späterhin von Grund aus zerstört und seine Trümmer zu Belagerungswällen oder anderweitigen Bauten verwandt. —

Der Xystus war, wie bereits erwähnt, eine nordöstliche Terrasse des Berges Zion, die mit dem Vorhof der Heiden in gleicher Höhe — also bedeutend niedriger als die Oberstadt (B. j. IV, 9, 12) — lag und mit jenem Tempelbezirk durch eine von Herodes erbaute kolossale Brücke*) verbunden war. Diese geräumige Terrasse diente der Ein-

---

*) Von dieser Brücke zeigen sich an der Aussenseite des heutigen Tempelplatzes noch

wohnerschaft Jerusalems als Versammlungsplatz und war daher von Herodes geebnet und an ihrem steil abfallenden Ostrande mit einer Brustwehr versehen worden. In ihrem nördlichen Theile erhob sich unmittelbar neben der Stadtmauer das Rathhaus (V, 4, 2), d. h. die Bürgermeisterei, mit dem vermuthlich östlich daneben gelegenen „Archiv" (VI, 6, 3). Hier, dem südwestlichen Tempelthore gegenüber, begannen auch die Stufen, welche zu dem Mörserplatz hinabführten. Diesen Stufen gegenüber, also auf der Westseite des Xystus, befand sich die Treppe, welche zu dem in der Nordostecke der Davidsstadt gelegenen Palast der Hasmonäer (II, 16, 3), und südlich davon, der Brücke gegenüber, eine zweite, welche in die Davidsstadt selbst hinaufführte. Die West- und Südseite des Xystus war ohne Zweifel mit Säulenhallen geziert, weshalb dieser herrliche Platz auch den Namen Galerie erhalten haben mochte (VI, 8, 1).

Da nunmehr alle Punkte bestimmt sind, welche das volle Verständniss der Josephischen Beschreibung der „alten Mauer", d. h. der vereinigten Zions- und Ophelmauer, möglich machen, so mag dieselbe hier eine Stelle finden. Sie lautet (B. j. V, 4, 2): „Von den drei Mauern (d. h. der alten Mauer, der Mauer der Makkabäer und der weiter unten zu beschreibenden Mauer des Agrippa) war die älteste (d. h. die Zions- und Ophelmauer) wegen der Schluchten und Höhen über denselben, auf welchen sie stand, unbezwinglich. Ihre natürliche Festigkeit wurde durch David und Salomon und die nachfolgenden Könige, die etwas auf dieses Werk verwendeten, noch künstlich erhöht; sie lief im Norden von dem Rossthurm aus, erstreckte sich (in östlicher Richtung) bis zum Xystus, schloss sich dann ans Rathhaus und endigte mit der westlichen Säulenhalle des Tempels. Auf der Abendseite dehnte sie

---

jetzt einige Ueberreste, welche Dr. Wolff (S. 66) folgendermassen beschreibt: „Der 36 Fuss von der (Südwest-) Ecke (des Harâm) beginnende und 48 Fuss lange Brückenansatz (der nach dem Zion führenden Brücke) hat Steine von $9\frac{3}{4}$, 12, $13\frac{1}{2}$, 14, $20\frac{1}{2}$ und $23\frac{1}{2}$ Fuss Länge und $4\frac{1}{2}$ bis 6 Fuss Höhe. Die Sehne des Bogens, welchen der Brückenansatz bildet, beträgt 12 Fuss, der Theil des Radius zwischen Sehne und Bogen 10 Zoll. Die obere Bogenlage springt aus der Mauer 5 Fuss; ihre obere Steigungsfläche gegen die Horizontallinie ihrer Oberfläche bildet einen Winkel von circa 35 Grad. Die obern Steine sind neu." — „Die Entfernung von diesem Punkt (sagt Robinson, II. S. 65) quer über das (Käsemacher-) Thal nach dem abschüssigen natürlichen Felsen, welcher die Seite des Zion an diesem Theile bildet, massen wir, so genau es bei dem zwischenliegenden Cactus-Felde geschehen konnte, und fanden, dass sie 350 Fuss oder gegen 116 Yards betrug. Dies giebt die ungefähre Länge für die alte Brücke. Wir suchten sorgfältig längs dem Rande des Zion nach Spuren ihres westlichen Endes, aber ohne Erfolg. Dieses Viertel ist jetzt mit schlechten Häusern und Schmutz bedeckt, und eine Untersuchung kann nur inmitten von widrigen Anblicken und Gerüchen angestellt werden" (vgl. Dict. II, 182).

sich von dem nämlichen Punkte (dem Rossthurm) aus (und zwar in südlicher, dann östlicher Richtung) durch (besser wohl: um) Bethso (Beth Millo) gegen das Thor der Essener (das frühere Thor zwischen den zwei Mauern) hin; hierauf beugte sie sich (im Norden der tiefen Schlucht) gegen Süden nach dem Siloahteiche, lief dann (nord-)östlich dem Fischteiche Salomons (d. h. dem Drachenbrunnen) zu und reichte bis zur Stelle (zum Bezirk) von Ophla, wo sie mit der östlichen Säulenhalle des Tempels (d. h. der Halle Salomonis) schloss." — Merkwürdiger Weise übergeht Josephus die östliche Mauer der Davidsstadt, obgleich sie, wie aus verschiedenen, die Eroberung dieses Stadttheils betreffenden Umständen (z. B. B. j. VI, 6, 2. 3. 8, 1) hervorgeht, ebenso gut vorhanden war als die von ihm beschriebenen anderen Mauerstrecken.

III. Jerusalem unter Herodes des Grossen Nachfolgern.

1. Der Aufstand gegen Sabinus.

Herodes ernannte bekanntlich an Stelle des hingerichteten Antipater kurz vor seinem Tode den Archelaus (Matth. 2, 22) zum Thronfolger. Ehe dieser jedoch die Zügel der Regierung in seine Hände nehmen durfte, musste er zuvor die Bestätigung des väterlichen Testaments bei dem Kaiser Augustus nachsuchen. Da aber ein in Jerusalem ausgebrochener Aufruhr, der gegen 3000 Personen das Leben kostete, seine Abreise bedeutend verzögert hatte, so begegnete ihm schon in Cäsarea Stratonis, als er eben nach Rom absegeln wollte, ein kaiserlicher Agent Namens Sabinus, um die hinterlassenen Schätze des Herodes für den Kaiser in Verwahrung zu nehmen; doch bewog Quinctilius Varus*), der damalige Statthalter von Syrien, der inzwischen auf Archelaus' dringende Bitte herbeigekommen war, denselben, von seinem Vorhaben so lange abzustehen, bis der Kaiser über das Testament des Verstorbenen entschieden haben würde. Sabinus blieb also in Cäsarea, während Varus nach Archelaus' Einschiffung mit drei Legionen nach Jerusalem aufbrach, wo das Volk sich zu einem neuen Aufstande erhoben hatte. Als hier die Ruhe nothdürftig wiederhergestellt und die Rädelsführer bestraft waren, liess Varus eine Legion in der Stadt zurück und begab sich mit den beiden andern wieder nach Antiochia. Kaum war er aber abgereist, so reizte Sabinus, der als kaiser-

---

*) Derselbe, welcher im teutoburger Walde mit seinen drei Legionen ein so tragisches Ende nahm.

licher Landpfleger im Lande zurückblieb, die Juden durch Bedrückungen mancherlei Art zur Unzufriedenheit. „Als das Pfingstfest kam, zog nicht sowohl der gewohnte Gottesdienst, als vielmehr die Erbitterung das Volk nach Jerusalem. Eine ungeheure Menge strömte aus Galiläa, Idumäa, Jericho und Peräa herbei. Am zahlreichsten und muthigsten jedoch waren die eigentlichen Bewohner Judäas. Die Aufrührer theilten sich in drei Schaaren und lagerten an drei verschiedenen Orten, an der Nordseite des Tempels, an der Südseite bei der Rennbahn und westwärts beim königlichen (d. h. Herodianischen) Palaste. So hatten sie die Römer umzingelt und in Belagerungsstand versetzt."

Voll Angst wegen der Menge und Kühnheit der Juden schickte Sabinus Boten über Boten an Varus und liess aufs dringendste um schleunige Hülfe bitten, bevor die Legion von den erbitterten Feinden niedergehauen werde. „Er selbst bestieg den höchsten Punkt des Schlosses, den Phasaelsthurm, und gab von hier aus den Soldaten der Legion das Zeichen zum Angriff, denn er getraute sich aus lauterem Schrecken nicht, zu den Seinigen herabzukommen. Die Soldaten drangen voll Muthes rasch zum Tempel vor und nun begann ein hartnäckiges Gefecht. So lange Niemand sie von oben herab angriff, blieben die Römer als geübte Krieger den Ungeübten überlegen; als aber viele Juden auf die Säulengänge (des Tempels) stiegen und ihnen auf die Köpfe herabschossen, verlor die Legion viele Leute und es wurde für sie ebenso schwierig, die von oben her Kämpfenden zu vertreiben, als im Handgemenge Stand zu halten. Auf diese Weise von oben und unten bedrängt, zündeten die Soldaten die wegen ihrer Grösse und Pracht bewundernswürdigen Säulenhallen (des Vorhofs der Heiden) an" (B. j. II, 3, 1—3). „Da sie allerlei leicht zündliche Stoffe hinzuwarfen, ergriff das Feuer mit grosser Schnelligkeit das Dach; dieses aber gab bei der grossen Menge von Pech, Wachs und mit Wachs überstrichenem Golde, das sich hier vorfand, der Flamme sogleich nach, und so war das grosse und bewundernswürdige Bauwerk (längs der Tempelstrasse) bald vom Feuer aufgezehrt" (Ant. XVII, 10, 2). „Viele der Juden, die oben standen, wurden sogleich von den Flammen ergriffen und kamen in grosser Anzahl um; andere sprangen auf die Feinde herunter und wurden von diesen getödtet. Einige stürzten sich rücklings über die Mauern hinab; noch andere erstachen sich in der Verzweiflung selbst, um dem Feuer zuvorzukommen. Die wenigen, welche an den Mauern hinabkletterten und sich nun gegen die Römer stellen mussten, wurden in ihrer Bestürzung leicht überwältigt. Nachdem so die Schaar der Aufrührer theils vernichtet, theils zerstreut war, fielen die Soldaten über den unbewachten Gottesschatz im Tempel her und raubten gegen 400 Talente. All' dieses Geld brachte Sabinus bis auf weniges, das entwendet war, in seine Hände" (B. j. II, 3, 3).

Diese Plünderung des Tempels und besonders die Zerstörung der Tempelhallen und der Tod so vieler ihrer Landsleute brachte die Juden so in Wuth, dass sie bald in weit grösserer Anzahl den Römern, die sich in die Herodianische Königsburg zurückgezogen hatten, kampfgerüstet gegenüberstanden. Sie umringten die Burg, boten dem Sabinus freien Abzug an und drohten, die Legion zu vernichten, wenn sie nicht eiligst die Stadt räumen würde. Gern wäre Sabinus abgezogen; da er aber ihren Versprechungen nicht traute und befürchtete, man wolle ihn durch die freundliche Aufforderung nur in eine Falle locken, so behauptete er seinen Posten und hoffte auf Hülfe von Varus. Sobald dieser den Aufstand, der gleichzeitig auch in allen Hauptteilen des jüdischen Landes ausgebrochen war, durch seine Truppen wiederum gedämpft hatte, kam er nach Jerusalem und verbreitete hier durch sein Erscheinen einen solchen Schrecken, dass die Juden auseinanderliefen und viele zerstreut ins Land hinausflohen. Die Zurückgebliebenen suchten die Schuld des Aufstandes dadurch von sich abzuwälzen, dass sie vorgaben, sie hätten das Volk aus der Umgegend nur wegen des Festes in die Stadt aufgenommen, nicht aber, um mit demselben gemeinschaftliche Sache gegen die Römer zu machen. Varus begnügte sich mit dieser Entschuldigung und liess nun durch seine Soldaten das Land durchstreifen, um die fliehenden Rädelsführer des Aufstandes einzufangen. Viele wurden ergriffen und eingekerkert, gegen 2000 der Schuldigsten aber gekreuzigt. Nachdem so die Ruhe wiederhergestellt war, kehrte Varus mit Zurücklassung einer Legion von Jerusalem nach Antiochia zurück. Sabinus hatte sich im Gefühl seiner Schuld schon früher heimlich aus der Stadt entfernt; denn er wusste sehr wohl, dass das Volk nur durch seine Bedrückungen zum Aufstande gereizt worden war.

Inzwischen hatte der Kaiser den Archelaus unter dem Titel eines Ethnarchen (Volksfürsten) zum Herrn des aus Judäa, Samaria und Idumäa bestehenden halben Königreichs und dessen beide Brüder Herodes Antipas und Philippus zu Tetrarchen (Vierfürsten) über die andere Hälfte desselben ernannt, und zwar dergestalt, dass der Erstere Galiläa und Peräa, der Letztere dagegen Batanäa, Trachonitis und Auranitis nebst einigen andern Landstrichen erhielt. — Archelaus, von den Juden seiner Grausamkeit wegen bei dem Kaiser verklagt, wurde im zehnten Jahre seiner Regierung nach Vienna in Gallien verbannt und seine Ethnarchie in eine römische Unterprovinz verwandelt. Der erste Prokurator oder Landpfleger dieser neuen, mit

Syrien verbundenen Provinz war Coponius, zu dessen Zeit der Tempel zu Jerusalem durch einige Samariter, die sich in der Passahnacht heimlich in die Säulenhallen geschlichen und hier Menschengebeine umhergestreut hatten, verunreinigt wurde. Ihm folgte Marcus Ambivius. Unter seiner Verwaltung starb Herodes' Schwester Salome und hinterliess ihre Besitzthümer, die in der Jordanaue gelegenen Städte Phasaelis (jetzt el-'Audjeh) und Archelais (j. el-Maskarah), sowie die Stadt Jamnia, mit ihren Gebieten, der Kaiserin Julia. Die folgenden Landpfleger waren Annius Rufus, während dessen Amtsführung der Kaiser Augustus starb, Valerius Gratus, der mehrere jüdische Hohepriester ein- und absetzte, und der bekannte Pontius Pilatus.

2. Die Mauer des älteren Agrippa.

Kaum hatte Cajus Caligula nach Tiberius' Tode den römischen Kaiserthron bestiegen, so machte er seinen Freund Agrippa, einen Enkel Herodes des Grossen, zum König über die Tetrarchie des inzwischen gestorbenen Philippus. Herodes Antipas, hierüber missvergnügt, eilt nach Rom, um sich ebenfalls die Königswürde auszuwirken. Der Kaiser verbannt ihn jedoch nach Spanien und verschenkt die erledigte Tetrarchie gleichfalls an Agrippa.

Grosses Wehklagen erhob sich um diese Zeit unter den Juden, als der kaiserliche Befehl an Petronius, den Statthalter von Syrien, erging, eine Bildsäule des Kaisers in dem Tempel zu Jerusalem aufzustellen. Petronius erhielt die gemessene Weisung, im Fall die Juden sich widersetzen würden, die Widerspenstigen zu tödten, alle Uebrigen aber zu Sklaven zu machen. Durch das inbrünstige Flehen der Juden gerührt, unterliess jedoch der edle Römer auf seine eigene Gefahr hin die Ausführung jenes grausamen Befehls; eine glückliche Verkettung von Umständen, sowie der Tod des Cajus, rettete ihn noch zu rechter Zeit von der in Folge seines Ungehorsams über ihn verhängten Todesstrafe.

Kaiser Claudius, der besonders durch Agrippas umsichtige Wirksamkeit auf den römischen Thron gelangt war, erwies sich dankbar gegen diesen seinen Freund und schenkte ihm sogleich das ganze Königreich seines Grossvaters Herodes, dem er sogar noch die Landschaft Abilene beifügte. Die grossen Reichthümer, welche dem neuen jüdischen Könige aus seinem weiten Gebiete zuflossen, verwandte er zu bedeutenden Unternehmungen. Er scheint auch das Befestigungsrecht vom Kaiser erkauft zu haben (Tacit. Hist. V, 12), denn „er begann Jerusalem (an der Nordseite) mit einer Mauer zu umgeben, welche, wäre sie vollendet worden, eine Eroberung der

Stadt den Römern unmöglich gemacht haben würde (s. Plan Nr. VIII). Allein er starb in Cäsarea, noch ehe das Werk seine Höhe erreicht hatte" (B. j. II, 11, 6). An einem andern Orte sagt Josephus: „Die Mauern Jerusalems, die der Neustadt (d. h. der Bezetha) zugekehrt waren, liess der König jetzt auf Staatskosten vervollständigen, indem er sie theils breiter, theils höher bauen liess (er errichtete die neue Mauer also zum Theil auf den damals noch vorhandenen Substruktionen der ehemaligen Bezethamauer), und das Werk wäre gewiss für alle menschlichen Kräfte unbezwingbar geworden, wenn nicht der syrische Landpfleger Marsus dem Kaiser Claudius das Unternehmen des Königs schriftlich angezeigt hätte. Da Claudius hierin bedenkliche Gelüste zu erkennen glaubte, gab er Agrippa augenblicklich Befehl, von dem Bau der Mauer abzustehen, und dieser hielt für das Gerathenste zu gehorchen" (Ant. XIX, 7, 2).

Agrippa hatte bei der Anlage dieser neuen Mauer einen doppelten Zweck; sie sollte nämlich nicht nur überhaupt die allmählig wieder bebaute ehemalige Bezetha und die nördlich davon gelegene, neu angewachsene Vorstadt schirmen, sondern vor allen Dingen auch die Nordseite des Tempels decken, die — wie wir gezeigt haben — seit dem Abbruch der alten Bezethamauer so oft den feindlichen Angriffen ausgesetzt war. Josephus sagt daher bezüglich der neu angelegten Mauer von Agrippa: „Er führte sie auf, um die neubebauten Theile der Altstadt (d. h. der ehemaligen Bezetha) zu schützen. Durch die wachsende Bevölkerung wurden nämlich die Einwohner gezwungen, sich über den Umkreis der alten Mauer (d. h. der Mauer der Makkabäer) hinaus auszudehnen. Man überbaute die Nordseite des Tempelberges gegen den Hügel (Bezetha) hinan und dehnte sie so aus, dass (ausser dem Zion, Akra oder Ophel und Morija) noch ein vierter Berg, (nämlich) Bezetha, gegenüber von der Burg Antonia, jedoch von dieser durch einen tiefen Graben getrennt, überbaut (d. h. mit Häusern bebaut) wurde. — Bethsetha (= Bezetha) aber nannte man den Anbau, denn dies bedeutet Neustadt. Weil nun diese Seite schutzlos war, so begann Agrippa die schon erwähnte Mauer (und zwar richtete er zuerst den zwischen dem Tempel und dem ehemaligen Ofenthurm gelegenen östlichen Theil der Bezethamauer und ausserdem noch eine kleine Strecke der daranstossenden früheren nördlichen Mauer auf*)). Agrippa befürchtete zuletzt, der Kaiser Claudius möchte

---

*) Etwa bis an das heutige Herodesthor. Dass dieses Thor nicht etwa nach Herodes dem Grossen oder Herodes Antipas, sondern nur allein nach Agrippa I., der bekanntlich auch

aus der Grossartigkeit der Bauten Verdacht wegen irgend einer Neuerung oder eines Aufstandes schöpfen, und liess das Werk ruhen, nachdem die Grundmauer (am Thal Josaphat und im Nordosten) gelegt war. Hätte er die Mauer vollendet, wie er begonnen, so wäre die Stadt uneinnehmbar gewesen. Sie war aus Quadern, 20 Ellen lang und 10 dick, in einander gefügt, so dass sie weder mit Hebeeisen ausgebrochen, noch durch Maschinen erschüttert werden konnte" (B. j. V, 4, 2).

Aus allem diesem geht deutlich genug hervor, dass Agrippa I. seinen Mauerbau an der östlichen, dem Thal Josaphat zugekehrten Seite der alten Bezetha begann, um den gleichnamigen Hügel dadurch wieder mit der Stadt zu vereinigen und so zugleich die Nordseite des Tempels zu schützen. Als der Weiterbau aufgegeben werden musste, blieb der schon in Angriff genommene Theil der Mauer in seinem unvollendeten Zustande stehen und erlangte erst später seine ihm bestimmte Höhe; denn Josephus fährt in seinem Bericht folgendermassen fort: „Zehn Ellen betrug die Dicke der (neu angelegten) Mauer, und ihre Höhe wäre ohne Zweifel noch mehr gestiegen, wenn der Eifer des Urhebers nicht auf Hindernisse gestossen wäre. Doch erreichte sie nachher (zur Zeit Agrippas II.) durch die Emsigkeit der Juden eine Höhe von 20 Ellen und bekam überdies zwei Ellen hohe Brustwehren, (und) drei Ellen hohe Zinnen[*]), so dass die ganze Höhe 25 Ellen betrug." Wir werden diese Mauerstrecke (vom Tempel bis zum jetzigen Herodesthor) im Nachfolgenden die **Mauer des älteren Agrippa** nennen.

König Agrippa I. hinterliess bei seinem Tode, der im siebenten Jahre seiner Regierung zu Cäsarea Stratonis erfolgte (Ap.-Gesch. 12, 21—23), drei Töchter und einen Sohn, **Agrippa II.** Da dieser bei dem Hinscheiden seines Vaters erst 17 Jahre alt war, so machte der Kaiser das jüdische Königreich wiederum zur Provinz und ernannte zum Landpfleger über dieselbe den **Cuspius Fadus**, dessen Nachfolger späterhin **Tiberius Alexander** wurde.

3. Die Bauwerke der Adiabener.

Mehrere Mitglieder der adiabenischen Königsfamilie[**]), darunter

---

den Namen Herodes führte (Ap.-Gesch. 12, 1), benannt wurde, wird weiter unten näher erwiesen werden.

[*]) Diese beiden Zahlen sind wohl aus Irrthum mit einander verwechselt worden, denn es ist sonst nirgends von zweielligen, sondern stets nur von **drei** Ellen hohen Brustwehren die Rede.

[**]) Das Königreich **Adiabene** (das assyrische Stammland am Tigris), von Parthien, Medien, Armenien u. s. w. begrenzt, umfasste zu dieser Zeit auch die Landschaften **Nisibis** (Zoba, 1 Sam. 14, 47) und **Karrhä** (Charan, 1 Mos. 11, 31).

namentlich die Königin Helena und deren Söhne Izates und Monobazus, waren zum Judenthum übergetreten und nahmen deshalb zum Theil in Jerusalem ihren Wohnsitz. Helena, die sich während einer in dieser Stadt herrschenden Hungersnoth durch Herbeischaffung und unentgeltliche Vertheilung von grossen Getreidevorräthen an die Einwohnerschaft ein nicht geringes Verdienst erworben, erbaute sich „mitten auf Akra" (Ophel), also im Süden des Tempels, einen Palast (B. j. VI, 6, 3). Als Izates, der seine Söhne in Jerusalem erziehen und ausbilden liess, im 25. Jahre seiner Regierung gestorben und sein älterer Bruder Monobazus Thronfolger geworden war, kehrte Helena nach Adiabene zurück. Nach ihrem Tode „sandte Monobazus ihre Gebeine, wie die seines Bruders (Izates), nach Jerusalem und liess sie in den Pyramiden niederlegen, die seine Mutter, drei an der Zahl, drei Stadien (etwa 1200 Schritt) von der Stadt entfernt, hatte errichten lassen" (Ant. XX, 4, 3). — Auf Grund dieser Worte würde man mit vollem Rechte anzunehmen haben, dass Helena wirklich drei neben einander stehende, besondere Pyramiden habe erbauen lassen, wenn Josephus sich nicht auch der Ausdrücke „Denkmal der Helena" (B. j. V, 2, 2) und „Grabmal der Helena" (3, 3) bediente. Diese beiden Bezeichnungen aber beweisen ganz unzweideutig, dass man sich unter dem in Rede stehenden Grabmonumente ein (aus Marmorsteinen) verfertigtes oblonges Bauwerk zu denken habe, welches wegen der drei darin befindlichen Grabstätten nur oben mit drei pyramidalen Aufsätzen gekrönt war. Pausanias, der Periëget, welcher in der Mitte des zweiten Jahrhunderts n. Chr. G. Palästina bereiste, erzählt an einer Stelle, wo er von sehenswerthen Grabmälern spricht, auch Folgendes (VIII, 16): „Im Lande der Hebräer, in der vom römischen Kaiser (Titus) von Grund aus zerstörten Stadt Jerusalem, steht das Grabmal einer landesangehörigen Frau, Namens Helena. An der Thüre desselben, die wie das ganze Grabmal aus Marmor besteht, ist die Vorrichtung angebracht, dass sie sich immer nur an einem bestimmten Tage des Jahres zur bestimmten Zeit öffnet; sie wird dann lediglich durch die künstliche Vorrichtung aufgemacht, bleibt kurze Zeit offen stehen und schliesst sich bald wieder. Zu einer andern Zeit aber ist es nicht möglich, sie zu öffnen, und man würde, wollte man Gewalt anwenden, sie eher in Stücke brechen."

Oestlich von dem Palaste der Helena und südlich von Ophla lag unmittelbar neben der Stadtmauer der Hof des Monobazus (B. j. V, 6, 1), jedenfalls nach seinem Gründer so genannt. Da aber der König Monobazus wahrscheinlich ebenso wenig wie sein Bruder Izates in Jerusalem dauernd wohnhaft gewesen ist, so kann er diesen Hof auch nicht für sich selbst errichtet haben. Wenn nun Josephus von einem „königlichen Palast, der von Grapte, einer Verwandtin des Königs Izates von Adiabene, erbaut war" (IV, 9, 11) — spricht, so meint er vermuthlich keinen andern als den im Hofe des Monobazus gelegenen Palast; denn die näheren Umstände, welche ihn zur Erwähnung dieses Palastes veranlassten, weisen unzweideutig auf diesen Ort hin. Wahrscheinlich fehlten der Grapte nach Izates' zu früh eingetretenem Tode die nöthigen Geldmittel zur Beendigung des begonnenen Baues und Monobazus übernahm in Folge dessen die Vollendung desselben.

Was das von Helena bei Jerusalem errichtete Grabmonument betrifft, so ist dessen ehemaliger Standort noch nicht wieder aufgefunden worden. Da es von neueren Reisenden irriger Weise mit den „Gräbern der Könige" identificirt wird, so wollen wir hier die betreffenden Beschreibungen der noch jetzt im Norden der Stadt gelegenen Grabmäler etwas näher betrachten. „Im Nordosten des Damaskusthores liegt nahe bei der Stadt die Jeremias-Grotte, in welcher der Prophet seine Klagelieder geschrieben haben soll; wahrscheinlich ist dies jedoch ein Grabmonument. Ein überhangender, wohl 100 Fuss hoher, üppig bewachsener Fels birgt in seinem Innern eine hochgewölbte und tief eindringende Höhle (etwa 42 Schritt im Durchmesser), deren Decke von natürlichen Pfeilern und Säulen getragen wird." „Der Hügel, unter dem sie liegt, hing augenscheinlich mit der gegenüberliegenden hohen Nordseite der Stadt zusammen und wurde durch Steinbrüche durchbrochen"*).

„Etwas weiter nördlich liegen die sogenannten Gräber der Könige, vermuthlich das Grab der Königin Helena von Adiabene (?), welche zur Zeit Christi zum Judenthum übertrat und nebst ihrer zahl-

---

*) Der Jeremias-Grotte gegenüber, am Fusse der heutigen Stadtmauer, ist die sogenannte Baumwollenhöhle, von welcher der Missionar C. Schick folgende Beschreibung giebt. „Die Höhle ist ganz regelmässig, sehr hoch, über 500 englische Fuss lang, der Boden uneben und mit abgeschlagenen, ja oft ganzen Haufen Steinsplittern bedeckt. Das Ganze ist ein Steinbruch; man trifft halb ausgehauene Steine von 6 Fuss Höhe, 2 bis 4 Fuss Breite und 2 Fuss Dicke noch am schönen Kernfelsen sitzen, wie man sie in der Tempelmauer und am Hippikus trifft. Die Höhle ist ganz trocken, nur an einer Stelle tröpfelt Wasser, wo dann ein rundes Bassin ausgehauen ist. Ueberall sieht man an den Ecken ausgehauene kleine Nischen, wo die Lampen der Steinbrecher und Steinhauer standen; denn oberhalb derselben ist der Felsen von Rauch schwarz. Man findet Kohlen, Holz, zu Staub verfault, auch hier und da Gebeine. Theilweise, besonders gegen das südliche Ende zu, sind Oeffnungen nach oben, die aber verschüttet sind, Oeffnungen, durch welche man wahrscheinlich die Steine in die Höhe brachte, und ich bin überzeugt, zum Tempel; denn da waren sie nahe dabei, also dass der ganze Bezethahügel bis in die Nähe der jetzigen Wohnung des Pascha unterhöhlt ist." (S. „Jerusalem und seine nächste Umgebung" von J. König — in „Der praktische Schulmann" von A Luben VIII. Bd.)

reichen Familie zu Jerusalem ihre Ruhestätte fand." „Zwei grosse viereckige, oben offene Höfe sind hier 18 Fuss tief in den Felsboden eingesenkt. Das zerstörte Säulenportal verräth kunstvollen Stil, und in den drei grossen Nischen der innersten Felskammer sieht man die Trümmer von weissmarmornen Sarkophagen mit sehr zierlich ausgehauenen Kränzen." Der andere Bericht sagt: „Durch ein Felsenthor tritt man in einen von geglätteten Felswänden umschlossenen Hof; an der westlichen Wand erhebt sich ein Portal, dessen Fries mit kunstreicher Arbeit reich verziert ist. Aus dem Vorgemach steigt man in der nördlichen Ecke durch ein enges Loch in ein anderes Gemach, welches die Eingänge zu vier verschiedenen Grabkammern enthält, mit kleinen niedrigen Nischen oder Grüften, welche in horizontaler Richtung sich in den Felsen hineinziehen. Die Thüren zu den Kammern bestehen aus grossen behauenen und einfach verzierten Steinblöcken. In der Nähe befinden sich noch mehrere Vorhöfe ähnlicher Gräber, die jedoch dem genannten an Grösse nicht gleichkommen."

„In einiger Entfernung, nordwestlich, treffen wir die **Gräber der Richter**, denen diese Benennung ebenfalls willkürlich gegeben ist. Durch ein schön gearbeitetes Portal tritt man nach der Vorkammer in ein grosses Gemach mit horizontalen Grabnischen; daneben sind zwei ähnliche Kammern und ein Paar Stufen führen in zwei niedrigere hinab; im Ganzen enthalten dieselben 68 Grabstätten." „Man hat sie für die Gräberstätte des Synedriums gehalten, weil die Zahl seiner Mitglieder der Menge jener Nischen so ziemlich entspricht. Sie werden auch Gräber der Gerechten oder der Propheten genannt und von den Juden sehr geehrt" (Str. S. 202. 203. Hzlm. S. 71).

Da alle diese Monumente **nicht mit Pyramiden gekrönte Grabmäler**, sondern **Katakomben** sind, so ist einleuchtend, dass keins von ihnen mit dem Monument der Helena identisch sein kann. Die „Gräber der Könige" sind ohne Zweifel das, wozu die Tradition sie macht, nämlich Begräbnissstätten der jüdischen Könige — und zwar der Könige aus dem Hause der Hasmonäer —, während die „Gräber der Richter" offenbar als die Grabstätten älterer Priesterfamilien betrachtet werden können. Das von der Helena errichtete Grabmal dagegen ist, wie es scheint, ebenso spurlos verschwunden wie das von Herodes dem Grossen erbaute Amphitheater. Es war von der Mauer des jüngeren Agrippa in nordwestlicher Richtung drei Stadien (1200 Schritt) entfernt und stand daher jedenfalls auf der Südwestseite der vom Damaskusthore nach Gibeon und Bethhoron führenden Strasse, am östlichen Fusse des hier bis an diese Strasse herantretenden Hügelausläufers. —

Von der Königin Helena ist noch zu erwähnen, dass sie dem Tempel zu Jerusalem einen goldenen Leuchtspiegel schenkte, der im Pronaon über der Eingangsthür des Heiligen angebracht wurde. Leo beschreibt denselben, wie folgt (II, 188): „Ein glänzender Leuchtspiegel war über dieser (d. h. der bezeichneten) Thür befestigt worden. Dieser funkelte beim Anbruch des Tages, wenn sich die Sonne über die Erde erhob und ihn traf, mit unbeschreiblich feurigem Glanze, indem er nach Art einer brennenden Fackel aufleuchtete. Er hatte deshalb den Nutzen, den Tempeldienern anzuzeigen, wann die Sonne zu Jerusalem bereits vom Horizonte aus über die Erde emporgestiegen sei, damit die Priester um diese Zeit das Brandopfer für die festgesetzte Stunde vorbereiten konnten. Denn vor jener Zeit war es nicht erlaubt, dies zu thun. Diesen Leuchtspiegel schenkte Helena, Königin im zweiten Tempel" (d. h. Königin zur Zeit des zweiten Tempels). Wenn man aber beachtet, dass sich zwischen diesem Spiegel und dem Orte des Sonnenaufgangs nicht bloss das Thor des Agrippa und die hohe Halle Salomonis, sondern auch noch der viel höhere Oelberg erhob, so ist evident, dass die Sonne nicht bei ihrem Aufgange, sondern erst einige Stunden später, wenn das Morgenopfer längst vorüber war, denselben mit ihren Strahlen treffen konnte. Die Behauptung, dass das Aufleuchten des Spiegels den Priestern das Zeichen zur Vorbereitung dieses Opfers zu geben bestimmt war, ist daher offenbar unrichtig.

4. Unruhen unter Cumanus, Felix und Festus.

Unter dem Prokurator Cumanus, dem Nachfolger des Tiberius Alexander, entstand in Jerusalem ein Aufruhr, bei dem viele Juden ihr Leben einbüssten. Während nämlich das zahlreich im Tempel versammelte Volk das Passahfest feierte, störte einer von den auf den Säulenhallen postirten römischen Soldaten die Versammlung durch eine unanständige Verhöhnung. „Aufs äusserste erbittert hierüber, schrie die ganze Volksmasse laut gegen Cumanus, der Soldat müsse bestraft werden. Doch junge Hitzköpfe und Andere, die einen Aufruhr wünschten, schritten sogleich zum Kampfe, rafften Steine auf und schleuderten sie gegen die Soldaten. Aus Besorgniss, vom ganzen Volke angegriffen zu werden, liess jetzt Cumanus noch mehr Soldaten ausrücken. Als dieselben in die Hallen hereinströmten, entsank den Juden der Muth, sie ergriffen die Flucht und eilten aus dem Tempel der Stadt zu. Das Gedränge der Forteilenden wurde an den Tempelthoren so gross, dass sie einander zertraten und erdrückten, wobei mehr als 10,000 Menschen das Leben verloren. So wurde das Fest dem ganzen Volke zum Trauertag und in jedem Hause hörte man Wehklagen" (B. j. II, 12, 1).

An Stelle des wegen anderer Vorfälle in die Verbannung geschickten Cumanus erschien Claudius Felix als Landpfleger in Judäa (Ap.-Gesch. 23, 24). Agrippa II. erhielt nun vom Kaiser Claudius die Tetrarchie des Philippus nebst einigen andern Landschaften und von dessen Nachfolger, Nero, einen Theil von Galiläa nebst Tiberias und Tarichea, sowie die Städte Abila und Julias sammt 24 Dörfern in Peräa. Ausserdem besass er in Jerusalem freie Vollmacht über den Tempel und die heiligen Gelder, sowie das Recht, den Hohenpriester zu ernennen.

In Jerusalem und im jüdischen Lande herrschten um diese Zeit überall Unruhen und Empörungen, die besonders durch die Sikarier, d. h. mit kurzen Dolchen bewaffnete, fanatische Banditen, hervorgerufen wurden. Felix lag fast beständig mit ihnen im Kampfe, doch gelang es ihm nicht, sie völlig auszurotten oder unschädlich zu machen. War der Aufruhr an einem Punkte gedämpft, so brach er an einem andern wieder hervor. „Bald sammelte sich neues Gesindel von Räubern und Gauklern, verlockte Viele zum Aufruhr, forderte das Volk auf, sich zu befreien, und drohte Jedem mit dem Tode, der den Römern unterthan bliebe. Sie vertheilten sich in Schwärmen durch das Land, plünderten die Häuser der Reichen, mordeten die Besitzer und äscherten die Dörfer ein. Offen erklärten sie, selbst mit Gewalt und wider ihren Willen würden sie diejenigen befreien, welche der Freiheit das (römische) Joch vorzögen. Ganz Judäa war voll von ihrem Wüthen, und dieser Krieg entbrannte mit jedem Tage stärker" (B. j. II, 13, 6). Als der neue Landpfleger, Porcius Festus (Ap.-Gesch. 24, 27), sein Amt antrat, waren die Sikarier bereits zu einer furchtbaren Menge herangewachsen. Sie zündeten allenthalben die Flecken und Dörfer an, um leichter rauben und morden zu können. „Bei den Festen mischten sie sich unter die Volksmenge, die von allen Seiten zum Gottesdienst in die Stadt (Jerusalem) strömte, und machten ohne Weiteres so Viele nieder, als sie nur wollten. Oft brachen sie auch bewaffnet in die Wohnstätten ihrer Opfer, plünderten Alles und steckten sie dann in Brand" (Ant. XX, 8, 11). Festus fing jedoch die meisten dieser Räuber ein und liess eine grosse Anzahl von ihnen hinrichten.

5. Die Bauwerke des jüngeren Agrippa.

„Um dieselbe Zeit errichtete der König Agrippa ein **weitläuftiges Gebäude auf der ehemaligen Burg der Asmonäer**, nahe bei dem Gymnasium (Rennbahn); da diese auf einer ansehnlichen Höhe lag, bot die Stadt von hier aus einen überaus reizenden Anblick dar. Daran hatte der König seine Freude, und wenn er hier auf dem Polster lag, so konnte er Allem zusehen, was im Tempel geschah. Als dies die Vornehmern von Jerusalem gewahrten, geriethen sie in den höchsten Unwillen, weil es durchaus ungebräuchlich und ungesetzlich war, dass die Vorgänge im Tempel, besonders während der heiligen Handlungen, beobachtet wurden. Deshalb liessen sie oberhalb der Halle, die sich innen im Tempel (d. h. im Vorhof der Männer) gegen Westen befand, eine hohe Mauer aufführen; diese benahm nicht bloss der Stelle, wo der König zu ruhen pflegte, sondern auch der westlichen Halle ausserhalb des (inneren) Tempels (d. h. der westlichen Halle des Vorhofs der Heiden), wo die Römer an Festtagen Schutzwachen hielten, jeden Anblick. Darüber ward indessen der König Agrippa und noch mehr der Landpfleger Festus sehr aufgebracht, und Letzterer gab Befehl, die Mauer niederzureissen. Die Juden dagegen baten um die Erlaubniss, die Sache Nero zur Entscheidung vorzulegen, weil sie lieber sterben als einen Theil des Tempels zerstören lassen wollten. Da Festus dies gestattete, ordneten sie zehn vornehme Bürger aus ihrer Mitte nebst dem Hohenpriester Ismael und dem Tempelschatzmeister Helkias an den Kaiser ab. Nach Anhörung ihrer Vorstellung verzieh er ihnen nicht nur das Geschehene, sondern gestattete auch, dass das Bauwerk stehen bliebe; dies that er seiner Gemahlin Poppäa zu Liebe, die aus religiösem Gefühl sich für die Juden verwandte" (Ant. XX, 8, 12).

Zwischen Agrippas neuer Burg und der Herodianischen Königsburg zog sich der obere Markt, dessen Name allmählig auf die ganze Oberstadt ausgedehnt wurde (B. j. V, 4, 1), vom Thor Gennath aus den Zion hinan; er hatte jedenfalls eine dem unteren ähnliche Gestalt (II, 14, 9). Die Strasse, welche diesen Markt mit dem Töpferthor verband, ist wahrscheinlich dieselbe, welche im Talmud Oberstrasse genannt wird*).

Nach Festus' Tode schickte Nero den Albinus als Landpfleger nach Judäa. Dieser liess zwar auch eine grosse Menge Sikarier niedermachen, zog sich aber durch seine tyrannischen Bedrückungen den Hass der friedlich gesinnten Bevölkerung in hohem Grade zu. „Um diese Zeit war der Tempel (d. h. wohl nur die von den Römern zu Sabinus' Zeit zerstörten, neben der Tempelstrasse gelegenen Säulenhallen) vollendet. Als das Volk nun die Bauleute, mehr als 18,000 an der Zahl, müssig gehen sah, hatte es zu erwarten, dass sie um Verdienst verlegen sein würden, da sie früher durch die Arbeit am Tempel sich ihren Unterhalt erworben hatten. Nun wollte man auch aus Furcht vor den Römern

---

*) Ausser der Oberstrasse wird im Talmud noch eine Schlächter- und eine Wollkämmerstrasse erwähnt; beide standen wohl mit dem unteren Markt in Verbindung.

kein Geld mehr aufbewahren und deswegen den Tempelschatz zur Befriedigung der Bauleute verwenden; denn wenn einer auch nur eine Stunde am Tage gearbeitet hatte, erhielt er den Lohn dafür gleich ausgezahlt. Daher ersuchte man den König, die östliche Halle (d. h. die Halle Salomonis) wiederherzustellen. — Da aber der König, dem vom Kaiser Claudius die Sorge für den Tempel anvertraut worden war, bei sich überlegte, wie leicht es sei, ein Werk zu zerstören, wie schwer aber, es dann wiederherzustellen, besonders eine solche Halle, deren Erneuerung viel Zeit und viel Geld in Anspruch nehme, gab er dem gestellten Verlangen nicht nach, gestattete aber, die Stadt mit weissem Marmor zu pflastern" (Ant. XX, 9, 7).

Wann die nach Agrippa II. benannte Stadtmauer errichtet worden ist, lässt sich nicht angeben, da die Berichte hierüber schweigen. Höchst wahrscheinlich geschah es jedoch wohl bald nach beendigter Pflasterung der Strassen durch jene oben gedachten 18.000 Bauleute.

Die Lage des westlichen Theils dieser neuen Mauer ist ziemlich sicher bekannt, da von Robinson hier einige Ueberreste davon entdeckt worden sind (s. Rob. II. S. 108). Im Osten schloss sie sich an die alten, schon von dem älteren Agrippa begonnenen Grundlagen an, und es walten daher nur noch über den nördlichen Theil derselben einige Zweifel ob, die aber um so gewichtiger sind, als sich hier so gut wie gar keine alten Reste oder sonstige Andeutungen mehr vorfinden. „In der That (sagt Robinson II. S. 109) ist der ebene Boden an dieser Seite der Stadt seit Jahrtausenden überpflügt und die Steine weggetragen oder in Terrassen zusammengeworfen, so dass alle Spuren von früheren Grundlagen fast verschwunden sind." Josephus, der diese nördliche Mauer die „dritte" nennt, beschreibt ihre Ausdehnung folgendermassen (B. j. V, 4, 2. 3): „Die dritte (Mauer) hatte ihren Ausgangspunkt wiederum (wie die der Oberstadt) beim Rossthurm (siehe Plan Nr. VIII), erstreckte sich nördlich (eigentlich: nordwestlich) bis zum Thurm Psephina (an der Nordwestecke), zog sich dann (in nordöstlicher Richtung, zickzackförmig) gegenüber dem Grabmal der Helena nach den Königsgräbern (doch ohne sie zu erreichen), bog um bei dem (auf dem südöstlich davon gelegenen Hügel befindlichen) Eckthurm in der Nähe des Denkmals des Walkers und schloss sich (in südlicher Richtung) zuletzt an die alte (von Agrippa I. begonnene) Mauer (ostwärts vom Herodesthor) an (und senkte sich dann abwärts) im (besser: zum) Thal Kidron. — Ueber die Mauer hinaus ragten die Thürme, (in ihrem unteren Theile) 20 Ellen in die Breite, 20 in die Höhe. Sie waren viereckig und wie die Mauer massiv. Fügung und Pracht der Quader war um nichts geringer als am Tempel. Ueber den eigentlichen, 20 Ellen hohen Thürmen waren prächtige Säle, und über denselben Söller (wie oben auf den grossen Herodianischen Thürmen); endlich auch viele Cisternen, um das Regenwasser aufzufangen; zu jeder führten breite Treppen. Solcher Thürme zählte die dritte Mauer 90. Der Zwischenraum von einem zum andern betrug 200 Ellen. Die mittlere Mauer (d. h. die der Makkabäer) hatte 14, die alte (auf dem Zion und Ophel) etwa 60 Thürme. Der Umfang der ganzen Stadt betrug 33 Stadien (etwa ⅘ Meile). So schön auch die dritte Mauer war, so wurde sie noch weit übertroffen von dem prächtigen Thurm Psephina auf der Nordwestseite. Er war gegen 70 Ellen hoch und gewährte bei Sonnenaufgang die Aussicht auf Arabien und die äussersten Theile des jüdischen Landes bis ans Meer. Er war achteckig." Der nördliche, beim Grabmal des Walkers gelegene Eckthurm scheint sich ebenfalls durch seine Grösse und Höhe ausgezeichnet zu haben. Nach Tacitus (Hist. V, 11) waren die Mauern Jerusalems „künstlich verschieft oder einwärts (d. h. zickzackförmig) gebogen, um die Belagerer von der Seite dem Wurfe blosszustellen; die Thürme da, wo schon der Berg geschützt hätte, auf 60 Fuss, zwischen den Abhängen auf 120 Fuss emporgeführt; ein prächtiger Anblick, und von fern betrachtet, alle gleich hoch."

Ausser dem schon von dem älteren Agrippa wieder neu begonnenen Thalthore, im Osten, hatte die neue Mauer vermuthlich nur noch folgende vier Thore:

1) Das Wasserleitungsthor, mit dem jetzigen Jaffathore identisch. Ueber diesem Thore lief der Aquädukt hinweg, welcher in das Bassin des Rossthurms mündete und die Herodianische Königsburg mit Wasser versorgte (B. j. V, 7, 3).

2) Das Thor zwischen den Weiberthürmen, im Nordwesten, dem Grabmal der Helena gegenüber (V, 2, 2. 3, 3).

3) Das nördliche Thor, den Gräbern der Könige gegenüber.

4) Das Herodesthor, im Osten, am nördlichen Fusse des Bezethahügels. Bis hierher mochte, wie schon angedeutet, Agrippa I. mit der Grundlegung der von ihm begonnenen Mauer gekommen sein, und deswegen eben mochte dieses Thor seinen Namen erhalten haben; denn Agrippa I. hiess bekanntlich auch Herodes (Ap.-Gesch. 12, 1). Auffallend muss es aber erscheinen, dass das nördliche, jetzt vermauerte Thor des heutigen Jerusalems eben diesen Namen führt, da doch das ächte Herodesthor nur der Mauer des jüngeren Herodes angehört haben kann. Man hat sich die Sache jedenfalls folgendermassen zu erklären. Etwa 60 Jahre nach der Zerstörung Jerusalems durch Titus liess Kaiser Hadrian einen Theil der Stadtmauern wiederherstellen. Zu diesen

wiederhergestellten Mauern gehörte aber aller Wahrscheinlichkeit nach die des jüngeren Agrippa nicht, wohl aber die des älteren, welche ausserdem in der Richtung der ehemaligen Bezethamauer weiter fortgeführt worden war und die auch seitdem trotz mehrmaliger Zerstörungen ihre Ausdehnung, wie es scheint, bisjetzt unverändert beibehalten hat. Da den Juden bei Todesstrafe verboten war, sich der Stadt Jerusalem (die zu jener Zeit Aelia Capitolina hiess) zu nähern, und dieses Verbot erst 200 Jahre später etwas gemildert wurde, so konnten die damals lebenden Juden von dem ursprünglichen Herodesthor um so weniger noch Spuren vorfinden, als die Trümmer der Mauer des jüngeren Agrippa ohne Zweifel zum Bau der Hadrianischen Mauern verwandt worden, sonstige Ueberbleibsel aber dem Verwitterungsprocess anheimgefallen waren. Es ist daher nicht zu verwundern, dass jene späteren Juden endlich zu der Ueberzeugung gelangen mussten, das in der von der Tradition bezeichneten Gegend befindliche Thor sei das Herodesthor wirklich, und so ist denn dieser Name bis auf den heutigen Tag irrthümlich auf dieses an der Stätte des ehemaligen Thors Benjamin stehende Thorgebäude bezogen worden.

Der ganze Raum zwischen der Mauer der Makkabäer und der neu aufgeführten Mauer des jüngeren Agrippa hiess nunmehr die Neustadt (B. j. V, 6, 2. 8, 1), doch mit der Einschränkung, dass der Bezirk Bezetha, d. h. die im Norden des Tempels gelegene Hügelpartie, seinen alten Namen behielt. Die Neustadt zerfiel daher in zwei Theile, in die Bezetha oder die obere Neustadt und die eigentliche Neustadt (II, 19, 4) oder die untere Neustadt (V, 12, 2), ohne dass beide jedoch durch eine besondere Mauer von einander getrennt gewesen wären.

6. Die Wasserbehälter.

Ehe wir unsere Beschreibung des alten Jerusalems beschliessen und die Geschichte seiner Zerstörung durch die Römer beginnen, möge hier noch Einiges über die in und bei dieser Stadt befindlichen Wasserbehälter aus dem im Vorworte näher bezeichneten, empfehlenswerthen Werke von Fr. Heinzelmann eine Stelle finden. Die betreffende Beschreibung beginnt mit dem Siloahquell und lautet S. 66—68, wie folgt: „Dieser Quell oder vielmehr Teich Siloah, d. i. das gesandte Wasser, steht durch einen unterirdischen, in den Fels gehauenen Tunnel oder Kanal mit dem höher auf der Südostseite des Berges Ophel gelegenen Quell der Jungfrau oder Marienbrunn (Ain Sitti Mirjam) in Verbindung und wird neueren Untersuchungen zufolge lediglich durch diesen letzteren gespeist. Die Felshöhle des Marienbrunnens liegt sehr tief.

Man steigt dahin erst 16 Stufen abwärts bis auf einen ebenen Platz*); dann folgen wieder 10 Stufen in die Tiefe bis zum vorüberfliessenden Wasser. Das Becken selbst ist etwa 15 Fuss lang, 5 bis 6 Fuss breit, nicht über 6 bis 8 Fuss hoch. Der Felstunnel ist meist zwei Fuss breit und geht in mancherlei Zickzack- und Schlangenlinien 1750 (englische) Fuss unter dem Berge fort, wie man solches bei niedrigem Wasserstand im Innern genau ausgemessen hat. Eine eigenthümliche Erscheinung ist das periodische Ansteigen und Aufsprudeln des Brunnens. Nach Aussage dortiger Wäscherinnen kommt das Ansteigen in zwei bis drei Tagen einmal vor und wiederholt sich dann des Tages zwei- bis dreimal. Zuweilen, sagen sie, bleibe der Quell ganz trocken und sprudele nachher wieder plötzlich zwischen den Steinen hervor. Reisende haben dies Aufsprudeln zu 4 bis 6½ Zoll hoch beobachtet. Der Volksglaube lässt einen grossen Drachen in dem Brunnen wohnen**); schläft dieser, so fliesst das Wasser, wacht er auf, so hält er dasselbe an sich. Möglich, dass dies der wirkliche Teich Bethesda (d. h. Teich der Barmherzigkeit) ist, welcher durch einen Engel bewegt wurde (Joh. 5, 2—7), indem nur die spätere Sage denselben nordwärts nach dem Stephansthor hin verlegte. Zu dieser Vermuthung stimmt das hohe Alter des diesen Brunnen umgebenden Gewölbes***). Aus seiner Ebbe und Flut aber ergiebt sich der Zusammenhang mit anderen grösseren Wasserbehältern. Schon die Schriftsteller des Alterthums erzählen von einem unterirdischen Jerusalem, dessen Bauwerke nicht weniger Bewunderung verdienten als die Katakomben Roms. Daraus erklärt sich die Wasserfülle innerhalb der Stadt, obgleich in der ganzen Umgebung Bäche, Brunnen und Quellen nur sehr sparsam vorkommen. Eine Blosslegung jener Werke würde Tausende von alten Cisternen, deren jedes Haus wenigstens eine, öfter mehrere besitzt, nebst ihren Röhren in ihrer Verzweigung nachweisen mit grossen, weit ausgedehnten Wasserbecken, deren Mittelpunkt unter dem Tempelberg zu suchen ist, woselbst Gewölbe von zahllosen Säulen getragen werden und von wo aus sich Gänge nach allen Richtungen, ja

---

*) Dieser vermuthlich schon von Salomo geebnete Platz war ehemals jedenfalls zur Aufstellung von Schöpfmaschinen bestimmt, mittelst deren das tiefer unten befindliche Wasser bis hierher emporgehoben wurde, um von hier durch andere, obere Maschinen in den Aquädukt geschafft zu werden, welcher den Tempel und die Salomonische Königsburg mit Wasser zu versorgen hatte.

**) Schon Neh. 2, 13 führt er den Namen Drachenbrunnen.

***) Da es bei weitem wahrscheinlicher ist, dass der in der Nähe des Schafthors gelegene Teich Amygdala mit dem Bethesda-Teiche identisch war, so liegt vielmehr die Vermuthung nahe, dass dieses alte Gewölbe zu keinem andern Zwecke als nur allein zum Schutze der erwähnten Schöpfmaschinen (vielleicht schon von Salomo) errichtet worden sei.

bis vor die Mauern fortsetzen*). Auch an anderen Orten hat man von solchen Gewölben und Gängen der Tiefe Spuren gefunden, obgleich wohl der grösste Theil derselben unter Schutt und Trümmern verschlossen blieb. Im alten Tempel drang aus Oeffnungen, welche den opfernden Priestern bekannt waren und sich wieder verschliessen liessen, das Wasser, so oft diese wollten, reichlich hervor**). — Heutiges Tages werden mehrere türkische Bäder an der Westseite des Haram aus den tiefen und grossen Wasserkammern des Moria gespeist***). Cisternen finden sich besonders unter den grösseren Bauwerken, zumal unter den zahlreichen Klöstern. Das lateinische Kloster besitzt deren allein 28, wasserreich genug, um zur Zeit der Dürre alle christlichen Bewohner Jerusalems zu versorgen. Eine dieser Cisternen in der Nähe des Damaskusthores, zu deren engem Hals man nur mühsam niedersteigt, zeigt im Innern eine alte Kirche und Freskomalereien. Sowohl bei diesen Cisternen, als auch bei den offenliegenden Teichen, die ebenfalls durch unterirdische Wasserleitungen gespeist werden, beobachtet man ein Fallen und Steigen des Wasserspiegels, je nachdem dies die Jahreszeit mit sich bringt. In dieser Rücksicht ist vor allen merkwürdig der am Vereinigungspunkt des Gihon und Kidron gelegene Brunnen Rogel (Jos. 15, 7), jetzt Hiobs- oder Nehemia-Brunnen genannt. Der höhere oder niedrigere Stand seines Spiegels weissagt nämlich nasse oder trockene Jahre für Palästina. So kam im Jahr 1821 das Wasser des Brunnens zweimal bis zum Ueberströmen herauf, und es folgte grosse Fruchtbarkeit des Landes. In den Jahren 1816 und 1820 dagegen liess sich kaum ein Anwachsen des Spiegels verspüren. Alsbald verschwand auch das Wasser aus den Cisternen, und es entstand Dürre, Hungersnoth und Seuchen. Es kann nicht zweifelhaft sein, dass jener wechselnde Stand des Wasserspiegels vornehmlich durch die Kalkhaltigkeit des Bodens bedingt wird, wie denn Palästina überhaupt ein Land der Höhlen und der verschwindenden Gewässer ist†). Bietet doch auch der Zirknitzer See im Adels-

---

*) Diese Relation kann ebenfalls als Beweis für die Richtigkeit unserer oben aufgestellten Behauptung hinsichtlich der Existenz unterirdischer Viehtriften und damit zusammenhangender Standplätze für die Opferthiere im Herodianischen Tempel dienen.
**) Wie derartige Angaben eigentlich zu verstehen sind, ist weiter oben bereits näher dargelegt worden.
***) Diese tiefen und grossen Wasserkammern mögen bereits von Herodes dem Grossen angelegt worden sein; denn der Herodianische Tempel erhielt ohne allen Zweifel seinen Wasserbedarf auf ganz andere Weise wie die beiden früheren.
†) Aus all diesem leuchtet ein, dass auch der Wasserspiegel des Teichs Amygdala periodisch gefallen und sprudelnd wieder angestiegen sein kann. Da dieser Teich in einer ohne Zweifel verhältnissmässig sehr geräumigen Thalebene lag, so liessen sich um ihn ohne Schwierigkeit fünf Hallen (Joh. 5, 2) aufführen, aus denen die auf Genesung hoffenden

berger Kreise, wo Alles voller Höhlen, ein ganz ähnliches Phänomen dar. Im Uebrigen mögen neben der Benutzung natürlicher Wasserleitungen, tiefliegender Quellen und Wasserbassins die Mittel, durch welche die artesischen Brunnenbohrer heutiges Tages ein dürres Land bewässern, auch schon den alten Herrschern Jerusalems nicht unbekannt gewesen sein, um die Stadt innerhalb der Mauer zu einem beständig fliessenden Quell umzuschaffen*). Solches Verdienst gebührt namentlich dem weisen Könige Hiskias, der bedeutende Wasserbauten ausführte, um die Stadt vor feindlichen Ueberfällen zu sichern."

Da des Hiskiasteiches, der beiden Gichonteiche und anderer Wasserbehälter schon weiter oben ausführlicher gedacht worden ist, so können wir uns nunmehr zu dem verzweiflungsvollen, blutigen Todeskampfe eines unglückseligen Volkes wenden, das durch beklagenswerthe Verblendung und Entartung, durch unbeugsamen Starrsinn und wilden Fanatismus seine ehrwürdige „heilige Stadt" mit sich in den Abgrund des Verderbens hinabzog.

Kranken bequem in denselben hineinsteigen konnten (V. 4. 7). Betrachtet man aber die so tief liegende Felshöhle des Marienbrunnens, so ist weder gut einzusehen, wie hier auf dem rauhen, scharfrückigen Ophelabhange überhaupt fünf Hallen, worunter man sich doch gewiss von Säulen getragene, geräumige Gebäude zu denken hat, Platz finden, noch, wie leidbehaftete, gebrechliche Personen von diesen Hallen aus in das wenigstens 13 Fuss tiefer liegende Wasserbassin niedersteigen konnten.

*) Auf solche Art mag auch der Herodianische Tempel mit Wasser versorgt worden sein.

Vierter Zeitraum.
Jerusalems Zerstörung durch die Römer.

I. Ausbruch des jüdischen Krieges.

1. Aufruhr gegen Gessius Florus.

So schlecht und tyrannisch der Landpfleger Albinus auch gewesen war, er galt, als im Jahre 64 n. Chr. sein Nachfolger Gessius Florus in Judäa erschien, im Vergleich mit diesem noch für einen vortrefflichen Mann. Jener hatte seine Schandthaten wenigstens mit Verstellung und im Geheimen ausgeführt, während dieser seine Frevel gegen die jüdische Nation prahlerisch zur Schau trug und keine Art von Räuberei und Quälerei unverübt liess. Durch seine unersättliche Habsucht brachte er es dahin, dass ganze Ortschaften, ja ganze Bezirke, entvölkert wurden, indem viele Juden ihre Heimat verliessen, um in fremde Provinzen zu fliehen. „Mit einem Worte" — sagt Josephus — „Florus war es, der uns so weit brachte, dass wir den Krieg mit den Römern unternahmen, weil wir lieber auf einmal, als so nach und nach untergehen wollten. Dieser Krieg begann im zweiten Jahr von Florus' Verwaltung, im zwölften von Neros Herrschaft" (Ant. XX, 11).

So lange der syrische Statthalter, Cestius Gallus, in seiner Provinz verweilte, wagte Niemand über Florus Beschwerde zu führen. Als er aber vor dem Osterfeste in Jerusalem erschien, umringten ihn zahllose Haufen von Juden und baten ihn flehentlich, sich ihr Elend zu Herzen gehen zu lassen. Florus, den sie laut einen Landverderber nannten, stand während dessen ruhig neben Cestius und lachte spöttisch über ihr Geschrei. Cestius suchte die Erbitterten durch das Versprechen zu beruhigen, dass er den Landpfleger zu grösserer Milde gegen sie umstimmen wolle. Kaum war er jedoch nach Antiochia zurückgekehrt, so verdoppelte Florus, der voll Furcht war, dass die Juden ihn beim Kaiser verklagen möchten, seine Grausamkeiten, um die Gereizten so schnell als möglich zur offenen Empörung zu drängen; denn nur so durfte er hoffen, seine Schurkereien verschleiern zu können.

Um diese Zeit waren die Juden in Cäsarea von den griechischen Einwohnern dieser Stadt aufs empfindlichste verhöhnt worden und es entspann sich in Folge dessen zwischen beiden Parteien ein blutiger Kampf. Als dreizehn angesehene Juden sich bei Florus über das Vorgefallene beschwerten, liess er sie festnehmen und ins Gefängniss werfen. Obgleich hierüber in Jerusalem grosse Aufregung und Erbitterung entstand, so hielten die dortigen Einwohner ihren Zorn doch noch zurück. Sobald Florus dies wahrnahm, versuchte er ein anderes, wirksameres Mittel, um das Kriegsfeuer anzufachen. Er schickte nämlich nach Jerusalem und liess 17 Talente aus dem Tempelschatze wegnehmen, indem er vorgab, sie seien für den Dienst des Kaisers nöthig. Hierüber gerieth Alles in die grösste Bestürzung. Man rannte mit gellendem Geschrei in den Tempel und flehte unter Anrufung des kaiserlichen Namens um Befreiung von der Tyrannei des Florus. Einige der Unbändigsten trugen unter lauten Schimpfreden einen Korb herum und bettelten um Almosen „für den armen, dürftigen Florus". Dieser Hohn entflammte seine Wuth natürlich noch mehr. Statt dem lodernden Kampfe in Cäsarea ein Ende zu machen, rückte er mit Reiterei und Fussvolk auf Jerusalem los. Um ihn zu besänftigen, zogen ihm die Einwohner unter freundlichem Zujauchzen entgegen. Allein Florus schickte einen Trupp Reiter voraus und liess den Juden sagen, „sie sollten auseinandergehen und nicht freundliche Gesinnungen heucheln, nachdem sie ihn vorher schmählich gelästert hätten. Wenn sie ehrliche und muthige Leute seien, möchten sie ihn auch ins Angesicht verhöhnen und nicht bloss mit Worten, sondern mit den Waffen ihren Freiheitssinn zeigen." Die Juden erschraken, und da die Reiterei zugleich unter sie einsprengte, so stoben sie auseinander und flüchteten in ihre Wohnungen.

Am nächsten Tage liess Florus den Richterstuhl vor dem königlichen Palaste, in welchem er übernachtet hatte, aufstellen und die Hohenpriester und andere Männer von Ansehen vor sich fordern. Er befahl ihnen, diejenigen, welche jene Schmähreden ausgestossen, auszuliefern, und drohte, sie selbst dafür büssen zu lassen, wenn sie die Schuldigen nicht zur Stelle schafften. Als jene für die wenigen Hitzköpfe, welche sich im Reden vergangen, um Gnade baten und zugleich versicherten, die Stadt sei ganz friedlich gesinnt, gerieth Florus in Zorn und befahl seinen Leuten, den oberen Markt zu plündern und, was ihnen begegne, niederzustossen. „Die Soldaten, deren Raubsucht durch diesen Befehl freien Lauf erhielt, beschränkten ihre Gewaltthaten nicht auf den bezeichneten Platz, sondern drangen ringsum in die Häuser ein und metzelten die Bewohner nieder. Ueberall floh man durch die Gassen; wer ergriffen wurde, den traf der Tod. Keine Art von Plünderung unterblieb. Auch von den Gemässigten wurden viele ergriffen und zu Florus geschleppt, der sie zuerst geisseln und dann kreuzigen liess. Die Zahl der an diesem Tage Umgekommenen belief sich mit Weibern und Kindern auf 3600. Die unerhörte Grausamkeit der Römer machte den Jammer noch grösser. Denn Florus wagte, was vorher sich Niemand unterfangen hatte: er liess Männer vom Ritterstande, welche zwar jüdischer Abkunft waren, aber eine römische Würde bekleideten, vor dem Richterstuhl geisseln und ans Kreuz nageln."

Am folgenden Tage strömte das Volk in tiefem Schmerze auf dem oberen Markt zusammen, bejammerte mit lautem Geschrei die Gemordeten und stiess Aeusserungen des Hasses gegen den Landpfleger aus. Die jüdischen Grossen geriethen hierüber in Bestürzung, zerrissen ihre Kleider und beschworen das Volk, sich ruhig zu verhalten und den Römer nicht zum Aergsten zu reizen. Man gehorchte, indem man sich der Hoffnung hingab, dass die Frevelthaten des Landpflegers jetzt ein Ende nehmen würden.

Voll Aerger über die Dämpfung der Unruhen erklärte Florus nun den Hohenpriestern und andern angesehenen Bürgern, „als den einzigen Beweis, dass die Juden nicht ferner auf Empörung sännen, werde er es ansehen, wenn das Volk vor die Stadt hinaus den von Cäsarea heraufkommenden Truppen entgegenziehe". Es waren nämlich noch zwei Kohorten im Anzuge. Als jene sich entfernt hatten, liess Florus den heranziehenden Kohorten befehlen, sie sollten die Begrüssungen der Juden nicht erwiedern, sondern sogleich einhauen, wenn irgend ein unpassendes Wort gegen ihn laut werde. Während dessen ermahnten und beschworen die Hohenpriester das im Tempel versammelte Volk, den römischen Truppen unter freundlichen Begrüssungen entgegenzuziehen. Die zelotische Kriegspartei wollte zwar Anfangs nichts davon hören, liess sich jedoch endlich beruhigen und zur Fügsamkeit umstimmen; ihre pharisäischhierarchischen Führer wurden theils durch Drohungen, theils durch das Ehrfurcht gebietende Ansehen der Priester zum Schweigen gebracht. Diese letzteren stellten sich nun an die Spitze der Bürgerschaft, zogen ruhig und in guter Haltung den Truppen entgegen und begrüssten sie in herkömmlicher Weise. Als die Soldaten keine Antwort gaben, begannen unruhige Köpfe auf Florus zu schimpfen. „Dies war die Losung zum Angriff gegen die Juden. Plötzlich fielen die Soldaten über das Volk her, schlugen mit Stöcken drein und die Entfliehenden wurden von den Rossen der verfolgenden Reiter zertreten. Viele sanken unter den Streichen der Römer und viele kamen im Gedränge der Ihrigen um. An den Thoren entstand ein furchtbares Gedränge; Jeder wollte dem Andern vorkommen, wodurch die Flucht Aller aufgehalten und denen, welche fielen, ein jämmerlicher Tod bereitet wurde. Erstickt und von der Menge der Nachdringenden zerstampft, wurden sie so unkenntlich, dass die Ihrigen sie nicht einmal zur Bestattung herauszufinden vermochten. Die Soldaten drangen zugleich mit den Flüchtigen in die Stadt und schlugen unaufhörlich auf jeden los, den sie einholten. Nach Bezetha hinauf drängten sie die Menge, indem sie mit Gewalt den Tempel nebst der Burg Antonia zu besetzen eilten. Ebendahin waren auch die Absichten des Florus gerichtet, der aus dem königlichen Palast mit seiner Mannschaft hervorgebrochen war und sich alle Mühe gab, die Burg zu erreichen. Aber es gelang ihm nicht; denn auf der Anhöhe (des Bezethabezirks) angekommen, wandte das Volk um und that dem weiteren Vordringen der Feinde Einhalt. Manche Juden erkletterten die Dächer und warfen Steine auf die Römer herab. Von diesen Geschossen belästigt und zu schwach, um die Volksmasse zu durchbrechen, welche die Gassen versperrte, wichen die Römer in ihr Quartier im Königspalast zurück."

Aus Besorgniss, Florus möchte unversehens die Antonia überrumpeln und sich von hier aus des Tempels bemächtigen, zogen die kriegslustigen Aufrührer sogleich in den Tempel hinauf und brachen die längs der Burg gelegenen Säulenhallen ab. Diese That dämpfte die Habsucht des Landpflegers, den nach dem Tempelschatze gelüstet hatte. Sobald er die Hallen zerstört sah, gab er seinen Plan auf, liess eine Kohorte als Besatzung in Jerusalem zurück und zog mit dem Reste seiner Truppen wieder nach Cäsarea.

Um das Kriegsfeuer von neuem anzuschüren, erstattete Florus nun einen lügnerischen Bericht an Cestius Gallus, worin er die Juden beschuldigte, das Gefecht muthwillig angefangen zu haben. Aber auch die Grossen in Jerusalem schrieben sogleich an den syrischen Statthalter und benachrichtigten ihn von dem schändlichen Verfahren des Landpflegers. Nachdem Cestius Kriegsrath gehalten, schickte er den Tribunen Neapolitanus nach Judäa ab, um die Lage der Dinge zu untersuchen und über die Gesinnungen der Juden getreuen Bericht zu erstatten. Neapolitanus begegnete unterwegs bei Jamnia dem aus Alexandria zurückkehrenden König Agrippa und setzte ihn sogleich von dem ihm gewordenen Auftrage in Kenntniss. Auch die jüdischen Hohenpriester mit den angesehensten Bürgern und dem hohen Rathe fanden sich hier ein, um sowohl den König zu bewillkommnen, als auch demselben ihre Noth zu klagen und die Grausamkeit des Florus zu schildern. „Obgleich Agrippa über dieses Betragen des Landpflegers grossen Zorn empfand, stellte er sich doch, als müsse er den Juden, die er bemitleidete, Unrecht geben. Die Abgesandten, welche zu der besitzenden Klasse gehörten und um ihrer Güter willen den Frieden wünschten, begriffen das

Wohlwollen, das in den Vorwürfen des Königs lag, wohl. Indess kam auch das Volk von Jerusalem dem Agrippa und dem Neapolitanus 60 Stadien (1½ Meile) weit entgegen. Die Frauen der Erschlagenen liefen laut heulend voraus; auf ihr Wehklagen fing die ganze Masse an zu jammern und flehte Agrippa um Hülfe an. Dem Neapolitanus schrieen sie in die Ohren, was sie von Florus ausgestanden hätten, und zeigten, als man in die Stadt kam, den verödeten Marktplatz und die zerstörten Häuser." Als der römische Abgeordnete sich von der friedlichen Stimmung der gemisshandelten Einwohner überzeugt und sie zur Ruhe und zum Frieden ermahnt hatte, kehrte er nach Syrien zurück.

Kaum hatte Neapolitanus sich entfernt, so drangen die Juden in den König und die Hohenpriester, Gesandte an Nero zu schicken, um den Landpfleger zu verklagen. Sie drohten, nicht ruhig bleiben zu wollen, wenn man diese Gesandtschaft hintertriebe. So misslich es auch dem Könige schien, als Ankläger des Florus aufzutreten, so wohl sah er andererseits, wie nachtheilig es für seine Landsleute sein würde, wenn sie ihrer Kriegslust freien Lauf liessen. Er berief daher die Bürgerschaft auf den Xystus, stellte seine Schwester Berenike neben sich und hielt von dem Palaste der Hasmonäer herab an die Versammelten eine Rede, worin er sie zur Geduld ermahnt, ihnen das Missliche eines Kampfes mit den siegreichen, mächtigen Römern lebhaft vor Augen führt und sie bittet, die zurückgehaltenen Steuern nachzuzahlen und, um jeden Verdacht einer Empörung von sich fern zu halten, die zerstörten Tempelhallen wiederherzustellen. Das Volk liess sich auch wirklich überreden. Man eilte mit ihm und Berenike sogleich in den Tempel und begann die Wiederherstellung der Säulenhallen. Die Vorsteher und Rathsmitglieder selbst sammelten den Tribut ein und brachten so die noch fehlenden 40 Talente bald zusammen. Hatte Agrippa für dies Mal den drohenden Ausbruch des Krieges verhindert, so scheiterte doch sein Versuch, das Volk so lange zum Gehorsam gegen Florus zu bewegen, bis der Kaiser einen Nachfolger gesandt haben würde; denn hierdurch wurden die Juden von neuem so aufgebracht, dass sie Lästerungen gegen ihn ausstiessen und ihm sagten, er solle die Stadt verlassen. Einige der Heftigsten schleuderten sogar Steine nach ihm. Erzürnt durch diese Beleidigungen und überzeugt, dass der Umgestüm der Aufrührer nicht mehr zu bändigen sei, schickte er die Magistratspersonen und andere angesehene Männer zu Florus nach Cäsarea, damit dieser aus ihrer Mitte die Steuereinnehmer erwähle, und begab sich in sein Königreich.

Inzwischen hatte sich ausserhalb der Stadt ein Haufe von Unzufriedenen zusammengerottet. Während dieser die am todten Meere gelegene Burg Masada (jetzt Sebbeh) berannte und die dortige römische

Besatzung niedermetzelte, forderte in Jerusalem der Befehlshaber der Tempelwache, Eleazar, Sohn des Hohenpriesters Ananias, ein äusserst kühner Jüngling, die Opferpriester auf, keine Gabe oder Opfer mehr von Ausländern anzunehmen. Damit begann die eigentliche Empörung gegen die Römer, weil durch diesen Vorschlag das Opfer des Kaisers für das römische Volk zurückgewiesen wurde. Da alle Abmahnungen vergeblich blieben, so versammelte sich die gemässigte, friedlich gesinnte Partei, zu welcher ausser den Hohenpriestern, den Rathsmitgliedern und Beamten auch alle Leute von hoher Geburt, Reichthum und Ansehen gehörten, um über die kritische Lage des Landes zu berathen. Man berief die Bürgerschaft vor das korinthische Thor und hielt hier eine Anrede an die Versammelten. Nach einem Eingange voller Vorwürfe wegen des unbesonnenen Abfalls und des Leichtsinns, mit dem das Vaterland seinem Verderben entgegengeführt werde, zeigte der Redner die Nichtigkeit ihrer Vorwände zum Kriege. Alles dies verfehlte aber seine Wirkung auf den unruhigen Volkshaufen. Selbst die opfernden Leviten thaten nicht einmal ihren Dienst mehr, denn auch sie wollten den Krieg. Jetzt fühlten die Grossen ihre Ohnmacht, den Aufstand zu dämpfen. Da ihnen aber sehr wohl bewusst war, dass die Gefahr von Rom her ihre Häupter zuerst bedrohe, so suchten sie sich wenigstens von der Mitschuld zu reinigen. Sie schickten daher Abgeordnete an Florus und Agrippa und ersuchten beide, mit Truppen in die Stadt zu kommen, um die Empörung zu unterdrücken, ehe es zu spät sei.

2. Kriegsunruhen in Jerusalem.

Florus war sehr erfreut über die erhaltene Botschaft. Da er aber wünschte, dass der Krieg in hellen Flammen ausbrechen möchte, so gab er den Abgeordneten gar keine Antwort. Agrippa dagegen, der es weder mit den Juden noch mit den Römern verderben mochte, schickte 3000 Reiter unter dem Befehl des Darius nach Jerusalem. Dadurch ermuthigt, besetzte die gemässigte Partei im August des Jahres 65 die Oberstadt; die Unterstadt und der Tempel befanden sich in den Händen der Aufrührer. „Man beschoss sich mit Schleudern und Wurfspiessen und von beiden Seiten dauerte diese Art von Kampf aus der Ferne ohne Stillstand fort. Zuweilen wurden auch Ausfälle gemacht, in geschlossenen Schaaren geriethen dann beide Parteien ins Handgemenge, wobei die Aufrührer an Kühnheit, die Königlichen an Kriegskunde sich überlegen zeigten. Diese gingen darauf aus, des Heiligthums Meister zu werden und die Aufrührer aus dem Tempel zu vertreiben. Die Partei des Eleazar strebte, sich auch der oberen Stadt zu bemächtigen. Sieben Tage lang dauerte das blutige Gefecht fort, aber keine Partei wich von ihrem Platze." Als am achten Tage, einem Festtage, mit der unbewaffneten Volksmenge auch viele Sikarier in den Tempel eingedrungen waren, sahen sich die Empörer in den Stand gesetzt, ihre Angriffe mit mehr Nachdruck und Kühnheit fortsetzen zu können. „Die königlichen Truppen waren jetzt an Zahl und Muth die Schwächeren, sie mussten der Gewalt weichen und die Oberstadt verlassen. Die Feinde drangen ein und verbrannten die Paläste des Hohenpriesters Ananias, des Agrippa und der Berenike. Hierauf steckten sie das Archiv in Brand; die Schuldurkunden sollten vernichtet, die Eintreibung der Schulden unmöglich gemacht werden, um zugleich die grosse Menge derer auf ihre Seite zu ziehen, welche dadurch gewannen. Nachdem sie so den Nerv der Stadt zerstört hatten, wandten sie sich gegen die Feinde. Von den Grossen und Hohenpriestern versteckten manche sich in unterirdischen Kloaken, andere zogen sich mit den königlichen Truppen in den oberen Palast zurück, dessen Thore geschlossen wurden. Unter ihnen war der Hohepriester Ananias, sein Bruder Ezechias und die früher an Agrippa abgeschickten Gesandten."

Am nächsten Tage berannten die Aufrührer die Burg Antonia, welche sie nach zweitägiger Belagerung einnahmen, sie in Brand steckten und Alles niedermetzelten. Hierauf stürmten sie auf den Herodianischen Palast los, in welchen die Königlichen sich geflüchtet hatten. In vier Haufen getheilt, versuchten sie es, dessen Mauern zu brechen. Der Besatzung fehlte wegen der Ueberzahl der Andringenden der Muth zu einem Ausfall, doch vertheidigten sie sich tapfer von den Thürmen und Brustwehren aus und schossen viele von den Stürmenden nieder. Während hier mit Erbitterung weiter gekämpft wurde, ging ein gewisser Menahem, eines Schriftgelehrten Sohn aus Galiläa, mit den Angesehensten seiner Parteigenossen nach Masada, erbrach die dortige Waffenkammer, bewaffnete seine Landsleute und herbeigelaufenes Raubgesindel und kehrte wie ein König nach Jerusalem zurück, wo er, von den Empörern zum Anführer gewählt, die Belagerung leitete. „Es fehlte an Maschinen, um unter dem Regen von Geschossen, die von den Zinnen herabgeschleudert wurden, die Mauern zu untergraben. Sie trieben daher weither einen Stollen gegen einen Thurm und unterhöhlten ihn; hierauf steckten sie die Balken in Brand, welche den Stollen stützten, und gingen heraus. Sobald die Stützen verbrannt waren, brach der Thurm plötzlich zusammen, aber jenseits desselben erschien eine indessen neu aufgebaute Mauer. Denn die Belagerten hatten das Vorhaben der Feinde gemerkt und sich ein neues Bollwerk geschaffen. Ueber diesen unerwarteten Anblick erschraken die Belagerer, die sich schon des Sieges versichert hielten. Jetzt schickten die Belagerten zu Menahem und zu den Anführern der Empörer Gesandte und liessen um freien Abzug bitten. Er ward den Königlichen und den Juden bewilligt. Die allein zurückgebliebenen Römer ergriff Verzweiflung. Durch die grosse Menge der Belagernden sich durchzuschlagen, war unmöglich; um Bedingungen zu bitten, schämten sie sich; zudem durften sie nicht einmal dem etwa gegebenen Worte der Feinde trauen. Sie verliessen daher ihr Quartier, das leicht zu erobern war, und zogen sich in die königlichen Thürme, den Hippikus, den Phasaels- und den Mariamnethurm, zurück. Menahems Leute stürzten sich sogleich auf das verlassene Quartier, hieben Alle nieder, die sich noch nicht geflüchtet hatten, plünderten das Gepäck und zündeten das Quartier an. Am folgenden Tage zog man den Hohenpriester Ananias aus seinem Verstecke in der Wasserleitung des königlichen Palastes hervor. Er wurde mit seinem Bruder Ezechias ermordet." Diejenigen von den Aufrührern, welche die drei Hauptthürme belagerten, hielten während dessen scharfe Wache, damit keiner von den römischen Soldaten entkäme.

Voll Stolz und Freude über die Eroberung der Königsburg und den Tod des Hohenpriesters glaubte Menahem, Niemand sei ihm fortan gewachsen, und wurde ein unerträglicher Tyrann. Bald erhoben sich jedoch die Anhänger Eleazars gegen ihn und griffen ihn im Tempel an, wohin er in königlichen Gewändern und von bewaffneten Zeloten umgeben zum Gebete gegangen war. Anfangs hielten seine Trabanten Stand. Als aber auch das ganze Volk mit Steinwürfen auf ihn eindrang, floh Jeder, wohin er konnte. Wen man einholte, der wurde ermordet; die Versteckten suchte man aufzuspüren. Nur Wenige entrannen und retteten sich nach Masada. Menahem selbst, der in den Ophlabezirk geflüchtet war und sich dort versteckt hatte, wurde ans Licht gezogen und sammt seinen Unterbefehlshabern nach vielen Martern hingerichtet. Das Volk nahm an dem Sturze Menahems nur in der Hoffnung theil, den ganzen Aufruhr sogleich gedämpft zu sehen. Eleazars Anhänger dagegen hatten den Tyrannen nicht in der Absicht getödtet, den Krieg aufzugeben, sondern ihn nur desto energischer fortzuführen. Trotz aller Bitten der Bürger, die Belagerung der grossen Thürme aufzugeben, bedrängten sie die darin befindlichen Römer nur noch mehr, bis endlich Metilius, der feindliche Befehlshaber, unfähig, ferneren Widerstand zu leisten, Eleazar um freien Abzug bitten liess. Die Juden ergriffen den Antrag mit Freuden und schickten drei von ihren Leuten hinauf, um Handschlag und Schwur zu leisten. Hierauf zog Metilius mit seiner Mannschaft ab. „So lange die Römer ihre Waffen noch trugen, griff sie von den Aufrührern keiner offen oder heimlich an. Sobald sie aber dem Vertrag gemäss Schild und Schwert abgelegt hatten und, nichts Arges ahnend, davonzogen, stürzten sich Eleazars Leute auf sie, umringten sie und hieben ein. Die Römer wehrten sich nicht, sie baten auch nicht um ihr Leben, nur auf Eid und Vertrag beriefen sie sich laut. Alle mit Ausnahme des Metilius wurden ohne Erbarmen geschlachtet. Dieser bat um sein Leben und ging so weit, zu versprechen, er wolle sich beschneiden lassen."

An demselben Tage wurden in Cäsarea von den griechischen Einwohnern dieser Stadt über 20,000 Juden gemordet. Die Fliehenden fing Florus ein und liess sie gefesselt in die Schiffsmagazine bringen. Dieser Schlag versetzte die ganze jüdische Nation in Wuth. Man zog haufenweise im Lande umher und verwüstete die syrischen Dörfer und die Städte Philadelphia, Essebonitis, Gerasa, Pella, Scythopolis, Gadara, Hippos, Ptolemais, Cäsarea, Sebaste, Askalon, Anthedon, Gaza und andere. Die Zahl der getödteten Menschen stieg ins Ungeheure. Nicht geringer war aber auch die Menge der von den Syrern erschlagenen Juden; denn auch sie überfielen ihre Feinde in den Städten und mordeten nicht bloss aus Hass, sondern um der ihnen selbst drohenden Gefahr zuvorzukommen. Die syrische Provinz war von einer furchtbaren Bewegung ergriffen und jede Stadt in zwei Kriegslager verwandelt. Nur dadurch rettete sich die eine Partei, dass sie die andere zu vernichten suchte. Dem allgemeinen blutigen Gemetzel konnte zuletzt nur durch römische Waffengewalt ein Ende gemacht werden.

3. Kampf mit Cestius Gallus.

Als Cestius Gallus die Ruhe im Lande wiederhergestellt hatte, brach er mit seiner ganzen Kriegsmacht nach Jerusalem auf. Ihn begleitete auch Agrippa mit seinem Truppenkontingent. Sobald die Juden sahen, dass der Krieg sich ihrer Hauptstadt nähere, stellten sie die Feier des Laubhüttenfestes, mit der sie eben beschäftigt waren, ein und griffen zu den Waffen. Auf ihre Ueberzahl trotzend, eilten sie mit lautem Geschrei zum Kampfe hinaus und stürzten sich mit solchem Ungestüm auf die Römer, dass sie deren Reihen durchbrachen und mordend mitten hindurchdrangen. Cestius würde in eine sehr üble Lage gerathen sein, wenn ihm nicht die Reiterei und frisches Fussvolk schnell zu Hülfe geeilt wäre. Es fielen nicht weniger als 515 Römer, während die Juden nur 22 Mann verloren. Als die Hauptmasse der Juden, die nicht weiter vordringen konnte, nach der Stadt zurückkehrte, überfiel Simon, Gioras Sohn, noch die Römer auf ihrem Rückzuge nach Bethhoron, zersprengte einen grossen Theil der Nachhut und erbeutete viele Lastthiere. Cestius verweilte drei Tage in jener Gegend. Während dieser Zeit besetzten die Juden alle benachbarten Anhöhen und Zugänge und drohten anzugreifen, sobald die Römer sich in Bewegung setzen würden. Als Agrippa bemerkte, wie gefährlich die Lage der Römer sei, schickte er aus seinem Gefolge zwei — auch beim Volke beliebte — Männer ab, um im Namen des Cestius Frieden und Verzeihung der begangenen Frevel anzubieten, falls das Volk die Waffen niederlegen und zum Könige übergehen wolle. Da die jüdischen Parteiführer in der That fürchteten, das ganze Volk möchte, von der angebotenen Straflosigkeit gelockt, dem Agrippa zufallen, so suchten sie seine Gesandten zu morden. Den einen tödteten sie wirklich, noch ehe er zum Worte kam; der andere entrann verwundet. Wer seinen Unwillen hierüber laut werden liess, wurde mit Prügeln und Steinwürfen in die Stadt gejagt.

Sobald Cestius von diesem inneren Zwiespalt Kunde erhielt, warf er sich sogleich mit seiner ganzen Macht auf die Empörer und verfolgte sie bis vor Jerusalem. Dann lagerte er sich bei dem Skopos, einem sieben Stadien von der Stadt entfernten Hügel, ohne jedoch während dreier Tage irgend etwas Weiteres zu unternehmen. „Am vierten Tage stellte er sein Heer in Schlachtordnung und führte es vor die Stadt. Die Bürger wurden von der Aufruhrpartei bewacht; diese selbst, erschreckt durch die feste Haltung der Römer, räumte die äusseren Theile der Stadt und zog sich in die innere Stadt nach dem Heiligthum zurück. Cestius steckte die sogenannte Bezetha und die (untere) Neustadt und den Holzmarkt in Brand. Hierauf rückte er vor die Oberstadt und lagerte gegenüber von der Königsburg. Hätte er gleich zur Stunde einen Sturm auf die Mauern gewagt, so würde er die Stadt erobert haben und der Krieg wäre zu Ende gewesen. Allein der Tribun Tyrannus Priscus und die meisten Anführer der Reiterei, von Florus mit Geld bestochen, wussten ihn von weiteren Angriffen abzubringen, wodurch der Krieg in die Länge gezogen und den Juden das Loos bereitet ward, mit den härtesten Drangsalen überschüttet zu werden."

„Während dessen luden viele der vornehmeren Bürger auf Zureden des Ananus, des Sohnes Jonathans, den Cestius ein, durch die Thore, welche sie ihm öffnen wollten, in die Stadt zu ziehen. Er zauderte, theils weil sein Zorn ihn das Anerbieten gering achten liess, theils weil er den Juden nicht recht traute, so lange, bis die heftige Partei in der Stadt den Verrath merkte, den Ananus mit seinen Anhängern von den Mauern herabwarf und mit Steinwürfen in die Häuser zurücktrieb. Sie selbst stellten sich auf die Zinnen und schleuderten Geschosse gegen die Angreifer. Fünf Tage lang suchten die Römer von allen Seiten beizukommen, aber vergeblich; am sechsten nahm Cestius viele Kerntruppen nebst den Bogenschützen und griff von der Nordseite her den Tempel an. Die Juden wehrten sich von den Säulenhallen herab und schlugen die Römer mehrmals von der Mauer zurück. Nach mehreren unglücklichen Versuchen bildeten die Römer zuletzt die sogenannte Schildkröte, indem die vordersten ihre Schilde über sich gegen die Mauer hielten, die Hintermänner die ihrigen an die der vordern anschlossen und so fort. Wirkungslos glitten die Geschosse der Juden an dieser Decke ab. Die Soldaten begannen ohne Gefahr die Mauer zu untergraben und schickten sich an, das Tempelthor in Brand zu stecken."

Diesen Ausgang hatten die Empörer nicht erwartet. Entsetzt flohen viele von ihnen aus der Stadt, als sei sie bereits erobert. Das Volk dagegen fasste wieder Muth und eilte herbei, um den Römern die Thore zu öffnen und Cestius als einen Wohlthäter zu empfangen. Hätte dieser nur noch eine ganz kurze Zeit den Sturm fortgesetzt, so wäre die Stadt in seiner Gewalt gewesen. Allein plötzlich gab er, ohne weder auf die Verzweiflung der Aufrührer, noch auf das Entgegenkommen der friedlich gesinnten Bürger zu achten, seinen Truppen Befehl zum Rückzuge und verliess die Stadt, ohne irgendwie dazu gezwungen zu sein. Dieser unvermuthete Glückswechsel erfüllte die Juden mit neuer Kühnheit. Sie machten einen Ausfall auf die römische Hinterhut und hieben viele Reiter und Fusssoldaten nieder. Da sich Cestius am nächsten Tage von seinem Lager am Skopos noch weiter entfernte, fielen die Juden abermals über seine Nachhut her und brachten derselben bedeutenden Verlust bei. „Zugleich wurde das Heer auch auf den Flanken mit Geschossen angegriffen. Die Soldaten wagten es nicht, dem Angriff auf die Nachhut die Spitze zu bieten, weil man die Zahl der Feinde für ungeheuer hielt, ebenso wenig vermochten sie es, sich dem Feinde auf den Flanken entgegenzustellen, weil sie schwerbewaffnet waren und eine Unterbrechung der Marschlinie fürchteten, während die Juden leichtbewaffnet und zu raschen Anfällen beweglich daherzogen. So konnten sie den Römern vielen Schaden thun, ohne selbst Gefahr dabei zu laufen. Auf dem ganzen Wege immer geschlagen und aus der Ordnung gebracht, verloren die Römer viele Todte. Mit Mühe erreichte das Heer mit dem Verluste des meisten Trosses sein früheres Lager zu Gabao (Gibeon). Dort rastete Cestius, unschlüssig, was er thun sollte, zwei Tage lang. Am dritten Tage sah er die Zahl der Feinde sehr vergrössert und ringsum Alles voll Juden; er merkte jetzt, dass er zu seinem Schaden gezögert hätte und dass die Gegner sich noch mehr verstärken würden, wenn er länger bliebe."

„Um den Rückzug zu erleichtern, gab er Befehl, Alles zu vernichten, was das Heer aufhielt. Man tödtete die Maulthiere und das sonstige

Lastvieh mit Ausnahme derer, welche Geschosse und Maschinen trugen. So zog das Heer gegen Bethhoron. Im offenen Lande war dasselbe den Angriffen weniger ausgesetzt; sobald aber die Truppen enge Hohlwege hinabziehen mussten und zusammengedrängt wurden, überholte sie ein Theil der Feinde und sperrte den Ausgang, während andere von hinten her in die Schluchten drängten und während die grosse Masse der Juden, auf die Seiten des Engpasses vertheilt, die römischen Reihen mit Wurfgeschossen überschüttete. Kaum konnte sich das Fussvolk derselben erwehren. Für die Reiter war die Gefahr noch weit grösser. Die Soldaten vermochten unter dem Geschossregen nicht mehr, in geschlossenen Reihen zu ziehen, und der schroffe Abhang, auf dem die Feinde standen, war für die Pferde unersteiglich. Auf der andern Seite gähnten Abgründe und Schluchten, in welche die Ausgleitenden hinabstürzten; zur Flucht war nirgends ein Ort, an Widerstand gar nicht mehr zu denken. Rathlos hoben sie an zu klagen und Jammertöne der Verzweiflung auszustossen. Als Antwort scholl ihnen der Schlachtruf der Juden mit Jauchzen und Wuthgeschrei entgegen. Das ganze Heer des Cestius würde gefangen genommen worden sein, wäre nicht die Nacht eingebrochen, während welcher die Römer Bethhoron fliehend erreichten, die Juden dagegen die ganze Umgegend besetzten, um dem Feinde den Ausgang zu sperren."

„Jetzt gab Cestius die Hoffnung auf, sich mit Gewalt durchzuschlagen, und sann auf Flucht. Er wählte 400 der muthigsten Soldaten aus und stellte sie an festen Stellungen mit dem Befehle auf, die Feldzeichen der Lagerwachen auf den besetzten Punkten aufzupflanzen, damit die Juden meinten, das ganze Heer verweile an derselben Stelle. Er selbst rückte indessen mit dem Rest des Heeres 30 Stadien weit vor. Als die Juden am Morgen den römischen Lagerplatz verlassen sahen, stürzten sie sich auf die Vierhundert, welche sie getäuscht hatten. Schnell waren sie niedergestossen und nun wurde Cestius verfolgt. Allein er hatte in der Nacht einen bedeutenden Vorsprung gewonnen und zog bei Tage so eilig fort, dass die Soldaten in Bestürzung und Angst die Belagerungsmaschinen, das grobe Geschütz und alles Geräthe zurückliessen, welches nun den Juden in die Hände fiel und sogleich von ihnen gegen die Fliehenden gewendet wurde. Bis Antipatris verfolgten sie die Römer, ohne sie einholen zu können. Hierauf kehrten sie um, nahmen die Maschinen mit, plünderten die Gefallenen, sammelten die zurückgelassene Beute und zogen mit Siegesgesängen wieder nach der Hauptstadt zurück. Ihr Verlust war ganz gering. Die Römer und ihre Bundestruppen hatten 5300 Mann Fussvolk und 380 Reiter verloren.

Dieser Schlag geschah am achten des Monats Dios (November), im zwölften Regierungsjahre Neros."

4. Allgemeiner Aufstand des jüdischen Volkes.

Nach der Niederlage des römischen Heeres flohen viele der vornehmeren Juden aus Jerusalem und begaben sich zu Cestius. Dieser schickte einige von ihnen auf ihre Bitte zum Kaiser, um demselben ihre unglückliche Lage persönlich zu schildern und die Schuld am Ausbruche des Krieges auf Florus zu wälzen. Diejenigen dagegen, welche Cestius in die Flucht geschlagen hatten, brachten nach ihrer Heimkehr die Römerfreunde in der Stadt halb mit Gewalt, halb mit gelinderen Mitteln auf ihre Seite, versammelten sich im Tempel und wählten mehrere Anführer, die den allgemeinen Aufstand des gesammten Volkes planmässig organisiren sollten. Josephus, Gorions Sohn, und der Hohepriester Ananus erhielten den Oberbefehl in der Hauptstadt mit dem besonderen Auftrage, die in den letzten Kämpfen zerstörten Mauern wiederherzustellen. Nach Idumäa*) schickte man als Statthalter einen Hohenpriester Namens Jesus, Sapphias Sohn, und den bereits mehrmals erwähnten Eleazar, Ananias' Sohn. Die Verwaltung der Kreise Thamna, Lydda, Joppe und Emmaus wurde dem Essener Johannes und die der Kreise Gophnitis und Akrabatene dem Johannes, Ananias' Sohn, übertragen. Nach Jericho kam Josephus, Simons Sohn, nach Peräa kam Manasse und nach Galiläa endlich

---

*) Das jüdische Land bestand zu dieser Zeit aus den vier Landschaften Judäa, Idumäa, Peräa und Galiläa. Judäa umfasste sieben Kreise (Toparchien): Jerusalem, Gophnitis mit dem Hauptort Gophna, Akrabatene mit Akrabata (jetzt 'Akrabeh), Jericho, Thamna, Emmaus (Nikopolis) und Lydda (Diospolis) nebst den Exklaven Joppe und Jamnia. Idumäa zerfiel in vier Kreise. 1) Herodium, worin z. B Thekoa (B. j. IV, 9, 5), 2) Engaddi, die ehemalige „Wüste Juda" am todten Meere, mit den beiden südlichen Grenzorten (gegen Arabien) Masada (Plin. H. nat. V, 17) und Jardan (B. j. III, 3, 5; jetzt Kuryetein), 3) Gross-Idumäa (IV, 9, 4), worin Hebron, und 4) Bethlephthephim (j. el-Weledsheh), worin z. B. Aluros (9, 6; j. 'Allâr), Betaris (j. Bittir) und Kaphar Toba (8, 1; j. Sôba). Die vier idumäischen Kreise werden jedoch nicht immer von den eigentlich judäischen genau unterschieden, daher die scheinbaren Widersprüche in den verschiedenen Angaben (vgl. z. B. B. j. III, 3, 5. Plin. H. n. V, 14. 17). Ausser den genannten gehörte aber zu den judäisch-idumäischen Kreisen während der Römerzeit noch der (vermuthlich ehemals phönicische oder samaritanische) Kreis Narbata (worin Cäsarea Stratonis, B. j II, 18, 11. 14, 5), so dass die Zahl sämmtlicher zu Judäa und Idumäa gehörigen Kreise nicht zehn (nach Plinius) oder elf (nach Josephus), sondern zwölf betrug. — Galiläa zerfiel in Ober- und Niedergaliläa. In Obergaliläa lagen z. B. die Ortschaften Meroth (j. Mârôn), Seph (Sephet, j. Safed) und Gischala (j. el-Djisch), in Untergaliläa, welches auch die grosse Ebene Jesreel umfasste, aber Sepphoris, die alte Hauptstadt von Galiläa, Tiberias, Tarichea, Arbela, Jotapata und Japha, sowie der Berg Thabor (Jos. vit. 37).

Josephus, Matthias' Sohn, der bekannte Geschichtschreiber. Der Statthalterschaft des Letztern wurde auch Gamala, die festeste der peräischen Städte, beigegeben. Jeder von diesen Statthaltern verwaltete das ihm anvertraute Gebiet, so gut er wusste und konnte.

Josephus sammelte in Galiläa ein Heer von 100,000 Mann, das er für den Krieg bestens vorzubereiten suchte, befestigte viele passende Ortschaften in Ober- und Niedergaliläa und wählte aus den Aeltesten des Landes ein Richterkollegium von 70 einsichtsvollen Personen, denen er die höchste obrigkeitliche Gewalt über ganz Galiläa zuertheilte. Ausserdem setzte er in jeder Stadt sieben Richter ein, welche die leichteren Streit- und Rechtssachen zu schlichten hatten. Gegen diese seine Wirksamkeit erhob sich aber ein Widersacher, Johannes, Levis Sohn, aus Gischala, „der schlaueste und falscheste unter den Angesehenen des Landes, der Bösartigste des ganzen Volkes. Betrug achtete er für eine Tugend. Mordsüchtig war er aus Habgier. Zuerst trieb er das Gewerbe eines Räubers auf eigene Faust, später brachte er eine Bande von Wagehälsen zusammen, welche, Anfangs klein, sich immer mehr vergrösserte. Absichtlich nahm er unter seine Bande Keinen, der leicht zu bezwingen war, sondern wählte Leute, die durch Körperstärke, Geistesgegenwart und Kriegskunde sich auszeichneten. Auf diese Art sammelte er gegen 400 Mann, meist aus dem Gebiet von Tyrus, Flüchtlinge aus den dortigen Dörfern. Raubend durchstreifte er mit ihnen ganz Galiläa und setzte die durch den Krieg gespannten Einwohner in Schrecken." Dieser gefährliche Mensch suchte den Josephus zu stürzen, um die Verwaltung Galiläas an sich zu reissen. Er liess daher die Räubereien durch seine Bande noch unverschämter als früher betreiben, um bei einer solchen Gelegenheit den Statthalter, der den bedrohten Orten doch zu Hülfe eilen musste, überfallen und tödten oder ihn wenigstens bei den Einwohnern in ein schlechtes Licht setzen zu können, wenn er diese Räubereien etwa ungestraft geschehen liesse. Ausserdem verbreitete er das Gerücht, Josephus habe die Absicht, Alles an die Römer zu verrathen. Diese und andere Ränke blieben jedoch ebenso erfolglos wie die Empörungen des von andern Widersachern aufgehetzten Volkes. Als Josephus durch seine Klugheit und Festigkeit endlich die Ruhe überall in Galiläa wiederhergestellt hatte, wandte er sich wiederum den Kriegsrüstungen gegen die Römer zu.

In Jerusalem herrschte während dessen ebenfalls ein äusserst reges Leben. Man besserte die Mauern aus, schmiedete überall in der Stadt Waffen und Rüstungen und bereitete überhaupt viele Kriegsgeräthschaften, während die jungen Leute sich mit Waffenübungen beschäftigten. Die friedlichen Bürger lebten jedoch in tiefer Niedergeschlagenheit; viele von ihnen brachen, das kommende Unheil ahnend, in laute Klagen aus. Der Hohepriester Ananus suchte zwar die Kriegsrüstungen zu unterbrechen und sowohl den ungestümen Eifer der Kriegspartei, als auch die Raserei der sogenannten Zeloten zum Besten zu lenken, doch blieb sein Bemühen ohne Erfolg.

Inzwischen verübte auch Simon, Gioras Sohn, mit seiner angeworbenen Rotte in Akrabatene viele Räubereien. Er begnügte sich nicht allein mit dem gewonnenen Raube, sondern misshandelte auch die Personen, welche in seine Hände geriethen, wie er denn überhaupt seine Neigung zur Tyrannei unverhüllt zur Schau trug. Als Ananus eine Truppenabtheilung gegen ihn entsandte, floh er mit seinen Genossen zu dem Raubgesindel in Masada und setzte von dort aus die Idumäer durch seine Plünderungszüge und die Menge seiner Mordthaten so in Schrecken, dass die Behörden dieses Landes ein Heer sammeln und Besatzungen in die Dörfer legen mussten.

5. Unterwerfung Galiläas durch Vespasian.

Als Nero von der Schilderhebung des jüdischen Volkes Kunde erhielt, ernannte er den Vespasian, einen im Lager aufgewachsenen und ergrauten Kriegsmann, zum Oberfeldherrn der syrischen Armee mit dem Auftrage, die Empörer unter die römische Botmässigkeit zurückzuführen. Vespasian übernahm das Heer, dessen Kern die funfzehnte Legion bildete, zu Antiochia und zog nach Ptolemais. Hier erschien eine Deputation aus Sepphoris vor ihm, begrüsste ihn und bot ihm die Hülfe ihrer Mitbürger gegen die eigenen Volksgenossen an. Der Tribun Placidus, in Folge dessen mit einer Mannschaft nach Sepphoris entsandt, legte 6000 Fusssoldaten als Besatzung in diese Stadt, während seine 1000 Reiter ausserhalb derselben ein Lager bezogen. Beide Truppentheile verliessen häufig ihre Standorte und verwüsteten das Land ringsumher.

In Ptolemais war inzwischen auch Titus, Vespasians Sohn, mit den beiden besten Legionen der Römer, der fünften und zehnten, aus Aegypten eingetroffen. Zu der hier versammelten Truppenmacht kamen noch 18 Kohorten nebst einer Schaar römischer und fünf Geschwader syrischer Reiterei. Die Könige Antiochus von Komagene, Sohemus von Arabien und Agrippa lieferten je 2000 Bogenschützen zu Fuss und 1000 Reiter, so dass das ganze Heer sich auf 60,000 Mann belief.

In wohlgeordnetem Zuge überschritt Vespasian an der Spitze dieser kampffertigen Kriegsmacht im Frühling des Jahres 66 die galiläische Grenze, rückte vor das von Ptolemais zwei Tagemärsche entfernte Gabara*) (j. Kal'at Djedîn) und nahm diese bedeutende Stadt im ersten Anlaufe, da sie von allen streitbaren Einwohnern verlassen war. Was sich noch vorfand, wurde niedergemetzelt, die Stadt selbst in Brand gesteckt. Dasselbe Schicksal erfuhren auch alle umliegenden Dörfer und kleinen Städte, deren Bevölkerung gleichfalls das Weite gesucht hatte. Die etwa ergriffenen Einwohner wurden zu Sklaven gemacht. Von hier zog das römische Heer nach der von Gabara nur einen Tagemarsch entfernten starken Festung Jotapata (j. el-Ba'neh), in welcher Josephus selbst den Oberbefehl führte. Nach anderthalbmonatlicher heldenmüthiger Vertheidigung fiel auch sie endlich durch die Verrätherei eines Ueberläufers in die Hände der Römer. 40,000 Juden büssten ihr Leben ein, 1200 — darunter auch Josephus — geriethen in Gefangenschaft. Während dieser Zeit wurde auch die nahe gelegene Festung Japha (j. en-Nafeh) durch eine römische Heeresabtheilung unter Trajanus, dem Führer der zehnten Legion, belagert und endlich unter Titus' Leitung erstürmt. 15,000 Menschen wurden dabei niedergemetzelt, über 2000 gefangen genommen. Auch auf dem Berge Garizim verloren um dieselbe Zeit 11.600 Samariter durch Sextus Cerealis, Führer der fünften Legion, ihr Leben.

Nach diesen Siegen schickte Vespasian die fünfte und zehnte Legion nach Scythopolis in die Winterquartiere, während er selbst sich mit dem übrigen Theil des Heeres über Ptolemais nach Cäsarea begab. Von hier sandte er Fussvolk und Reiterei nach Joppe, das von den zahl-

---

*) Gabara ist unstreitig das alte asseritische Ebron (Jos. 19, 28). Der Umstand, dass der biblische Name (עֶבְרוֹן) mit einem ע beginnt, lässt mit Rücksicht auf die bekannte Lesart von עַזָּה (Gassa, Gaza), עֲמֹרָה (Gomorrha) und עָפְנִי (Gophni, Jos. 18, 24) vermuthen, dass derselbe eigentlich nicht Ebron, sondern vielmehr Gebron (später Gabaron) gesprochen wurde. Gleicherweise wird auch das ephraimitische Ephron (עֶפְרוֹן, 2 Chron. 13, 19) stets Gephron gesprochen worden sein; denn der Name dieses Ortes lautete nach dem babylonischen Exil nicht mehr Ephron, sondern Gibbar (גִּבָּר, Esr. 2, 20), eine Form, die in Yebrûd, dem heutigen Namen dieses Ortes, noch deutlich genug zu erkennen ist. (Der Name גִּבָּר zeigt zugleich, dass עֶפְרוֹן nur eine härtere Aussprache des Wortes עֶבְרוֹן ist, woraus deutlich genug zu ersehen, dass diese beiden alten Namen ursprünglich ganz gleiche Bedeutung gehabt haben müssen.) Diejenigen, welche mit Rücksicht auf Neh. 7, 25 Gibbar mit Gibeon identificiren, vergessen, dass letzteres seinen Namen auch noch nach dem Exil beibehielt (Neh. 3, 7), wie denn auch sein jetziger Name, el-Djîb, diese Behauptung ausser Zweifel stellt. Dass jedoch der Name Ephron (d. h. Gibbar) Joh. 11, 54 Ephraim lautet, ist einfach dadurch zu erklären, dass man denselben in späterer Zeit irriger Weise mit Ephrajim (אֶפְרַיִם), Josephs Sohne (1 Mos. 41, 52), in Beziehung brachte. (Aus dieser Namensverwechslung mag sich auch wohl die Umwandlung des ב in פ herschreiben.) Allem Vermuthen nach ist aber in der That das ephraimitische Ephron eine ebenso alte canaanitische Stadt wie jener gleichnamige Ort im Stamme Asser; beide waren jedenfalls schon lange vor der Ankunft der Hebräer vorhanden.

reich dorthin geflüchteten Juden zu einem Waffenplatz gemacht worden war. Die Einwohnerschaft, meist von Seeräuberei lebend, eilte bei der Ankunft der Römer auf die Schiffe, wurde aber durch einen furchtbaren Nordsturm an das klippenvolle Gestade geworfen und sammt den Schiffen zerschmettert. Die ohne Schwertstreich eroberte Stadt wird von den Siegern geschleift, auf der Burg ein Lager aufgeschlagen und die Umgegend von hier aus geplündert und verheert.

Der Fall Jotapatas hatte in Jerusalem schmerzliche Trauer erregt. Als man aber erfuhr, Josephus sei nicht, wie man Anfangs glaubte, unter den Todten, sondern lebe und werde besser behandelt als andere Gefangene, da wurde der Unwille gegen den Lebenden ebenso gross, als vorher die Trauer um den Todtgeglaubten gewesen war. Voll Erbitterung beschuldigte man ihn unter Schimpfreden der Feigheit und Verrätherei und entbrannte nun in noch heftigerem Groll gegen die Römer, als wollte man auch des Josephus Verrath an ihnen rächen.

Vespasian war inzwischen von Cäsarea Stratonis nach Cäsarea Philippi gezogen, um Agrippas wankende Herrschaft von neuem zu befestigen. Hier liess er sein Heer 20 Tage rasten und lebte während dieser Zeit selbst in beständigen Schmausereien. Bald erhielt er die Kunde, dass in Tiberias aufrührerische Bewegungen ausgebrochen und dass Tarichea abgefallen sei. Da beide Städte zu Agrippas Königreich gehörten, so kam ihm diese Nachricht um so erwünschter, als er durch die Züchtigung der Empörer die Gastfreundschaft des Agrippa reichlich wiedervergelten konnte. Während er sich nach Scythopolis begab, liess er durch Titus das in Cäsarea Stratonis lagernde Heer herbeiholen, rückte nach dessen Ankunft mit drei Legionen aus und zog, da die Urheber des Aufstandes bereits nach Tarichea geflohen waren, unter dem Jubelgeschrei der römisch gesinnten Einwohnerschaft in Tiberias ein. Nach einem mörderischen Kampfe, der zuletzt in ein blutiges Seetreffen überging, fiel auch Tarichea den Siegern in die Hände. Von den Gefangenen wurden 1200 niedergemacht, 6000 zu Nero nach Griechenland geschickt, um durch den Isthmus von Korinth einen Kanal zu graben, und 30,400 verkauft. Nun zog Vespasian vor die auf unzugänglichem Felsrücken thronende Festung Gamala (auf der Ostseite des Sees Genezareth), deren Einwohner auf die natürliche Festigkeit ihrer Stadt noch mehr trotzten als früher die von Jotapata auf die Unbezwinglichkeit der ihrigen. Nach langem, hartnäckigen Kampfe wurde auch sie endlich erstürmt und das bluttriefende Schwert der Römer würgte auch hier ohne Erbarmen. Verzweifelnd an ihrer Rettung, stürzten die Juden ihre Weiber und Kinder und dann sich selbst in eine Schlucht, die gerade unter der Burg am tiefsten gähnte. Ueber 5000

Menschen verloren auf diese Weise ihr Leben. — Placidus hatte während dessen die Besatzung des von Josephus befestigten Berges Thabor durch eine Kriegslist in die Ebene hinabgelockt und grösstentheils niedergehauen. Die Angesessenen ergaben sich aus Mangel an Wasser auf gute Bedingungen.

Unbezwungen war jetzt nur noch das Städtchen Gischala, in welchem sich der verschlagene Johannes, Levis Sohn, die Herrschaft über die friedlich gesinnte Bürgerschaft angemasst hatte. Vespasian schickte seinen Sohn Titus mit 1000 Reitern dorthin ab. Die zehnte Legion entsandte er nach Scythopolis, während er selbst mit den beiden übrigen nach Cäsarea Stratonis zurückkehrte, um seinen Soldaten Erholung von den anhaltenden Kriegsarbeiten zu gewähren. — Titus war inzwischen vor Gischala angekommen. Auf seine Aufforderung zur Uebergabe der Stadt entgegnete Johannes, dies könne erst am nächsten Tage geschehen, da man an dem gegenwärtigen, einem Sabbathe, nach jüdischem Gesetz feiern müsse. Um diese Feier nicht zu stören, zog Titus nach Kydössa (j. Kadîta), einem von tyrischen Kolonisten bewohnten festen Dorfe, und schlug hier sein Lager auf. Johannes benutzte diesen für ihn so günstigen Umstand und begab sich nächtlicher Weile mit seinen Bewaffneten und vielem müssigen Gesindel, das seine Familien bei sich hatte, auf die Flucht nach Jerusalem. Da die Weiber und Kinder ein schnelles Fortkommen unmöglich machten, so wurden sie trotz ihres kläglichen Jammergeschreis bald ganz im Stich gelassen. Als Titus bei Tagesanbruch vor den Mauern Gischalas erschien, öffnete ihm die Bürgerschaft sogleich die Thore und jauchzte ihm als einem Retter und Wohlthäter freudig entgegen. Die abgesandte Reiterabtheilung hieb fast 6000 von Johannes' Begleitern nieder, konnte ihn selbst jedoch nicht mehr einfangen, da er bereits nach Jerusalem entkommen war. Von den verlassenen Frauen und Kindern wurden etwa 3000 wieder zurückgebracht. Gischala erhielt eine Besatzung und ganz Galiläa befand sich somit wieder unter römischem Joche.

6. Bürgerkrieg in Jerusalem.

Als Johannes mit seinen Genossen in Jerusalem einzog, strömte ihm das Volk entgegen, um zu erkunden, was sich draussen begeben. Die Flüchtlinge behaupteten prahlend, nicht vor den Römern geflohen zu sein, sondern nur darum zu kommen, um von dem festeren Platze aus den Krieg fortzusetzen. „Um so erbärmliche Flecken wie Gischala sich tollkühn zu wehren, sei unverständig und nutzlos, während man Waffen und Kraft für die Hauptstadt aufbehalten und schonen müsse." Johannes lief umher und ermunterte die Menge, indem er die Macht der Römer spottend herabsetzte, seine eigene dagegen mit prahlerischen Worten erhob. Dadurch liess sich ein grosser Theil der Jugend verleiten und rüstete sich mit erneutem Eifer zum Streite. Die älteren und besonneneren Einwohner aber sahen das ihnen drohende Unheil voraus und trauerten insgesammt, als sei die Stadt bereits verloren.

Während Titus von Gischala nach Cäsarea Stratonis zurückkehrte, zog Vespasian von hier nach Jamnia und Azotus (Asdod), unterwarf sich diese Städte, legte Besatzungen hinein und führte alle diejenigen mit sich dorthin zurück, welche sich ihm auf Gnade oder Ungnade ergeben hatten. Um diese Zeit entspann sich in allen jüdischen Städten, die nicht mit den Römern im Kampfe lagen, ein verheerender Bürgerkrieg zwischen den Anhängern des Krieges und den Freunden des Friedens. Zuerst entbrannte der Zwiespalt zwischen einzelnen Familien und Genossenschaften, die schon früher in Uneinigkeit gelebt hatten. Schnell wuchsen die Parteien durch den Beitritt Gleichgesinnter zu grossen Massen an, die sich kampffertig gegenübertraten. Ueberall Empörung Aller gegen Alle. Die römischen Besatzungen der Städte sahen theils aus Hass gegen die Juden, theils aus Besorgniss für ihre eigene Sicherheit diesem Treiben ruhig zu, bis endlich die Anführer der kriegslustigen Räuberhorden sich von überallher vereinigten und in Jerusalem einbrachen, wo sie als Volksgenossen nach altherkömmlicher Weise ohne Unterschied und Vorsicht aufgenommen wurden, und das jetzt um so lieber, als man glaubte, sie kämen in der guten Absicht zu helfen. Diese verworfenen, unnützen Haufen aber halfen nur die aufgehäuften Vorräthe verzehren und vergrösserten dadurch das allgemeine Elend, das nur zu bald über die Stadt hereinbrechen sollte. Vom Lande her kam bald noch anderes Raubgesindel, welches sich mit den wilden Fanatikern in der Stadt verband und jeglichen Greuel schamlos verübte. Unter dem erlogenen Vorwande, mit den Römern über den Verrath Jerusalems unterhandelt zu haben, wurden die vornehmsten Personen am hellen Tage gefesselt, ins Gefängniss geführt und hier getödtet. Dabei brüsteten die Mörder sich noch mit ihren Gewaltthaten und geberdeten sich als Wohlthäter und Retter der Stadt. So kam es, dass das Volk immer mehr in Angst und Schrecken gerieth, während die Aufrührer immer anmassender und unverschämter auftraten und nicht nur die Wahl der Priestervorsteher an sich rissen, sondern sogar einen neuen Hohenpriester — Phanias, Samuels Sohn, einen ganz unwürdigen Menschen — durch das Loos erwählten.

Diese Anmassungen wurden endlich den Bessergesinnten doch zu arg; einmüthig erhoben sie sich zum Sturze der Tyrannen. Die angesehensten Bürger feuerten das versammelte Volk durch Reden an und ermahnten, „man möchte doch endlich einmal die Zerstörer der Freiheit bestrafen und das Heiligthum von den Mördern reinigen". Die Hohenpriester Jesus, Gamalas Sohn, und Ananus, Ananus' Sohn, schalten sogar öffentlich das Volk wegen seiner Zaghaftigkeit und suchten es zum Kampfe gegen die mordsüchtigen Zeloten anzuspornen. Als Jedermann zwar aufs höchste entrüstet war über die Entweihung des Heiligthums, sowie über die Räubereien und Mordthaten, Keiner aber sich zum offenen Kampfe bequemen wollte, weil man den von den Zeloten besetzten Tempel für unangreifbar hielt, da trat endlich Ananus noch einmal unter die Versammelten, schalt mit bittern Worten ihre Feigheit und die Gleichgültigkeit, mit der sie die freche Tyrannei der Aufrührer bisher geduldet hätten, und flösste ihnen durch seine eindringende Rede zuletzt eine solche Begeisterung und Entschlossenheit ein, dass alles Volk ihm zurief, er solle es anführen, wie er es ermuthigt habe.

Ananus sondert sogleich die Kampffähigen aus und ordnet sie. Kaum erfahren die im Tempel hausenden Zeloten durch ihre Spione sein Unternehmen, so stürzen sie theils in geordneten Reihen, theils in einzelnen Haufen wuthentbrannt aus dem Heiligthum und tödten Jeden, der ihnen begegnet. Schnell ordnet nun Ananus die Volksschaar, die zwar den Zeloten an Zahl überlegen, an Bewaffnung und fester Haltung aber bedeutend im Nachtheil war. Kampflust ersetzt jedoch in beiden Parteien das Fehlende. Die Bürger beseelte ein Ingrimm, der stärker war als Waffengewalt, die Aufrührer dagegen eine Wuth und Tollkühnheit, die alle Ueberzahl überwog. Jene wussten, dass in der Stadt ihres Bleibens nicht mehr sei, wenn die Zeloten Sieger blieben, diese aber, dass sie, wofern sie besiegt würden, den härtesten Strafen entgegengingen. So geriethen sie in wilder Leidenschaft an einander. Zuerst warfen sie mit Steinen und schossen mit Wurfspiessen. Wo die Umstände es gestatteten, würgte das Schwert. Das Blutbad war auf beiden Seiten gross, die Verwundungen zahllos. Die getroffenen Zeloten gingen in den Tempel hinauf und besudelten den heiligen Boden mit Blut. „So lange sie regelmässige Ausfälle machten, waren die Räuber immer überlegen. Als aber die Bürger in Wuth geriethen und ihrer immer mehrere wurden, schalten sie die Weichenden; der Andrang der Hintenstehenden gestattete den Fliehenden, keinen Raum und so warf sich ihre ganze Macht auf die Feinde. Diese halten den Andrang nicht länger aus, ziehen sich allmählig zum Tempel zurück und Ananus fällt in den Tempelhof ein. Der Verlust des ersten Zwingers (d. h. des Tempelhofs oder Vorhofs der Heiden) macht sie bestürzt; sie fliehen nach dem inneren Raum (d. h. in die inneren Vorhöfe) und schliessen die Thore. Ananus wollte die heiligen Thore nicht erstürmen, zumal die Zeloten von oben her schossen. Er hielt es für unerlaubt, auch als Sieger das Volk hineinzuführen, ohne es zuvor gesühnt zu haben. Nun looste er aus Allen etwa 6000 Schwerbewaffnete und stellte sie als Wächter an die Hallen; auf diese folgten dann Andere, und Jeder musste der Reihe nach Wache halten."

Johannes, der Gischalener, der eine heisse Gier nach Herrschaft in der Seele trug, erheuchelte zu dieser Zeit volksthümliche Gesinnungen. Er ging mit Ananus umher, wenn dieser die Wachen besichtigte oder mit den übrigen Befehlshabern rathschlagte, und hinterbrachte nachher den Zeloten alle Geheimnisse. Um jedoch den gegen ihn aufkeimenden Verdacht von sich abzuwenden, erlaubte er sich die unmässigste Schmeichelei gegen Ananus und die Volksvorsteher. Endlich wurde er sogar als Unterhändler wegen eines gütlichen Vergleichs zu den Zeloten geschickt. Das hatte er gewünscht. Kaum befand er sich in ihrer Mitte, so log er ihnen vor, Ananus wolle mit Einwilligung des Volkes Gesandte an Vespasian schicken, damit die Römer schnell herbeikämen und die Stadt einnähmen; sein Plan sei, schon am morgenden Tage in den inneren Tempel einzubrechen; nur deshalb trage er ihnen eine Uebereinkunft an, um sie unbewaffnet zu überfallen. Um ihrer Erhaltung willen müssten sie also entweder die Belagerer um Gnade anflehen oder auswärtige Hülfe herbeirufen. Diese auswärtige Hülfe wagte er zwar nicht näher zu bezeichnen, spielte aber auf die Idumäer an. Um namentlich die Anführer der Zeloten in Schrecken zu setzen und zu entscheidenden Maassregeln anzuspornen, schilderte er Ananus als grausam und behauptete, dass dieser es vorzugsweise auf die beiden Hauptanführer, Eleasar, Simons Sohn, und Zacharias, Phaleks Sohn (beide aus priesterlichem Geschlechte), abgesehen habe. Als diese Letzteren neben den allgemeinen noch die besonderen Drohungen gegen sich vernahmen, standen sie lange überrascht und unentschlossen da. Die Volkspartei, fürchteten sie, sei jeden Augenblick bereit, sie mit Hülfe der Römer anzufallen, jede auswärtige Hülfe aber wegen der Nähe der drohenden Gefahr ganz unmöglich. Gleichwohl beschlossen sie, die Idumäer herbeizurufen, und schickten deshalb sogleich an dieselben ein Schreiben folgenden Inhalts: „Ananus habe das Volk hintergangen und wolle die Hauptstadt den Römern ausliefern; sie seien um der Freiheit willen von ihm abgefallen und werden nun in dem Tempel belagert; nur wenige Augenblicke entscheiden über ihre Rettung. Wenn jene nicht eiligst zu Hülfe kommen, so würden sie unvermuthet dem Ananus und ihren Feinden unterliegen und die Stadt in die Hand der Römer gerathen." Ein Mehreres sollten die beiden Eilboten den Idumäern mündlich mittheilen.

7. Blutige Mordschlacht der eingedrungenen Idumäer.

Die Häuptlinge der Idumäer, erschrocken über die empfangenen Nachrichten, boten in grösster Eile ihr Volk zum Feldzug auf. Schnell griff Alles zu den Waffen, um die Hauptstadt zu befreien, und bald befand sich ein Heerhaufe von 20,000 Mann unter den vier Befehlshabern Johannes und Jakobus, Sosas Söhnen, Simon, Kathlas, und Phineas, Klusots Sohn, auf dem Wege nach Jerusalem.

Kaum erhielt Ananus, dem die Abreise der beiden Eilboten entgangen war, Kunde von dem Anmarsch der Idumäer, so schloss er die Thore und besetzte die Mauern. Weit entfernt, mit den Herannahenden kämpfen zu wollen, wünschte er sie vielmehr durch gütliches Zureden auf seine Seite zu ziehen. Deshalb bestieg Jesus, der älteste Hohepriester nach ihm, einen Thurm, schilderte den Idumäern die wahre Sachlage wie die Bosheit der Zeloten ausführlich und bat sie, entweder diese frechen Aufrührer für ihren Betrug zu bestrafen, oder nach Ablegung der Waffen als Schiedsrichter in die Stadt zu kommen, oder endlich ganz parteilos zu bleiben; scheine ihnen keiner von diesen Vorschlägen genehm, so würden ihnen die Thore verschlossen bleiben, so lange sie die Waffen trügen. Die Idumäer achteten jedoch nicht auf diese Worte, sondern geriethen in Zorn, dass ihr Einzug nicht sofort stattfinden sollte. Besonders unwillig waren die Heerführer über die Zumuthung, die Waffen niederzulegen und sich gleichsam kriegsgefangen zu geben. Simon, Kathlas Sohn, der das Getümmel der Seinigen kaum beschwichtigen konnte, antwortete den Hohenpriestern, er wundere sich wahrhaftig nicht mehr, dass die Verfechter der Freiheit im Tempel eingeschlossen würden, wenn man jetzt sogar der stammverwandten Nation die gemeinsame Stadt verschliesse. Die soeben gemachten Vorschläge und Zumuthungen bewiesen hinreichend, dass jene im Rechte gewesen wären, als sie die Verräther des Vaterlandes mit dem Tode bestraften; sie hätten nur darin gefehlt, dass sie nicht mit den Hohenpriestern den Anfang gemacht und so der Verrätherei das Haupt abgeschlagen hätten. „Doch" — fuhr er fort — „wenn jene nachsichtiger waren, als sie sollten, so wollen wir Idumäer das Haus Gottes bewahren, für das gemeinsame Vaterland kämpfen und die auswärtigen Feinde so gut wie die Verräther im Innern züchtigen. Hier vor den Mauern bleiben wir bewaffnet, bis die Römer des Wartens auf euch überdrüssig werden, oder bis ihr eure Gedanken der Freiheit zuwendet."

Die Idumäer zollten dieser Rede lauten Beifall. Den Juden aber sank der Muth, da sie sahen, dass nun die Stadt von einem doppelten Kriegsunheil bedroht sei. Doch geriethen auch die Idumäer bald in

Zweifel und Verlegenheit; denn während sie einestheils über die Schmach der Ausschliessung grollten, machte es sie anderntheils doch stutzig, dass die Zeloten, deren Streitkräfte sie so hoch angeschlagen, nichts für sie thaten. Schon bereute Mancher den Herzug. Da sie sich jedoch schämten, so ganz unverrichteter Sache wieder abzuziehen, so blieben sie und lagerten sich vor den Mauern. „In der Nacht brach ein entsetzliches Gewitter aus; Stürme mit Platzregen und fortwährende Blitze, furchtbar rollende Donner und schauerliches Krachen des erschütterten Bodens verbreiteten Schrecken." Jeder deutete diesen Aufruhr der Natur nach seiner Weise: die Idumäer, dass Gott über ihren Feldzug zürne, weil sie die Waffen gegen die heilige Stadt getragen, die Juden dagegen, dass Gott für sie streite und sie ohne Schwertstreich siegen würden. Um sich vor dem rasenden Unwetter zu schirmen und sich gegenseitig zu erwärmen, rückten die Idumäer eng an einander, zogen die Schilde über ihre Häupter und litten so etwas weniger vom Regen. Die Zeloten aber, besorgt um die vor den Thoren lagernden Bundesgenossen, traten zusammen und berathschlagten, was zu ihrem Schutze zu thun sei. Die Heftigsten wollten, man solle sogleich mit bewaffneter Hand die an den Tempelthoren aufgestellten Wachen durchbrechen, in die Stadt vordringen und den Idumäern die Thore öffnen. Die Verständigeren dagegen wollten von solchen Gewaltmaassregeln nichts wissen, weil sie glaubten, es seien nicht nur die Mauern und Thürme allenthalben streng bewacht, sondern Ananus selbst sei beständig auf den Beinen und überall gegenwärtig. Das war bisher auch wirklich stets der Fall gewesen, nur in dieser Nacht wurde es des furchtbaren Ungewitters wegen verabsäumt. Als tiefe Dunkelheit hereingebrochen und der Sturm aufs Höchste gestiegen war, versanken die nichts Böses ahnenden Wächter an der Vorhalle eines Tempelthores in Schlaf. Kaum hatten die Zeloten dies wahrgenommen, so holten sie sogleich die heiligen Sägen herbei und durchschnitten die Thorriegel. Sturmesgeheul und Donnergekrach verhinderten, dass das Geräusch gehört wurde.

So entkommen einige von ihnen unbemerkt aus dem Tempel, erreichen die Stadtmauer und öffnen — abermals mit Hülfe der heiligen Sägen — das Thor. Die Idumäer, in der Meinung, Ananus überfalle sie, griffen bestürzt ans Schwert, um sich zu vertheidigen. Bald erkannten sie aber ihre Freunde und zogen in die Stadt. Hier würden sie in ihrem wilden Zorne sofort ein furchtbares Blutbad angerichtet haben, wenn die Zeloten sie nicht dringend gebeten hätten, zuerst die Genossen aus ihrem engen Gewahrsam im innern Tempel zu befreien. Die Idumäer willfahrten ihnen und zogen zum Tempel hinan, wo die Zeloten in banger Furcht ihrer Ankunft entgegensahen. „Als sie eingetereten waren, fassten auch diese Muth, kamen aus dem inneren Theile des Tempels hervor und griffen vereinigt mit den Idumäern die Wachen an. Einige der Vorposten mordeten sie im Schlafe; auf das Geschrei der Erwachten erhob sich die ganze Mannschaft, griff mit Schrecken nach den Waffen und eilte zu Hülfe. So lange sie nur mit den Zeloten zu thun hatten, waren sie voll Muth im Vertrauen auf die Ueberzahl; als sie aber Andere von aussen hereinstürmen sahen, da merkten sie den Einfall der Idumäer. Der grösste Theil liess mit dem Muth auch die Waffen sinken und erhob ein Jammergeschrei. Nur wenige Jünglinge schlossen sich fest an einander und empfingen die Idumäer tapfer, deckten auch einen Haufen von älteren Bürgern ziemlich lange. Diese gaben den Bewohnern der untern Stadt Nachricht von ihrer Noth, allein keiner von ihnen wagte zu Hülfe zu eilen, sobald sie erfuhren, dass die Idumäer eingefallen; nur das Jammergeschrei erwiederten sie mit Macht; zugleich erhoben die Weiber ein fürchterliches Heulen, während die Wachen eine nach der andern aufs äusserste bedrängt wurden. Die Zeloten stimmten in das Schlachtgeschrei der Idumäer ein, und der Sturm machte das allgemeine Getöse noch furchtbarer. Die Idumäer schonten keines Menschen: von Natur grausam und zum Morden geneigt, ausserdem durch das Ungemach des Gewitters aufs ärgste erbost, wütheten sie gegen die, die ihnen die Thore verschlossen, ob sie um Gnade baten oder sich wehrten, ohne Unterschied. Viele durchbohrten sie mit dem Schwert, während die Unglücklichen sie bei der Stammverwandtschaft, bei der Scheu vor dem gemeinsamen Tempel um Schonung anflehten. Flucht war unmöglich, keine Hoffnung zu entkommen. Auf einander gepresst wurden sie niedergehauen. Der grössere Theil stürzte sich, von der Uebermacht bedrängt, da kein Raum war und die Mörder stets näher rückten, in der Verzweiflung in die Stadt hinab und fand freiwillig einen kläglicheren Tod, als der war, dem sie entgingen. Die Aussenseite des Tempelberges war von Blut überströmt und der anbrechende *Tag beschien 8500 Todte.*"

Hierdurch war die Rachgier der Idumäer jedoch noch lange nicht befriedigt. Um die beiden Hohenpriester zu suchen, stürmten sie nun in die Stadt, plünderten die Häuser und tödteten Jeden, der ihnen vorkam. Endlich werden die Gesuchten gefunden, ergriffen und niedergemacht. Triumphirend stellte man sich auf ihre Leichname, verhöhnte Ananus wegen seiner Liebe zum Volke, Jesus wegen seiner Rede von der Mauer und warf die nackten Leichen den Hunden hin. „Nach diesen beiden Männern schlachteten die Zeloten und Idumäer den grossen Haufen ab, über den sie wie über eine Heerde unreiner Thiere herfielen. Das gemeine Volk wurde erwürgt, wo man es traf; die edlen Jünglinge fingen sie auf, warfen sie gefesselt in den Kerker und verschoben den Mord in der Hoffnung, dass sie sich zu ihnen (den Zeloten) schlagen würden. Allein Keiner ging über; Alle wählten lieber den Tod, als mit den Frevlern gegen das Vaterland zu stehen. Sie duldeten die schrecklichsten Martern für ihre Weigerung, wurden gegeisselt und gefoltert. Nachdem ihr Körper alle Qualen erlitten, würdigte man sie kaum eines Gnadenstosses. Man ergriff sie am Tage und würgte sie bei Nacht: die Todten warf man auf die Strasse, um neuen Gefangenen Platz zu machen. Der Schrecken unter dem Volke war so gross, dass kein Mensch offen einen verwandten Todten zu beweinen oder zu begraben wagte. Heimlich hinter verschlossenen Thüren vergossen sie ihre Thränen und mit Vorsicht seufzten sie, damit der Feinde keiner es vernähme. Denn sonst widerfuhr dem Trauernden, was dem Betrauerten. Des Nachts hoben sie Staub mit den Händen auf und warfen ihn (an Stelle der Beerdigung) auf die Leichname; nur selten thaten dies besonders Kühne auch am Tage. So starben 12,000 der Vornehmen."

Des Mordens endlich müde geworden, verhöhnten die Zeloten zuletzt schamloser Weise noch die öffentlichen Gerichte, indem sie 70 angesehene Personen als Richter einsetzten und vor diesem Tribunal einen der vornehmsten und reichsten Männer, Zacharias, Baruchs Sohn, der Verrätherei anklagten. Als dieser aber gegen ihren Willen freigesprochen wurde, erhoben sie wildes Geschrei, durchbohrten den Angeklagten mitten im Tempel und jagten die Richter mit flachen Säbelhieben höhnend zum Vorhof hinaus. Dies missbilligten selbst die Idumäer, die bereits Reue über ihren Zug empfanden. Kaum hatte einer von den Zeloten die jetzige Gemüthsstimmung der Idumäer wahrgenommen, so schlich derselbe sich heimlich zu ihnen, hielt ihnen alle Frevel vor, die sie im Bunde mit den Aufrührern begangen, und offenbarte ihnen, dass sie schmählich hintergangen seien, denn von Verrath an die Römer fände sich keine Spur; sie möchten daher nach Hause zurückkehren und durch Lossagung von den Schlechten sich von der Mitschuld alles dessen reinigen, woran sie als Betrogene theilgenommen. Die Idumäer liessen sich überreden und zogen nach Hause, nachdem sie zuvor ihre gefangenen Volksgenossen befreit hatten. Diese, gegen 2000, flohen sogleich aus der Stadt und eilten zu Simon, Gioras Sohn.

8. Greuelthaten der Zeloten.

Der plötzliche Abzug der Idumäer kam beiden Parteien in der Stadt gleich unerwartet. Das Volk schöpfte wieder neuen Muth, als es sich von dem wilden Kriegerhaufen befreit sah. Die Zeloten aber freuten sich, dass sie von Leuten verlassen worden, die sie nicht mehr als ihre

Bundesgenossen betrachteten, seitdem sie an ihren ruchlosen Frevelthaten keinen Theil mehr nahmen, sondern sie missbilligten und hinderten. Von diesen ihnen lästig gewordenen fremden Aufsehern befreit, wurden sie nun täglich übermüthiger; denn wer hätte ihren raub- und mordlustigen Anschlägen jetzt noch entgegentreten oder ihre Schandthaten hindern sollen? Mit schrankenloser Willkür wurden plötzlich Entschlüsse gefasst und schnell und ohne Ueberlegung ausgeführt. Besonders dürsteten die Tyrannen nach dem Blute der Edlen und Tapferen. Gegen jene wütheten sie aus Neid, gegen diese aus Furcht; denn sie fühlten sehr wohl, dass es für sie keine volle Sicherheit gebe, so lange noch angesehene und mächtige Personen unter der Bürgerschaft am Leben seien. So verfiel z. B. auch Gorion ihrer Rache, ein durch Würde und Adel besonders hervorragender, allgemein beliebter Mann. „Auch Niger von Peräa, der sich im Kriege gegen die Römer so tapfer gezeigt, entging ihren Händen nicht. So laut er um Hülfe rief und öffentlich seine Narben zeigte, — er wurde durch die Strassen geschleift. Als er vor den Thoren angekommen war, flehte er, bereits an seiner Rettung verzweifelnd, nur noch um ein Begräbniss; die Unmenschen verweigerten ihm vor seinem Tode noch die Handvoll Erde, nach der er sich sehnte, und vollzogen den Mord. Sterbend rief Niger die Römer als Rächer an und wünschte den Zeloten zu dem Elend des Krieges Hunger und Seuchen und Blutvergiessen unter ihnen selbst. Der Tod Nigers enthob sie für den Augenblick der Furcht vor ihrem Sturze. Im Volk war Keiner so unbedeutend, dass nicht eine Ursache des Verderbens gegen ihn ersonnen ward. Wer immer nur Einem von ihnen zuwider gewesen, war längst gefallen; wer um des Friedens willen sich nicht gerührt hatte, den traf die Anklage nach Gutfinden. Wer es nicht ganz mit ihnen hielt, galt für übermüthig; wer freimüthig sie ansprach, für einen Verächter; wer ihnen schmeichelte, für einen Auflaurer. Nur eine Strafe gab es für die grössten wie für die geringeren Vergehen, — den Tod. Kein Mensch entging ihr, wenn er nicht, sei es an Geburt oder an Vermögen, gar zu niedrig stand."

Die römischen Heerführer, welche in dem Zerwürfniss der Juden ein glückliches Ereigniss sahen, drängten jetzt Vespasian zum Aufbruch nach Jerusalem, indem sie sagten, die göttliche Vorsehung sei mit den Römern im Bunde, da die Feinde sich gegenseitig aufrieben, doch müsse die Gelegenheit schnell benutzt werden, da die Juden sich sonst bald wieder aussöhnen möchten. Vespasian aber entgegnete: „Wenn wir sogleich auf die Stadt losgehen, so zwingen wir die Feinde zur Einigkeit und werden die ungeschwächte Macht derselben gegen uns kehren; warten wir dagegen, so haben wir es nur mit den Wenigen zu thun, die der Aufruhr verschont. Gott lenkt diesen Krieg besser, als ich es verstehe; ohne Kampf überliefert er uns die Juden und verleiht unserem Heere einen Sieg ohne Schwertstreich. So lange die Feinde gegen sich selbst wüthen und sich durch Aufruhr Verderben bereiten, lasset uns als ruhige Zuschauer dem Bürgerkriege zusehen und uns nicht in den Kampf von Menschen einmischen, die sich selbst zerfleischen."

Als Vespasian diese Ansichten noch weiter ausführte und begründete, stimmten ihm endlich die übrigen Anführer bei. Bald zeigte es sich auch, dass er die Verhältnisse ganz richtig beurtheilt hatte, denn jeden Tag kamen Flüchtlinge in Menge aus Jerusalem, die den tyrannischen Despotismus der Zeloten nicht länger ertragen konnten. Als die zahlreichen Entweichungen aber in der Stadt bemerkt wurden, besetzten die Zeloten alle Ausgänge und tödteten Jeden, der ergriffen wurde, als Ueberläufer. „Nur wer bezahlte, wurde durchgelassen; wer nicht bezahlte, galt als Verräther. Daher hatten sie, weil die Reichen für ihre Flucht Geld gaben, nur die Armen zu morden. Die Todten lagen haufenweise in den Strassen herum. Dennoch wählten Viele lieber den Untergang in der Stadt, weil die Hoffnung auf ein Begräbniss den Tod in der Heimat immer noch milder erscheinen liess. Die Zeloten aber gingen in ihrer Wuth so weit, dass sie weder den in der Stadt, noch den ausserhalb Getödteten eine Handvoll Erde gönnten. Als hätten sie gelobt, mit den Gesetzen des Vaterlandes auch die der Natur zu vernichten und ausser den Freveln an Menschen auch das Göttliche zu entheiligen, liessen sie die Leichname unter freiem Himmel vermodern. Für die, welche einen Verwandten begruben, war dieselbe Strafe bestimmt wie für die Ueberläufer, nämlich der Tod. Wer einem Andern das Begräbniss verschafft, musste es selbst entbehren. Mit einem Worte, kein besseres Gefühl war in jener Schreckenszeit so ganz erstorben als das Mitleid. Denn gerade das, was am meisten Erbarmen erregte, reizte die Wüthriche. Von den Lebenden trugen sie ihren Zorn auf die Todten, von diesen wieder auf die Lebenden über. In verzweifelnder Angst pries der Ueberlebende die vor ihm Gefallenen glücklich, der im Kerker Gemarterte beneidete selbst das Schicksal des Unbestatteten. Jedes Menschengesetz wurde von den Zeloten mit Füssen getreten, das Göttliche verhöhnt und die Sprüche der Propheten als trügerisch verspottet."

Johannes, der Gischalener, der schon so lange nach Alleinherrschaft gedürstet hatte, fand endlich keine Befriedigung mehr darin, mit seinen Genossen nur eine gleiche Ehre zu theilen. Durch allerhand Verführungskünste suchte er von den Zeloten einen nach dem andern auf seine Seite zu ziehen, um sich einen eigenen Anhang zu verschaffen, was ihm auch bald genug gelang. Einige unterwarfen sich ihm nämlich aus Furcht, andere aus freien Stücken, noch andere auch, weil sie es um ihrer selbst willen für wünschenswerth erachteten, dass die Schuld ihrer Greuelthaten vorkommendenfalls auf ihn gewälzt werden konnte. Ausserdem erwarb ihm überhaupt seine geistige Ueberlegenheit noch viele Spiessgesellen. Genug, die Aufrührer trennten sich wirklich in zwei Parteien und Johannes betrug sich nun förmlich als König der Gegenpartei. Beide Parteien waren gegen einander sorgsam auf der Hut und betrachteten sich mit misstrauischen Blicken, vermieden aber offene Feindseligkeiten; höchstens kam es bisweilen zu einem unbedeutenden Scharmützel zwischen ihnen. Gegen das Volk stritten sie aber desto einmüthiger und nachdrücklicher und wetteiferten gleichsam in der Bedrückung und Ausplünderung desselben. So litt jetzt die unglückliche Stadt durch drei Uebel zugleich, nämlich durch den Krieg mit den Römern, durch Johannes' Zwingherrschaft und durch den Aufruhr der Zeloten; es war bereits dahin gekommen, dass das Volk das erstere für das erträglichste hielt. Wem es daher gelang, der flüchtete zu den Römern und suchte bei Ausländern ein Heil, das inmitten der eigenen Stammesgenossen nicht mehr zu finden war.

9. Unterwerfung Peräas, Judäas und Idumäas durch die Römer.

Die in Masada hausenden Sikarier, welche sich von dem Ertrage ihrer Räubereien nährten, hatten kaum erfahren, dass die Römer sich ruhig verhielten und die Juden in Jerusalem durch Aufruhr und Gewaltherrschaft entzweit seien, so unternahmen sie grössere und kühnere Raubzüge als bisher. Um die Osterzeit überfielen sie einst des Nachts das Städtchen Engaddi am todten Meere, jagten schnell die wehrhaften Männer, ehe dieselben zu den Waffen greifen und sich sammeln konnten, hinaus, erwürgten über 700 Weiber und Kinder und plünderten die Häuser aus. Ebenso beraubten sie alle Dörfer um Masada her und verheerten die ganze Umgegend, da sich ihnen täglich mehr schlechtes Volk anschloss. Als sich die Kunde von den glücklichen Streifzügen der Sikarier weiter und weiter verbreitete, regte sich auch in den übrigen Landstrichen von Judäa das bisher eingeschüchtert gewesene Raubgesindel wieder und setzte, zu starken Banden vereinigt, Dörfer und Städte in Schrecken.

Dieses Unwesen sowohl wie die anarchischen Zustände in Jerusalem, von denen die Römer durch die glücklich entkommenen Ueberläufer genau unterrichtet waren, bewogen endlich Vespasian zu einem neuen Feldzuge. Bevor er sich jedoch zu einer Belagerung der Hauptstadt anschickte, suchte er seinen Rücken zu decken. Er zog daher vor Gadara (Mark. 5, 1), die befestigte Hauptstadt Peräas, und nahm sie unter dem Jubel der dortigen Friedenspartei im Mai des Jahres 68. Nachdem er den entronnenen Aufrührern seinen Tribunen Placidus mit 500 Reitern und 3000 Fusssoldaten nachgesandt hatte, kehrte er mit dem übrigen Theil seines Heeres nach Cäsarea zurück. Die Flüchtlinge erblickten kaum ihre Verfolger, so drängten sie sich in das Städtchen Bethennabrim*) und vereinigten sich mit den dortigen kriegsfähigen Männern. Placidus lockt sie jedoch in die vor der Stadt gelegene Ebene, umzingelt sie und richtet ein furchtbares Blutbad unter ihnen an. Die Stadt wird nach einem tapferen Kampfe gegen Abend erobert, ausgeplündert und verbrannt. Die Entkommenen sprengten in der Umgegend aus, das ganze Römerheer sei im Anzuge. Voll Furcht flüchtete deshalb das Landvolk in zahllosen Haufen nach Jericho; denn nur in dieser Stadt hofften sie noch Rettung zu finden, weil sie starke Mauern und eine zahlreiche Bevölkerung hatte. Placidus jagte den Flüchtlingen mit seiner Reiterei bis an den von Regengüssen hoch angeschwollenen Jordan nach und hieb 15,000 nieder. Eine weit grössere Anzahl stürzte sich, von Entsetzen ergriffen, in die Fluthen. Gegen 2200 wurden gefangen, auch erbeuteten die Sieger viele Esel, Kameele, Schafe und Rinder. Placidus berannte nun die nächstgelegenen Flecken und Dörfer, nahm Abila, Julias (B. j. II, 13, 2), Besimoth (wahrscheinlich das alte Beth Jeschimoth, 4 Mos. 33, 49) und alle andern Ortschaften bis ans todte Meer hin und legte in jede eine Besatzung von jüdischen Ueberläufern. Dann liess er seine Soldaten in Kähne steigen und Alle niedermachen, die sich (vermuthlich von Bethennabrim aus) auf den See Genezareth geflüchtet hatten. Die übrigen noch uneroberten Plätze in Peräa bis Machärus hin ergaben sich entweder gutwillig, oder wurden mit Gewalt genommen.

Während des Winters befestigte Vespasian die eroberten Ortschaften, legte Dekurionen in die Dörfer, Centurionen in die Städte; einige der niedergebrannten baute er wieder auf. Gegen Anfang des Frühlings, im Jahre 69, brach er mit seiner Hauptmacht wieder auf und zog von Cäsarea nach Antipatris. Hier hielt er sich zwei Tage auf und rückte dann sengend und brennend weiter. Nachdem er das Gebiet von Thamna unterworfen, zog er vor Lydda und Jamnia; beide Städte ergaben sich und erhielten Besatzungen von römisch gesinnten Juden. Von Jamnia rückte Vespasian nach Ammaus (Nikopolis). „Alle Strassen, welche nach der Hauptstadt führten, wurden besetzt und ein verschanztes Lager

---

*) Beth Ennabrim ist jedenfalls identisch mit dem B. j. IV, 8, 2 erwähnten Dorfe Gennabrim, welches an der Südspitze des Sees Genezareth — also vermuthlich an der Stelle des heutigen Semakh — lag.

errichtet, in welches er die fünfte Legion verlegte; dann zog er mit dem übrigen Heere in das Gebiet von Bethlephthephim (j. el-Weledscheh). Mit Feuer und Schwert verheerte er dieses und die Umgegend, befestigte einzelne Punkte gegen (Gross-) Idumäa, nahm zwei Dörfer mitten in Idumäa (nämlich im Kreise von Bethlephthephim), Betaris (j. Bittir) und Kaphar Toba (j. Sôba), tödtete über Zehntausende und machte mehr als 1000 Gefangene; den übrigen Haufen jagte er davon und legte eine starke Abtheilung seines Heeres hinein, die durch Ausfälle die ganze Gebirgsgegend verwüstete. Mit der übrigen Heeresmacht brach er wieder nach Ammaus auf, von wo er durch das Samaritanische, an Neapolis (Sichem) vorbei, nach Korea (j. Kariyût) hinabzog und da am zweiten des Monats Däsius (Juni) sein Lager aufschlug. Am folgenden Tage kam er nach Jericho, wo der Unterbefehlshaber Trajanus zu ihm stiess, der nach Unterwerfung des jenseitigen Jordangebietes seinen Heerhaufen aus Peträa (Arabien) herbeiführte." Viele Einwohner von Jericho waren vor Vespasians Ankunft auf die Berge bei Jerusalem geflohen. Da die zurückgebliebenen niedergemacht wurden, so war jene Stadt jetzt ganz verödet.

Um Jerusalem allmählig von allen Seiten einzuschliessen, liess Vespasian auch zu Jericho und Adida*) befestigte Lager errichten, in welche er Besatzungen von Römern und Bundesgenossen legte. Seinen Unterfeldherrn Lucius Annius schickte er mit einer bedeutenden Heeresabtheilung nach Gerasa (j. Djerâsch) im Ost-Jordanlande. Dieser nahm die Stadt mit Sturm, plünderte und verbrannte dieselbe, nachdem die Einwohner derselben theils getödtet, theils gefangen genommen waren, und zog gegen die benachbarten Dörfer. Wer noch konnte, rettete sich; was zurückblieb, wurde verbrannt. So hatten die Römer ihre Herrschaft über das jüdische Land fast überall wiederhergestellt und die Hauptstadt durch die zu Jericho, Adida, Emmaus, Betaris und Kaphar Toba stationirten Heeresabtheilungen von auswärtiger Hülfe fast ganz abgeschnitten.

Als Vespasian nach Cäsarea zurückgekehrt war, wurde ihm Neros Tod gemeldet. Der schwankende Zustand des römischen Reiches wäh-

---

*) Die Stadt Adida oder Addida, „die auf einem hohen, die Ebene von Judäa begrenzenden Berge liegt" (Ant XIII, 6, 4. 15, 2), ist keine andere als die 1 Makk. 12, 38 genannte „Burg Adida zu Sephela". Zwischen dem Gebirge Ephraim und der Küstenebene Saron befindet sich nämlich eine von zahlreichen Wadis durchschnittene Hochebene, Schephela, d. h. die Niederung (Jos. 11, 16. Jer. 32, 44. 33, 13. Sach 7, 7), genannt. Auf dieser, grösstentheils zu dem judäischen Kreise Thamna gehörigen Hochebene — der Ebene von Judäa — erhebt sich ein isolirter Vorberg des Gebirges Ephraim, Râs Kerker genannt, welcher damals ohne Zweifel den festen Ort Adida, der nicht mit dem südlicher gelegenen Chadid (Neh. 11, 34), j. Chaditeh, zu verwechseln ist, trug.

rend Galbas und Othos Regierung bewog ihn zu einer vorläufigen Einstellung seiner Kriegsunternehmungen gegen die Juden.

10. Simon, Gioras Sohn, und die Zeloten.

In Jerusalem brachen um diese Zeit neue Unruhen aus. Die Veranlassung dazu gab der schon mehrmals erwähnte Simon, Gioras Sohn, ein aus Gerasa gebürtiger junger Mann, der ebenso wie der Gischalener Johannes nach Alleinherrschaft strebte. Obgleich minder schlau und gewandt wie dieser, war er ihm doch an Keckheit und Körperstärke überlegen. Es ist bereits erzählt worden, dass er nach dem Tode des Hohenpriesters Ananus von der Burg Masada aus die idumäischen Landstriche beraubte und verheerte und sogar den Städten furchtbar wurde. Als seine Bande noch mehr gewachsen war, begab er sich wiederum in den Kreis Akrabatene, wo er schon früher sein Wesen getrieben hatte, und befestigte hier das Dorf Nain*), um darin Schutz und Sicherheit zu finden. Die zahlreichen Höhlen in der südlich davon gelegenen, mit steilen, abschüssigen Wänden versehenen Schlucht Pharan (j. Wadi Fârah) dienten ihm als Schatzkammern für seine Beute und den meisten seiner Leute als Garnisonsquartiere. Wie ein König an der Spitze seines Heeres, so durchstreifte er von hier aus mit seiner Mannschaft die benachbarten Distrikte bis nach Gross-Idumäa hin und setzte Alles in Schrecken.

Die Zeloten, voll Furcht, dass Simon einen Streich gegen Jerusalem zu führen beabsichtige, zogen in überlegener Anzahl bewaffnet aus, um dem heranwachsenden, gefährlichen Gegner zuvorzukommen. Simon greift sie jedoch muthig an, tödtet eine Menge von ihnen und jagt die übrigen in die Stadt zurück. Da er seiner Macht indess noch nicht ganz traute, so zog er wieder ab, ohne einen Sturm auf die Mauern zu versuchen. Er wollte vorher erst noch Idumäa bezwingen und überfiel mit seinen 20,000 Bewaffneten diese Landschaft. Die erste Schlacht, in der ihm 25,000 Idumäer gegenüberstanden, blieb zwar unentschieden, doch gewann er durch die Verrätherei des idumäischen Häuptlings Jakobus die Stadt Aluros (j. 'Allâr) und zog, als die Idumäer sich furchtsam zerstreut hatten, nach Gross-Idumäa. Hier nahm er in der ersten Ueberraschung die Stadt Hebron, in welcher er grosse Beute machte

---

*) Der Berg, auf welchem Gibea Sauls, j. Djeba, lag, läuft auf seiner Ostseite allmählig in eine Hochebene aus, welche sich weit nach Osten hin erstreckt. Nach einer kleinen Senkung folgt auf derselben, ½ Stunde von Gibea entfernt, eine hügelige Erhebung, der Hügel Amma, auf welcher Giach (2 Sam. 2, 24), j. Medinet Chai, lag. Wegen seiner Lage auf diesem Hügel hiess derselbe Ort auch Kaphar Ammonai (Jos. 18, 24), dann Menuach (Richt. 20, 43) und zu Josephus' Zeit endlich Dorf Nain.

und eine Menge Früchte vorfand. Von Hebron aus durchstreifte er nun ganz Idumäa, verwüstete Städte, Dörfer und Fruchtfelder und verwandelte das Land in eine Einöde.

Dieser schändliche Vandalismus wurde selbst den Zeloten in Jerusalem zu arg. Da sie sich aber nicht getrauten, dem Tyrannen offen die Spitze zu bieten, so legten sie sich in einem Hohlwege in Hinterhalt und raubten seine Gattin und Viele von ihrer Dienerschaft. Jubelnd, als wäre Simon selbst gefangen, kehrten sie in die Stadt zurück und erwarteten, dass er die Waffen niederlegen und sein Weib flehentlich zurückerbitten werde. Darin hatten sie sich aber gewaltig verrechnet, denn er empfand nicht Mitleiden wegen der Geraubten, sondern wahre Wuth über das kecke Unternehmen der Zeloten. Schnell rückte er mit seinem Heere vor Jerusalem und liess, da er seine Gegner selbst nicht erreichen konnte, seinen Zorn an Jedem aus, der in seine Gewalt gerieth. „Wer immer Kohl oder Reiser zu lesen aus den Thoren kam, Unbewaffnete und Greise, liess er festnehmen, quälen und tödten. Es fehlte nicht viel, dass er im Uebermaass der Erbitterung ihre Leichname gefressen hätte. Manchen hieb er die Hände ab und schickte sie hinein, um die Feinde zu schrecken und das Volk gegen die Schuldigen aufzuhetzen." Die Verstümmelten mussten in der Stadt aussagen, Simon habe bei Gott geschworen, wenn sie ihm nicht sofort sein Weib herausgäben, so werde er die Mauern brechen und allen Einwohnern, sie seien Schuldige oder Unschuldige, ein gleiches Schicksal bereiten. Diese Drohung verfehlte ihre Wirkung nicht; selbst die Zeloten ergriff eine solche Bestürzung, dass sie ihm sein Weib zurückschickten und so seinen Zorn besänftigten.

Um diese Zeit — Vitellius hatte bereits den römischen Kaiserthron bestiegen — brach Vespasian von Cäsarea wieder auf und wandte sich im Juni des Jahres 69 gegen diejenigen Distrikte Judäas, welche noch nicht unterworfen waren. Zuerst nahm er die Kreise Gophnitis und Akrabatene und legte in die Städte Bethel (j. Beitîn) und Ephraim (j. Yebrûd*)) Besatzungen; seine Reiter streiften schon bis

---

*) Da der 1 Makk. 5, 46—54 berichtete Kriegszug nicht, wie man anzunehmen pflegt, jenseit des Jordans stattfand, sondern, wie aus 2 Makk. 12, 27—31 hervorgeht, ein von Jerusalem aus unternommener neuer Feldzug des Judas Makkabäus war, so ist unter der in den citirten Stellen erwähnten „festen Stadt Ephron, die an der Strasse (von Jerusalem nach Scythopolis) lag, da man mittenhindurch musste und nicht rechts oder links von ihr abbeugen konnte," — gleichfalls das heutige Yebrûd zu verstehen. Ausser andern Gründen spricht namentlich die nachfolgende Beschreibung, die ein neuerer Reisender von der dortigen Lokalität giebt, unverkennbar für diese Behauptung. Diese Beschreibung lautet (Hzlm. S. 127). „Jenseits des Höhenrückens (auf dem Beitîn, das alte Bethel, liegt) senkte sich der Weg abwärts und zog sich dann durch anmuthige Thalgründe, besetzt mit Feigen, Oliven

vor Jerusalem. Viele Juden wurden getödtet, viele gefangen genommen. Während dessen verheerte Cerealis, Führer der fünften Legion, von Emmaus aus mit einer Heeresabtheilung das idumäische Bergland und verbrannte das Städtchen Kaphethra; die Einwohner eines andern, Kopharabim*), zogen, um Gnade flehend, heraus und ergaben sich. Der Ort erhält eine Besatzung. Cerealis marschirt nun nach Hebron und erzwingt den Einzug. Die Einwohnerschaft wird getödtet, die Stadt selbst in Brand gesteckt. Nachdem nunmehr das ganze jüdische Land mit Ausnahme der drei festen Burgen Masada, Machärus und Herodias (in Peräa), die sich noch in der Gewalt der Räuber befanden, wiederum unterjocht war, wurde endlich Jerusalem selbst das Ziel der römischen Angriffe.

Sobald Simon sein Weib von den Zeloten zurückerhalten hatte, kehrte er in das verwüstete Idumäa zurück und begann sein früheres Unwesen von neuem, so dass viele Idumäer nach Jerusalem flüchteten. Dann rückte er wieder vor die Hauptstadt, schloss sie abermals ein und tödtete alle Arbeiter, die er auf dem Felde antraf. „Simon war der Bevölkerung von aussen her furchtbarer als die Römer, die Zeloten im Innern aber furchtbarer als beide. Die Galiläer erhoben Johannes auf den Gipfel der Macht; zum Danke für die verliehene Gewalt erlaubte dieser ihnen Alles, was sie nur thun mochten. Ihre Plünderungssucht war unersättlich, unaufhörlich durchwühlten sie die Häuser der Reichen; Mord der Männer und Frauen galt für Spiel des Muthwillens, von Blut triefend verschlangen sie ihren Raub, und in der Völlerei trieben sie die schamloseste Unzucht, indem sie die Haare frisirten, weibliche Kleidung anzogen, sich mit Salben begossen und zur Verschönerung die Augen bemalten. Während sie mit den Geberden eines Weibes umherliefen, trugen sie den Mordstahl in der Hand; vom hüpfenden Tänzer-

---

und Weinstöcken. Oestlich dehnte sich an einem Abhang das wohlhabend erscheinende Dorf Jabrut (= Yebrûd) aus, und nahe dabei öffnete sich ein Felsenthal, an dessen jähen Wänden eine Menge Grabeshöhlen sichtbar wurden, ein Zeugniss der früheren ansehnlichen Bevölkerung. Gleich nachher nahm uns ein Thal auf, das mit seinen Gründen und mit der ganzen Umgebung seiner einschliessenden Berge einem unabsehbaren Garten von Feigenbäumen gleicht; die zwischen den Stämmen und Büschen blühenden Granaten gaben einen lachenden Schmuck. Jenseits dieser Pflanzungen tritt die freie, von der Menschenhand unberührte Natur wieder in ihre Rechte." Diese Wildniss ist jedenfalls ein Theil der Joh. 11, 54 erwähnten „Wüste".

*) Kaphethra und Kopharabim (letzteres vielleicht das alte Arab, Jos. 15, 52) sind vermuthlich die von Vespasian gegen Gross-Idumäa befestigten Punkte, deren Besatzung von Simons Leuten inzwischen getödtet oder verjagt sein mochte. Die Lage des erstern dürfte durch die jetzigen Ruinen von Fâghûr, die des letztern durch die Ruinen von Abu Fid oder Kûfîn bezeichnet werden. Bethzura (j. Beit Sûr), die Grenzfestung gegen Gross-Idumäa, war von Vespasian wahrscheinlich nicht mehr berührt worden.

schritt gingen sie plötzlich zum Sturmschritt über, aus den purpurgefärbten Mänteln zogen sie blutige Schwerter hervor und durchbohrten, wer ihnen aufstiess. Wer dem Johannes entronnen war, fiel dem noch wüthenderen Simon in die Hände; wenn Einer dem städtischen Tyrannen entronnen zu sein wähnte, starb er unter der Hand des Wüthrichs vor den Thoren. Jede Zuflucht zu den Römern war abgeschnitten."

Aber auch in Johannes' eigenem Heere, dem sich allmählig sämmtliche Zeloten angeschlossen hatten, brachen Empörungen aus. Zuerst lehnten sich die Idumäer, die in demselben dienten, theils aus Neid über seine Gewalt, theils aus Hass gegen seine Grausamkeit gegen ihn auf und griffen die Zeloten an. Nachdem sie viele von ihnen getödtet hatten, jagten sie die übrigen in den Palast der Grapte, in welchem Johannes seinen Wohnsitz aufgeschlagen hatte, und von dort in den Tempel. Während sie den Palast ausplünderten, liefen die Zeloten, die noch in der Stadt zerstreut waren, ebenfalls in den Tempel und Johannes rüstete sich zum offenen Kampfe gegen die Idumäer und das mit ihnen im Bunde stehende Volk. Obgleich die Verbündeten zahlreicher und stärker waren als die Zeloten, so hatten sie es doch mit Feinden zu thun, von deren Verzweiflung und Rachsucht das Aergste zu befürchten stand. In dieser Bedrängniss griffen sie zu einem Rettungsmittel, das zu den schlimmsten gehörte, die sie hätten erwählen können. Man beschloss nämlich, den vor den Thoren lagernden Simon, vor dem man so oft gezittert hatte, in die Stadt aufzunehmen, und sandte den Hohenpriester Matthias an ihn ab. Stolz willigte jener ein, zog in die Stadt und wurde vom Volke als Retter und Beschützer begrüsst. Kaum befand er sich jedoch mit seiner Macht darinnen, so behandelte er sowohl die, welche ihn gerufen, als auch die, gegen welche er gerufen war, gleichermassen als seine Feinde.

So wurde Simon im dritten Jahre des Krieges Herr von Jerusalem. Seine Leute besetzten die Tempelthore und raubten Alles, was die Zeloten in der Stadt besassen. Johannes befand sich in einer bedenklichen Lage. Simon griff nun mit Hülfe des Volks den Tempel an. Die Zeloten vertheidigten sich aber von den Dächern der Säulenhallen und den Zinnen der Vorhofsmauer aus so tapfer, dass viele von Simons Soldaten fielen und noch mehr verwundet weggetragen werden mussten; von ihren hohen Standpunkten aus hatten sie überhaupt leichtes Spiel, so dass selten ein Wurf sein Ziel verfehlte. „Die Vortheile ihrer Stellung vermehrten sie noch durch Kunst; sie errichteten vier grosse Thürme, um noch höher herabwerfen zu können, einen gegen das östliche (d. h. über dem Ophlathor), den andern gegen das nördliche Eck (über dem Thor Teri) des Tempels, den dritten oberhalb des Xystus (d. h. über dem Brückenthor), den vierten am andern Eck (über dem Thor Kiponos), gegenüber der (unteren Neu-) Stadt; der letzte (schon früher errichtete) war über dem Giebel (oder: Thor) der Gewänderhalle erbaut, wo nach alter Sitte ein Priester mit der Trommete den Anfang und wiederum am andern Abend den Schluss des Sabbaths ankündigte. Auf diese (fünf) Thürme pflanzten sie Wurfmaschinen und versahen sie mit Bogenschützen und Schleuderern. Jetzt liess Simon mit seinen Angriffen nach, zumal auch ein grosser Theil seiner Leute erschlaffte. Zwar hielt er durch seine Uebermacht immer noch die Zeloten im Schach, allein die von den Maschinen sehr weit getragenen Geschosse streckten seine Krieger haufenweise nieder."

II. Wilde Parteikämpfe in Jerusalem.

Vespasian hatte sich nach der Verheerung der Umgegend von Jerusalem nach Cäsarea zurückbegeben. Hier war aus Rom die Nachricht eingetroffen, dass Vitellius zum Kaiser ausgerufen sei. Aufgebracht darüber, dass die abendländischen Legionen sich allein das Recht anmassten, die Oberherren des römischen Volkes zu wählen, traten Vespasians Krieger zu vertraulichen Unterredungen zusammen, rathschlagten über den Thronwechsel und riefen dann ihren eigenen Oberfeldherrn zum Kaiser aus. Nach längerem Widerstreben nahm dieser endlich ihre Begrüssungen an. Ehe er von Cäsarea abreiste, liess er Josephus, der ihm gleich nach seiner Gefangennehmung diese Standeserhöhung vorausverkündigt hatte, in Freiheit setzen. — Titus begleitete seinen Vater bis Aegypten.

In Jerusalem trennten sich die durch den Abfall der Idumäer schon so sehr geschwächten, im Tempel eingeschlossenen Zeloten bald in zwei besondere Parteien, die sich gegenseitig mit Erbitterung bekämpften. Der schon oben gedachte Eleasar, Simons Sohn, der die Zeloten zuerst mit dem Volke entzweit und auf den Tempelberg geführt hatte, verband sich nämlich mit einigen einflussreichen Parteigenossen, von denen jeder einen bedeutenden Anhang unter den Zeloten hatte, und veranstaltete, weil er dem später emporgekommenen Tyrannen Johannes nicht länger unterworfen sein wollte, einen Aufruhr gegen diesen. Die Empörer besetzten den „inneren Tempelhof" (d. h. den Männer- und Weibervorhof) und pflanzten auf den Thoren desselben ihre Kriegswerkzeuge auf. Da sich die Tempelschätze in ihrer Gewalt befanden, so waren sie mit Vorräthen reich versehen; ihre geringe Anzahl flösste ihnen jedoch Besorgniss ein und hinderte sie an kräftigem Auftreten. Was aber Johannes an Ueberzahl voraus hatte, das verlor er wieder durch seine Stellung. Denn da seine Gegner ihm gleichsam über dem Haupte standen, so blieben seine Angriffe sehr unwirksam und kosteten überdies vielen seiner Leute das Leben. Dennoch liess ihn sein Zorn nicht ruhen, und der Kampf wüthete ununterbrochen fort. „Unter fortwährenden Ausfällen und Gefechten wurde der Tempel überall von Blut überströmt."

Simon, Gioras Sohn, der die Oberstadt und einen grossen Theil der Unterstadt besetzt hielt, griff von hier die auf den Vorhof der Heiden beschränkte Partei des Johannes um so muthiger an, weil diese auch von den oberen Vorhöfen her bedrängt wurde. „Johannes, der nach zwei Seiten sich wehren musste, konnte zugleich verlieren und gewinnen, und soviel er gegen die Partei Eleasars durch seine tiefere Stellung im Nachtheile war, ebensoviel war er im Vortheil gegen Simon, weil dieser noch tiefer stand. Die Angriffe von untenher wehrte er leicht mit der Faust ab; die Schützen, welche vom Tempel herab schossen, brachte er nur durch Anwendung von Wurfmaschinen zum Weichen. Er besass nämlich Maschinen aller Art zum Schleudern von Speeren und Steinen, mit welchen er nicht bloss eine Menge der bewaffneten Gegner niederstreckte, sondern auch viele Bürger während des Opferns tödtete. Bei aller Frevelwuth hatten nämlich die Zeloten doch immer noch Jeden, der opfern wollte, eingelassen, die Einheimischen unter Argwohn und strenger Bewachung, Fremde ohne Scheu. Und wenn diese schon beim Eintritt sich über ihre Grässlichkeiten entsetzen mussten, wurden sie zuletzt noch ein Opfer des Aufruhrs, denn die Geschosse, von den Maschinen bis zum Tempel und Altar geschleudert, trafen Priester und Opfernde. Manche, die von den Enden der Erde zu dieser gefeierten und der ganzen Welt heiligen Stätte herbeigekommen waren, wurden neben ihren Opferthieren niedergestreckt und bespritzten den von Griechen und Ausländern angebeteten Altar mit ihrem Blute, die Leichname der Einheimischen und Fremden, von Priestern und Laien lagen neben einander. Das Blut, das aus so vielen Körpern floss, bildete einen See in den heiligen Vorhöfen."

Johannes wurde von den Einwohnern der Stadt mit Lebensmitteln versorgt, damit er sie nur vor den andern Aufrührern schütze. „Wenn er nun auf beiden Seiten zumal bedrängt wurde, theilte er seine Mannschaft in zwei Haufen, mit dem einen Theil wehrte er sich gegen die von der Stadt Anrückenden von den Hallen aus, und mit dem andern beschoss er die Partei Eleasars aus seinen Maschinen. Hatte er je einmal von obenher Ruhe — Trunkenheit und Ermüdung brachte Eleasars Anhang manchmal zum Schweigen —, so machte er desto kühnere Ausfälle auf Simon. So weit er diesen in die Stadt hinuntertrieb, steckte er die Häuser in Brand, welche mit Getreide und andern Lebensmitteln gefüllt waren; das Gleiche that Simon, wenn Johannes weichen musste. Es sah gerade so aus, als wenn sie absichtlich den Römern zu Liebe Alles, was die Stadt für die Belagerung gesammelt hatte, vernichten und sich die Sehnen ihrer eigenen Kraft abschneiden wollten. Die Folge war, dass die Umgebungen des Tempels niedergebrannt und der Theil der Stadt, welcher zwischen den Kämpfenden lag, zu einer Einöde wurde, auf der Heere sich aufstellen konnten. Aller Vorrath, der auf Jahre für die Belagerten hingereicht hätte, ging bis auf Weniges im Feuer auf. Deshalb wurden sie (späterhin) durch Hunger bezwungen, was nie möglich gewesen wäre, hätten sie sich diese Plage nicht selbst geschaffen."

„Von den verschiedenen Parteien der Empörer und des Gesindels wurde das Volk in die Mitte genommen und wie ein todter Leib zerfleischt. Greise und Weiber beteten in der Verzweiflung über das Elend im Innern für die Römer und erwarteten von dem äussern Krieg die Befreiung von dem einheimischen Unglück. Bestürzung und Schrecken lastete auf den Einwohnern; unfähig, einen Entschluss zur gewaltsamen Verbesserung ihrer Lage zu fassen, sahen sie auch keinen Ausweg der Aussöhnung oder der Flucht, so gern sie auch wollten. Alles war bewacht, und so wild die Aufrührer sich gegenseitig befehdeten, waren sie doch darin einig, Jeden, der an Frieden mit den Römern dachte oder zum Uebergang geneigt war, als gemeinsamen Feind niederzustossen und Alle, die es verdient hätten, länger zu leben, umzubringen. Unaufhörlich erscholl das Geschrei der Kämpfenden bei Tag und bei Nacht, gellender noch der Weheruf der Jammernden. Immer neue Ursachen zu Thränen schufen die sich häufenden Unfälle, und doch verschloss der Schrecken die Klage im Munde. Indem so der Schmerz durch Furcht übertäubt ward, quälten sich die Unglücklichen mit verbissenem Jammer. Keine Achtung und Scheu unter lebenden Verwandten mehr, keine Sorge für die Todten. Verzweiflung hatte alle Gefühle erstickt. Alle, die es nicht mit den Aufrührern hielten, hatten jeglicher natürlichen Neigung entsagt, als sichere Opfer des Todes. Die Aufrührer fochten mit einander, auf Hügeln von aufgeschichteten Todten stehend; als hätten sie von den Leichnamen unter ihren Füssen immer steigende Wuth eingesaugt, wurden sie noch rasender. Immer neues Verderben gegen einander ersinnend und, was beschlossen war, schonungslos vollstreckend, liessen sie keine Art von Quälerei und Grausamkeit unversucht." Johannes begann sogar, das Holz, welches zum Ausbau des Tempels vom Libanon herbeigeschafft worden war, zu Thürmen gegen Eleasars Partei verarbeiten zu lassen. Diese Thürme sollten auf der Westseite des Männervorhofs aufgestellt werden, wo es allein möglich war, dem Gegner beizukommen, weil die andern Seiten der Vorhofsmauer wegen der im Zwinger angebrachten grossen Steintreppen zu tief zurückstanden. Ehe dieses Werk jedoch zur Ausführung gebracht werden konnte, erschien das römische Belagerungsheer vor den Thoren Jerusalems. Nun endlich wurden die inneren Feindseligkeiten eingestellt, und alle Parteien rüsteten sich wider den gemeinsamen äusseren Feind.

II. Zerstörung der Stadt Jerusalem.

I. Anmarsch des römischen Heeres.

Titus selbst war von seinem Vater Vespasian zur Bezwingung Jerusalems ausersehen worden. „Schon zur Zeit ihres beiderseitigen Privatstandes als Kriegsmann berühmt, waltete er nunmehr mit höherem Nachdruck und Glanz; Provinzen und Heere wetteiferten in Anhänglichkeit. Er selbst, um sich über das Glück erhaben zu zeigen, erschien in seiner Schönheit und kriegerischen Lebhaftigkeit; durch leutseliges, gesprächiges Wesen weckte er den Diensteifer; bei der Arbeit, auf dem Heerzuge, mischte er sich gewöhnlich unter die Soldaten, ohne der Feldherrnwürde zu vergeben. Drei Legionen, die fünfte, die zehnte und die funfzehnte. alte Krieger Vespasians, fand er in Judäa vor. Mit diesen vereinigte er die zwölfte aus Syrien sammt der zweiundzwanzigsten und dritten, die er aus Alexandria herbeizog. Ihn begleiteten 20 Bundeskohorten und acht Reitergeschwader; ferner die Könige Agrippa und Sohemus, auch die Hülfsvölker des Königs Antiochus und eine wackere Schaar Araber, feindselig gesinnt gegen die Juden vermöge des unter Nachbarn gewöhnlichen Hasses; dazu Viele aus Rom und Italien, welche die persönliche Hoffnung herbeigelockt hatte, einen noch uneingenommenen Fürsten zu gewinnen" (Tacit. Hist. V, 1). In Titus' Gefolge befand sich auch sein durch Umsicht und guten Willen erprobter Freund Tiberius Alexander, der ehemalige Landpfleger von Judäa, ein Mann, durch Alter und Erfahrung ganz geeignet, in Kriegsangelegenheiten guten Rath zu ertheilen. Diese Kriegsmacht setzte sich von Cäsarea aus in Marsch.

„Den Zug in Feindesland eröffneten die Königlichen und das ganze Hülfsheer; hinter diesen zogen die Schanzgräber und Zimmerleute, dann das Gepäck der Anführer und hinter der bewaffneten Bedeckung desselben Titus mit auserlesenen Kerntruppen und Lanzenträgern. Nach ihm sodann die Reiterei der Legion; letztere vor den Kriegsmaschinen, und hinter diesen die Tribunen mit Auserlesenen und die Hauptleute mit ihren Kohorten. Hierauf die Feldzeichen, um den Reichsadler geschaart, voraus die Trompeter; dann die Legionen, sechs Mann hoch.

Die Bedienung jeder Legion hintennach und vor derselben das Gepäck. Die Hintersten waren die Miethtruppen, deren Nachtrab den Zug schloss. In dieser bei den Römern üblichen Ordnung zog das Heer durch das Samaritanische nach G o p h n a, das vorher Titus' Vater erobert und mit einer Besatzung versehen hatte. Hier übernachtete Titus und zog am Morgen weiter. Nach einer Tagereise Weges lagerte er im sogenannten D o r n e n t h a l e bei dem Dorfe G a b a t h - S a u l *), d. h. Saulshöhe; es liegt etwa 30 Stadien (³/₄ Meile) von Jerusalem."

*) Das Thal Gibeon (Jes. 28, 21), dessen südlicher Theil den Namen Dornenthal führte, ist eine rings von hohen Bergen umschlossene herrliche Ebene, in deren Mitte sich ein nicht sehr hoher, terrassenförmig ansteigender, länglicher Hügel erhebt, der auf seinem Gipfel die Stadt G a b a o, das alte mächtige G i b e o n (Jos. 10, 2), j. el-Djib, trug. In diesem heut zu Tage mit Wiesen, Kornfeldern, Weingärten, Olivenhainen, Mandel- und Feigenbäumen prangenden Thale, dessen Schönheit ehemals noch durch einen grossen T e i c h erhöht wurde (2 Sam. 2, 13. Jer. 41, 12); hier, wo Josua in blutiger Feldschlacht fünf Könige der Emoriter besiegte (Jos. 10, 5 f.), wo Saul die Gibeoniten auszurotten gedachte (2 Sam. 21, 2), wo ein harter Streit zwischen Isboseths und Davids Kriegshelden entbrannte (2, 12), wo David selbst die Philister aufs Haupt schlug (1 Chron. 15, 16); hier rastete Titus ohne Zweifel an derselben Stelle, wo vor ihm C e s t i u s G a l l u s schon zweimal mit seinem Heere gelagert hatte (B. j. II, 19, 1. 7). — Auf der nördlich von Gibeon gelegenen Bergfläche thronte die alte M i z p a, j. Râm Allah, auf dessen Südseite einst die Stiftshütte aufgestellt war (1 Chron. 17, 39). Dieses zwischen Mizpa und der Ebene Gibeon gelegene, jetzt ebenfalls mit Getreide, Weinstöcken und Oliven- und Feigenbäumen bestandene Plateau, von dem aus man den weiten Wasserspiegel des Mittelmeeres mit seinen weissen Sanddünen erblickt (Str. S. 311), war die Gott geweihte Höhe, wo die Israeliten ihre grossen Volksversammlungen hielten (Richt. 20, 1. 1 Makk. 3, 46), wo Debora und Samuel das Volk richteten (Richt. 4, 5. 1 Sam. 7, 5. 6), wo Saul als König begrüsst wurde (10, 17 -- 27), wo Salomo 1000 Brandopfer darbrachte (2 Chron. 1, 3—6) und wo der Statthalter Gedalja mit seiner Mannschaft unter dem Schwerte fanatischer Meuchelmörder fiel (Jer. 41, 1 ff.). Weiterhin (nördlich von Gophna) lag G i b e a P i n e c h a s' (Jos. 24, 33), j. Djihia, von Josephus G a b a t h a genannt (Ant. V, 1, 29). — Südöstlich von Mizpa erhob sich auf einem kegelförmigen Berge das alte R a m a (1 Sam. 1, 19), j. er-Râm, Samuels Geburts-, Wohn- und Sterbeort. Diese Stadt gehörte ebenso wie die mit dem Namen R a m a t h G i b e o n belegte Hochfläche von Mizpa einem von Samuels Vorfahren Namens Z u p h, und beide Ramath werden daher 1 Sam. 1, 1 R a m a t h a j i m Z o p h i m, d. h. die Zuphschen Höhen, und das dazu gehörige Landgebiet das L a n d (des) Z u p h (9, 5) genannt. Oestlich von Rama lag G i b e a Sauls (15, 35), j. Djeba. Zwischen beiden ist Z e l z a c h mit seinem Grabe der Rachel und der Terebinthenhain Thabor zu suchen (10, 2. 3). Oestlich von Gibea Sauls lag G i a c h auf dem Hügel A m m a (s. weiter oben). Etwa 20 Minuten östlich von Giach (j. Medinet Chai) erhebt sich ein zweiter Hügel, auf dem die Priesterstadt G e b a (Jos. 21, 18), auch „G i b e a g e g e n S o n n e n a u f g a n g" genannt (Richt. 20, 43), j. Medinet Goba, lag. Alles östlich von diesem Orte befindliche Wüstenterrain hiess die W ü s t e G e b a, doch findet sich 2 Sam. 2, 24 statt Geba der Name „Gibeon", wie umgekehrt 2 Sam. 5, 25 wieder „Geba" statt Gibeon gesetzt ist (vgl. 1 Chron. 15, 16). — An der Südseite des Thals Gibeon stösst ein hoher Gebirgszug, und zwar dessen höchster, weithin sichtbarer Spitze jetzt das Dorf Nebi Samwîl (d. h. Samuels Grab) liegt. Da jedoch Samuel in R a m a (1 Sam. 25, 1), nicht aber hier begraben wurde, und Josephus diese Bergspitze S a u l s h ö h e (Gabath-Saul) nennt, so ist unschwer zu errathen, dass hier in späterer Zeit eine leicht erklärbare Namensverwechslung stattgefunden hat und dass G a b a t h - S a u l (Nebi Samwîl) der Begräbnissort S a u l s und seines Vaters K i s, d. h. das alte Z e l a, ist (2 Sam. 21, 14).

Titus eilte von hier aus mit 600 Reitern auf Kundschaft nach Jerusalem voraus. So lange er sich auf der Heerstrasse der Stadt näherte, liess sich Niemand aus derselben sehen. Als er aber von der Strasse gegen den Thurm Psephinas ablenkte und dadurch die Seite seines Geschwaders blossgab, stürzten die Juden plötzlich in ungeheurer Menge durch das dem Denkmal der Helena gegenüberliegende Thor zwischen den Weiberthürmen hervor, durchbrachen die Reiterkolonne hier, warfen sich dann den Reitern, die noch auf der Heerstrasse daherzogen, entgegen und hielten sie ab, sich an diejenigen anzuschliessen, welche die Schwenkung schon gemacht hatten. Hierdurch wurde Titus mit seinen Begleitern von der Haupttruppe abgeschnitten. Ein weiteres Vordringen liess sich nicht bewerkstelligen, da von der Mauer an Alles durch Gräben, Gärten und Gartenzäune verrammelt war. Ebenso unmöglich schien auch die Rückkehr zu sein, da die Juden, wie gesagt, die römische Kolonne durchbrochen hatten. In dieser bedenklichen Lage konnte Titus nur allein noch von seinem eigenen Schwerte Rettung hoffen. Indem er sein Pferd wandte, rief er seinen Begleitern zu, ihm zu folgen, sprengte dann entschlossen mitten unter die Feinde und schlug sich mit Gewalt zu den Seinigen durch. Zwei von den hintersten Reitern wurden erschlagen. Den Juden, die ein Pferd erbeutet hatten, flösste dieser erste gelungene Ausfall eine ungemeine Zuversicht für die Zukunft ein.

In der Nacht zog Titus die unter dem Befehl des Sextus Cerealis stehende fünfte Legion, welche die Stadt Emmaus bisher besetzt gehalten, an sich und brach am Morgen nach Skopos auf. „Von diesem Punkt aus überschaut man die Stadt (Jerusalem) und die Pracht des Tempels; mit Recht heisst daher diese Ebene, die an den nördlichen Abhang der Stadt stösst, Skopos (d. h. Warte). Sieben Stadien von der Hauptstadt liess Titus zwei Legionen ihr Lager aufschlagen, die fünfte um drei Stadien weiter zurück*). Da die Soldaten von der Anstrengung des nächtlichen Marsches ermattet waren, vergönnte er ihnen gern den Vor-

---

*) Titus lagert sich auch jetzt mit der Hauptmasse seines Heeres wieder an demselben Platze, wo früher Cestius Gallus (B. j. 11, 19, 3. 7), und in noch früherer Zeit auch Alexander der Grosse, sein Lager gehabt hatte (Ant. XI, 5). Von der Sudostecke der Ebene Gibeon (dem Dornenthale) zieht sich ein Thal, j. Wadi Hanina, in südlicher Richtung nach Lifta (Eleph, Jos. 18, 28), das sich, an Breite wachsend, von hier aus nach Südwesten fortsetzt. Das ist der nördliche Ausläufer des von hohen Gebirgsterrassen begrenzten Thals der Rephaiten, einer einstigen bequemen Heerstrasse für die raubsüchtigen Philister, die darin von ihrer Heimat aus gefahrlos bis ins Herz des jüdischen Landes vordringen konnten (2 Sam. 5, 18. 23, 13). Als sie einst nach ihrer gewohnten Weise in Jerusalems Nähe erschienen und in aller Stille das Thal weiter hinaufzogen, um die reichgesegnete Ebene Gibeon zu berauben, „befragte David Gott, und Gott sprach zu ihm: Ziehe nicht (bei

theil, der in der grösseren Entfernung von der Stadt lag, damit sie desto furchtloser an den Schanzen arbeiteten. Kaum hatten sie mit dem Bau des Lagers begonnen, so erschien auch die zehnte Legion (unter Trajanus) über Jericho her, wo eine Abtheilung zur Behauptung des schon von Vespasian genommenen Passes zurückblieb. Sie erhielt Befehl, sich sechs Stadien von Jerusalem am Oelberg zu lagern."

2. Ausfälle der Juden.

Als die Aufrührer in Jerusalem drei römische Heerlager in der Nähe der Stadt erblickten, kam es unter ihnen zu gegenseitigen Erklärungen. „Worauf warten wir," — riefen sie einander zu — „warum lassen wir uns durch eine dreifache Mauer den Athem verschliessen, warum legen wir die Hände in den Schooss, während der Feind ungestört eine ganze Stadt von Verschanzungen aufwirft? Wir bleiben hinter der Mauer sitzen als ruhige Zuschauer, wie wenn das Werk, das vor unsern Augen vor sich geht, auf unsern Nutzen abgesehen wäre! — Sind wir denn nur gegen uns selbst tapfer, und sollen die Römer durch unsere Zwietracht ohne Schwertstreich die Stadt gewinnen?" — Entflammt durch diese gegenseitigen Anfeuerungen, ergreifen sie die Waffen, stürzen in das Thal Josaphat hinab und überfallen mit furchtbarem Geschrei die mit den Schanzarbeiten beschäftigten Soldaten der zehnten Legion. Da diese nichts Böses ahnten, so hatten sie beim Beginn ihrer Arbeit grössten-theils die Waffen abgelegt und geriethen nun durch den unvermutheten Anfall in eine solche Bestürzung, dass sie die angelegten Schanzen im Stich liessen und zum Theil davonrannten. Diejenigen, welche zu den Waffen eilten, wurden niedergemacht, ehe sie sich sammeln konnten. Den Juden wuchs der Muth; ihre Anzahl mehrte sich fortwährend durch neue Ankömmlinge. Die Römer dagegen geriethen immer mehr in Un-ordnung und wichen fechtend zurück. Als die Juden immer wilder auf

---

Kulônieh oder Lifta) hinter ihnen her, (sondern) wende dich von ihnen (direkt nach Gibeon) und komme an sie gegenüber den Bechastauden (Dornensträuchern? — bei Gibeon). — Und David that, wie ihm Gott geboten, und schlug das Heer der Philister von Gibeon bis nach Gasor" (1 Chron. 14, 13—17. 2 Sam. 5, 22—25). Diese nichts weniger als angenehme Ueberraschung wurde den Philistern jedenfalls im Dornenthale bereitet. In dieser Gegend waren auch schon zu Samuels Zeit geschlagen und von den Israeliten das Thal der Rephaiten hinab bis unterhalb Beth Car (j. 'Ain Kârim) verfolgt worden (1 Sam. 7, 7—11). Man sieht aus diesen Beispielen, dass das Wadi Hanina schon ein uralter Heerweg ist, und es ist daher nichts wahrscheinlicher, als dass auch Titus denselben mit seiner Armee bis nahe an Lifta passirte. Von hier wandte er sich jedoch in östlicher Richtung den Gräbern der Richter zu, um dann wieder südlich nach dem Skopos umzubiegen. — Die fünfte Legion bezog ihr besonderes Lager vermuthlich in der nördlich von Lifta befindlichen Thalerweiterung.

sie einstürmten, gaben sie endlich das Lager preis, und es wäre um die ganze Legion geschehen gewesen, wenn Titus derselben nicht schnell zu Hülfe geeilt wäre. Unter heftigen Vorwürfen bringt er die Fliehenden wieder zum Stehen, fällt den Juden in die Seite, streckt viele nieder und wirft endlich die übrigen wieder in das Thal Josaphat hinab. Diese stellten sich auf der andern Seite des Thals auf und kämpften über dasselbe hinweg mit Wurfgeschossen. Gegen Abend schickte Titus die Legion wieder auf die Höhe zur Schanzarbeit und liess bloss seine eigenen Kohorten im Thale zurück, um die Feinde abzuhalten.

Sobald die Juden den Rückzug der Legion, den sie für Flucht hielten, bemerkten, stürzte auf ein gegebenes Zeichen eine Menge frischer Streiter mit solchem Ungestüm auf die Römer, dass diese den Anfall nicht auszuhalten vermochten; ihre Reihen lösten sich auf und flohen dem Berge zu. Nur Titus blieb mit einem geringen Gefolge auf dem Kampfplatz, warf sich auf die angreifenden Juden und jagte sie endlich sämmtlich wieder den Abhang hinunter. Diese kehrten jedoch nicht in die Stadt zurück, sondern schwenkten nach beiden Seiten gegen diejenigen ab, welche nach oben hin flohen. Allein Titus lähmte ihren Angriff, indem er sich auf ihre Flanken warf. Als die Schanzarbeiter das wilde Getümmel und die Flucht der Ihrigen am Fusse des Berges erblickten, geriethen sie von neuem in Bestürzung. Den Andrang der Juden für unaufhaltsam erachtend, wähnten sie, auch Titus selbst sei zurückgewichen. Die ganze Legion, von einem panischen Schrecken ergriffen, löste sich auf und lief nach allen Richtungen auseinander. Da gewahrten endlich einige Soldaten den Feldherrn mitten im Kampfgetümmel und verkündeten aus Besorgniss für ihn der Legion seine Gefahr durch lautes Geschrei. Beschämt wandte Alles um, warf sich voll Grimm auf die Juden und drängte sie ins Thal hinab. Gleichzeitig verjagte auch Titus diejenigen, welche ihm selbst noch entgegenstanden. Dann beorderte er die Legion wieder an ihre Arbeit, während er selbst mit seinen Kohorten den Feind abwehrte.

Kaum war dieser äussere Kampf beendigt, so loderte in Jerusalem wiederum der innere Aufruhr empor. Als Eleasars Partei nämlich die Tempelthore öffnete, um die zur Feier des Passahfestes herbeieilenden Juden in die inneren Vorhöfe einzulassen, sandte auch Johannes einige unbekannte Menschen von seiner Mannschaft mit verborgen gehaltenen Waffen hinein, um sich des inneren Tempels zu bemächtigen. Sobald diese eingedrungen waren, warfen sie plötzlich die Oberkleider ab und standen gewaffnet da. Dieser unerwartete Anblick verbreitete einen allgemeinen Schrecken und Tumult im Männervorhofe. Eleasars Leute liessen sogleich ihre Posten im Stich, sprangen schnell über die Zinnen hinab und flüchteten sich in die Kloaken des Tempels. Das erschrockene, dicht zusammengedrängte Volk wird von den Zeloten niedergetreten und mit Schwertern und Keulen erschlagen. Als die Wuth dieser Barbaren endlich ausgetobt hatte, gewährten sie den Gegnern Waffenstillstand und entliessen Jeden, der aus den Kloaken hervorkam. Auf solche Weise in den Besitz des inneren Tempels und seiner Vorräthe gelangt, rüstete sich nun Johannes gegen Simon.

Titus beschloss nunmehr, sein Lager näher an die Stadt zu rücken. Um vor weiteren Ausfällen der Juden gesichert zu sein, stellte er eine aus erlesenen Reitern und Fusssoldaten bestehende Heeresabtheilung auf und liess dann den ganzen Raum bis zur Mauer hin ebnen. „Jeder Zaun und jeder Wall, womit die Bewohner ihre Gärten und Baumgüter verwahrt hatten, wurde ausgerissen, alle Bäume, auch die fruchttragenden, wurden abgehauen und Thal und Gräben angefüllt; felsige Vorsprünge wurden mit eisernen Werkzeugen weggeschafft und der ganze Raum von Skopos bis zu den Denkmälern des Herodes, die an den sogenannten Schlangenbrunnen stossen, vollständig geebnet."

Während dieser Arbeiten legten die Juden den Römern abermals einen Hinterhalt. Die Kühnsten von den Aufrührern kamen nämlich aus dem Thore zwischen den Weiberthürmen hervor und gaben sich den Anschein, als seien sie von dem friedlich gesinnten Volke ausgestossen worden. Andere schrieen von der Mauer aus nach Frieden, baten die Römer um Schonung und versprachen, die Thore zu öffnen. Während dieses Geschreis warfen sie mit Steinen nach den Ausgestossenen. Diese aber thaten, als wollten sie den Einlass wieder erzwingen, baten jene um Gnade, näherten sich öfters den Römern ein wenig und wichen dann wieder mit erheuchelter Furchtsamkeit zurück. Die Soldaten liessen sich wirklich durch dieses kecke Spiel täuschen und rüsteten sich zum Kampfe, indem sie die Einen zur Strafe zu ziehen gedachten, während die Andern die Thore öffnen würden. Titus schöpfte jedoch Verdacht, da seine erst am vorhergehenden Tage erlassene Aufforderung zur Uebergabe abgewiesen worden war, und befahl seinen Leuten, auf ihren Posten zu bleiben. Unversehens ergriffen aber doch einige von den zur Arbeit beorderten Soldaten die Waffen und stürmten dem Thore zu. Die scheinbar Ausgestossenen wichen Anfangs in verstellter Flucht zurück. Kaum waren aber die Römer zwischen die Thürme gerathen, so rannten jene wieder vor, umzingelten sie und drängten von hinten auf sie ein. Gleichzeitig wurden sie auch von der Mauer her mit einem Hagel von Steinen und Geschossen überschüttet, so dass viele Soldaten verwundet und getödtet wurden. Nach langem, hartnäckigen Kampfe durchbrachen sie endlich den Haufen der Juden, wurden aber auf ihrem Rückzuge bis an das Grabmal der Helena mit Wurfgeschossen verfolgt.

Die Juden feierten ihren Sieg mit stolzem Uebermuth. Sie spotteten der Römer, dass sie sich hätten so arg täuschen lassen, schlugen die Schilde zusammen, tanzten und jauchzten vor Freude. Die geschlagenen Soldaten wurden von ihren Centurionen mit Scheltworten empfangen, und Titus selbst verwies ihnen zornig ihr Vergehen gegen die Kriegszucht, erliess ihnen jedoch nach einer ernstlichen Warnung diesmal die Strafe für ihren Ungehorsam. Dann beschloss er, die Juden ihre List hart büssen zu lassen. „Nachdem innerhalb vier Tagen der Raum bis zur Mauer eben gemacht war, schob er, um das Gepäck und den Tross sicher herbeizuführen, den Kern des Heeres in siebenfacher Linie nordwestlich gegen die Mauern vor, das Fussvolk vorn drei Mann hoch gestellt, dahinter die Reiterei, je in drei Reihen; die siebente Reihe in der Mitte bildeten die Bogenschützen. Durch diese Anordnung verhinderte er weitere Ausfälle der Juden, und das Lastvieh der drei Legionen mit dem Tross zog jetzt ungehindert hinüber. Titus selbst lagerte etwa zwei Stadien von der Mauer, vor der Ecke derselben, wo der Thurm **Psephinas** steht. Bei diesem beugt die nach Norden laufende Ringmauer wieder nach (von) Westen ein. Der übrige Theil des Heeres verschanzte sich vor dem sogenannten **Rossthurm***), ebenfalls zwei Stadien von der Stadt. Die zehnte Legion behielt ihre Stellung am Oelberge."

3. Erstürmung der Mauer des Agrippa.

Simons Streitmacht bestand noch aus 10,000 Juden unter 50 Anführern und 5000 Idumäern unter 10 Anführern. Unter den letztern behaupteten **Jakobus**, Sosas, und **Simon**, Kathlas Sohn, den ersten Rang. Johannes hatte noch 6000 Schwerbewaffnete unter 20 Anführern. Ausserdem waren noch 2400 Zeloten unter ihren früheren Führern **Eleasar** und **Simon**, Arins Sohn, nach Beilegung der alten Feindseligkeit zu ihm übergetreten. Somit belief sich die ganze Besatzung von Jerusalem — natürlich mit Ausschluss der eigentlichen Bürgerschaft, die sich fast ganz passiv verhielt — auf 23- bis 24,000 Mann. „Simon hielt die **obere Stadt** besetzt und die **grosse Mauer bis zum Kidron** (d. h. die ganze Mauer des Agrippa), **von der alten Mauer (auch) den Theil über Siloah nach Osten bis zu dem Hofe des Monobazus** (d. h. die ganze Mauer Ophel), auch besass

---

*) Wenn die drei grossen Thurme wirklich auf der westlichen Mauer des Zion errichtet gewesen wären (vgl. W. S. 43), so hätte Josephus hier neben dem Rossthurm nothwendig auch der beiden andern gedenken müssen.

er die Quelle Siloah und den Berg Akra oder die **untere Stadt**, ferner die Gegend bis zum **Palast der Helena** (d. h. **mit einem Worte: die ganze alte Unterstadt**). Johannes dagegen behauptete den **Tempelberg** (nebst der Burg Antonia) **mit der Umgebung weithin** (d. h. soweit seine Geschosse ringsum reichten), **ausserdem Ophla und das Thal Kidron**. Durch Einäscherung der dazwischenliegenden Stadttheile (namentlich der neuen Unterstadt) hatten sie für ihren inneren Krieg Raum gemacht."

Als die römischen Legionen ihre Lagerplätze bezogen hatten, umschwärmte Titus mit auserlesenen Reitern die Stadtmauern, um einen vortheilhaften Angriffspunkt aufzusuchen. Er fand jedoch überall Schwierigkeiten; denn die Abhänge, auf denen die Mauer sich erhob, waren ganz unzugänglich, und an den tiefer gelegenen Stellen war dieselbe für die Mauerbrecher zu fest. Endlich beschloss er, an **dem Grabmal des Hohenpriesters Johannes** anzugreifen, da hier die Werke niedriger waren. Hatte er die Mauer des Agrippa erstürmt, dann konnte er nicht nur zur neuen Unterstadt, sondern auch leicht zur Oberstadt und zum Tempel gelangen. Bei diesem Ausflug um die Stadt wurde sein Freund **Nikanor**, der mit Josephus näher an die Mauer geritten war, um die auf derselben stehenden Juden zum Frieden zu ermahnen, durch einen Pfeilschuss verwundet. Aufgebracht hierüber, erlaubte Titus den Legionen, die Umgegend zu verwüsten, und liess zugleich Baumaterialien zur Aufführung von Belagerungsdämmen herbeischaffen. Als dies geschehen war, wurden mitten auf den Dämmen die Schleuderer und Bogenschützen postirt und vor diesen die Wurfmaschinen für Speere, Balken und Steine aufgefahren, um Ausfälle und Angriffe von der Mauer herab abzuwehren. Die unter dem tyrannischen Drucke der Aufrührer schmachtenden Einwohner Jerusalems schöpften jetzt neuen Muth und hofften, endlich einmal wieder frei aufathmen zu können, wenn ihre Unterdrücker nach aussen beschäftigt seien, ja vielleicht sich an ihnen rächen zu können, falls die Römer als Sieger aus dem Kampfe hervorgingen.

Johannes wagte aus Furcht vor Simon keinen Angriff auf die Römer, so sehr die Seinigen dies auch wünschten. Desto thätiger war aber Simon, der dem äusseren Feinde näher stand. Er vertheilte die Wurfgeschütze, welche die Juden dem Cestius Gallus und der Besatzung der Antonia abgenommen hatten, auf der Mauer und liess in geschlossenen Reihen Ausfälle auf die Schanzarbeiter machen. Die Römer wehrten diese jedoch ab und schützten ihre Arbeiter durch Flechtwerke, die über die Palisaden gelegt wurden. Die römischen Legionen hatten überhaupt treffliche Maschinen; namentlich zeichneten sich diejenigen der auf dem Oelberge stationirten zehnten Legion vor den andern aus. Diese Legion schlug mit Hülfe derselben nicht nur die gegen sie unternommenen Ausfälle zurück, sondern zerschmetterte sogar die Mannschaft auf der fernstehenden Mauer. Die geworfenen Steine wogen ein Talent (½ Centner) und flogen zwei Stadien und weiter. Zwar wichen die Juden Anfangs diesen Steinen geschickt aus, weil dieselben von weisser Farbe waren und sich nicht bloss durch ihr Schwirren, sondern auch durch ihren Glanz bemerkbar machten. Als aber die Römer dies wahrnahmen und mit geschwärzten Steinen schossen, trafen sie ihr Ziel besser und schlugen in einem Wurfe ganze Reihen nieder. Ungeachtet dieser Verluste liessen sich die Juden dennoch nicht einschüchtern, sondern hinderten die Arbeit an den Wällen Tag und Nacht mit aller erdenklichen List und Keckheit.

Als endlich die römischen Belagerungswerke vollendet waren, schob man die Sturmböcke vor. Das Wurfgeschütz wurde näher gerückt, um den Mauerbrechern freien Spielraum zu verschaffen, und die zerstörende Kriegsarbeit begann. An drei Stellen erdröhnte plötzlich ein so furchtbares Krachen um die Stadt, dass die Einwohner in ein Jammergeschrei ausbrachen und selbst die Aufrührer von Schrecken befallen wurden. Da die beiden rivalisirenden Parteien die ihnen drohende gemeinsame Gefahr sahen, riefen sie einander zu: „Wir selbst handeln ja nur für die Feinde; wenn uns Gott auch keine dauernde Eintracht verleiht, so sollten wir wenigstens im jetzigen Augenblicke unsere Streitsucht bei Seite setzen und vereint den Römern Widerstand leisten." Sie entschlugen sich auch wirklich ihrer gegenseitigen Feindseligkeit, besetzten gemeinschaftlich die Mauern, warfen Brandfackeln auf die römischen Werke und schossen unablässig auf die, welche die Sturmböcke in Bewegung setzten. Gleichzeitig fielen die Verwegensten truppweise aus, zerstörten die Flechtwerke der Maschinen, griffen die darunter arbeitenden Soldaten an und trugen zuweilen durch ihre Gewandtheit, öfter aber durch ihre Tollkühnheit den Sieg davon. Titus, der den Angegriffenen stets nahe war, stellte zu beiden Seiten der Geschütze Reiter und Bogenschützen auf, wehrte den Brandstiftern, trieb die Schützen auf die Thürme zurück und setzte die zum Stillstand gebrachten Mauerbrecher wieder in Bewegung. Allein die Mauer wankte unter den heftigen Stössen nicht, ausser dass der Sturmbock der funfzehnten Legion die Ecke eines Thurms wegstiess, ohne jedoch sonst weiter Schaden zu thun. Selbst mit dem Sturze dieses Thurms wäre eben noch nicht viel verloren gewesen, da er zu weit vorstand, als dass er ein Stück von der Ringmauer hätte mit sich einreissen können.

Die Juden hatten ihre Ausfälle eine Zeitlang eingestellt. Als sie aber bemerkten, dass sich die Römer in Folge dessen sorglos im Lager zerstreuten und an ihre Arbeiten gingen, brachen sie plötzlich unter dem Rossthurm durch ein verstecktes Thor in grosser Menge hervor, zündeten die Belagerungswerke an und stürmten mit lautem Geschrei bis an die Verschanzungen. Die Soldaten stellten sich ihnen schnell entgegen, wurden aber geworfen, zersprengt und in die Flucht gejagt. „Um die Maschinen entspann sich ein hitziges Gefecht: die Juden suchten sie anzuzünden; die Römer wehrten es mit aller Macht. Das Getümmel war gross und viele der vordersten Kämpfer fielen. Die Verzweiflung der Juden errang zuletzt den Sieg; die Werke fingen Feuer und Alles wäre mit den Geschützen verbrannt, wenn nicht einige alexandrinische Kerntruppen über alle Erwartung standhaft ausgehalten hätten, bis Cäsar (Titus) mit den besten Reitern die Feinde überfiel. Zwölf aus der vordersten Reihe streckte er selbst nieder. Auf diesen Schlag wich die Masse: er jagt ihnen nach bis unter die Thore und rettet die Werke aus dem Brande." Den einzigen gefangenen Juden liess er vor der Mauer ans Kreuz schlagen, um zu sehen, ob die Belagerten sich durch dieses Strafgericht schrecken und einschüchtern liessen. Nach dem Rückzug wurde auch der auf der Mauer stehende Idumäerhäuptling Johannes von einem Araber erschossen. Dies war für die Belagerten ein grosser Verlust, denn er war durch seine Einsicht ebenso ausgezeichnet wie durch seine persönliche Tapferkeit.

Die folgende Nacht brachte den Römern einen neuen Schrecken. Titus hatte nämlich drei Thürme von 50 Ellen Höhe erbauen lassen, um sie auf den Wällen aufzupflanzen und von ihnen aus die Juden von der Mauer zu vertreiben. Um Mitternacht stürzte einer derselben mit furchtbarem Getöse zusammen und setzte das ganze Heer in Bestürzung. Alles gerieth in Verwirrung und rannte in der Meinung, der Feind sei im Anzuge, lärmend nach den Waffen, bis Titus den Unfall erfuhr und den Hergang verkündigen liess.

Die Thürme, von denen herab die römischen Lanzenwerfer, Bogenschützen und Schleuderer einen beständigen Hagel von Geschossen auf die Vertheidiger der Mauern entsandten, waren für die Juden am gefährlichsten. Ihrer Schwere wegen konnten sie nicht umgeworfen werden; ebenso wenig konnte man ihnen mit Feuer beikommen, weil sie ganz mit Eisen beschlagen waren. Die unablässig fortarbeitenden Sturmböcke brachten allmählig auch ihre Wirkung hervor. Als die Mauer unter den Stössen des einen wankte, zogen sich die meisten der durch Wachen und unaufhörliche Kampfesarbeit geschwächten Juden muthlos auf die zwei noch übrigen Mauern zurück, und als die wankende Mauer endlich zusammenbrach und die Römer durch die Bresche unaufhaltsam eindrangen, da flohen auch die noch übrigen Wachen auf die Mauer der Makkabäer. Die Sieger öffneten die in der Mauer des Agrippa befindlichen Thore und liessen das ganze Heer ein. Dann zerstörten sie nicht nur einen grossen Theil der erstürmten Mauer, sondern auch die nördlichen Quartiere der Stadt. Das geschah am funfzehnten Tage der Belagerung, am siebenten des Monats Artemisios (Mai) im Jahre 70.

4. Zweimalige Erstürmung der Mauer der Makkabäer.

„Titus verlegte nun sein Lager innerhalb der Mauer vor den sogenannten Einbruch der Assyrer und besetzte den ganzen Raum bis an den Kidron. Von der zweiten (der Makkabäer-) Mauer war er nur auf Schussweite entfernt und begann sogleich den Sturm. Die Juden theilten sich und vertheidigten die Mauer mit Macht: die Mannschaft des Johannes von der Antonia, von der nördlichen Tempelhalle und von dem Palast des Königs Alexander aus; die Abtheilung des Simon verstellte den Eingang an dem Grabmal des Johannes und besetzte den ganzen Bezirk bis an das Thor, über welchem die Wasserleitung auf den Rossthurm lief. Oefters fielen sie durch die Thore aus zum Handgemenge, wurden aber immer zusammengedrängt und Mann für Mann geschlagen, weil sie der römischen Kriegskunst nicht gewachsen waren; im Mauergefecht hatten sie dagegen die Oberhand. Auf der Seite der Römer wirkte Kraft und Kunst zusammen: bei den Juden nur durch Verzweiflung genährte Kühnheit und ihre natürliche Stärke im Unglück. Sturm, Mauergefecht und Ausfälle wechselten den ganzen Tag. Keine Art von Kampf blieb unversucht. Kaum trennte die Nacht die Streiter, die mit dem frühen Morgen sich wieder erhoben: auch die Nacht brachte ihnen keinen Schlaf und war noch drückender als der Tag; denn die Juden ängstigte die Furcht, es möchte die Mauer erstürmt werden, die Römer besorgten, die Juden könnten das Lager überfallen. Beide Theile brachten die Nacht unter Waffen zu und mit dem ersten Morgenstrahl standen sie wieder kampfgerüstet da. Unter den Juden war ein Wetteifer, wer sich den Anführern durch seinen Muth empfehle: die grösste Achtung und Furcht hatten sie vor Simon, und seine Untergebenen hingen ihm so sehr an, dass sie auf seinen Wink sich zu entleiben bereit waren."

Titus richtete nun einen Mauerbrecher auf den „mittleren Thurm der nördlichen Mauer", dessen Besatzung bis auf elf verschlagene Männer davongelaufen war. Simon mochte nämlich zu der Ueberzeugung gekommen sein, dass die Mauer der Makkabäer nicht länger behauptet werden könne. Um ihm nun Zeit zu verschaffen, die unter solchen Umständen zu treffenden Maassregeln in Ausführung bringen zu können, waren diese elf Juden zurückgeblieben. Als der Thurm einen Stoss erhielt, sprangen sie empor, und Kastor, einer von ihnen, streckte flehend die Hände nach den Römern aus und bat mit kläglicher Stimme um Erbarmen. Titus liess den Sturmbock einhalten und erkundigte sich nach ihrem Begehren. Nachdem sie ihn aber durch mancherlei Spiegelfechtereien lange geäfft, ja endlich sogar mit einem Stein nach seinem Abgeordneten geworfen hatten, merkte er ihren listigen Betrug und liess im Zorn über diese Täuschung den Mauerbrecher noch stärker in Bewegung setzen. Als der Thurm zum Wanken gebracht war, steckten sie ihn in Brand und sprangen durch die Flammen in die unterirdischen Gänge hinab. „An dieser Stelle gewann Cäsar (Titus) die zweite Mauer, fünf Tage nach der Einnahme der ersten. Nachdem die Juden sich zurückgezogen, rückte er mit 1000 Bewaffneten nebst seiner Leibwache ein, da wo die Wollhandlungen, die Schmiede und der Kleidermarkt der Neustadt war (d. h. auf der Westseite des Marktthors) und nur enge Gassen an die Mauer liefen." Da Titus nicht nur die Stadt und den Tempel möglichst unversehrt zu erhalten wünschte, sondern auch die Juden durch seine Milde endlich für sich zu gewinnen hoffte, so verbot er, die Gefangenen zu tödten und die Häuser anzuzünden. Die Stadtbewohner wären zwar gern zu ihm übergetreten, aber die Aufrührer, welche seine Menschenfreundlichkeit für Schwäche hielten, drohten Jedem mit dem Tode, der an Uebergabe dächte oder von Frieden spräche. Sie griffen deshalb die durch die Bresche eingedrungenen Römer kräftig an, bedrängten sie theils von den engen Gassen her, theils von den Dächern herab, theils durch Ausfälle aus den oberen Thoren. Die vorgeschobenen Soldaten sprangen von ·der Mauer der Makkabäer wieder herab und zogen sich ins Lager zurück. Schlimmer erging es aber denen, welche tiefer in die neue Unterstadt gedrungen waren. Von den Juden angegriffen und umzingelt, erhoben sie ein lautes Geschrei, das von ihren in Sicherheit befindlichen Genossen, die für sie nichts thun konnten, klagend erwiedert wurde. Obgleich sie in dieser verzweifelten Lage den Juden, die in immer grösseren Schaaren durch die ihnen wohlbekannten Gassen herbeiströmten, mit grosser Hartnäckigkeit Widerstand leisteten und durch die kleine Mauerlücke wieder zu entkommen suchten, so würden doch wahrscheinlich Alle hier niedergehauen worden sein, wenn ihnen Titus nicht zu Hülfe geeilt wäre. Dieser aber stellte sogleich Bogenschützen an die Strasseneingänge, warf sich selbst in den gedrängtesten Haufen und hielt die Feinde unter beständigem Pfeilregen so lange zurück, bis die Seinigen in Sicherheit waren.

Nachdem die Römer auf solche Weise das Feld geräumt hatten,

schöpften die Aufrührer neuen Muth, hielten sich für unüberwindlich und meinten, jene würden nunmehr keinen Sturm mehr wagen. In ihrer Verblendung berücksichtigten sie weder die ungeheure Uebermacht der römischen Streitkräfte, noch die immer drohender um sich greifende Hungersnoth. In der Stadt herrschte nämlich schon lange Mangel an Lebensmitteln und viele von den friedlich gesinnten Einwohnern starben bereits vor Hunger. Hierin sahen die Aufrührer jedoch nur eine Erleichterung ihrer eigenen Noth; denn sie wünschten nichts lieber, als dass nur diejenigen am Leben blieben, welche entschiedene Gegner des Friedens und Todfeinde der Römer wären. Als die Belagerer zu einem zweiten Sturme Anstalt trafen, hielten sie ihnen in der offenen Mauerlücke ihre Lanzen entgegen und vertheidigten dieselbe mit aller Macht drei Tage lang. Am vierten hielten sie jedoch den erneuerten Angriffen nicht länger Stand, sondern suchten ihr Heil in der Flucht. „Titus, nun wieder Herr der Mauer, riss die ganze Nordseite derselben nieder, legte Besatzung in die (stehengebliebenen) Thürme auf der Süd (-west-) seite und dachte auf Erstürmung der dritten Mauer."

5. Niederlagen der Römer.

Ehe der römische Oberfeldherr neue Dämme aufwerfen liess, beschloss er, den Juden zur Betrachtung und Erwägung ihrer durch Belagerung und ausgebrochene Hungersnoth gleich sehr bedrohten Lage noch einmal Frist zu geben. Dazu sollte ihnen nämlich die Zeit dienen, während welcher er seinem Heere den Sold auszahlen liess. Die Soldaten zogen in voller Rüstung und mit gezogenem Degen aus; die Reiter führten ihre geputzten Pferde an der Hand. Die ganze Ebene vor der Stadt, auf welcher sie sich aufstellten, strahlte und schimmerte vom Golde und Silber der Rüstungen und vom Glanze der Waffen. Mit staunenden Zuschauern füllte sich nicht nur die alte Zionsmauer, sondern auch der nördliche Rand des Tempelberges; selbst die Dächer der Häuser waren mit Schaulustigen dicht bedeckt. Auch den Kühnsten von ihnen sank der Muth, als sie die ganze feindliche Heeresmacht in ihrer vollen kriegerischen Pracht auf einem Raume vor sich erblickten. Vielleicht hätten sich die Aufrührer durch diesen schreckenerregenden Anblick einschüchtern und endlich zum Nachgeben bewegen lassen, wenn sie ihrer vielen am Volke begangenen Frevel wegen nicht an aller Verzeihung verzweifeln zu müssen geglaubt hätten.

Nach der Auszahlung des Soldes, welche einen Zeitraum von vier Tagen in Anspruch nahm, liess Titus, weil die Juden keine Friedensanerbietungen machten, das Heer wieder auseinandergehen und die Belagerungsarbeiten fortsetzen. Die Legionen warfen nun vor der

Burg Antonia und bei dem Grabmal des Hohenpriesters Johannes einen Wall auf. Von letzterm Orte aus hoffte Titus nämlich die Oberstadt zu nehmen und von der Antonia her den Tempel, denn ohne diesen konnte er die Stadt gar nicht behaupten. Gegen die Arbeiter am Grabmal des Johannes stritten die Idumäer und Simons Leute, gegen die vor der Antonia die Anhänger des Johannes und die Zeloten. Diese Alle hatten vermöge ihrer höheren Stellung nicht allein im kleinen Gefechte die Oberhand, sondern fügten auch den Wällen der Römer durch ihr aus 300 Speer- und 40 Steinschleudern bestehendes Geschütz, das sie nachgerade auch geschickt zu bedienen gelernt hatten, bedeutenden Schaden zu. Titus, der sehr wohl wusste, einen wie hohen Grad die Hungersnoth bereits in der Stadt erreicht hatte, liess sie, um kein gütliches Mittel unversucht zu lassen, noch einmal durch Josephus zum Frieden und zur Uebergabe der Stadt dringend ermahnen, um ihr Leben zu retten. Das Volk war dazu geneigt, die Aufrührer liessen sich aber in ihrem Starrsinn nicht wankend machen. Viele von den reicheren Bürgern verkauften heimlich ihre Kostbarkeiten und liegenden Güter zu Spottpreisen und verschluckten die gelösten Goldstücke, damit sie den Räubern nicht in die Hände fielen. Waren sie dann zu den Römern glücklich entkommen, so gaben sie dieselben wieder von sich. Titus liess diese Flüchtlinge gehen, wohin sie wollten, so dass immer mehr zum Uebergang ermuntert wurden. Die Aufrührer wachten jedoch sorgfältiger über solche Abfälle als über die Angriffe der Römer und tödteten Jeden, der ihnen des Abfalls verdächtig schien.

Der Zustand der unglücklichen Einwohner Jerusalems wurde allmählig immer beklagenswerther. „Mit der Hungersnoth stieg die Wuth der Aufrührer aufs Aeusserste. Mangel und Zuchtlosigkeit wuchs Tag für Tag. Oeffentlich war nirgends mehr Getreide zu haben; sie drangen daher in die Häuser, durchsuchten sie und schlugen, wo sie etwas fanden, die Hausbesitzer schrecklich, weil sie es verheimlicht, fanden sie aber nichts, so peinigten sie dieselben, weil sie es allzu sorgfältig versteckt hätten. Das Aussehen der Unglücklichen musste zum Beweis dienen, ob sie noch Lebensmittel besässen oder nicht; waren sie stark und gesund, so schloss man bei ihnen auf Vorrath, die Siechenden dagegen liess man ungefährdet, weil sie ohnedies bald Hungers sterben würden. Viele gaben ihr Vermögen hin, die Reichen um einen Scheffel Korn, die Armen um einen Scheffel Gerste; mit diesem Schatz zogen sie sich in die verborgensten Winkel ihrer Häuser zurück und verzehrten, von Heisshunger getrieben, das Getreide zum Theil ungemahlen, zum Theil machten sie Brot daraus, wie es Noth und Furcht erlaubte. Ein Tisch wurde nirgends mehr gedeckt, sondern noch roh riss man die

Speisen aus dem Feuer." Das Elend stieg desto höher, je mehr die Aufrührer allmählig selbst von der Qual des Hungers ergriffen wurden. Durch die empfindlichsten Martern suchten sie von den halbverkommenen Einwohnern noch Lebensmittel zu erpressen, die diese selbst entbehren mussten. Hungersnoth und Tyrannei erreichten überhaupt schon jetzt einen Höhepunkt in der Stadt, der kaum noch zu beschreiben ist.

Die Römer betrieben unter solchen Umständen die Belagerung mit grossem Eifer, obgleich sie durch die auf den Mauern postirten Juden sehr belästigt wurden. Titus liess die Thalausgänge vor der Stadt durch Reiterabtheilungen besetzen, um den Juden, welche Proviant herbeischaffen wollten, aufzulauern. Dies waren jedoch meist arme, der niedern Volksklasse angehörige Menschen, die gern zu den Römern übergegangen wären, wenn sie ihre hülflosen Angehörigen hätten unentdeckt mit sich nehmen können. Zwang sie endlich der Hunger doch zu diesem Rettungswege, so wurden sie von den römischen Soldaten, die über die hartnäckige Vertheidigung der Stadt ergrimmt waren, gegeisselt, auf jede erdenkliche Art gefoltert und zuletzt aus Hass und Erbitterung Angesichts der Mauer in den verschiedensten Körperlagen gekreuzigt. Zuweilen geriethen an einem Tage 500 und mehr in die Hände der erzürnten Römer. Die Aufrührer zeigten den Bürgern von der Mauer aus ihre geflüchteten, jetzt am Kreuze langsam hinsterbenden Verwandten, um sie durch diesen schmerzlichen Anblick von heimlicher Flucht abzuschrecken, doch entliefen noch viele, weil sie den sichern Tod von Feindeshand dem noch langsamer tödtenden Hunger vorzogen. Titus schickte einige von diesen, denen er die Hände hatte abhauen lassen, damit sie um dieser Behandlung willen nicht als Ueberläufer angesehen werden könnten, zu Simon und Johannes mit der Mahnung, sie möchten doch endlich einmal von ihrem Starrsinn ablassen und ihn nicht mit Gewalt zur Zerstörung der Stadt zwingen; noch jetzt werde er ihnen das Leben, die Vaterstadt und den Tempel unverkümmert erhalten, wenn sie sich ihm reumüthig unterwerfen würden. Jene aber schrieen: „Wir verachten den Tod und ziehen ihn der Knechtschaft vor; den Römern wollen wir, so lange wir noch athmen, alles Unheil anthun; um die Vaterstadt kümmern sich Männer, die doch sterben müssen, nicht mehr, und Gott hat an der Welt einen prächtigeren Tempel, als dieser ist. Freilich wird er auch diesen seinen Wohnsitz erhalten: mit ihm im Bunde verlachen wir deine hohlen Drohungen. Der Ausgang ist in Gottes Hand."

Um diese Zeit erhielten die Römer eine ansehnliche Verstärkung, indem der König Antiochus Epiphanes von Komagene mit einer bedeutenden Anzahl von Hülfsvölkern und der sogenannten macedonischen Schaar, seiner Leibwache, im Lager erschien. Stolz auf ihren Kriegsruhm und ihre bisher bewiesene Tapferkeit stürzten sich die Macedonier gleich nach ihrer Ankunft unter Anführung des jungen Antiochus, der seinen Vater begleitete, auf die Mauer, um sie zur Beschämung der Römer im ersten Anlaufe zu erstürmen. Sie hatten aber diesmal ihre Kraft überschätzt und kehrten, von den Geschossen der Juden arg zugerichtet, mit Zurücklassung vieler Todten kleinlaut ins Lager zurück und zwar, wie Josephus hinzufügt, mit der Lehre, dass auch die wahren Macedonier, wenn sie siegen sollen, das Glück Alexanders bedürfen.

„Die Römer hatten am zwölften des Artemisios (Mai) die Belagerungsdämme begonnen und vollendeten sie am neunundzwanzigsten. Siebzehn Tage arbeiteten sie unausgesetzt daran. Vier Hauptdämme standen da; der eine gegen (die Nordseite der) Antonia hin wurde von der fünften Legion mitten durch den Fischteich Struthia aufgeführt; ein anderer (auf der Westseite der Antonia), etwa 20 Ellen entfernt, von der zwölften. Die zehnte, weiter entfernt von beiden, hatte ihr Werk auf der Nordseite (der Davidsstadt) am Teiche Amygdala; die funfzehnte, etliche und 30 Ellen (westlich) von derselben, am Denkmal des Hohenpriesters (Johannes) vollendet. Als schon das Geschütz aufgeführt worden war, untergrub Johannes den Raum zwischen der Antonia bis zu den Dämmen, stützte die Minen durch Pfähle und setzte so die Werke auf Stützen. Dann brachte er Holz, mit Pech und Asphalt bestrichen, hinein und zündete es an. Als die Pfähle verbrannt waren, sanken die Minen ein, und mit grossem Getöse stürzten die Verschanzungen in den Grund. Zuerst erhob sich eine Masse Rauch und Qualm, da das Feuer durch den Schutt gedämpft ward; als aber das eingesunkene Holz verkohlt war, brach endlich die helle Flamme aus. Die Ueberraschung versetzte die Römer in Schrecken, die List machte sie muthlos; während sie sich schon dem Siege ganz nahe wähnten, warf dieser einzige Unfall ihre Hoffnungen über den Haufen. Löschung des Feuers schien unnütz, da die Dämme, wenn es auch gelöscht wurde, versunken waren."

Nachdem die römischen Belagerungswerke vor der Antonia solchergestalt vernichtet waren, machten sich Simons Leute zwei Tage später auch an die vor der Oberstadt errichteten Dämme, auf welchen die Römer bereits ihre Sturmböcke vorrückten und die Mauer wirksam bearbeiteten. Drei Juden, Tephthai, Megassaros und Ben Naphthai, ein lahmer Adiabener, ergriffen nämlich Fackeln, sprangen damit furchtlos auf die Belagerungswerke mitten unter die Feinde, steckten die Maschinen kecken Muthes in Brand und wichen trotz des Pfeilregens und der gegen sie gezückten Schwerter nicht eher, als bis die Werke Feuer gefangen hatten. „Als die Flamme auflöderte, rannten die Römer aus dem Lager herbei und kamen zu Hülfe, die Juden von der Mauerwache aber leisteten Widerstand und wehrten der Löschmannschaft mit grosser Gefahr. Wenn die Römer die brennenden Sturmböcke aus dem Feuer zogen, während das Flechtwerk über ihnen in lichten Flammen auflöderte, griffen die Juden im Feuer danach, und wenn sie auch das glühende Eisen anfassten, liessen sie doch die Maschine nicht fahren. Das Feuer lief über die Dämme hin und kam den Römern zuvor. Sie standen bereits mitten unter Flammen, als sie endlich, an der Rettung ihrer Werke verzweifelnd, sich nach dem Lager zurückzogen. Die Juden dagegen drangen in immer wachsender Anzahl, stolz auf ihr Glück, bis zu den Schanzen des Lagers vor und kamen ins Handgemenge mit den Wachen." Während hier der Kampf von neuem entbrannte, befand sich Titus bei der Antonia, um einen Platz zur Aufführung neuer Dämme aufzusuchen. Als er die Noth der Seinen wahrnahm, eilte er ihnen schnell zu Hülfe und warf sich mit seinen Getreuen auf die Flanken der Juden. Diese wenden sich gegen ihn und halten trotz des heftigen Andrangs, der sie vom Lager her belästigte, seinen Angriff aus. In dem mörderischen Schlachtgewühle lähmte und betäubte der dichte Staub und das laute Geschrei die Sinne der Kämpfer so sehr, dass Niemand mehr Freund oder Feind zu unterscheiden vermochte. Die Juden stritten mit Tollkühnheit und Verzweiflung, während die Römer, durch Titus' Beispiel angefeuert, ihren alten Waffenruhm mit Macht zu bewahren strebten. Wahrscheinlich hätten sie zuletzt ihre Gegner doch noch zu Boden geworfen, wenn diese nicht in die Oberstadt zurückgewichen wären. Den Römern sank der Muth, als sie ihre mit so vielem Zeit- und Kraftaufwande errichteten Werke so plötzlich wieder zerstört sahen, und die meisten gaben schon die Hoffnung auf, sich der Stadt durch das gewöhnliche Belagerungsverfahren bemächtigen zu können.

6. Römische Umwallungsmauer.

Titus hielt mit seinen Heerführern Kriegsrath. Als Jeder seine Meinung geäussert hatte, bewies er selbst, dass neue Dämme aufzuführen wegen Mangels an Bauholz unthunlich sei; die Stadt aber mit dem Heere einzuschliessen, sei wegen ihrer Grösse und Lage schwierig und wegen der zu befürchtenden Ausfälle unsicher. Das einzige Mittel, alle Ausgänge zu sperren, sei, dass man die Stadt ringsherum mit einer ununterbrochenen Umwallungsmauer umzöge. Hätten sie dieses Werk zu Stande gebracht, so müssten die Belagerten entweder, an ihrer Rettung verzweifelnd, sich ergeben, oder, vom Hunger aufgerieben, um so leichter erliegen. Als er seine Heerführer von der Wirksamkeit des vorgeschlagenen Mittels überzeugt hatte, gab er sogleich Befehl, die Soldaten an die Arbeit zu führen. Diese förderten auch das Werk unter seiner Leitung mit übermenschlichem Eifer. „Von dem Einbruch der Assyrer, wo er selbst lagerte, führte er die Mauer an (durch) die untere Neustadt, von da durch das Thal Kidron an den Oelberg, dann gegen Süden einbeugend, umzog er den Berg bis an den Felsen Peristereon (am Oelberg) und den Hügel, der nächst dem Teiche Siloah das Thal (Josaphat) schliesst (also bis an den Berg des Aergernisses); von hier lief die Mauer westlich ins Thal der Quelle (Rogel), dann hinauf (auf den südlich von Jerusalem liegenden Berg) nach dem Denkmal des Hohenpriesters Ananus, schloss die Höhe mit ein, wo Pompejus sein Lager hatte (?), wandte dann nach der Nordseite um und gelangte an das sogenannte Erbsenhaus-Dorf, umfasste weiter das Denkmal des Herodes (vgl. B. j. V, 3, 2) und schloss sich wieder östlich mit dem Lager (des Titus), von wo sie ausging. Die Mauer mass 39 Stadien; aussen waren 13 Wachtthürme angebaut, deren Umkreis 10 Stadien betrug. In drei Tagen wurde das Ganze vollendet, ein Werk von ebenso viel Monaten, dessen Raschheit allen Glauben überstieg"*).

Den ringsum eingezwängten Juden war nunmehr jede Hoffnung, aus der Stadt zu entkommen, abgeschnitten. „Der Hunger, der immer wilder wüthete, frass das Volk häuser- und familienweise weg. Die Dächer lagen voll von verhungerten Weibern und Kindern, die Gassen von todten Greisen. Knaben und Jünglinge wankten wie Gespenster durch die Strassen und fielen, wo einen die Todesnoth traf. Verwandte zu beerdigen, vermochten die Schwachen nicht, und die noch Kräftigen scheuten sich vor der Menge der Leichen und ihrer eigenen Gefahr. Denn Viele starben auf den Todten, die sie beerdigen wollten. Viele schleppten sich noch vorher selbst zu den Gräbern, ehe der Tod sie erreichte. Keine Thräne, keine Klage folgte dem Verlust. Der Hunger machte das Gefühl verstummen." Anfangs wurden die Todten des üblen Geruches wegen auf öffentliche Kosten beerdigt; als man jedoch mit dem Einscharren nicht mehr fertig werden konnte, warf man die Leichen, mit denen die entmenschten Aufrührer noch frechen Muthwillen trieben, über die Mauer in die Schluchten, so dass die Luft durch den Moder-

---

*) Wahrscheinlich wurden auch bei dieser Gelegenheit das nahe gelegene Amphitheater und andere vor der Stadt gelegene Bauwerke von den Römern abgebrochen und als Baumaterial benutzt.

geruch der faulenden Kadaver ringsum verpestet wurde. Bei den Römern herrschte während dessen Frohsinn und Heiterkeit; denn Ausfälle waren nicht mehr zu fürchten und Lebensmittel wurden aus Syrien und den benachbarten Provinzen im Ueberfluss herbeigeschafft. Mit schadenfroher Neckerei zeigten die Soldaten den von Hunger gequälten Juden ihre reichen Speisevorräthe. Um dem Elende in der Stadt möglichst bald ein Ende zu machen, beschloss Titus, die Belagerung nunmehr wieder eifriger zu betreiben. Da um die Stadt längst alle Bäume gefällt waren. so liess er frisches Bauholz 90 Stadien (2¼ Meile) weit herbeiholen und vier neue, grosse Dämme um die Antonia aufführen.

Ungeachtet der trostlosen Lage der Belagerten nahmen doch die Gewaltthaten in der Stadt immer noch kein Ende. So liess Simon unter der Anklage des Verraths den Hohenpriester Matthias, durch den er die Stadt in seine Gewalt bekommen, nebst dreien seiner Söhne unter vielen Qualen hinrichten. Dasselbe Schicksal widerfuhr dem Priester Ananias. Masambals Sohne, dem Rathsschreiber Aristeus aus Emmaus und 15 angesehenen Männern aus dem Volke. Josephus' Aeltern wurden eingesperrt und die, welche hierüber jammerten, todtgeschlagen. Diese unaufhörlichen Greuel missfielen endlich selbst Simons eigenen Leuten. Einer seiner Unteranführer, Judas, Judas' Sohn, dem ein Thurm zur Bewachung anvertraut worden war, beschloss deshalb mit zehn Getreuen, die Mauer an die Römer zu übergeben, um sich und die Stadt zu retten. Er rief die Römer herbei. Ehe diese jedoch die Mauer erreichen können, erscheint Simon, nimmt den Thurm, tödtet die Männer und wirft ihre verstümmelten Leichname über die Mauer hinab. Auch Josephus wurde um diese Zeit, als er, zum Frieden mahnend, die Stadt umkreiste, durch einen Steinwurf am Kopf verwundet.

So sorgfältig die Mauer auch bewacht wurde, so fanden die vom Hunger gepeinigten Einwohner doch immer wieder neue Mittel, um zur Rettung ihres Lebens aus der Stadt zu entkommen. Einige sprangen nämlich geradezu von der Mauer herab, andere kamen mit Wurfsteinen wie zum Kampfe heraus und flohen dann zu den Römern. „Solche fanden jedoch ein schlimmeres Loos, als das war, welches die Stadtbewohner erlitten; denn der Ueberfluss bei den Römern verursachte ihnen schneller den Tod als ihr vorheriger Mangel. Sie kamen vom Hunger aufgedunsen wie Wassersüchtige; dann füllten sie sich gierig die leeren Bäuche, und Alle barsten, die nicht vorsichtig die Gier bezähmten und dem verdauungsunfähigen Magen nur langsam Speise zuführten. Allein noch traf die Geretteten eine andere Plage. Im Lager der Syrer ertappte man einen Ueberläufer, wie er aus seinem Kothe Goldstücke auflas. Sie hatten dieselben vor dem Weggehen verschlungen, weil die Aufrührer Alles ausspürten; und Goldes war genug in der Stadt. Da nun die List einmal entdeckt war, lief das Gerücht schnell durch das Lager, die Ueberläufer seien mit Gold gepfropft. Syrer und Araber schnitten jetzt den Flüchtlingen die Bäuche auf und suchten nach Schätzen. In einer Nacht wurden gegen 2000 aufgeschnitten." Als Titus diese Scheusslichkeit erfuhr, hatte er nicht übel Lust, die Thäter durch seine Reiter niederstossen zu lassen; er bedrohte Jeden mit dem Tode, der fortan auf einer solchen That ertappt würde. Die Geldgier überwog jedoch bei Vielen die Furcht vor der angedrohten Strafe, und schnell und vorsichtig wurde noch mancher unglückliche Ueberläufer im Geheimen abgeschlachtet.

Johannes raubte während dieser Zeit im Tempel die zu heiligem Gebrauche bestimmten Weihgeschenke, als Kannen, Krüge, Schalen, Tische und andere silberne und goldene Geräthe, und goss sie um. Den heiligen Trankopferwein und das Oel, welches für die Brandopfer aufbewahrt wurde, vertheilte er unter seine Leute. Zu den Römern floh in diesen Tagen Mannäus, Lazarus' Sohn, welcher als Befehlshaber eines Thores den Beerdigungslohn aus dem Staatsschatz ausgezahlt hatte. Dieser erzählte, dass vom 14ten Xanthikos (April) bis zum Neumond Panemos (Juli) nicht weniger als 115,880 Todte aus der Stadt getragen worden seien. „Nach Mannäus entwichen noch viele Angesehene und berichteten, dass 600,000 Leichname von Armen aus der Stadt geworfen seien; die Zahl der übrigen sei nicht auszumitteln. Als man die Kraft nicht mehr gehabt, die Leichen der Armen alle fortzuschaffen, habe man sie in die grössten Häuser zusammengeschleppt und eingeschlossen. Ein Maass Weizen werde um ein Talent verkauft. Nachdem seit der völligen Einschliessung der Stadt die Möglichkeit, Kräuter zu lesen, aufgehört, hätten Manche in der grässlichen Noth die Kloaken und alten Rindermist durchspürt, um etwas Essbares zu finden. Dinge, abscheulich für den Anblick, seien bereits tägliche Speise." Und doch hatte das Unglück in der Stadt noch lange nicht seinen Gipfelpunkt erreicht. Die Leichname häuften sich endlich sogar in den Strassen so sehr an, dass man wie auf einem Schlachtfelde darüberhinschreiten musste. Alle diese Leiden und Drangsale waren jedoch nicht im Stande, die fanatischen Aufrührer in ihrem vergeblichen Widerstande gegen die Römer wankend zu machen; ja, je entsetzlicher Noth und Todesschrecken von allen Seiten auf sie einstürmten, desto unbändiger loderte ihre leidenschaftliche Wuth und ihr wilder, unaustilgbarer Hass gegen die Römer und deren Freunde empor.

7. Erstürmung der Burg Antonia.

Unter grossen Mühseligkeiten hatten endlich die Römer ihre neuen Dämme vor der Antonia aufgeführt, ein Geschäft, das 21 Tage in Anspruch nahm. Um das Material zu diesen Belagerungswerken herbeizuschaffen, hatten sie die vorher mit Gärten und herrlichen Baumpflanzungen prangenden Vorstädte und die ganze Umgegend von Jerusalem bis auf 90 Stadien im Umkreise alles ihres Baumschmuckes beraubt und in eine vollständige Wüstenei verwandelt. Die Vollendung der Dämme flösste übrigens den Römern ebenso viel Besorgniss ein als den Juden, weil sie Alles verloren geben mussten, wenn auch diese wiederum vernichtet würden. Sie fanden ihre Gegner trotz des in der Stadt herrschenden Elends immer noch in ungeschwächter Kraft; denn, wie Josephus sagt, „den aufgethürmten Dämmen widerstand die List, den Maschinen die Festigkeit der Mauern und der persönlichen Tapferkeit die Tollkühnheit der Gegner. Kurz, da sie fanden, dass die Juden eine Seelenstärke besässen, die über Verrath, Hunger und Kriegsnoth erhaben war, begannen sie diese Leute für unwiderstehlich, ihren Muth im Unglück für unverwüstlich zu halten."

Noch ehe die Mauerbrecher angelegt wurden, griffen Johannes' Mannschaften die römischen Werke von der Antonia aus mit Brandfackeln an. Da sie jedoch nicht nach einem übereinstimmenden Plane und darum weniger kühn und zuversichtlich als sonst hervordrangen, die Römer aber mit wahrem Heldenmuthe kämpften, so zogen sie sich endlich unter gegenseitigen Schmähungen ihrer eigenen Feigheit wieder in die Burg zurück. Am Neumond Panemos (Juli) rückten die Römer mit ihren Sturmböcken vor, obgleich sie von der Antonia aus durch Steine, Feuerbrände, Eisen und andere Waffen auf das lebhafteste bekämpft wurden. Da sie sich in ungünstiger Stellung befanden und viele Leute verloren, so bildeten sie mit aufgehobenen Schilden zuletzt Schutzdächer, untergruben den Grund und hoben mit äusserster Anstrengung vier Quadersteine aus. In der Nacht stürzte dann auch wirklich die von den Sturmböcken fortwährend bearbeitete Mauer plötzlich ein, indem der Gang, mittelst dessen Johannes die früheren Belagerungsdämme unterminirt hatte, einsank. Den Römern wurde ihre Freude über dieses glückliche Ereigniss jedoch durch den Anblick einer von den Juden inzwischen aufgeführten neuen Mauer sehr verbittert. Tod und Verderben stand augenscheinlich Jedem bevor, der diesem neuen Bollwerke zu nahen wagte. Titus suchte daher die Seinigen dadurch zur Tapferkeit zu entflammen, dass er denjenigen, welche sich freiwillig zu einem Sturm auf die Mauer entschliessen würden, grosse Ehrenbezeugungen in Aussicht stellte. Wegen der Grösse der drohenden Gefahr trat nur ein in den

Kohorten dienender Syrer von unansehnlicher, schmächtiger Gestalt, aber kühnem Muthe Namens Sabinus vor und stieg mit elf ebenso tapferen Genossen, die sich ihm noch anschlossen, unter einem Hagel von Pfeilen und Felsstücken wirklich die Mauer hinan. Kaum oben angelangt, glitt er jedoch aus und stürzte mit grossem Getöse kopfüber wieder zu Boden. Die schon auf der Flucht befindlichen Juden, welche sich durch das kecke Wagestück hatten täuschen und schrecken lassen, kehrten bei diesem Anblick schnell zurück, erschossen den Syrer, tödteten noch drei von seinen Genossen, die ebenfalls die Mauer erklettert hatten, und verwundeten die übrigen. Das geschah am dritten Tage des Monats Panemos.

Weit entfernt, sich durch dieses misslungene Unternehmen abschrecken zu lassen, traten zwei Tage später 20 Mann von den Vorposten auf den Dämmen zusammen, verbanden sich mit zweien Reitern, einem Trompeter und dem Fahnenträger der fünften Legion und beschlossen, einen nächtlichen Ueberfall auf die Burg zu wagen. „In der neunten Stunde der Nacht (Morgens 3 Uhr) schritten sie in aller Stille über die Trümmer auf die Antonia los, stiessen die vordersten Wachen, welche schliefen, nieder, gewannen die Mauer und liessen dann den Trompeter ein Zeichen geben. Hierauf plötzlicher Schrecken und Flucht der übrigen jüdischen Wachen, ehe nur einer von ihnen die Zahl der Hinangestiegenen erforscht. Ueberraschung und der Schall der Trompete erregte bei ihnen den Wahn, dass die Masse der Feinde oben sei. Kaum vernahm Cäsar (Titus) das Zeichen, als er das Heer eilig in die Waffen rief und Allen voran mit wenig Auserlesenen hinaufstieg. Da die Juden in den Tempel flohen, drangen die Römer nun auch durch den Gang ein, welchen Johannes früher unter die Dämme geführt hatte. Die Aufrührer von der Partei des Johannes wie des Simon vergassen ihres Streites und leisteten gemeinschaftlich mit einem unerhörten Aufwand von Kraft und Muth den wüthendsten Widerstand. Sie wussten ja, dass die Eroberung beendigt sei, wenn die Römer ins Heiligthum eindrängen, sowie auch diese selbst nach Erringung des Tempels den Sieg für vollendet hielten. Um die (inneren) Tempelthore entstand ein fürchterlicher Kampf, indem die Römer den Eingang (in den Männervorhof) erzwingen wollten und die Juden andererseits ihre Gegner nach der Antonia zurücktrieben. Geschosse und Lanzen waren beiderseits unbrauchbar; mit dem Schwert in der Faust rannten sie auf einander los und im wirren Getümmel konnte man nicht unterscheiden, für welche Seite der Einzelne kämpfe. Bunt waren sie durch einander gemischt, Freund und Feind tauschten im Gedränge die Reihen mit einander, das Losungswort war unvernehmlich wegen des wilden Geschreis. Viel Blut floss auf beiden Seiten, den Gefallenen traten die Kämpfenden Glieder und Waffen vom Leibe.

Wohin sich gerade der Sturm bewegte, da erscholl Zujauchzen der augenblicklichen Sieger und Weheruf der Weichenden. Weder zur Flucht war Raum noch zur Verfolgung; ungewiss rückte der Knäuel bald vorwärts, bald rückwärts in grösster Verwirrung. Wer vorn stand, musste morden oder fallen; ein Ausweg war nicht zu finden, denn die Hinteren stiessen ihre eigenen Leute vorwärts und liessen nicht einmal eine Gasse zwischen den Streitenden. Allmählig gewann der wilde Muth der Juden die Oberhand über die Gewandtheit der Römer." Als der Centurio Julianus, ein Bithynier von Geburt, der neben Titus an der Antonia stand, die Römer weichen sieht, springt er mit tollkühner Verwegenheit vor und jagt allein die siegenden Juden wieder bis an die Ecke des inneren Tempels zurück. Während er aber die Fliehenden hier nach allen Seiten hin auseinanderwirft und tödtet, stürzt er rücklings auf das Pflaster und giebt nach langer, tapferer Gegenwehr endlich unter den Streichen der Juden seinen Geist auf. Diese rissen den Leichnam an sich und trieben die Römer aus dem Tempel in die Antonia zurück. Der Kampf um die Burg hatte ununterbrochen von 3 Uhr Morgens bis 1 Uhr Mittags, also zehn Stunden, gedauert.

8. Erstürmung des äusseren Tempels.

Titus liess die (nördlichen) Grundmauern der Burg zerstören, um den übrigen Truppen den Einmarsch zu erleichtern. Da er erfahren hatte, dass an demselben Tage das tägliche Opfer aus Mangel an Priestern aufgehört habe, so musste Josephus dem Johannes sagen, „wenn ihn zügellose Kampflust plage, so möge er mit einer beliebigen Anzahl von Soldaten zum Kampfe heraustreten, ohne mit sich auch Stadt und Tempel zu verderben. Er solle es unterlassen, fernerhin das Heiligthum zu besudeln und an Gott zu freveln. Die unterlassenen Opfer möge er durch Juden verrichten lassen, welche er selbst auswählen könne." Dieser aber schmähte und fluchte dem Josephus und fügte hinzu, „die Eroberung fürchte er nicht; die Stadt sei in Gottes Hand." Als jener ihn hierauf von seinem hochgelegenen Standorte aus noch einmal mit thränenden Augen bat, doch vom Blutvergiessen abzulassen und die dargebotene Verzeihung anzunehmen, wurde Johannes mit seiner Rotte nur noch erbitterter auf die Römer und trachtete darnach, auch Josephus in seine Hände zu bekommen. Die Hohenpriester Joseph und Josua nebst vielen andern von den angesehenen Einwohnern ersahen jedoch einen günstigen Augenblick und flüchteten zu den Römern, wo sie von Titus huldreich empfangen und dann nach Gophna geschickt wurden. Die meisten der Zurückbleibenden beharrten aber bei ihrer Halsstarrigkeit, schimpften auf die Ueberläufer und pflanzten ihre Wurfmaschinen auf den Tempelthoren auf, so dass das mit Leichen bedeckte Heiligthum einer Festung glich. Vom tiefsten Schmerz ergriffen, rief Titus selbst ihnen zu: „Ihr Elende, habt ihr nicht selbst jene Schranken um das Heiligthum gezogen? Habt ihr nicht die Säulen aufgerichtet, worauf mit griechischer und römischer Schrift das Verbot eingegraben ist, dass Niemand über diese Grenze schreite? Haben nicht wir euch gestattet, jeden Uebertreter, und wenn es auch ein Römer wäre, zu tödten? Wie könnt ihr nun selbst Leichname in diesem Heiligthume zertreten? Wie könnt ihr den Tempel mit eigenem und fremdem Blute besudeln? Ich nehme die vaterländischen Götter, ich nehme das höhere Wesen, das einst auf diesen Ort herniedersah, — denn jetzt, glaube ich, geschieht es nicht mehr —, ich nehme mein Heer und die Juden bei mir und euch selbst zu Zeugen, dass nicht ich es bin, der euch zu solchen Greueln zwingt. Sobald ihr einen andern Kampfplatz wählet, wird kein Römer das Heiligthum betreten, noch weniger es verhöhnen. Das Allerheiligste will ich euch retten, selbst wenn ihr nicht wollt."

Auch diese Ansprache brachte keine Wirkung hervor, und Titus sah sich gezwungen, den Kampf fortzusetzen. Da er jedoch des beschränkten Raumes wegen nicht die ganze Heeresmacht gegen die Juden führen konnte, so erwählte er aus jeder Centurie 30 Mann, ordnete sie zu Tausenden unter Tribunen, über welche er Sextus Cerealis, den Befehlshaber der fünften Legion, setzte, und befahl, die feindlichen Wachen um die neunte Stunde der Nacht (Morgens 3 Uhr) anzugreifen. Er selbst begab sich auf den Antoniusthurm. Kaum nahten sich die erwählten Soldaten den jüdischen Wachen, so sprangen diese laut rufend auf und stürzten vor. „Auf das Geschrei der äusseren Wachen rannten die drinnen in Massen herbei. Ihren ersten Anlauf hielten die Römer auf, jetzt fielen die Hintern über ihre eigene Schlachtreihe her und behandelten ihre Mitstreiter als Feinde. Einander am Schlachtruf zu erkennen, verhinderte das verworrene Geschrei, den Gebrauch der Augen raubte die Nacht; Einige verblendete dazu noch die Wuth, Andere der Schrecken. So wussten sie nicht, wen sie trafen. Die Römer, die in geschlossenen Reihen mit vorgehaltenen Schilden vordrangen, litten weniger durch die Schwierigkeit, sich zu erkennen; denn Jeder wusste sein Losungswort. Die Juden dagegen, die zerstreut fochten und ohne Ordnung rück- und vorwärts rannten, geriethen öfter in gefährlichen Irrthum. Mancher hielt den rückkehrenden Freund in der Finsterniss für einen andringenden Römer. So wurden mehr von Freunden als von Feinden verwundet, bis mit Tagesanbruch die Schlachtreihen unterschieden werden konnten, worauf Angriff und Abwehr in geordnetem

Gefechte erfolgte. Kein Theil wollte weichen, keiner liess sich ermüden." So dauerte der mörderische Kampf bis gegen Mittag. Der Sieg blieb jedoch unentschieden, da keine Partei vom Platze wich. Zu den tapfersten Streitern hatten auch die beiden Idumäerhäuptlinge, Jakobus, Kathlas, und Simon, Sosas Sohn, gehört.

Nach siebentägiger Arbeit waren inzwischen von den zurückgebliebenen römischen Soldaten die Grundmauern der Burg zerstört und so bis an den Tempel ein breiter Eingang geschaffen worden. „Schon drangen die Legionen bis an den Fuss der dritten Ringmauer (d. h. bis zu der des Männervorhofs) vor und begannen dort neue Dämme aufzuführen, den einen gegen den nordwestlichen Winkel des inneren Tempels ($\alpha\beta^*$)), den andern gegen den nördlichen Vorthurm (ω) zwischen den beiden Thoren ($\gamma\delta$), den dritten gegen die westliche Halle des äusseren Tempels ($\epsilon\zeta$), den vierten gegen die nördliche ($\eta\vartheta$). Das Werk ward mit Anstrengung und Eifer gefördert, obgleich die Soldaten den Baustoff bis auf 100 Stadien ($2\frac{1}{2}$ Meile) herbeischleppen mussten. Manchmal erlitten sie bedeutende Verluste durch feindliche Hinterhalte, weil sie im Vertrauen auf die Uebermacht nachlässig waren, während die Juden aus Verzweiflung die kühnsten Streiche wagten." So machten sie, vom Hunger getrieben, einst einen Ausfall auf die römischen Vorposten am Oelberge und konnten nur nach einem äusserst hitzigen Treffen wieder in die Stadt zurückgetrieben werden.

Als der Kampf im Vorhof der Heiden immer weiter um sich griff und bereits den inneren Tempel erreichte, brannten die Juden „den Theil der nordwestlichen Säulenreihe, der an die Antonia stiess, nieder ($\iota\varkappa\lambda\mu$), brachen ausserdem bis auf 20 Ellen in die Länge von derselben ab ($\varkappa\iota\nu o$) und trugen (solchergestalt) mit eigenen Händen die Brandfackel gegen das Allerheiligste. Am zweiten Tage darauf, den 24sten des Monats (Panemos), zündeten die Römer die nächste Halle an ($\lambda\mu\pi\varrho$); nachdem das Feuer schon 15 Ellen weit um sich gegriffen, stiessen die Juden das Dach ab; jedoch weit entfernt, dadurch der Flamme Einhalt thun zu wollen, zerstörten sie noch Alles von da bis zur Antonia hin, obgleich sie den Brand hätten aufhalten können. Ruhig sahen sie dem Feuer zu, weil sie ihren Vortheil in dem Umsichgreifen desselben zu finden glaubten. Die Kämpfe um den Tempel dauerten indess unter gegenseitigen Ausfällen fort." Am 27sten des Panemos ersannen die Juden folgende Kriegslist. „Sie füllten den Raum zwischen dem Gebälke und dem Dache der westlichen Halle ($o\nu\sigma\tau$) mit trockenem Holze, Schwefel und Erdpech und zogen sich dann, wie vor Anstrengung er-

---

*) Siehe Plan Nr. V.

mattet, zurück. Einige Unbesonnene setzten in der Hitze den Fliehenden nach und erstiegen auf Leitern die Halle; die Verständigeren jedoch ahnten, dass es nur eine verstellte Flucht sei, und blieben zurück. Nichtsdestoweniger wurde die Halle von Mannschaft angefüllt; in diesem Augenblick zündeten sie die Juden an. Als nun die Flamme plötzlich auflohderte, ergriff die Römer, welche ausserhalb der Gefahr waren, Schrecken, die vom Feuer umringten aber Verzweiflung. Einzelne stürzten sich rücklings in die Stadt hinab, Andere unter die Feinde; Viele, die, um sich zu retten, zu den Ihrigen hinabsprangen, brachen die Beine; die Meisten ereilte die Flamme; Einige kamen ihr durch das Schwert zuvor. Im Augenblick fasste der Brand auch die Erstochenen und rasete nach allen Seiten. Nur etliche Wenige, die sich auf die breite Seitenmauer der Halle geflüchtet, entgingen dem Feuer, dafür fielen sie nach einer langen, blutigen Gegenwehr unter den Streichen der Juden. Die Halle brannte bis an den Thurm ab, welchen Johannes im Kampf gegen Simon über dem Thore (Kiponos) errichtet, das aus der Galerie hinausführte. Die Trümmer brachen die Juden, nachdem die Hinaufgestiegenen dahingerafft waren, vollends ab. Am folgenden Tage verbrannten die Römer auch die nördliche Halle ($q\chi\psi\xi$); dieselbe stiess in einem Winkel an die östliche Halle (d. h. an die Halle Salomonis), die gerade über dem Thal Kidron in schwindelnder Höhe erbaut war."

In der Stadt wüthete während dessen die Hungersnoth mit allen ihren Schrecknissen ununterbrochen fort und raffte zahllose Opfer dahin. Man benagte und verschlang Gürtel, Schuhe, das Leder von den Schilden, die Ueberreste verdorbenen Heues und andere unfläthige Dinge, ja eine Frau aus Peräa, die in Jerusalem Schutz gesucht, hier aber von den Aufrührern aller ihrer mitgebrachten Schätze beraubt worden war, sättigte sich sogar von dem gebratenen Fleische ihres eigenen, von ihr selbst geschlachteten Kindleins, eine That, die selbst die Römer mit Entsetzen erfüllte.

9. Erstürmung des inneren Tempels.

Die beiden Legionen, welche sich im Vorhof der Heiden befanden, hatten hier inzwischen neue Dämme aufgeworfen, und Titus liess nun am achten Tage des Loos (August) die Sturmböcke gegen die **westliche Halle des Männervorhofs** in Bewegung setzen. „Volle sechs Tage arbeitete der stärkste Mauerbrecher vor den Dämmen ununterbrochen gegen die Mauer, richtete aber nichts aus. Grösse und Festigkeit des Gemäuers widerstand allen Anstrengungen. Andere untergruben während dessen die Grundsteine des (einen) **nördlichen Thors** (nämlich des Thors Nizoz) mit unsäglicher Mühe und hoben die vordern

Quader aus; aber das Thor stand fest auf den inneren. Nun gaben die Römer ihre Versuche mit Hebeln und Werkzeugen auf und legten Leitern an die Vorhallen. Beim Aufsteigen wurden sie vom Feinde nicht gehindert, erst oben fanden sie Widerstand und wurden theils rücklings hinabgestossen, theils im Kampfe niedergestreckt. Als Titus sah, dass die Schonung eines fremden Tempels nur zum Verderben seiner Soldaten ausschlage, gab er Befehl, die Thore anzuzünden. Das schmelzende Silber gab der Flamme Raum im Gebälke, und prasselnd ergriff sie nach allen Seiten die Vorhallen. Die Juden sahen das Feuer ruhig wüthen und liessen Hand und Muth sinken. Betäubt starrten sie den Brand an, und so nahe ihnen auch der Verlust ging, sannen sie keinesweges auf Rettung, sondern fassten nur, wie wenn der Tempel schon eingeäschert wäre, noch heftigeren Ingrimm wider die Römer." Der Brand wüthete den ganzen Tag und die ganze folgende Nacht hindurch.

Am nächsten Tage berief Titus seine Heerführer zusammen, um mit ihnen Kriegsrath über den Tempel zu halten. Es waren folgende: Tiberius Alexander, erster Befehlshaber des Heeres, Sextus Cerealis, Lartius Lepidus und Titus Frygius, Legaten von der fünften, zehnten und funfzehnten Legion, Aeternius Fronto, Präfekt der zwei alexandrinischen Legionen, und M. Antonius Julianus, Statthalter von Judäa. Ausserdem war noch eine Anzahl von Tribunen und anderen Statthaltern gegenwärtig. „Die Einen meinten, man solle nach Kriegsrecht verfahren; die Juden würden nicht aufhören, Empörungen zu stiften, so lange der Tempel stehe, der ihr gemeinsamer Mittelpunkt sei. Andere riethen, das Gebäude, im Falle die Juden sich zurückzögen und Keiner sich zur Wehre setze, zu retten und dasselbe nur dann zu verbrennen, wenn die Juden sich darin behaupten und Widerstand leisten würden. Titus erklärte zuletzt, selbst wenn die Juden den Tempel besetzen und kämpfen würden, werde er sich nicht an leblosen Steinen für die Unthaten der Menschen rächen, noch ein solches Werk verbrennen." Fronto, Alexander und Cerealis stimmten dieser Meinung bei. Die Legionen erhielten hierauf Befehl, sich der Ruhe hinzugeben, damit sie den nahe bevorstehenden Kriegsarbeiten mit desto grösserer Kraft und Ausdauer entgegengehen könnten. Auserlesene Soldaten mussten während dessen das Feuer löschen und durch die Trümmer einen Weg für die Legionen bahnen.

Am nächsten Tage verhielten sich die Juden vor Ermattung ganz ruhig. Am folgenden aber rüsteten sie sich wieder mit frischem Muthe zum Angriff und machten in den ersten Morgenstunden einen Ausfall durch das korinthische Thor auf die hier postirten römischen Wachen. Diese standen zwar mit über dem Haupte zusammengehaltenen Schilden wie eine Mauer und vertheidigten sich mit Nachdruck. Da ihnen jedoch die Juden ebenso sehr an Menge als an Kühnheit überlegen waren, so würden sie nicht mehr lange haben Stand halten können, wenn ihnen Titus, der das Gefecht von der Antonia aus beobachtet hatte, nicht mit auserlesenen Reitern zu Hülfe geeilt wäre. Die Juden leisteten ihm nur geringen Widerstand und begaben sich bald ganz auf die Flucht. Als die Römer sich aber entfernten, brachen sie wieder hervor und griffen aufs neue an. Kaum machten jene aber Kehrt, so flohen sie abermals, bis sie endlich gegen Mittag ins Innere des Tempels zurückgedrängt und darin eingeschlossen wurden.

Titus beabsichtigte, in der Morgenfrühe des nächsten Tages mit seiner ganzen Heeresmacht den inneren Tempel zu umringen und den Hauptsturm zu wagen. Als er sich jedoch eben auf den Antoniusthurm begeben hatte, „griffen die Empörer nach kurzer Rast von neuem an und es kam zum Treffen zwischen den Tempelwachen und denen, die das Feuer von aussen löschten. Bald wurden die Juden zurückgeworfen und nun drangen die Römer bis zum inneren Tempel (d. h. zum eigentlichen Tempelgebäude) vor. Da fasst einer der Soldaten, weder auf Befehl wartend, noch die Folgen bedenkend, ein brennendes Holz und wirft es, von einem Kameraden emporgehoben, durch die goldene Thüre, welche auf der Nordseite (des Pronaons) nach den Gemächern am Allerheiligsten (d. h. am Hauptgebäude) führte. Wie die Flamme auflöderte, erhoben die Juden ein Jammergeschrei; sie rannten zu Hülfe ohne Rücksicht auf Lebensgefahr mit grösster Anstrengung ihrer Kräfte, da das Letzte, was sie noch schätzten, zu Grunde ging."

Kaum erhielt Titus Kunde von dem Brande, so eilte er nach dem Tempel, um dem Feuer Einhalt zu thun. „Ihm folgten die Feldherren alle und hinter diesen die Legionen. Der Lärm und das Geschrei war bei der wilden Bewegung einer solchen Menschenmasse fürchterlich. Cäsar gebot mit Hand und Mund zu löschen. Kein Mensch hörte sein Rufen, Keiner achtete seiner Winke: das Getöse übertäubte die Ohren; Kampf und Wuth riss die Soldaten dahin. Sobald die Legionen eingedrungen waren, half kein Befehl, kein Drohen mehr; der allgemeine Ingrimm führte das Kommando. Im Gedränge, das vor den Thoren entstand, wurden Viele zertreten, Viele stürzten in die noch rauchenden Trümmer der Hallen und theilten das Schicksal der erschlagenen Feinde. Als sie vollends am Tempel (-Gebäude) waren, achteten sie aller Befehle Cäsars nicht mehr, Jeder trieb den Vormann, die Brandfackel hineinzuschleudern. Auch den Empörern war es unmöglich, zu löschen oder zu helfen; überall Mord und Flucht. Viele vom gemeinen Volk, ein schwacher und unbewaffneter Haufe, wurden hingemetzelt, wo man sie traf. Um den Altar häuften sich die Todten, über die Stufen desselben strömte das Blut der Leichname, die über ihm geschlachtet wurden, hinab. Als Cäsar nicht mehr im Stande war, die Wuth der Soldaten aufzuhalten, und das Feuer Alles überwältigte, trat er mit den Oberfeldherren ins Allerheiligste und beschaute die Ausstattung. Weil die Flamme noch nicht in das Innere eingedrungen war, sondern nur die Nebengebäude verzehrte, glaubte er das Prachtwerk noch retten zu können; er springt hervor und sucht in eigener Person die Soldaten zum Löschen zu ermuntern. Zugleich gebietet er dem Centurio Liberalis, die Ungehorsamen unter seinen Leuten mit Stockschlägen im Zaum zu halten. Allein Ingrimm, Judenhass und die aufgeregte Kriegswuth siegten über die Ehrfurcht vor Cäsar wie über die Furcht vor dem Züchtiger. Die Meisten riss auch Raubsucht hin: sie meinten, das Innere müsse voll Gold sein, weil sie aussen schon Alles aus Gold gemacht sahen. Während Cäsar herausgetreten war, um die Soldaten abzuhalten, legt einer der Eingedrungenen im Dunkeln Feuer unter die Thürangeln; sowie die Flamme auflöderte, wichen die Heerführer mit Cäsar zurück, Niemand hinderte nun die Soldaten weiter am Anzünden. So ward der Tempel wider Cäsars Willen ein Raub der Flammen." Das geschah an demselben Tage, an welchem auch der frühere Tempel von den Chaldäern verbrannt wurde, nämlich am zehnten Tage des Loos (August).

„Während des Tempelbrandes ward geplündert und gemordet ohne Ende. Kein Erbarmen mit dem Alter, keine Schonung der Würde; Kinder und Greise, Laien und Priester wurden erwürgt; die ganze Bevölkerung erlag der Kriegswuth, um Gnade Flehende wie Kämpfende. Das Prasseln der Flammen machte einen Chorus mit dem Gestöhne der Sterbenden; wegen der Höhe des Ortes und der Grösse des brennenden Baues schien es, als ob die ganze Stadt in Brand stehe. Nichts lässt sich Grösseres und Schrecklicheres denken als jenes Getümmel, gemischt aus dem Schlachtruf der römischen Legionen, aus dem Geheul der von Feuer und Schwert umringten Empörer, aus dem Wehklagen des verlassenen Volkes, das in der Bestürzung unter seine Feinde hineinrannte. Dem Jammergeschrei von oben antwortete die Menge in der Stadt. Tausende, denen der Hunger bereits den Mund verschlossen, brachen beim Anblick des brennenden Tempels von neuem in Jammer und Klagen aus. Um das Grausen noch zu vermehren, wiederhallte das Getümmel von Peräa und den umliegenden Bergen her; dennoch waren die Jammerscenen noch ärger als der Lärm. Es sah nicht anders aus, als wenn der ganze Hügel, auf dem der Tempel stand, von den Wurzeln herausbrenne — so tobend frass das Feuer um sich —, als sei die Wuth des

Feuers gering gegen die Ströme Bluts, als seien der Gemordeten mehr als der Mörder. Vor Leichnamen konnte man den Erdboden nimmer sehen; über Haufen von Todten schreitend, fielen die Soldaten über die Fliehenden her. Dennoch wurden die römischen Reihen von den Räubern durchbrochen, die sich mit genauer Noth in den äusseren Tempelhof und von da in die (alte Unterstadt und in die Ober-) Stadt warfen. Das zurückgebliebene Volk flüchtete in die äusserste (d. h. südlichste) Halle (des Vorhofs der Heiden). Einige Priester rissen die goldenen Spiesse auf dem Dache (des Hauptgebäudes) sammt der bleiernen Unterlage los und warfen sie auf die Römer. Als sie nichts ausrichten konnten, und das Feuer gegen sie herausschlug, entwichen sie auf die acht Ellen breite Mauer und harrten da. Zwei der Angesehensten stürzten sich in die Flammen und verbrannten mit dem Heiligthum." Die Uebrigen trieb der Hunger am fünften Tage herab; sie wurden auf Titus' Befehl getödtet.

„Als der Tempel ganz im Feuer aufging, hielten die Römer Schonung der übrigen Gebäude für nutzlos und zündeten Alles an, die Reste der Hallen und die Thore, zwei ausgenommen, die sie nachher niederrissen, das östliche (korinthische) und das südliche (beide am Weibervorhof). Dann verbrannten sie auch die Schatzkammern (im Vorhof der Heiden), worin unermessliche Schätze, Kleider, Kleinodien, kurz der ganze Reichthum von Judäa aufgeschichtet lag, weil die Reichen überallher ihre beste Habe dorthin geflüchtet. Endlich kamen sie auch an die äusserste (d. h. südlichste) Halle, wohin Weiber und Kinder aus dem Volke, ein gemischter Haufe, gegen 6000 Menschen, geflohen waren; noch ehe Cäsar über sie beschliessen oder die Feldherren Befehl geben konnten, zündeten die Soldaten in der Wuth des Sturmes die Halle an. Einige kamen um, indem sie aus der Flamme, Andere, indem sie in die Flamme sprangen. Von allen diesen ward keine Seele gerettet. Die Ursache ihres Untergangs war ein falscher Prophet, der an jenem Tage den Bewohnern der Stadt verkündete: Heute befiehlt der Herr, auf den Tempel zu steigen, um die Zeichen der Erlösung zu schauen."

Während das majestätische Tempelgebäude nebst allen dasselbe rings umgebenden prachtvollen Bauwerken in hellen Flammen auflonderte, trugen die Römer ihre Adler in den Vorhof der Heiden und pflanzten sie vor dem östlichen (korinthischen) Thore auf. Als sie ihnen hier die üblichen Opfer dargebracht hatten, begrüssten sie Titus mit lautem Freudengeschrei als Imperator.

10. Einäscherung der alten Unterstadt.

Da die Anhänger der beiden jüdischen Tyrannen sahen, dass ihnen nunmehr sowohl innerhalb als auch ausserhalb der Stadt alle Hoffnung auf Rettung abgeschnitten war, forderten sie eine Unterredung mit Titus.

Erfreut hierüber trat dieser, da jene sich auf dem Xystus aufgestellt hatten, an den südwestlichen Rand des äusseren Tempelhofes. Beide Parteien waren nur durch die hier befindliche kolossale Brücke, welche den Xystus mit dem Tempel verband, getrennt. Nachdem er seinen dicht um ihn gedrängt stehenden Soldaten geboten, Hand und Mund zu bezähmen, ruft er den Juden zu: „Seid ihr endlich satt der Leiden eurer Vaterstadt, da ihr sonst weder unserer Heeresmacht noch eurer Schwäche achtetet und im Wahnsinn Stadt und Volk ins Verderben gestürzt habt? Freilich solltet ihr Alle zu Grunde gehen, die ihr seit Pompejus' Einzug nie von Aufruhr abgelassen und endlich den Römern offenen Krieg erklärt habt. Bautet ihr auf eure Menge, so habt ihr jetzt erfahren, dass ein geringer Theil des Römerheeres gegen euch genüge. Verliesset ihr euch auf Bundesgenossen? — Welche Nation ausser dem Reiche würde es lieber mit Juden als mit Römern halten? Oder trautet ihr auf eure persönliche Tapferkeit, so wusstet ihr ja, dass selbst die Deutschen unsere Sklaven sind! Auf die Festigkeit der Mauern? — Giebt es eine stärkere Schutzwehr als den Ocean? Dennoch huldigen die Britannen, obwohl hinter diesem Bollwerk verschanzt, dem Römerreiche. Auf Beharrlichkeit und List eurer Anführer? — Ihr habt gehört, dass wir auch Karthago zerstörten. Nur die Nachsicht der Römer war es also, was euch den Muth gab, gegen Rom aufzustehen. Wir haben euch das Land zum Besitz gegeben, wir haben euch Könige aus eurem Volke gesetzt, haben eure heimischen Gesetze geachtet und nicht nur euch, sondern auch Andere darnach leben lassen, wie ihr es wünschtet. Was die Hauptsache ist, wir liessen euch Tempelsteuern und milde Gaben sammeln, wir rügten keine Geber und hinderten nicht, dass ihr, unsere Feinde, reicher wurdet als wir, die Sieger, und dass ihr mit unsern Schätzen euch gegen uns bewaffnetet. Uebermüthig geworden durch den Genuss aller dieser Güter habt ihr wie die Schlangen gegen Wohlthäter euer Gift gegen uns gespieen. — Ich kam vor Jerusalem mit verhängnissvollen Aufträgen versehen, die mir mein Vater nur ungern gab. Als ich hörte, wie sehnlich das Volk den Frieden wünsche, freute es mich. Ehe ein Schwert gezückt wurde, bat ich euch, vom Kampfe abzustehen; nachdem ihr schon lange gegen mich gefochten, schonte ich euch noch, nahm eure Flüchtlinge auf, hielt ihnen Wort, erbarmte mich der Gefangenen, schützte sie mit harten Strafen gegen ihre Dränger, legte nur ungern die Maschinen an eure Mauern, hielt die Wuth meiner Soldaten im Zaum, und nach jedem Siege, den ich erfocht, bot ich euch Frieden an, als wäre ich der Besiegte, nicht der Sieger. Als ich mich schon dem Tempel genähert hatte, vergass ich abermals die Rechte des Siegers, ich forderte euch auf, eures Tempels zu schonen und das Heiligthum zu erhalten, ich verbürgte euch das

Leben und freien Abzug, ja ich liess euch die Wahl eines andern Kampfplatzes. Alles, Alles war vergeblich, mit euren eigenen Händen habt ihr den Tempel in Brand gesteckt. Und nun wagt ihr Elenden noch, mich zu Unterhandlungen einzuladen. Für was wollt ihr die Trümmer des Tempels retten? Oder meint ihr der Begnadigung noch werth zu sein nach solchem Verlust? Bewaffnet stellt ihr euch vor mich hin, selbst in der äussersten Noth wollt ihr nicht den Schein haben, als flehtet ihr um Gnade. Verlorne, was haucht euch solche Kühnheit ein? Dahin ist das Volk, dahin der Tempel, mein ist die Stadt, in meiner Hand euer Leben, und noch immer wollt ihr prahlen mit eurer Verachtung des Todes. Mit eurer Halsstarrigkeit will ich nicht hadern. Werft die Waffen weg und ergebt euch, so gewähr' ich euch Gnade. Wie ein milder Hausvater will ich die Ueberbleibsel retten, nachdem die Unverbesserlichen gestraft sind."

Die Juden antworteten: „Gnade können wir von dir nicht annehmen, denn wir haben geschworen, dies nie zu thun. Wir bitten um die Erlaubniss, mit Weib und Kind durch die Belagerungswerke abzuziehen; wir wollen in die Wüste wandern und dir die Stadt überlassen."

Ueber diese Antwort aufs tiefste entrüstet, lässt ihnen Titus nunmehr durch seinen Dolmetscher ankündigen: „Keiner solle mehr kommen oder auf Gnade hoffen, man werde Keinen verschonen; sie möchten mit aller Macht sich wehren und sich zu retten suchen, so gut sie könnten. Von nun an werde er nach Kriegsgebrauch verfahren." Den Soldaten befahl er, die Stadt anzuzünden und zu plündern. Diese zögerten noch einen Tag; am folgenden Tage aber zündeten sie „das Archiv und die Akra (d. h. die alte Unterstadt), das Rathhaus und die sogenannte Ophla an. Das Feuer frass um sich bis zum Palast der Helena, der mitten auf Akra stand. Es brannten die Gassen und die mit Verhungerten angefüllten Häuser."

Die Aufrührer warfen sich nun in die wohlbefestigte Herodianische Königsburg, wohin sich eine zahlreiche Volksmenge mit ihrer Habe geflüchtet hatte, vertrieben die — vermuthlich während des Tempelbrandes eingedrungenen — Römer daraus, ermordeten hier bei 8400 Juden und raubten die vorgefundenen Schätze. Von den römischen Soldaten wurden zwei gefangen genommen. Einen tödteten sie sogleich und schleiften ihn durch die Stadt, um sich auf diese Weise gleichsam an allen Römern zu rächen. Der andere entkam, als er im Angesichte des römischen Heeres enthauptet werden sollte.

„Am folgenden Tage wurden die Räuber vollends aus der unteren Stadt verjagt und Alles bis an den Teich Siloah in Brand gesteckt. Die römischen Soldaten genossen zwar die Freude, die Stadt auflodern zu sehen, aber um die Beute kamen sie; denn die Empörer hatten vorher

Alles ausgeleert, ehe sie sich in die obere Stadt zurückzogen. Reue fühlten diese noch immer nicht, vielmehr prahlten sie noch mit ihrem Unglück. Als sie die Stadt brennen sahen, erklärten sie, ruhig und mit heiterem Gesichte den Tod erwarten zu wollen, da sie nach dem Morde des Volks, nach der Einäscherung des Tempels und dem Brande der Stadt den Feinden nichts hinterliessen. Josephus liess immer noch nicht ab, sie zu bitten, dass sie wenigstens die Reste der Stadt erhalten möchten: aber mit den mancherlei Vorwürfen über ihre Grausamkeit und Ruchlosigkeit, mit allen Rathschlägen zu ihrer Rettung trug er nichts als Hohn davon. Da sie zuletzt um ihres Eides willen weder sich ergeben wollten, noch auch eingeschlossen, wie sie waren, den Römern Widerstand zu leisten vermochten, lauerten sie zerstreut vor der Stadt auf die, welche überzugehen versuchten. Viele nahmen sie gefangen, denn vor Hunger vermochten die Unglücklichen nicht einmal zu entlaufen: Alle wurden dann gemordet und ihre Leichname den Hunden vorgeworfen. In der Stadt war keine leere Stätte; Alles lag voll Todter, die der Hunger oder das Schwert gefressen."

Ihre letzte Hoffnung setzten die Aufrührer auf die Flucht in die unterirdischen Gänge, denn sie gedachten nach der Einnahme der Stadt hinter den abziehenden Römern herauszubrechen und zu entfliehen. Wo es ihnen von Nutzen zu sein schien, steckten sie deshalb die Häuser in Brand. Wer jedoch vom Volke in die Gänge fliehen wollte, den tödteten und plünderten sie. Mit blutbefleckten Händen verschlangen sie die Nahrungsmittel, welche sie bei den Gemordeten etwa noch vorfanden; ja im Uebermaasse des Hungers zückten sie sogar zuletzt das Schwert gegen einander, um sich des gefundenen Raubes bemächtigen zu können.

II. Einnahme der Oberstadt.

Da die Oberstadt ihrer hohen Lage wegen ohne Belagerungsdämme nicht genommen werden konnte, so beorderte Titus am elften Tage des Loos (August) das Heer zur Arbeit. „Die vier Legionen errichteten ihre Werke am westlichen Abhang der Stadt (also im Gichonthale) vor dem Königspalaste, die Hülfstruppen und der übrige Heerhaufen (auf dem Mörserplatze) gegen die Galerie (Xystus), von da gegen die Brücke und den Thurm, welchen Simon im Kampf mit Johannes aufgeführt."

Um diese Zeit schickten die Häuptlinge der Idumäer nach heimlich gepflogener Berathung fünf Männer an Titus und liessen um Gnade bitten, die ihnen auch verheissen wurde. Als sie sich zum Abzuge aus der Stadt rüsteten, entdeckte jedoch Simon ihr Vorhaben, strafte die fünf Boten sogleich mit dem Tode, setzte die Anführer, deren angesehenster der mehrmals erwähnte Jakobus, Sosas Sohn, war, gefangen und liess die übrigen rathlos dastehenden Idumäer bewachen. Dieser beabsichtigte Abfall hatte zur Folge, dass die Mauer fortan wieder mit grösserer Strenge bewacht und jeder Ueberläufer, den man ertappte, getödtet wurde. Dennoch wurden diese Fluchtversuche immer häufiger, weil dies in der That nur noch das einzige Mittel zur Rettung des Lebens war. Da nämlich Titus aus angeborner Milde seinen früher gegebenen Befehl nicht länger aufrecht erhielt, so nahmen die römischen Soldaten theils aus Uebersättigung am Morden, theils aus Gewinnsucht jeden Ueberläufer bei sich auf. Die eigentlichen Bürger von Jerusalem, von denen allmählig bis auf 40,000 eintrafen, liess man laufen, wohin sie wollten; die übrigen, wenigstens ebenso zahlreichen Flüchtlinge aber, welche aus andern jüdischen Ortschaften herstammten, wurden mit Weib und Kind verkauft, freilich zu Spottpreisen, da ihrer so viele, der Käufer aber nur wenige waren. Richter, welche von den Römern aus der eigenen Mitte der Ueberläufer gewählt wurden, mussten die Strafbaren aussondern. In diesen Tagen kam auch der Priester Jesus, Thebuts Sohn, von der Tempelmauer herab und überlieferte den Römern Tempelvorhänge, hohepriesterliche Gewänder mit den dazu gehörigen Edelsteinen und mancherlei goldene Geräthe und Gefässe, namentlich Leuchter, Tische, Krüge und Schalen. Zuletzt wurde auch Phineas, der Schatzmeister des Tempels, gefangen. Dieser übergab den Römern priesterliche Gewänder und Gürtel, Scharlach und Purpur, Specereien und andere Kostbarkeiten und erwarb sich dadurch den Rang eines Ueberläufers, obgleich er mit den Waffen in der Hand ergriffen und darum eigentlich dem Tode verfallen war.

Nach achtzehntägiger Arbeit hatten die römischen Legionen ihre neuen Dämme vor der Königsburg vollendet und legten am siebenten Tage des Gorpiäos (September) ihre Mauerbrecher an. Viele von den Aufrührern gaben nunmehr endlich die Rettung der Stadt gänzlich auf und zogen sich theils in die von den Römern wieder verlassene Akra (alte Unterstadt), theils in die unterirdischen Kanäle zurück: dennoch verharrte immer noch ein bedeutender Theil auf seinem Posten und kämpfte gegen die Mannschaften, welche die Sturmböcke in Bewegung setzten. Ihr Muth war jedoch schon zu sehr gebrochen, ihre Körperkräfte zu sehr erschlafft und gelähmt, als dass sie den mit neuem Kriegsmuthe erfüllten Römern, die ihnen überdies an Zahl überlegen waren, noch hätten wirksamen Widerstand entgegensetzen können. „Als ein Stück von der Mauer eingebrochen war und einige Thürme den Stössen der Sturmböcke nachgaben, da flohen die Vertheidiger und selbst die Wüthriche (Simon und Johannes) befiel ein unbändiger Schrecken. Da standen sie, ehe noch ein Feind hinangestiegen war, wie starr und schwankten zwischen Fliehen und Bleiben. Sie, die vorher übermüthig mit ihren Freveln prahlten, sah man jetzt kleinmüthig zittern. Sie versuchten zwar, in einem letzten Ausfalle die römischen Wachen zu überrumpeln und durchzubrechen; als sie aber keinen von ihren Getreuen mehr erblickten, als Eilboten zuerst meldeten, die ganze westliche Mauer sei gestürzt, die Römer seien eingedrungen, dann: sie seien schon auf ihrer Spur, zuletzt gar: man sehe die Feinde schon auf den Thürmen: da verloren sie die Sinne, warfen sich auf die Erde und klagten ihren eigenen Wahnsinn an." Körperlich und geistig gelähmt und zerschlagen stiegen sie von den Thürmen hernieder und begaben sich eilig in das „Thal unter Siloah", d. h. vermuthlich in die „tiefe Schlucht", um in den dortigen Höhlen der Essener Erholung zu suchen. Die Römer gewannen somit die drei Hauptthürme von Jerusalem, Hippikus, Phasael und Mariamne, gegen welche die allerstärksten Kriegsmaschinen nichts ausgerichtet haben würden, ohne den geringsten Widerstand.

Kaum hatten sich die beiden Tyrannen in ihrem Asyl ein wenig erholt, so sammelten sie ihre Anhänger und warfen sich auf den zunächst gelegenen Theil der römischen Umwallungsmauer. „Ihre Kühnheit war jedoch der Noth nicht mehr gewachsen. Elend und Furcht hatten ihre Kraft gebrochen; sie wurden von den Vorposten zurückgeworfen und flohen nun zerstreut in die Kanäle. Indessen pflanzten die Römer, als sie die Mauer erobert, ihre Feldzeichen auf den (drei grossen) Thürmen auf und erhoben den Triumphgesang. Weil sie ohne Schwertstreich sich der letzten (zwischen den grossen Thürmen befindlichen) Mauer bemächtigten und keinen Feind erblickten, wussten sie kaum, was sie davon denken sollten. Mit gezücktem Schwerte warfen sie sich in die Strassen und streckten nieder, wen sie trafen; die, welche sich in die Häuser flüchteten, verbrannten sie sammt den letztern. In mehreren Häusern, wo sie plündern wollten, fanden sie ganze Familien todt und die Dächer von Verhungerten voll. Schaudernd über den Anblick gingen sie dann mit leeren Händen davon. So sehr sie jedoch die Todten bemitleideten, so wenig hatten sie für die Lebenden Gefühl. Niederstossend, wer ihnen in den Weg lief, besäeten sie die Strassen mit Todten und badeten die Stadt im Blute. Das Morden endete am Abend, aber das Feuer wüthete auch die Nacht hindurch. Am achten Gorpiäos (des Jahres 70) ging die Sonne über den rauchenden Trümmern Jerusalems auf, einer Stadt, die, wenn sie seit ihrer Erbauung so viel glückliche Tage gesehen hätte, als sie während der Belagerung Elend erlebte, beneidenswerth wäre; aber all dieses Unglück verdiente sie dadurch, dass sie ein solches Geschlecht erzeugte."

12. Schleifung der Stadt Jerusalem.

Als Titus nach seinem Einzuge die Festigkeit der Oberstadt und besonders die Grösse und Schönheit der drei Hauptthürme hinreichend besichtigt und bewundert hatte, setzte er die von den Tyrannen in den Thürmen zurückgelassenen Gefangenen in Freiheit und schleifte die ganze Oberstadt mit Ausnahme der drei Hauptthürme. Diese sollten nämlich nicht nur als Siegeszeichen dienen, sondern auch Zeugniss ablegen von der Schwierigkeit der glücklich vollbrachten Eroberung.

Als die wilde Mordlust der römischen Soldaten hinreichend gesättigt, doch aber noch eine so bedeutende jüdische Volksmasse am·Leben war, befahl Titus, nur die Bewaffneten zu tödten, die Uebrigen aber gefangen zu nehmen. Die Soldaten stiessen jedoch ausser den Bewaffneten auch noch alle Greise und sonstigen Schwächlinge nieder und trieben dann diejenigen, welche noch im blühenden Alter standen, auf den Tempelberg. Hier wurden sie in dem Weibervorhof, dessen Ringmauer noch stand, eingeschlossen und von einem Freigelassenen bewacht. Zum Richter über ihr Schicksal ernannte Titus seinen Vertrauten Fronto. „Empörer und Räuber, die einander wechselseitig anzeigten, wurden alle hingerichtet. Von den Jünglingen las man die schönsten und grössten aus, um sie im Triumphzug aufzuführen. Alle anderen jungen Leute über siebzehn Jahren wurden gefesselt und grösstentheils in die Bergwerke nach Aegypten geschickt. Viele verschenkte Titus in die Provinzen, damit sie in den öffentlichen Schauspielen durch wilde Thiere oder durchs Schwert umgebracht würden. Was unter siebzehn Jahren war, wurde versteigert. Uebrigens starben noch in den Tagen, da Fronto die Auswahl traf, 11,000 am Hunger, theils weil der Hass der Wächter Vielen kein Brot zukommen liess, theils weil sie die dargebotene Nahrung nicht annahmen. Ohnedies war bei einer solchen Menge Mangel unvermeidlich."

„Die Zahl Aller, die während des ganzen Krieges gefangen genommen wurden, betrug 97,000, die der Getödteten während der Belagerung 1,100,000. Der grössere Theil derselben waren Juden, doch nicht aus Jerusalem gebürtig. Denn das Volk war zum Feste der ungesäuerten Brote aus dem ganzen Lande nach der Stadt geströmt und wurde daselbst vom Krieg überrascht, so dass bei dem Mangel an Raum zuerst Seuchen, dann noch fürchterliche Hungersnoth ausbrach. — Von denjenigen, die nach dem Fall der Stadt zum Vorschein kamen, tödteten die Römer einen Theil, einen andern machten sie zu Sklaven; Alle aber, die sie in den aufgebrochenen Kloaken fanden, machten sie nieder. Auch dort fanden sie mehr als 2000 Todte, die sich theils selbst, theils unter einander umgebracht hatten, meistens aber dem Hunger erlegen waren. Ein fürchterlicher Leichengeruch wehte ihnen entgegen, so dass Viele sogleich zurückwichen, obgleich Andere aus Habsucht hineindrangen und über die aufgeschichteten Leichname wegschritten. Denn man fand eine Menge Kostbarkeiten in den Kanälen, und die Gewinnsucht hielt jedes Mittel, sich Geld zu verschaffen, für erlaubt. Auch viele Gefangene der Tyrannen wurden daselbst herausgezogen; denn selbst in der äussersten Noth hatten diese von ihrer Grausamkeit nichts nachgelassen." Beide aber entgingen ihrer wohlverdienten Strafe nicht. Johannes nämlich wurde in den unterirdischen Gängen ergriffen und zu ewiger Gefangenschaft verdammt, obgleich er zuletzt doch noch die von ihm so oft zurückgewiesene und verhöhnte Gnade der Römer angerufen hatte. Simon aber, der erst nach Titus' Abzuge an der Stelle, wo das Tempelgebäude gestanden, aus der Erde hervorkam, wurde für den Triumph aufbewahrt und in Rom hingerichtet.

Als in den verödeten Stadttheilen Jerusalems nichts mehr zu morden oder zu rauben übrig war, legte sich die Wuth der römischen Soldaten und überliess den gefrässigen Flammen die Fortsetzung des schaurigen Zerstörungswerkes. Als auch diese endlich erstarben, da wurde auf Titus' Befehl zuletzt die ganze Stadt und der Tempel mit **Ausnahme der drei grossen Thürme und der westlichen Ringmauer der Oberstadt** (neben welcher man ein festes Lager für die zurückzulassende Besatzung errichtete) geschleift und dem Erdboden gleichgemacht. Bald war dieses Geschäft vollendet, und Jerusalem, die uralte hoch- und festgegründete Königsstadt, hatte aufgehört zu sein. Darnieder lagen Tempel und Prachtgebäude, Paläste und Bürgerhütten. Wo so viele Jahrhunderte hindurch das regste Leben in seinen verschiedenartigsten Gestalten und Erscheinungen pulsirt hatte, da umlagerte jetzt öde Grabesruhe und unheimliches Todesgrauen verworrene, wüste Schutt- und Trümmerhaufen, die letzten traurigen Ueberbleibsel des alten Jerusalems und seiner glanzumstrahlten, majestätischen Bauwerke! —

Nach der Zerstörung Jerusalems befanden sich nur noch drei Festungen, **Herodium, Machärus und Masada**, in der Gewalt der Juden. Die beiden ersteren zwang der römische Legat **Lucilius Bassus** zur Uebergabe; die letztere fiel endlich dem **Flavius Silva** in die Hände, nachdem die ganze aus beinahe 1000 Seelen bestehende Bevölkerung derselben sich auf des Sikarierhäuptlings **Eleasar**, Judas' Sohnes, Aufforderung zuvor bis auf zwei Weiber und fünf Knaben selbst den Tod gegeben hatte. Wie Jerusalem in Schutt und Trümmer sank, um fortan im Glanze seiner alten Pracht und Herrlichkeit niemals wieder aufzuerstehen, so endete in Masada der verzweiflungsvolle, blutige Todeskampf eines nach Freiheit ringenden Volkes, das mit der Vernichtung seines hochberühmten Nationalheiligthums und dem Untergange seiner ehrwürdigen, heiligen Stadt zugleich seine politische Selbstständigkeit auf heimatlichem Boden für immer verlor.

Register.

A.

Akra, s. Berg und Burg Akra und Unterstadt.
Aelia Capitolina 251.
Altstadt 241.
Amphitheater 234. 309.
Antoniahügel 18. 107. 108. 166.
Antoniaschlucht 18. 108. 225. 226.
Antomathor 192.
Antoniusthurm 224. 315.
Archiv 236. 261. 323.
Auditorium 120. 121. 125. 206.
Aufgangsstrasse im Tempel 76.
Azel (spr. azehl), s. Thal Azel.

B.

Bach Gichon 114.
—— Kidron 19. 24. 62. 298.
Banisthor 171.
Berg Akra 241. 243. 299. 323.
—— Bezetha 107. 110. 241.
—— des Aergernisses 309.
—— Morija (Moria) 11. 18. 55. 56. 199. 201. 253.
—— Ophel 11. 12. 17. 114. 149. 169. 241.
—— Zion 4. 10. 148. 176. 235. 241 (vgl. auch Tempelberg).
Bethlehem-Thor 112.
Beth Millo 4. 5. 6. 111. 116. 148. 237.
Bethsetha, s. Bezetha.
Bethso 5. 237.
Bezetha 105. 159. 182. 241. 251. 258. 264.
Bezethamauer 105. 112. 113. 146. 173. 178. 183. 241.
Brandopferaltar 60. 109. 110. 128. 159. 210.
Brücke, s. Tempelbrücke.
Brückenthor 193. 289.
Brunnen der h. Jungfrau, s. Drachenbrunnen.
—— Rogel 114. 253. 309.
Brunnenthor 17. 144. 147. 151.
Bühne der Könige 28. 195.
—— der Leviten 28. 94. 119. 134. 138. 196.
Bühne der Priester 70. 71. 119. 131.
—, hölzerne 137.
Burg Akra 144. 157. 158. 159. 169.
—— Antonia 11. 22. 144. 165. 223. 241. 261. 299. 312.
—— Baris 11. 165. 170. 176. 179. 182. 223.
—— Zion 3.
Burgplatz 171. 225. 226.

C.

Caphnatabach 20. 166.
Caphnatamauer 19. 166.
Caphnataschlucht 20. 24. 26. 27 55 81. 108. 140. 170. 172. 176. 178. 179.
Christuskirche 10. 234.

D.

Damaskusthor 107. 165.
Davidsburg 7. 151.
Davidsstadt 4. 5. 7. 8. 114. 148. 165 (s. auch Oberstadt).
Davidsthurm 7. 11.
Decke des Sabbaths 71. 110. 131.
Denkmal der Helena, s. Grabmal der Helena.
—— des Herodes 297. 309.
—— „ Hohenpriesters Ananus 309.
—— „ Walkers, s. Grabmal des Walkers.
Drachenbrunnen 18. 24. 144. 237. 252.

E.

Eckterrasse, s. Xystusterrasse.
Eckthor 107. 109. 146.
Eckthurm 249.
Einbruch der Assyrer 115. 175. 302. 309.
Erbsenhaus-Dorf 309.
Etham 23. 104.

F.

Fels Peristereon 309.
—— Sakhrah 21. 37. 56. 190. 199. 218.

Fischteich Salomons (= Drachenbrunnen) 24. 237.
Fischteich Struthia 108. 172. 176. 214. 307.
Fischthal 214.
Fischthor 113. 114. 115. 117. 146. 152.

G.

Gabbatha, s. Hochpflaster.
Gareb, s. Hügel Gareb.
Garten des Königs 114. 117. 147.
— Ussa 13. 102. 105.
Gerichtshalle 13. 95. 99.
Gerichtssitz des persischen Satrapen 146. 148.
Gerichtsthor 168.
Gichonteich, oberer 111. 112.
—, unterer 111. 112. 148. 230.
Golgatha, s. Hügel Golgatha.
Grab, heiliges 168.
Gräber Davids 10. 147.
— der Könige 244. 245. 249. 250.
— „ Richter 245.
Grabmal der Helena 243. 249. 250. 298.
— des Hohenpriesters Johannes 168. 299. 302. 305. 307.
— des Walkers 249. 250.
Grube Malkijahus 101.
Grundthor 23. 25. 138. 139.

H.

Halle Salomonis 20. 90. 141. 145. 150. 163. 191. 193. 215. 317.
Harem 102. 105.
Harnischhaus, s. Zeughaus.
Harnischkammern 98.
Haus der Erklärung 213.
— „ Fussfessel 79.
— „ Grube 101.
— „ Helden 5. 147. 148.
— „ Nethinim und der Krämer 17.
— „ Opferer, s. Tempelküchen.
— „ Opfermesser 54. 125. 205.
— Eljaschibs 147. 149.
— Habbira 140.
Häuser der geweihten Buhler 88.
Herodesthor 107. 241. 242. 250.
Hinterthor 14.
Hiobsbrunnen, s. Brunnen Rogel.
Hiskiasstadt 113. 117.
Hochpflaster 226. 228. 231.
Hof der Aussätzigen 136.
— „ Nasiräer 136.
— des Monobazus 243. 244. 298.

Hof des Oelhauses 136.
Hofraum, offener (im Tempel) 192. 196.
Höhle Schis 62. 70.
Holzhof 136.
Holzkammer 79. 81. 82.
Holzmarkt 107. 264.
Hügel Gareb 111. 113. 117.
— Golgatha 108. 166.
— Ophel, s. Berg Ophel.

I, J.

Jaffathor 250.
Jebus, ha-Jebusi 3.
Jeremias-Grotte 116. 244.
Jerusalem 146. 147. 223.
Impluvium 204.
Innere Stadt, s. neue Unterstadt.

K.

Kammer der Altarhut 83.
— der Altarsteine 78.
— „ Beisitzer 82.
— „ Erstlinge 79.
— „ freiwilligen Gefässgaben 83.
— „ Fürsten 82.
— „ geweihten Gegenstände 84.
— „ Hebeopfer und Opferfladen 79.
— „ Heilmittel 79.
— „ Jungfrauen 195.
— „ Lämmer 79.
— „ Loose 82.
— „ Opfergefässe 83.
— „ Palmzweige 80.
— „ Pfannenbäcker 212.
— „ Reinigung 81.
— „ Schaubrotbäcker 79.
— „ Schilde 91.
— „ Söhne Chanans 82.
— „ Standmänner 28. 214.
— „ Tische 83.
— „ veralteten Priesterkleider 81.
— „ verschämten Armen 83.
— „ Vorhänge 84.
— „ Werkzeuge 81.
— „ Zahlungsscheine 79.
— des Hauses Aftines 83.
— „ Heerdes 78. 80. 140.
— „ Kleiderhüters Pinchas 212.
— „ Kore ben Jimna 214.
— „ Maasejahu 81.
— „ Nethanmelech (= Thor Parbar) 29. 30.

Kammer des Opfers 80.
— des Parva 80. 81
— „ Rades 81. 82
— „ Salzhauses 80.
— „ sprudelnden Wassers 136.
— „ steinernen Hauses 78.
— „ Tempelverfalls 83.
— „ Verbannten 81.
— „ Vice-Hohenpriesters 83.
— „ zum Kriege gesalbten Priesters 83.
— Gasith 214.
— Jehochanans 81.
Kammern Chanijos 214.
Kanzlei 97.
Käsemacherthal 3. 5. 11. 17. 108. 149. 225.
Kerkerthor 22. 140. 152.
Kiponos, Kipponos, s. Thor Kiponos.
Kirche des h. Grabes 106. 166.
Kleiderkammern 89. 212.
Kleidermarkt 107. 303.
Königsburg, s. Burg Baris und Palast des Herodes.
Königsteich, s. Teich Schiloach.
Königsthor 22. 139.
Küchenhöfe, s. Tempelküchen.

L.

Levitenbuhne, s. Bühne der Leviten.
Libanon, s. Waldhaus Libanon.

M.

Marienbrunnen, s. Drachenbrunnen.
Markt, alter, s Mörserplatz.
—, grosser 106. 107. 165. 167. 172. 175. 182. 248.
—, oberer 9. 248. 256.
—, unterer, s. grosser Markt.
Marktthor 167. 303.
Mauer, alte 233. 236. 250. 298.
—, breite 110. 145. 146. 151. 175.
— der Makkabäer 164. 168. 180. 181. 184. 236. 251. 302.
— des älteren Agrippa 236. 240. 242. 249. 298.
— des Hadrian 250. 251.
— „ Hiskias 111. 114. 115. 146. 175.
— „ jüngeren Agrippa 249. 251. 298. 302.
—, dritte 249. 304.
—, mittlere 250.
— Ophel 16. 17. 24. 106. 107. 110. 147. 149. 150. 236. 298.
—, zweite 165. 303.

Maulthierthor, s. Rossthor.
Millo, s Beth Millo.
Millothor 6.
Mistthor 14. 17. 144. 147. 151.
Mittelthor 107. 113. 117.
Moriah, Morija, s. Berg Morija.
Mörserplatz 16 17. 56. 100. 149. 157 168. 192.
Musterungsthor, s. Zählungsthor.

N.

Nehemiabrunnen, s. Brunnen Rogel.
Nethinimquartier 17. 149. 150. 151. 191.
Neustadt 241. 251.
—, obere 251.
—, untere 251. 264. 289. 309.
Nikanorthor 137. 194.
Nordthor 250.

O.

Oberstadt 4. 6. 184. 192. 235. 248 298. 307. 324. 328 (s. auch Davidsstadt).
Oberstrasse 248.
Oberthor Benjamin (= Thor des Heerdes) 26. 77. 289.
Ofenthurm 109. 147. 148. 151.
Oelberg 11. 12. 217. 295. 298. 309.
Opferspeisehäuser 84.
Ophel, s. Berg und Mauer Ophel.
Ophla 191. 192. 237. 262. 299. 323.
Ophlathor 191. 288.
Ostthor, äusseres und inneres 191.

P.

Palast der Berenike 177. 261.
— der Grapte 244. 288.
— „ Hasmonäer 176. 236. 247. 259.
— „ Helena 243. 299. 323.
— „ Königin 13. 99. 102.
— des Agrippa 247. 261.
— „ Herodes 7. 227. 231. 238. 261.
— „ Hohenpriesters Kaiphas 227 (s. auch Haus Eljaschibs).
— „ Königs Alexander 171. 302.
Parbar, Parvarim, s. Thor Parbar.
Perez Ussa 8.
Pferdeställe des Salomo 13. 104.
Platz vor dem Wasserthor 25. 141.
Prätorium 226. 227.
Priesterbühne, s. Bühne der Priester.
Pyramiden, s. Grabmal der Helena.

Q.

Quartier der Handelsleute 17. 151.
Quelle, s. Brunnen.

R.

Rathhaus 236. 323
Rathsthor, s. Zahlungsthor.
Rauchhöfe 136. 195
Refektorium, s. Kammer der Söhne Chanans.
Rennbahn 157. 234. 238.
Richthaus, s. Prätorium.
Rossthor 14. 23. 143. 150.
Rossthurm, s. Thurm Hippikus.
Rusthaus, s. Zeughaus.

S.

Salem 3
Salomosburg 13. 17. 22. 143. 144. 149
Sängerkammern 91. 134
Saramel 141
Schafthor 6. 7. 9. 146. 151. 165
Schatzhaus des Tempels, s. Vorrathshäuser.
Schatzkammern des Salomo 98
Schauthal 106. 115.
Schlachterstrasse 248.
Schlachthaus 70. 132. 133
Schlangenbrunnen 297.
Schlucht, tiefe 6. 16. 148. 151. 237. 326.
Siloahteich, s. Teich Schiloach
Siloahthurm 16. 147.
Skopos 264. 294. 297.
Speisezimmer des Tempels, s. Kammer des Rades.
Standplatz des Volks 28.
Stockhaus 101.
Stratonsthurm 171.
St. Stephansthor 107. 167. 219.

T.

Teich Amygdala 7. 19. 82. 108. 177. 252. 253. 307.
— Asuja 147. 148.
—— Bethesda 7. 219. 252.
——— des Hiskias 112.
— Schiloach (Schelach, Siloam) 6. 17. 114. 144. 147. 237. 251. 298. 309. 323.
——— Struthia, s. Fischteich Struthia.
Tempelbazar 192.
Tempelberg 108. 141. 161. 169. 172. 176. 252. 278. 299 (= Zion 160. 164).
Tempelbrücke des Salomo 12. 14. 22. 110. 119.
— — des Johannes Hyrkanus 172. 179.
—— „ Herodes 192. 235. 322. 324
Tempelkanal, dritter 136.
—, grosser 24. 26. 62. 65. 83. 134.
—, kleiner 27. 80. 134.

Tempelkloaken 25. 191. 297.
Tempelküchen 27. 92. 134. 222.
Tempelstrasse 190. 248.
Tenne Chidon (Nachon) 8.
Thal Azel 11. 12. 14. 20. 21. 23. 24. 144. 149. 157. 169.
— — Ben Hinnom 3. 5. 111. 114. 144.
—— der Rephaiten 3. 8.
—— Gichon 3. 114. 230. 324.
—— Josaphat (Kidron) 11. 18. 20. 216. 242. 249. 296. 299. 309.
Thalthor 107. 109. 144. 147. 167. 250.
Theater, s. Rennbahn.
Thor, altes 107. 146. 151.
— am Grabmal des Johannes 168
- — Benjamin 107. 110. 145. 146. 251.
— der Chulda 139. 192.
—— „ Erhöhung 161.
—— „ Erstlinge 25. 75. 93.
— „ Essener 6. 237.
—— „ Gewänderhalle 193. 289.
—— „ Hitze 27. 81.
— „ Läufer 139.
-- „ Trabanten 14. 139.
- „ Waschung 26. 82.
— „ Weiber 135. 213.
—— des Agrippa 194. 197. 211.
—— „ Altars 26. 75. 89. 93.
— „ grossen Hauses 161.
— „ Heerdes 27. 77. 140. 160. 161.
— „ offenen Hofraums 193.
— „ Opfers, s. Thor des Altars.
— „ Volks 16. 113.
——, chernes, s korinthisches Thor.
—— Ephraim 107. 108. 109. 145. 151. 165.
——, erstes, s. Fischthor.
—— Gennath 6. 165. 248.
—, goldenes (= Thor des Agrippa) 198.
—, hohes, der Salomosburg 13. 22.
—, —, des Tempels 26. 74. 94. 110. 137.
— Kiponos 19. 140. 172. 193. 289. 317.
—, korinthisches 194. 260. 321.
—, neues, s. hohes Thor des Tempels.
—— Nizoz 27. 80. 89. 161. 317.
— Parbar, Parvarim 29. 30. 75. 76. 94. 134.
—— Schallecheth 26. 29. 75. 76. 94.
—, schönes (= Thor des Agrippa) 194. 198.
—— Struena 168.
—— Sur, s. Grundthor.
—— Susan 26. 140.
—— Teri 140. 172. 192. 214. 288.
—, unteres 135. 137. 161.
—— zwischen d. Weiberthürmen 250. 294. 297.

Thor zwischen den zwei Mauern 6. 114. 117. 151. 237.
Thür, eiserne 226.
Thurm Chananeel 7. 112. 113. 146. 148. 152.
— Hippikus 7. 11. 232. 236. 249. 262. 298. 301. 326.
— Mariamne 7. 232 262. 326.
— Mea 7. 107. 146. 152.
— Phasael 7. 232. 238. 262. 326
— Psephinas 249. 250. 294 298
Topferthor 5. 145 147. 248.
Tyropoon, s. Käsemacherthal.

U.

Unterstadt 5. 12. 16. 150. 159. 165. 167. 169. 184. 192. 260. 299.
—, alte 167. 192. 299. 321. 323. 325.
—, neue 167. 173. 192. 193. 299.

V.

Via dolorosa 166. 168.
Vorhof, äusserer, s. Vorhof der Heiden.
— der Heiden 20. 22. 24. 25. 55. 56. 139 141. 163. 189. 201. 213. 316. 321.
— der Männer 56. 134. 141. 194. 195. 201. 214. 316.
— der Priester 28. 37. 55. 56. 57. 62. 93. 94. 109. 133. 142. 177. 196. 201. 210.
— der Weiber 56. 134. 141. 194. 195. 214. 327.
— des Gefängnisses 13. 17. 100. 105. 143. 149.
— des Volks 25. 55. 56. 93. 94. 289.
—, innerer, s. Vorhof des Volks.

Vorhof Israels (= Vorhof der Männer) 141.
——, neuer (= Vorhof der Weiber) 134
——, oberer, s. Vorhof des Volks
Vorrathshäuser 27. 75. 93. 321.

W.

Waldhaus Libanon 13. 95.
Waschungskammer des Hohenpriesters 81.
Wasserbrunnen Nephthoach 8.
Wasserleitung der Herodianischen Burg 234. 250. 302.
—— der Salomosburg 24. 101.
—— des Pilatus 230.
—— des Tempels 24.
Wasserleitungsthor 250. 302.
Wasserthor 23. 26. 62. 139. 149. 151
Weinkeller des Tempels 81. 82.
Winterhaus 13. 102.
Wohnsitz des Stadtpräfekten 107.
Wollkämmerstrasse 248.

X.

Xystus 6. 192. 235. 236. 259. 288. 322. 324.
Xystusterrasse 6. 151. 176. 235.
Xystusthor 6. 151.

Z.

Zählungsthor 14. 100. 143. 151.
Zehntkammern der Priester und Leviten 93.
Zeughaus 5. 147. 148.
Ziegelthor, s Topferthor.
Zinne des Tempels 216.
Zion, s. Berg und Burg Zion.
Zwinger 56. 139. 141. 193. 194. 201.

Druckfehler.

Seite 5 Zeile 17 von oben lies $\mathring{s}$ statt $\mathring{s}$.
„ 45 „ 3 „ unten l. des Ebers (nämlich des Wischnu-Ebers) u. s. w.
„ 68 „ 11 „ „ l. Entleeren des Kessels u. s. w.
„ 97 „ 1 „ „ l. לְשִׁפָּה statt לִשׁפה.

Schlussbemerkung. Der griechische Text des 1. Buchs der Makkabäer, auf welchen sich die in vorliegendem Werke citirten Stellen beziehen, hat in einigen Kapiteln eine von der Lutherschen Bibelubersetzung etwas abweichende Verseintheilung; so ist z. B.

S. 158 Z. 3 von unten 1 Makk. 1, 33 = 1, 35 der Luth. Uebers.
„ 158 „ 1 „ „ — 1, 36 = 1, 38 „ „ „
„ 159 „ 4 „ oben — 1, 29—40 = 1, 30—42 „ „ „
„ 159 „ 1 „ unten — 1, 54 = 1, 57 „ „ „

Druck der Engelhard-Reyher'schen Hofbuchdruckerei in Gotha.

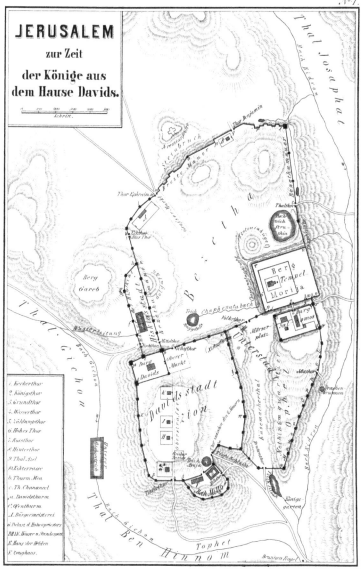

Der Tempelentwurf des Propheten Ezechiel.

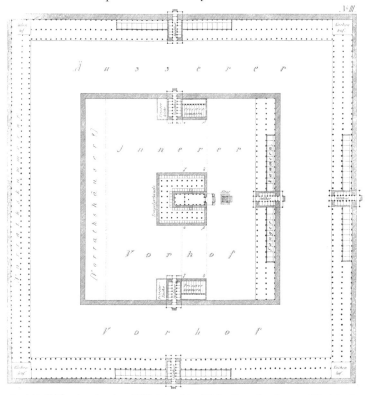

Diese beiden Kirchhöfe wurden noch von einem 1150 Ellen breiten, dritten Kirchhof umschlossen, dessen Ringmauer 6 Ellen hoch und dick (E: 40,5) und jederseits 500 Ruthen (= 3000 Ellen) lang war (42, 15-20). Vor dieser Mauer befand sich dann ringsum noch ein freier Raum von 50 Ellen Breite (45, 2).

Plan des Salomonischen Tempels und der Salomosburg.

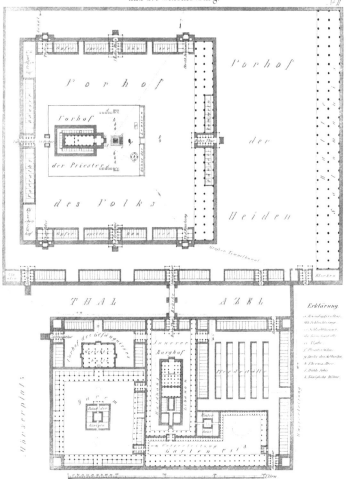

Plan des Serubabelschen Tempels.

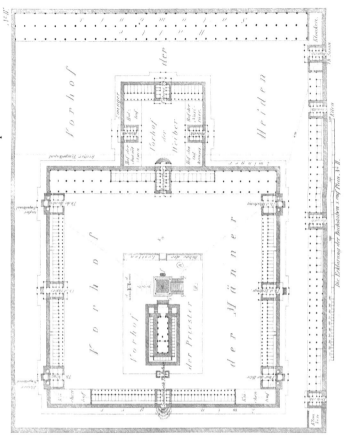

JERUSALEM zur Zeit der Hasmonäischen Fürsten.

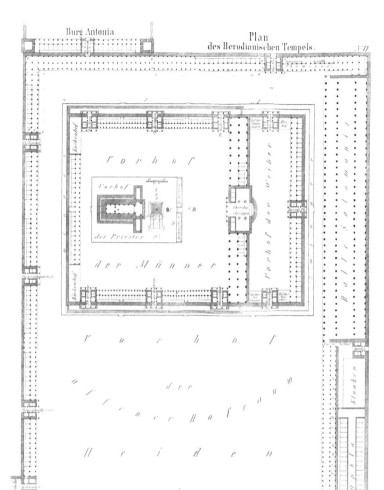

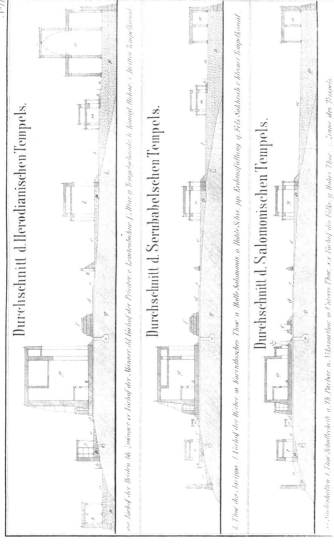

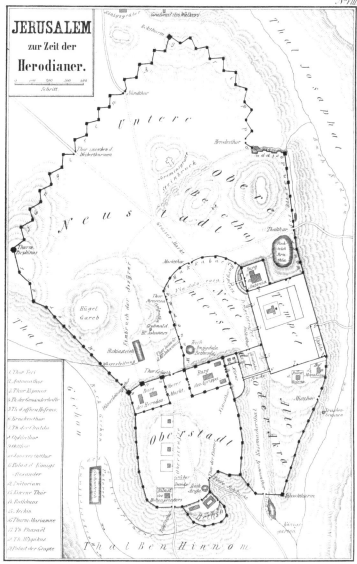

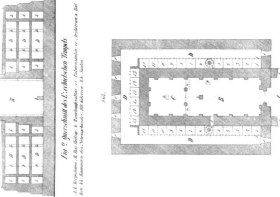

Fig. 2 Querschnitt des Ezechielschen Tempels.
A.A Krypträume. B. Das Heilige. b. Rauchopferaltar. cc. Palmensäulen. dd. Prothyrum a. Baal Seon. 44. Kammern des Nebenbaues. 100 höheren. 88. Säulen.

Fig. 3 Grundriss des Salomonischen Tempels.
A Vorhalle. B. Das Heilige. b. Rauchopferaltar. S. Schaubrodtisch cc. Leuchter. C. Das Allerheiligste. b. Bundeslade. DDD beiderseits cc Kammern. d. Durchgang a. Freitreppen i. Stiemauer

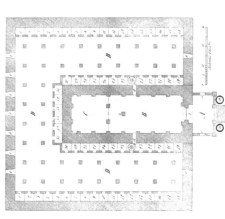

Fig. 1 Grundriss des Ezechielschen Tempels.
A Vorhalle. B. Das Heilige. C. Das Allerheiligste. DDD beiderseits cc Kammern. d. Durchgang a. Freitreppen i. Stiemauer

* Diese Ansicht ist wie alle nachfolgenden Figuren, bei denen sich keine besondere Bemerkung befindet.

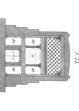

Fig. 1. Querschnitt des Salom. Tempels.
A. A. Vorplatzen. B. Das Heilige. b. Brandopferaltar. cc. Fensteröffnungen. d.d. Kammern des Nebengebäudes. e.e. Korridor.

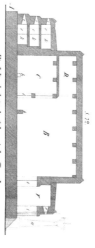

Fig. 3. Durchschnitt des Salomonischen Tempels.
A. Vorplatzen. a. Eine Tempelsäule. L'Vorhalle. ii. Eingang. B. Das Heilige. b. Buch opferaltar. D. Lerer Raum über dem Allerheiligsten. C. Das Allerheiligste. h. Bundeslade. i.i. Kammern des Nebengebäudes. ce. Korridor. cc. Fensteröffnungen.

Fig. 2 Flügelstellung der Cherubs.

Fig. 6. Die Vorderwand des Heiligen u. Allerheiligsten.
cc. Doppelthür des Allerheiligsten. a a Wand felder mit Abbildungen von Cherubs.

Fig. 8. Durchschnitt des Ereh Brandopferalters.
a. Pass b. Erste Terrasse. c. Zweite Terrasse. d. Haerd. e. Ariel. x. Stufen. ii. Hörner.

Fig. 9 Durchschnitt des Salom.
Brandopferalters.
d.d Haerd. e. Ariel. x.x. Stufen innen mit. gang. ii. u.u. Eingang ii. Hörner.

Fig. 10. Durchschnitt des ehernen Meers.
a. durch die Thiere, b. durch die Speichhälter.

Fig. 11 Diagonalschnitt eines Nebenbaues.
(Hertholet-Seite der Vorlage fig.3.)
A. Mauerhand. BB. Balkenwerk des Locates. a b. Unterer Theil des Balken, c.d. die schräge Befestigung des Locates. ii. d. oberer Theil der Balken. d.h. d. r oren der Frauen als gesperrter Aufseher cc. r.f. Kaster.

Fig. 1. Durchschnitt eines Nebenbaus des Salom. Tempels.

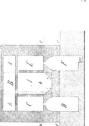

Fig. 4. Durchschnitt eines Hauptthors des Salom. Tempels.

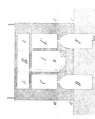

Fig. 3. Durchschnitt eines äusseren Vorhofs.

Fig. 2. b Grundriss eines Erdgeschosses hauuergebäudes (Opfergeschosses).

Fig. 2. a Grundriss eines Erdgeschosses Hauptthors.

Fig. 2. a Grundriss eines Haupt thors des Salomonischen Tempels.

Fig. 2. b Grundriss eines Salomonischen hauuergebäudes (Opferspeisehaus).

S. 141.

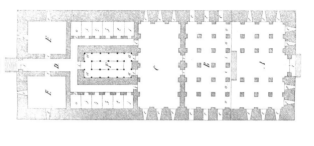

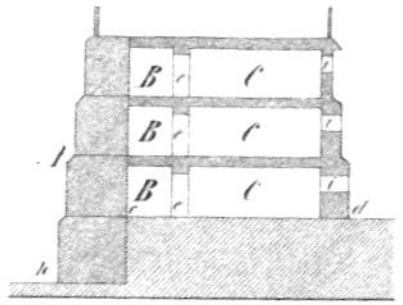

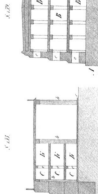

Fig. 18. Querschnitt eines Salomonischen Opferspeisehauses.

A. Vorhofsmauer. BB. Korridore. CC. Opferspeisekammern. ee. Thüren. ii. Fensteröffnungen. cd. Oberfläche des Volksvorhofs. h. Oberfläche des Vorhofs der Heiden.

S. 153.

Fig. 19. Querschnitt einer Salomonischen Säulenhalle.

A. Vorhofsmauer. CC. Korridore. K. Kammern. ee. Thüren. bb. Säulen. c. Oberfläche des Volksvorhofs. d. Oberfläche des Vorhofs der Heiden.

S. 159.

Fig. 21. Querschnitt des Salomonischen Palastes.

A. A. Krepidoma. BB. Säulenhallen. ee. Fensteröffnungen.

S. 159.

Fig. 20. Grundriß des Salomonischen Palastes.

A. Vorhalle. ii. Eingänge. ee. Fensteröffnungen. B. Säulenhalle. C. Staatszimmer. DDD. Korridor. 1–6. Schatzkammern. EE. Harnischkammern. F. Hof, oder innere Halle. oo. Gitter.

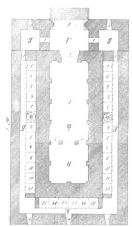

Fig. 24. Grundriss des Serubabel'schen Tempels.
A Pronaos. d Portal des Pronaos. BB. Haus des Allerinnersten. C Eingang. ee Fenster-öffnungen. f Das Allerheilige. b Baumhopfsäulen. i Schaubrodtisch. k Salzvorrath. l Leuchter. B B m Räucheraltar. FFF Barrière. r s Kammern. xx Wendeltreppen.

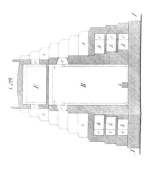

Fig. 25. Querschnitt des Serubabel'schen Tempels.
A A Kremedoma. B Das Heilige. b Baumhopfsäulen. ee Fenster-öffnungen. E Salzvorrath. GG Kammern. HH Kammern der Nebengebäude. cc Barrière. xx Wendeltreppe.

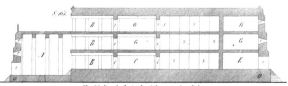

Fig. 22. Durchschnitt des Salomonischen Palastes.
00. Krepidoma. A Vorhalle. BB. Säulenhallen. C Staatszimmer. GG. Gemach. ss Schatzkammern. E Harnischkammer. ii Eingänge. ee Fensteröffnungen.

Fig. 23. Nördlicher Giebel des Salomonischen Palastes.
(Hieroglyphenschmuck der oberen Etagen.)
aa. Architrav. bb. Fries mit den Kalkenhäuptern. cc. und Fruchtrosetten. ee. Banghysium. dd. Tryglyphen. gg. Dachgesims. hh. Dachkrönung.

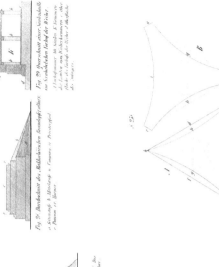

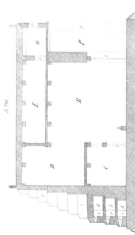

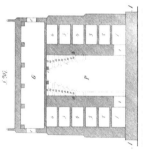

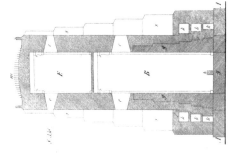
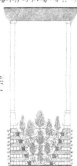

Fig. 32. Querschnitt des Herculanischen Tempels.

Fig. 33. Ansicht durch die Vorhalle des Herculanischen Tempels.

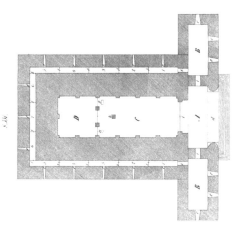

Fig. 31. Grundriss des Herculanischen Tempels.

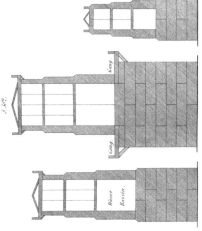

Fig. 53. Durchschnitt des Antoniathurgels.

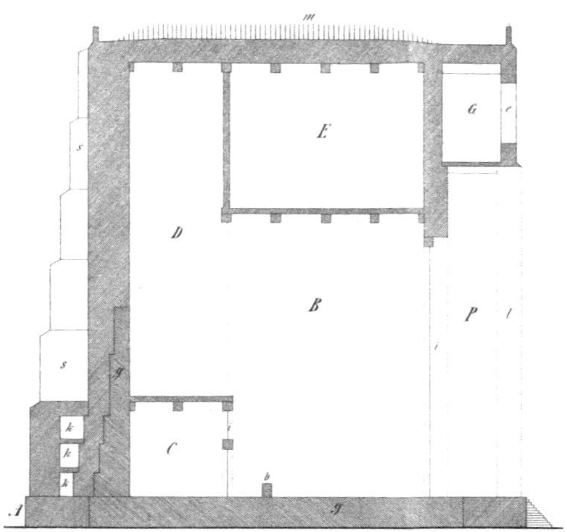

a. Burgplatz. b. Stufen. c. Eherne Thor. d. Brücke. e. Antonia-schlucht. f. Burgtreppe. h. Bachyphoros. i. Berg über der Alt-Burghof am Terrasse. n. Prätorium (Richtbaus). o. Halle mit Kammern. p. Leichen.

Die diese Figur gilt der auf Plan VII befindliche Maasstab.

Fig. 55. Durchschnitt der Herod. Thürme:

Hippikus.   Phasael.   Mariamne.

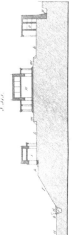

Fig. 54. Durchschnitt des Herodianischen Tempels.

A. Kryptoura. I. Portal der Vorhalle. P. Pronaum. G. Galerie. B. Das Heilige. b. Kersch-apparatur. C. Das Allerheiligste. c. Eingange. D. Raum über dem Allerheiligsten. E. Isolirraum Allerheiligsten des Schwergewölbes. m. Obr. Kryptula (obre.) Mauerwerk. r. Werkplatte. m. dedaler Spree.

Printed in Poland
by Amazon Fulfillment
Poland Sp. z o.o., Wrocław